Ingrid Chiari

Auf dem JAKOBSWEG

von Deutschland nach Santiago de Compostela

Ein Pilgerbericht

MICHAEL IMHOF VERLAG

Bildnachweis: Ingrid und Reinhard Chiari

Ingrid Chiari: Auf dem Jakobsweg von Deutschland nach Santiago de Compostela, Petersberg 2011

© 2011, 2. überarbeitete Auflage
　Michael Imhof Verlag GmbH & Co. KG
　Stettiner Straße 25
　D-36100 Petersberg
　Tel. 0661/9628286; Fax 0661/63686
　www.imhof-verlag.de

Gestaltung und Reproduktion: Michael Imhof Verlag
Druck: Fuldaer Verlagsanstalt, Fulda
Printed in EU

ISBN 978-3-86568-454-7

INHALT

5 Einführung

11 Unser Weg durch Deutschland
4. Februar 2005 – 1. März 2005

69 Unser Weg durch die Schweiz
2. März 2005 – 22. März 2005

122 Unser Weg durch Frankreich
23. März 2005 – 9. Mai 2005

241 Unser Weg durch Spanien
9. Mai 2005 – 20. Juni 2005

EINFÜHRUNG

*Bin ich wirklich schon zurück
von unserem Weg?
Gewiss, ich bin da, mit beiden
Beinen auf dem Boden.
Aber manchmal, da stelle ich
mir vor, ich hätte Flügel.
Ich gleite damit über Städte,
Felder und Schluchten.
Und plötzlich sehe ich unter
mir einen Ort des Weges,
der mir Besonderes bedeutete,
sich mir eingeprägt hat.
Da lasse ich mich dann nieder für
eine Zeit und ich schöpfe Kraft.*

Davor

In mir stieg Angst auf. Solange hatte ich die Zeit der Pensionierung meines Mannes herbeigesehnt. Unseren großen Traum wollten wir uns erfüllen. Nach so vielen Jahren des nicht Gemeinsamen, des „heute hab' ich keine Zeit und morgen auch nicht – geh' dort bitte allein hin – entschuldige mich bitte bei denen – ich hab' morgen viel zu operieren, möchte keinen Alkohol trinken – nein, nicht so weit, ich muss erreichbar sein – ich muss weg, eine Nachblutung, sag' unseren Gästen, dass ich bald komme – du musst allein zu den Kindern fahren, da habe ich Hintergrunddienst" –, nach so vielen Jahren, in denen ich gelernt hatte, mein Gesicht „hart wie einen Kiesel" zu machen, meine ständigen Frustrationsgefühle in Befriedigung durch ein neu auf mich zukommendes, eigenständiges Leben umzuwandeln, das parallel, beinahe nicht minder geschäftig neben dem seinen herlief, nach so vielen Jahren, in denen sich unsere Kommunikation auf die Urlaube und kurze, freundliche Intermezzos am späten Abend beschränkte – zwischen Nachtmahl und Computererledigungen oder, wenn es hoch kam, dem Betrachten eines TV-Krimis in schon völlig übermüdetem Zustand –, nach so vielen Jahren des Alleinseins sollte es nun endlich dahin kommen, dass wir beide, auf Gedeih und Verderb sozusagen einander ausgeliefert, diesen langen Weg, aufeinander angewiesen und Tag um Tag auf Tuchfühlung miteinander verbringen sollten? Wir würden einander nun über vier Monate lang hochdosiert als Langzeitpräparat genießen können. Aber würde das wirklich ein Genuss werden? Ich wusste ja gar nicht, wer mein Mann wirklich war. Natürlich hatte er sich in den vierzig

Jahren seit unserer Eheschließung verändert, genauso wie ich. Waren wir überhaupt noch kompatibel? Ich war nicht mehr das schüchterne, brave, gefügige und etwas verschlossene Mädchen von damals, er nicht mehr der naive Junge mit dem grenzenlosen, beinahe schon aufreizenden Optimismus.

Motivationen

Der Grund, dass wir uns gemeinsam auf unseren langen, ja sehr langen Weg machen wollten, war aber keinesfalls nur der, einander besser kennen zu lernen, sondern es gab wohl einen Mix aus sehr unterschiedlichen Motivationen: eine Triebfeder bei mir war unzweifelhaft eine gewisse Abenteuerlust, die mir schon in die Wiege gelegt worden war. Ich denke an die Dreijährige, die im steirischen Alpenland ihren Eltern davonlief, um am gefährlichen Wildbach entlangtrabend mit anderen Urlaubern Kontakt aufzunehmen, an die Zehnjährige, die noch nicht richtig schwimmen konnte und trotzdem in der Hochwasser führenden Ybbs baden ging, sofort von den reißenden Fluten weggerissen wurde und nur durch den beherzten Kopfsprung eines jungen Mannes überlebte. Die Sechzehnjährige fällt mir ein, die nach jahrelanger Angepasstheit im Gymnasium plötzlich eine Schulexkursion der Kunstlehrerin, auf der sie sich langweilte, eigenmächtig verließ und sich einen schönen Vormittag in der Innenstadt Wiens machte. Was dachte sich die Siebzehnjährige, die bei dichtem Nebel im Hochgebirge die schützende Hütte verließ und in das milchige Weiß bergauf hineinrannte, bis sie niemand mehr sehen und finden konnte, und die ihrer bei ihrer Rückkehr vor Sorge um sie weinenden Schwester erklärte, dass doch überhaupt nichts hätte passieren können. Später bin ich dann brav geworden, habe meine eigenen Kinder sorgfältig erzogen und die Eskapaden auf Eis gelegt. Aber als ich einmal vor etwa zehn Jahren eine Fernsehsendung über Jakobspilger sah, da packte mich ein Gefühl der Wehmut und der süßen Freude so vehement, dass ich meinte, kaputt zu gehen, wenn ich mich nicht auf diesen Weg begeben würde. Um was ging und geht es mir eigentlich? Mir ist klar geworden, dass ich eigentlich Geborgenheit suchte und suche, so paradox das jetzt klingen mag. Es gibt eine Geborgenheit von Weihnachtsplätzchen, Kerzen und säuberlichen Gardinen. Und andrerseits gibt es eine andere Art von Geborgenheit, die für mich diese handwarme und milde Kuschelfreude bei Weitem übersteigt. Es ist die Geborgenheit der nach Laub duftenden Hohlwege, die Geborgenheit der steilen Sommerwiesen, die Geborgenheit unter der Kapuze, wenn der Regen auf sie tropft.

Ich will nicht behaupten, dass das eine schlecht und das andere gut sei, aber für mich in meiner Lebenssituation ergab sich nur eine Möglichkeit, nämlich im Vertrauen auf die Natur, auf die Buntheit des Lebens, mich diesem strapaziösen Weg anzuvertrauen und zu sehen, was mir darauf beschieden war. Zum Glück dachte mein Mann ähnlich wie ich. Er war froh, nun der Abhängigkeit einer festen Verpflichtung entronnen zu sein – was mich sehr wunderte, hatte

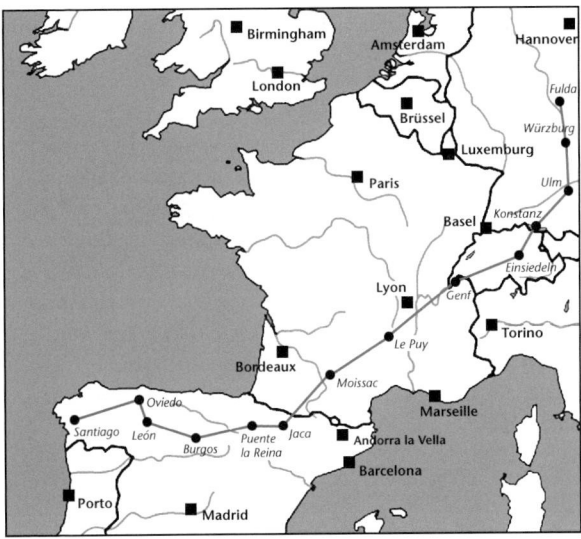

ich doch gedacht, er würde zumindest anfangs sehr darunter leiden, keine Patienten zu behandeln, nicht mehr zu operieren, nicht mehr für viele andere Menschen Anordnungen zu treffen.

Was mein Mann immer wieder als Motivation für unseren Weg ins Treffen führte, war die Dankbarkeit für ein erfolgreiches Berufsleben. Auch ich konnte in diesen Dank einstimmen. So manche Klippe auf unserem Weg oder dem unserer drei Kinder war glücklich umschifft worden, wir hatten zahlreiche Enkelkinder bekommen, die unser Leben erhellten und wir hatten uns nach und nach einem Glauben geöffnet, mit dem es sich lohnte zu leben.

In den letzten zehn Jahren hatten wir zusammen und mit Freunden in jeweils zwei bzw. drei Wochen in unseren Urlauben Teilstrecken des Jakobsweges erkundet und dabei festgestellt, dass wir beide im Gehen, aufs Ganze gesehen, einander nahezu ebenbürtig waren. Wir lernten unsere Belastungsgrenzen kennen, unsere Stärken und Schwächen auf der Langstrecke. So meinten wir also, nach der Pensionierung meines Mannes für die große Tour gerüstet zu sein.

Wir bereiten uns vor

Das letzte halbe Jahr vor dem Start waren wir beide sehr eingespannt. Ich hatte viel Stress und Beanspruchung in meiner ehrenamtlichen Tätigkeit als Hospizbegleiterin. Mein Mann war damit beschäftigt, den Ansturm der Patienten, die ihn noch vor seiner Pensionierung erwischen wollten, zu bewältigen. Nebenbei lief für ihn ein gewaltiges und rührendes Abschiedsprogramm ab. Mir wurde jetzt erst so richtig bewusst, wie beliebt mein Mann als Arzt und Mensch bei seinen Mitarbeitern und Patienten gewesen war. Als für ihn von seiner Belegpraxis eine Überraschungsabschiedsparty veranstaltet wurde, rannen mir die Tränen über die Wangen, da ich wahrnahm, mit wieviel Einsatz, Darbietungen und Geschenken, Ansprachen und Umarmungen er liebevoll und wehmütig verabschiedet wurde. Die OP-Belegschaft schenkte ihm Utensilien für die lange Wanderung in einem grünen, als Reisebeutel gestalteten OP-Tuch. Die Damen tanzten ein spaßiges Ballett, T-Shirts mit der Aufschrift „Sag zum Abschied leise Servus" waren für die Belegschaft gedruckt worden. Es war überwältigend. Ich wurde immer nachdenklicher. Ich konnte meinem Mann diese Anerkennung, diesen Enthusiasmus sicher nicht ersetzen. Nun kam ich mir wie ein armes Aschenputtel vor, das den bekannten, allseits beliebten Mann aus seiner Arena weglockte auf höchst einsame, wahrscheinlich unbequeme und unkalkulierbare Pfade.

Die Pilger im Mittelalter hatten vor dem Aufbruch ihr Testament gemacht und waren zur Beichte gegangen. Ich war sehr überrascht, meinen Mann vorschlagen zu hören, dasselbe zu tun. So sahen uns die nächsten Tage beim Notar und im Beichtstuhl. Kurz vor dem Aufbruch hatte ich noch ein Gespräch mit einem Geistlichen, den ich alle paar Wochen besuchte, um mir Orientierung zu holen. Ich war plötzlich unsicher geworden, hatte Angst vor dem ungeheuren Vorhaben. War es nicht vermessen? Würde ich den Weg, noch dazu im Winter begonnen, überhaupt kräftemäßig zustande bringen? Der Pater sagte mir kurz und knapp: „Wenn die Motivation stimmt, dann werden Sie das schaffen." Gut, ich wollte darauf vertrauen, dass ich die richtige Motivation hatte.

Unsere körperliche Vorbereitung war völlig unzureichend. Andere Menschen wären vielleicht geraume Zeit vor dem Aufbruch Stammgast in einem Fitnessstudio geworden, hätten täglich längere Strecken zu Fuß zurückgelegt und den gepackten Rucksack zur Probe umhergetragen. Zu all dem kam es nicht. Am 15.1.05 beendete mein Mann sein Arbeitsleben, am 4.2.05 zogen wir los, waren vorher dreimal zum Training ohne Gepäck 15 Kilometer gegangen.

Der Vortag des Aufbruchs

Mein Mann war von unserem Pfarrer aufgefordert worden, im Schülergottesdienst etwas über unser Vorhaben zu erzählen, das am nächsten Tag beginnen sollte. Ich hatte den Eindruck, dass die Schüler der Grundschule auch nicht ahnungsweise etwas von dem verstanden, was mein Mann versuchte, ihnen mit möglichst einfachen Worten zu erklären. Sie alle sahen meinen Mann mit großen Augen, aber völlig verständnislos an. Warum will jemand zu Fuß so weit gehen? Haben die denn kein Auto? Und was hat das Ganze mit Gott zu tun? Was hat Gott davon, wenn man Mühen auf sich nimmt? Sollte man nicht besser hierbleiben und irgendwelchen Armen und Kranken hel-

fen? Mit einem Wort, ich denke, dass die Kinder nicht die richtige Adresse für die Ausführungen meines Mannes waren. Dass er nicht aufgefordert worden war, den Erwachsenen im „normalen" Gottesdienst etwas über unsere bevorstehende Wallfahrt zu erzählen, war uns eher angenehm, wollten wir doch unser Vorhaben erst einmal wirklich durchgeführt haben, bevor wir öffentlich darüber redeten. Nach dem Schülergottesdienst gab uns der Pfarrer den Reisesegen ohne viel Enthusiasmus. Ich denke, dass er der Meinung war, wir sollten lieber in der Pfarrei unsere Ehrenämter brav erfüllen, anstatt uns auf ein in seinen Augen doch recht verrücktes Abenteuer einzulassen. Zu Hause angekommen, wurde noch einmal ausführlich mit allen telefoniert, die uns wichtig waren, besonders mit unseren drei Kindern und ihren Familien. Aber auch die Geschwister und die engsten Freunde wurden noch einmal kontaktiert.

UNSER WEG DURCH DEUTSCHLAND
4. Februar 2005 – 1. März 2005

Es geht los

Ich hatte nicht schlecht geschlafen, als uns der Wecker um halb sieben Uhr weckte. Die Rucksäcke waren fertig gepackt, die Wanderkleidung lag bereit. Die Fensterläden im Unterstock wurden geschlossen, die Wasserzuleitungen von Wasch- und Spülmaschine gesperrt. Drei unserer Nachbarn hatten Schlüssel für unser Haus und sie konnten auch unsere Sicherheitsanlage bedienen. Eine Nachbarin würde sich um die Pflanzen im Haus kümmern. Die Post war zu unserer jüngsten Tochter nach München umgeleitet worden, mit dem Auftrag, sie solle die ihr wichtig erscheinenden Schriftstücke öffnen, um uns entsprechend informieren zu können. Die Tageszeitung war abbestellt. Als wir unseren starken, morgendlichen doppelten Espresso mit Milch tranken, hatten wir das gute Gefühl, das Wichtigste geregelt zu haben. In voller Montur – in Winterhosen, Anorak, Trekkingschuhen, mit Fleecemützen und Fleecehandschuhen angetan, den im Moment doch recht schwer erscheinenden Rucksack auf dem Rücken, in den Händen unsere Walking-Stöcke – verließen wir mit einem prüfenden Blick auf den nebligen Winterhimmel um acht Uhr das Haus. Vorher hätte es keinen Sinn gemacht zu starten, da es Anfang Februar erst um diese Zeit richtig hell geworden ist.

Mein Blick ging zu unserem gemütlichen, anheimelnden Haus zurück.

Eine kleine Majolika-Madonna, von einem unserer Traumurlaube in Umbrien stammend, ziert das Feld über unserer Eingangstür aus schwerem Holz. Wie würden wir zurückkehren? Vor dem Gartentor stand ein Grüppchen wartender Menschen, denen wir etwas unsicher entgegentraten. Freunde, Nachbarn, eine Vertretung aus dem Krankenhaus meines Mannes – sie waren gekommen, um uns zu verabschieden. Wir waren gerührt. Nun ging ein intensives Händeschütteln los. Alle wünschten uns viel Glück, eine Nachbarin streckte ihren Kopf aus einem Fenster heraus und rief uns „Gott segne Sie" zu. Eine Bekannte drückte uns ein paar Pralinen als Stärkung für den ersten Tag in die Hand. Ein Wanderkamerad wollte uns noch etwa 8 Kilometer begleiten. So zogen wir los.

Ich war wie betäubt. Nun war es also Wirklichkeit, worüber wir so lange nachgedacht, was wir geplant, ersehnt hatten. So leicht war es gegangen, sich loszumachen von unserem Haus, von den vertrauten Menschen! Nun waren wir frei. Wie ein Tier, das lange domestiziert und nun in die Freiheit entlassen wird, machte ich zögernd die ersten Schritte, hörte die Stöcke auf dem etwas vereisten Weg in der Fuldaer Au klicken, sah staunend die Sonne sich durch die Nebel kämpfen und merkte ohne Wehmut, wie die Türme des Fuldaer Domes hinter uns zurückblieben. Die blauweiße Muschelmarkierung führte uns sicher auf unserem Weg weiter in Richtung Rhön. Unser Wanderkamerad verabschiedete sich in Bronzell von uns. Als Überraschung zog Gangolf noch eine echte Brotzeit aus der Tasche, die aus Wurst und Schnaps bestand. Auch einen Müsliriegel steckte er uns zu. Als er uns umarmte, hatte er Tränen in den Augen. Er wäre gerne den ganzen Weg mit uns gegangen!

In Rothemann rasteten wir kurz auf einer Bank vor einer Grundschule. Sogar eine von außen zu begehende, geheizte Toilettenanlage gab es da – ein herrlicher Komfort, der uns bei Weitem nicht überall zur Verfügung stehen sollte. Als wir gemächlich an einem Käsebrot kauten, begann mein Mann plötzlich nervös in allen Anoraktaschen nach etwas zu suchen. Auch der Rucksack wurde hektisch durchwühlt. Das Resultat dieser Suche war, dass mein Mann erkennen musste, sein Handy zu Hause vergessen zu haben. Waren wir auch bereit, gewisse Risiken auf uns zu nehmen, so war es uns als nicht sinnvoll erschienen, das Mobiltelefon zu Hause zu lassen. Für Notsituationen oder für gelegentliche Zimmervorbestellungen wollten wir es doch im Gepäck haben. Außerdem hatten wir unseren Kindern und Freunden versprochen, immer wieder eine SMS über den Verlauf unserer Wallfahrt zu schicken. Dies war also eine wirklich ärgerliche Situation. Weder fanden wir eine Telefonzelle, um ein Taxi zu ordern, noch erreichten wir ein von der Zeit her passendes öffentliches Verkehrsmittel, das einen von uns wieder nach Fulda mitnehmen konnte, um das Handy zu holen. Es war schier unglaublich – sämtliche Gasthäuser auf dem Weg bis zu unserem Tagesziel Thalau waren geschlossen oder im Umbau. Wir entschieden uns also weiterzugehen, um von Thalau aus eine Handy-Rückholaktion zu starten.

Beide waren wir nun ein wenig gereizt. Ich bemühte mich, über den Umstand hinwegzusehen, dass wir nirgends etwas trinken oder uns mal bequem unter Dach hinsetzen und die Beine ausstrecken konnten. Zu allem Überfluss erwischten wir auch noch einen Umweg über Zillbach, sodass wir abends immerhin 27 Kilometer gegangen waren – ziemlich viel für den ersten Tag, wie ich meinte.

Zuvor hatten wir allerdings noch eine nette Begegnung. Der Aufstieg nach Büchenberg mit seiner spitztürmigen und weithin sichtbaren Jakobuskirche war geschafft. Ich musste mir eingestehen, dass ich schon in Büchenberg müde war und eigentlich für heute genug vom Wandern gehabt hätte, wenn nicht die überzuckerten Wiesen und Felder, die in der Sonne glänzten, ein so prächtiges Bild geboten hätten.

So aber waren wir froh, diese größte Höhe des heutigen Tages erreicht zu haben und genossen den weiten Blick und den frischen Wind, der über die Hochfläche fegte. Wir grüßten einen gerade vor sein Haus tretenden, stattlichen Mann in Arbeitskleidung. Der Gruß wurde freundlich zurückgegeben. War das nicht ...? Er war es, nämlich der ehemalige Bürgermeister von Büchenberg, dem wir vor mehr als dreißig Jahren öfter im Dorf begegnet waren, als wir dort für vier Jahre wohnten. Sofort brachte er uns etwas zu trinken und lud uns ein, auf der sonnenbeschienenen Bank vor dem Haus ein wenig auszuruhen. Er wollte uns mit hinein ins Wohnzimmer nehmen, da seine Frau gerade Kaffe aufgebrüht hatte, doch ließen wir uns auf dieses freundliche Angebot nicht ein. Wir hofften ja, in absehbarer Zeit das Etappenziel zu erreichen, abgesehen davon, dass Kaffee, am Nachmittag getrunken, in unserem körperlich und seelisch angekurbelten Zustand in der Nacht dann möglicherweise ein Grund für Schlaflosigkeit gewesen wäre – und das konnten wir nicht gebrauchen.

Eine knappe Stunde, bevor wir unser Tagesziel erreichten, winkte uns plötzlich jemand an einer Wegkreuzung zu. Es war Ingeburg, eine bewährte und vertraute Wanderkameradin, die mit ihrem Mann versucht hatte, uns auf dem Weg aufzustöbern, um uns zu verabschieden. Auch ihr Mann Gunther war gleich zur Stelle. Schmunzelnd meinte er, er habe mit seiner Annahme doch recht behalten, dass Reinhard sicher die längere Wegvariante wählen würde. Sie hätten das Auto in Thalau abgestellt und wollten nun mit uns bis

dorthin wandern. Unter munterem Geplauder verging die Zeit bis zur Ankunft im Zielort wie im Flug. Erfreulicherweise bot sich nun auch für meinen Mann die Gelegenheit, mit Gunther nach Fulda zurückzufahren, um das Handy zu holen.

Dieser erste Tag, der mit Schwierigkeiten begonnen hat, kommt zu einem glücklichen Ende. Wir können froh sein – und wir sind es auch.

Wir hatten kein Quartier vorbestellt und uns darauf verlassen, hier ein Pensionszimmer mieten zu können. Als die Wirtin uns öffnete, sagte sie nur: „Es wäre besser gewesen, vorher anzurufen, dann hätten wir das Zimmer schon heizen können. Aber Sie haben trotzdem Glück. Nächste Woche wären wir auf Urlaub gewesen." So froh wir über unser hübsches Zimmer waren, so mussten wir doch feststellen, dass es temperaturmäßig einem Schneebiwak glich. Die ganze Kälte des Winters hing in dem Raum. Während mein Mann mit Gunther das Handy aus Fulda holte, beschloss ich, in die Jakobuskirche

zu gehen, während die Wirtsleute unsere Betten fertig machten. Dort war es vergleichsweise recht warm. Ich setzte mich in eine Kirchenbank. Schon der erste Tag hatte so viel an Erlebnissen und Eindrücken gebracht.

*Dort vorn am neugotischen Altar
eine bunte Jakobusstatue.
Früher hätte ich sie kaum beachtet,
heute ist sie mir Aufmunterung
für unseren Weg, der ein kühnes
Vorhaben darstellt.
Jakobus in seiner Farbenpracht,
in all dem Gold,
scheint uns zu locken, zu animieren.*

Ich mag wohl eine halbe Stunde in der dämmerigen Kirche gesessen haben. In mir machte sich ein positives Gefühl breit, Zuversicht stieg auf. Wir waren zwar von jetzt an außerhalb unserer üblichen Sicherheiten. Jeder kleine grippale Infekt, jede Muskelzerrung konnte unseren Weg in Frage stellen, jede Wetterkapriole konnte uns in Bedrängnis bringen. Wir würden aber trotzdem versuchen durchzuhalten.

Mit der Zeit bemerkte ich, dass die Kälte begann, in mir hochzukriechen. Vom anstrengenden Gehen unter dem Rucksack verschwitzt, bot der relativ dünne Anorak – er sollte mir ja auch im Sommer dienen – wenig Schutz gegen die Wintertemperatur des Raumes. Rasch erhob ich mich auf meine doch heute recht angestrengten und im Moment steifen Beine. Im Zimmer angekommen, ging ich erst einmal unter die heiße Dusche. Welche Wohltat, sich ein wenig aufwärmen zu können. Danach kroch ich unter die Bettdecke, bis Reinhard von Fulda mit seinem Handy zurückkam. Gunther und Ingeburg versprachen, irgendwann in Süddeutschland wieder zu uns zu stoßen und uns dann für zwei bis drei Tage zu begleiten. Sie wollten mit uns in telefonischer Verbindung bleiben.

Reinhard und ich hatten das kleine Stundenbuch mitgenommen, um dem Brauch einer Wallfahrt entsprechend, regelmäßige Gebetszeiten einzulegen. Auf dem Bett sitzend, eingehüllt in die warmen Daunendecken, hielten wir das erste Abendgebet unseres Weges.

Um 18 Uhr fand in der Kirche ein Gottesdienst statt, was wir als gutes Omen ansahen. Wir waren jetzt wieder einigermaßen durchwärmt und konnten die gut besuchte Messe, in der auch die animalische Wärme nebst einer Fußheizung zu unserem Wohlbefinden beitrug, genießen.

Zielstrebig steuerten wir hernach auf den Gasthof zu, dessen gediegene, gemütliche Sitzecken uns nebst einer verlockenden Speisekarte wahrhaft paradiesisch anmuteten. Die gestandene Wirtin beobachtete uns lange aus den Augenwinkeln, bevor sie sich, nachdem sie uns die Suppe auslöffeln hatte lassen, an uns heranpirschte. Pilger seien wir? Das hätte sie sich schon gedacht. Auch sie selbst sei Pilgerin. Ob uns die Wallfahrt nach Walldürn ein Begriff sei? Wo wir denn morgen übernachten wollten? Auf dem Kreuzberg? Der sei sicher komplett belegt.

Reinhard und ich sahen einander zweifelnd an. Belegt? Jetzt im Winter? Ob wir denn nicht wüssten, dass in Bayern Schulferien seien. Die Wirtin blätterte in einem Telefonbuch und gab uns die Nummer des Franziskanerklosters auf dem Kreuzberg in der Bayrischen Rhön.

Reinhards Telefonat bestätigte die Vermutung der Wirtin. Kein einziges Zimmer war frei. Diese Auskunft stürzte uns in einen Abgrund der Ratlosigkeit. Wo sollten wir denn dann übernachten? In Oberweißenbrunn gab es zwar 4 km vor dem Kloster noch eine Möglichkeit, aber von dort aus würde die nächste Etappe ziemlich lang und hart ausfallen – in Anbetracht der noch sehr kurzen Tage ein gewisses Risiko. Mein Mann erklärte der Dame am Telefon des Kreuzberger Gästehauses, dass wir Jakobspilger seien. Nach kurzem Überlegen sagte sie, wir sollten morgen noch einmal anrufen, vielleicht würde ja doch noch ein Zimmer frei. Ein Strohhalm der Hoffnung war also vorhanden. Doch auf Strohhalme soll man sich nicht allzu sehr verlassen. Wir nahmen uns trotzig vor, den Weg auch mit Übernachtung in Oberweißenbrunn zu bewältigen.

Nachdenklich gingen wir ins Quartier. Waren wir zu sorglos? Hätten wir womöglich alle Unterkünfte vorbestellen müssen? Wir legten uns zum Schlafen nieder. Das sagt sich leicht, ist aber manchmal schwer in die Tat umzusetzen. Reinhard hatte starke Rückenschmerzen vom Tragen seines 12 kg schweren Rucksackes, mir tat rechts das Kreuz weh, ein Leiden, das ich mir vor etwa zwei Monaten beim Schleppen von Bücherkisten zugezogen hatte. Ich durfte mir gar nicht ausmalen, was geschähe, wenn sich mein leichter Hexenschuss, von dem ich zum Glück beim Wandern heute wenig bemerkt hatte, verstärkte. Unser so schön geplanter Weg konnte unter Umständen ein jähes Ende finden. Beinahe gleichzeitig erhoben sich Reinhard und ich des Nachts aus unseren Betten und holten uns je eine Tablette Ibuprofen. Es war eine komische Situation, in Anbetracht dessen, dass wir Santiago in Spanien zu Fuß erreichen wollten. Wir schliefen bald ein, mein Mann aber hatte Albträume, wie er mir am nächsten Morgen erzählte: Wir hätten unsere Wallfahrt abbrechen müssen und zu Hause hätten uns alle ausgelacht.

Zu guter Letzt ...

Um halb acht Uhr bekamen wir ein köstliches Frühstück serviert, mit allem, was die deutsche Küche für diese Mahlzeit zu bieten hat. Sogar ein weiches Ei wurde uns mit fürsorglichen Worten vorgesetzt, so als sei dies die letzte Mahlzeit vor einem Marsch durch Sibiriens Weiten. Unsere Laune, die beim Aufstehen nicht grandios gut gewesen war – spürten wir doch beide leichten Mus-

kelkater –, stieg rapide an nach dem Motto: Neuer Tag, neues Glück. Außerdem konnten wir mit Wohlgefallen feststellen, dass uns auch heute klares, sonniges Winterwetter bei klirrender Morgenkälte geschenkt war. Die Wirtin war froh, uns schon um acht Uhr loszuwerden, hatte sie doch an diesem Tag in Fulda einen Arzttermin, den sie erreichen musste. Wir bekamen viele gute Wünsche mit, als wir uns erwartungsfroh auf den Weg machten.

Trotz der recht erbärmlichen Nacht fühlten wir uns schnell wieder in Form und marschierten zügig aus dem noch menschenleeren Ort hinaus. Die Markierung ging hoch zu einer Mariengrotte, die idyllisch am Rande eines Waldes liegt. Wir beteten nach kurzem Zögern zusammen laut ein „Gegrüßet seist Du, Maria". Ich war erstaunt, wie selbstverständlich uns das von den Lippen kam. Als Pilger wollten wir nicht ein verschämtes Christentum leben – so, wie wir es sonst außerhalb des kirchlichen Raumes praktizierten.

Die Landschaft war nun durchgängig von weiß schimmerndem Schnee bedeckt, die Wege teilweise total vereist. Das frühe Morgenlicht warf blaue Schatten, die kalte Luft atmete sich gut. Ohne unsere Stöcke hätten wir uns aber recht schwer getan. Kleine Rutschpartien konnten immer wieder mit Hilfe des Stockeinsatzes gestoppt und abgefangen werden. Das einsam verwunschene Gichenbachtal, geschmückt mit glitzernden Eiskristallen, wurde durchwandert, schon kam der Aufstieg in Richtung Schwedenschanze. Plötzlich führte die Markierung in einen Pfad, der zunehmend von Schneemassen verweht war. Das Gehen wurde kräfteraubend. Keine Spur war gelegt, der Schnee ging uns streckenweise bis zum Knie. Ich merkte, wie mich das Stapfen im Schnee anstrengte. Wenn das über weite Strecken so weiterging, dann würden wir bald erschöpft sein – ich früher als mein Mann, den dieses kräftezehrende Gehen weniger zu belasten schien. Nach und nach aber führte die Markierung uns zum Glück in ein Terrain, das weniger vom Wind verblasen war. Nun hatten wir uns eine kleine Rast verdient. An einem Bauernhof nahmen wir auf einem Stapel Gummireifen Platz und hüllten uns in unsere Regencapes. Wir hatten Alu-Sitzkissen dabei, die die Kälte von unten abschirmten. Hinter dem Rücken wurde der Rucksack als Windbarriere aufgebaut. So aßen wir unter einigermaßen komfortablen Umständen, umstrahlt von der Wintermittagssonne, unser Brot, das uns die Wirtin in Thalau mitgegeben hatte. Das Trinken aus unseren Aluflaschen war wenig attraktiv, weil unser Mineralgetränk so kalt war – bisweilen glich es bei Temperaturen unter dem Nullpunkt einem Sorbet –, dass ich mir ernsthaft Sorgen machte, ob unsere Mägen nicht dagegen

revoltieren würden, was aber glücklicherweise niemals passierte.

*Nicht gerade gemütlich,
diese Mittagsrast,
jedenfalls anders als gedacht.
Im Freien hocken, knapp über
dem kalten Schnee, eiskaltes Wasser
schlürfen – kein Traum!
Aber rundumher weiße Flächen,
die in der Sonne glitzern und
gleißen, und das Herz aufwecken
zu intensivem Schauen.*

Gestärkt zogen wir über einen hübschen, ansteigenden Waldweg, auf dem wenig Schnee lag, zur Schwedenschanze empor. Siehe da, das Gasthaus war geöffnet. Eine kräftige Erbswurstsuppe machte uns schnell für weitere Anstrengungen fit. Reinhard wollte nun noch einmal wegen des Quartiers auf dem Kreuzberg anrufen. Da unser Handy hier keinen Empfang hatte, gestattete die Wirtin uns als Jakobspilgern großzügig, kostenlos von ihrem Telefon aus anzurufen. „Ja, ein Zimmer ist frei geworden, Sie können kommen!", meinte die Dame vom Kreuzberg. Diese Nachricht wirkte auf uns wie ein Doping. Wie weggeblasen war die Müdigkeit.

Das Lokal auf der Schwedenschanze war faschingsmäßig geschmückt. Gekringelte, bunte Papiergirlanden überspannten den Raum. Heute war Faschingssamstag. Ein Besucheransturm war gegen Abend zu erwarten. Die Wirtin sah dem lustigen Treiben übermüdet und in stoischer Ruhe entgegen. Sie interessierte sich aber sehr für unseren Weg und wünschte uns viel Glück, bat uns, für sie zu beten.

Entspannt konnten wir nun weitergehen. Wir trabten entlang der Fahrstraße bergab und waren recht flott in Oberweißenbrunn, wo wir uns nicht aufhielten, sondern zielstrebig die Skihänge des Arnsberges überquerten, dabei schnell an Höhe gewannen. Hin und wieder sauste ein Skifahrer knapp an uns vorbei. Manchmal knatterten die Ski über eisige Stellen und erinnerten uns an die Zeiten, als wir den alpinen Skilauf intensiv in Tirol betrieben. Uns kam beiden der Gedanke, dass uns der von früher gewohnte Umgang mit Schnee und Eis noch sehr zugutekommen könnte. Nur wenige Höhenmeter waren noch zu überwinden, dann hatten wir das Plateau vor dem letzten Anstieg zum 928 Meter hohen Kreuzberg überwunden, waren nun in einer skifahrerfreien Zone. Ein schöner, ebener

Trampelpfad mit Blick auf den Gipfel ließ uns unbeschwert ausschreiten. Wie schön war diese Landschaft, wie gut fühlte ich mich, durchpulst und durchströmt von Leben und Frische. Mir schien, dass Reinhard schon etwas Sonnenbräune abgekriegt hatte – und ich sicher ebenso.

Ein junges Ehepaar fragte nach unserem Wanderziel. Auch die beiden hatten schon einmal ein Stück des deutschen Jakobsweges gemacht. Ein bisschen wehmütig schauten sie uns an. So ein spannendes Projekt, wie wir es jetzt vor uns hatten, wollten auch sie einmal, viel später, in Angriff nehmen. Außerdem trafen wir auf diesem Stück des Weges zwei Bekannte aus Fulda. Sie waren voll optimistischen Zuspruchs für uns. „Ihr werdet das schaffen", so lautete ihre tröstliche Aufmunterung. Solche Worte kann ein Pilger gut gebrauchen.

Der letzte Anstieg war beinahe geschafft. Er wäre anstrengend gewesen, wenn wir uns nicht dem Ziel nahe gewusst hätten. Ein steiler Waldweg, auf dem uns immer wieder absteigende Ausflügler begegneten, führte uns die letzte Viertelstunde bergan. Und dann traten wir auf die Straße hinaus und waren mit ein paar Schritten an der Klosteranlage. Unsere Etappe war heute mit nur wenig über 20 Kilometern nicht groß gewesen. Relativ frisch erreichten wir also die Rezeption und ließen uns ein Zimmer zuweisen. Sauerkrautgeruch durchströmte wie überirdischer Duft das urige Kloster mit seinen geräumigen Gaststuben. Es war erst halb vier Uhr und noch war unser freundliches, nach Westen gerichtetes Zimmer lichtdurchflossen. Der Rucksack plumpste zu Boden. Ich ließ mich schwer auf das Bett fallen. Schnell die Schuhe von den Füßen gestreift, Mütze ab, Handschuhe aus, Anorak weg! Nun hurtig auf den Gang gelaufen und geduscht, bevor die anderen Hausgäste auch auf diese Idee kamen. Danach lag ich dankbar und entspannt auf dem Bett.

Der zweite Tag ist gut zu Ende
gegangen, wir haben
unser Ziel erreicht.
Was heute am Morgen noch
so schwierig schien,
hat sich wie von selbst geordnet.
Es hätte auch ganz anders kommen
können. Wir sind heil geblieben.
Wir haben ein Zimmer bekommen,
wir haben gutes Wetter gehabt.
Das Wirtshaus auf der
Schwedenschanze hatte geöffnet.
Wir konnten ausruhen.
Freundlichen Menschen
sind wir begegnet.
Sie waren interessiert an uns
und unserem Vorhaben.

Es gab Abendessen im Gästerefektorium, das gut gefüllt war mit fröhlichen Ausflüglern, die hier oben das Wochenende verbringen wollten. Ich befand mich in gehobener Stimmung. Wenn die wüssten, wohin wir gehen – die würden staunen! Dieser Gedanke bereitete mir großes Vergnügen. Kaum hatte ich mich nach dem Essen auf meinem Bett zurechtgerückt, war ich auch schon eingeschlafen.

Fasching, O-Saft und ein Schnitzel

Für mich und für Reinhard war die Nacht perfekt gewesen. Interessant war, dass das gestrige teilweise anstrengende Stapfen im Schnee unsere Blessuren keinesfalls verstärkt hatte. Wenn das so weiterging mit dem steigenden Wohlbefinden, dann würde diese Pilgerfahrt nicht allzu schwierig werden. So dachten wir jedenfalls.

Heute war Sonntag. Wir wollten daher in der Klosterkirche die Messe um halb acht Uhr besuchen. Der Gottesdienst war insofern bemerkenswert, als ein schon älterer Franziskanerpater eine hervorragend gereimte Faschingspredigt über die Feindesliebe hielt. Sie war wirklich amüsant und so machte es uns gar nichts aus, dass wir unser Frühstück erst „après" einnehmen konnten. Wir brachen nicht früher als um neun Uhr auf, bemühten uns aber dafür, eine flotte Gangart einzulegen. Dies gelang auch, solange wir auf dem Bergplateau und auf ebenen Waldwegen waren. Unvermutet jedoch führte die Markierung in einen verschneiten Steilpfad hinab, auf dem anfangs eine einzelne, schon leicht verwehte Fußspur zu sehen war, der wir getreulich zu Tal folgten. Da allerdings unsere Schrittlängen mit der des Spurenlegers nicht übereinstimmten, konnten wir die Tritte nicht wirklich für den Abstieg nutzen. Sie dienten uns nur als Orientierung und gaben uns das gute Gefühl, dass noch ein anderer Verrückter vor uns – vielleicht ein Förster – diesen Weg gegangen war. Mit dem flotten Tempo wurde es nichts, da wir vorsichtig Schritt für Schritt den Berg hinuntersteigen mussten und manchmal durch unter der Schneeauflage verborgenes Ast- oder Wurzelwerk in Unsicherheit gerieten.

Dieses Bergabstapfen glich einem Wintertraum. Eigene Spuren legen können auf unversehrter Schneedecke, Neuland begehen, das gab uns ein besonderes Vorgefühl für das, was auf uns zukommen sollte.

Auf eigene Verantwortung zu gehen,
in einer Jahreszeit,
in der man normalerweise nicht
zum Wandern loszieht,
das beschert uns ein Prickeln, ein
Gefühl von Jungsein und Freude.
Unsere Spur geht ins Ungewisse.
Wo und wann wird sie enden?

Schließlich und endlich erreichten wir wieder ebenes Terrain, der Abstieg vom Kreuzberg durch steile, tief verschneite Hohlwege war gelungen. Knapp vor Langenleiten ging es dann wieder ein großes Stück bergab. Plötzlich meinte Reinhard, dass dieser Weg nicht stimmen könne, es sei auch schon so lange keine Markierung zu sehen gewesen. Ich wollte zunächst diesen Irrweg nicht als solchen wahrhaben, erschien mir doch der Gedanke beinahe unerträglich, das ganze steile Wegstück wieder hochzustapfen. Schließlich musste ich begreifen, dass Umkehr angesagt war. Mit Bleigewichten an den Beinen und auf dem Rücken stapften wir durch den Schnee bergan und fanden auch bald die fehlende Markierung wieder, die uns geradewegs in den hübschen Ort Langenleiten hineinführte.

Natürlich wollten wir einen Kurzbesuch in der Kirche machen und trafen vor dem Portal freundliche Menschen, die uns Salzkekse in Fischform anboten. Soeben war ein Gottesdienst zu Ende gegangen und wir wurden mit großem Hallo als Jakobspilger gegrüßt. Ein junger Mann, der sich als Pastoralreferent der Gemeinde vorstellte, lud uns zu einem Glas Orangensaft ins Pfarrhaus ein.

Wenn die Pfarrer und die anderen Diensttuenden doch wüssten, was es für einen Menschen bedeutet, auf großzügige und warmherzige Vertreter der Kirche zu treffen, und wie viel mehr so eine Einladung bewirkt als die ausgefeilteste Predigt oder das frömmste Gebet!

Dass unser Vertrauen in den Weg jeden Tag ein bisschen mehr gewachsen ist, das haben wir den „Boten Gottes" zu verdanken, die uns immer wieder unterstützten – ganz konkret und selbstverständlich.

Nach dieser belebenden Rast ging es weiter nach Premich, wo wir einigen Faschingswagen begegneten. Ausgelassen feierten alte und junge Dorfbewohner mit lauter Musik und Luftballons, mit Transparenten und unter Gelächter, mit bunt bemalten Gesichtern und schrillen Kostümen. Dies alles war lustig anzusehen und die Leute winkten uns zu und fragten uns, ob wir nicht mitfeiern wollten. In alten Pilgerbüchern kann man immer wieder von Leuten lesen, die ihre Wallfahrt nicht zu Ende führten, weil sie irgendwo hängen blieben, an einem Ort, der einladend war und Bequemlichkeit bot und sie das harte Pilgerleben vergessen ließ. Der Wiederaufbruch wurde dann Tag für Tag verschoben, schließlich ganz ad acta gelegt. Ein ähnliches Schicksal sollte uns nicht ereilen – und schon gar nicht am Anfang unserer Pilgerschaft!

Am Ende des Ortes fanden wir ein geöffnetes Gasthaus – das erste an diesem Tag. Im Laufe unseres Weges haben wir gelernt, die sich bietenden Gelegenheiten zu nützen, denn ein „später" gab es oft nicht mehr. Dies also war der Kairos, der günstige Moment, zusätzlich etwas zu trinken – die Trinkflaschen waren nahezu leer –, einen Faschingskrapfen zu essen und noch einen Espresso draufzusetzen, um die Lebensgeister anzukurbeln. Die freundliche, kostümierte Kellnerin füllte auch für den Weiterweg unsere Trinkflaschen nach. Am Nebentisch saß eine Frau mit traurigen Augen, als Frosch kostümiert. Als sie aufstand, merkte ich, dass sie stark hinkte. Vielleicht hatte sie bei der Auswahl ihres Kostüms an den Froschkönig gedacht, der sich am Ende in einen schönen Prinzen verwandelte.

Ein Mensch hat Sehnsucht danach, anders zu sein, anders gesehen zu werden. Menschen sind gefragt, die anderen Menschen mitten ins Herz sehen und die durch Behinderungen und Defizite hindurch den Schatz im anderen bemerken, das also, was ihn wertvoll und einzigartig macht.

Ein kleines Mädchen sauste als Spinne zwischen den Tischen umher. Sie erfreute sich ihres schauerlichen Kostüms, das einen gewaltigen Kontrast zu ihrem süßen Kindergesicht bildete. Bevor nun die Teilnehmer des Kinderfaschingszuges hungrig und durstig das Lokal stürmen würden, machten wir uns auf – neu belebt.

Hinter dem Ort ging es über vereiste Wege bergan in einen Wald hinein. Trotz des Kaffees fühlte ich mich nicht allzu frisch. Heute war ja der verflixte dritte Tag. Doch im ruhigen, rhythmischen Dahingehen öffnete sich die Seele dem Schweigen und ich vergaß dabei die Strapazen und alles, was dem Körper zu schaffen machte.

Auf einem sonnenüberfluteten Sträßchen ging es nun bergab. Frauenroth lag wunderschön ins Tal geschmiegt, umgeben von dünn beschneiten Hügeln. Ein Besuch in der reizvollen und wertvoll ausgestatteten Kirche war obligatorisch, und wir bestaunten die originellen Sarkophage aus der frühen Gotik, das edle Kreuzrippengewölbe, das Sakramentshäuschen. Immer wieder fiel nach einem noch so kurzen Stopp das sich wieder Aufraffen schwer. Wie gern wäre ich jetzt in der Kirchenbank sitzen geblieben, hätte ein wenig die Augen schließen wollen. Waren aber nach dem Aufstehen die ersten Schritte getan, dann lief wieder alles wie von selbst.

Der letzte Aufstieg dieses Tages wurde in Angriff genommen und wie immer in solchen Situationen fühlte ich mich wie Till Eulenspiegel, der sich beim bergauf Gehen freute, weil es ja nun bald wieder bergab ging. Auf einmal tauchte Stralsbach unter uns auf, als wir die Hügelkuppe überschritten hatten. Ein kleines Zittern noch, ob der Gasthof „Weißes Rössel" wohl ein Zimmer für uns frei haben würde, was glücklicherweise der Fall war. Ansonsten hätte das geheißen, weitere zehn Kilometer bis Bad Kissingen gehen zu müssen.

Ich war riesig erleichtert, diesen dritten Tag gut, ja sehr gut hinter mich gebracht zu haben. Im Stillen hatte ich mir eine Idee zurechtgelegt. Wenn ich die ersten sechs Tage bis Würzburg schaffen würde, dann würde ich auch die ganze Wallfahrt gut zu Ende bringen. Bei meinem Mann zweifelte ich nicht daran, war er doch immer schon ein äußerst zäher Bursche gewesen – beim Marathonlaufen, in den Bergen, beim Skifahren. Meine Leistungen hingegen waren immer recht wechselhaft. Wenn ich hoch motiviert und gut drauf war, konnte ich sehr viel aushalten, war ich aber demotiviert oder etwas angeschlagen, so konnte es schon manchmal ein Leistungstief geben. Hin und wieder hatte ich meinen Mann im Urlaub beim Bergsteigen oder Skifahren verärgert, wenn ich ihm plötzlich erklärte, heute einmal nicht mitzumachen, lieber in der Sonne spazieren, fotografieren oder beschaulich irgendwo sitzen und die Landschaft genießen zu wollen. Diese Möglichkeit, kurz einmal auszuscheren, würde es bei unserer Unternehmung jetzt nicht geben.

Die Gastwirtin war sehr freundlich. Sie fragte uns über den Camino, den Jakobsweg also, aus und bat schüchtern, ob wir ihr aus Santiago eine Karte schreiben würden. Es sei schon einmal eine Jakobspilgerin bei ihr eingekehrt, aber ein Kartengruß sei nie hier in Stralsbach angekommen. Wir versprachen der Frau natürlich, aus Spanien zu schreiben. Um die Adressen, die uns unterwegs gegeben wurden, nicht zu verlieren, schrieb ich diese unten auf unseren Etappenplan, den wir ja täglich in unseren Händen hielten. Wir bekamen als Abendessen ein extra großes Wiener Schnitzel serviert, das ich zwar gierig aß, das mir aber schwer im Magen ruhte und meine Nacht zu einer derjenigen werden ließ, in denen ich kaum Schlaf fand. Das zusätzliche Dröhnen von Kirchenglocken im Halbstundentakt war dem Projekt „Schlafen" auch nicht gerade förderlich.

Trimm-Dich-Pfad, Literatur und Retsina

Eigentlich hatte die Wirtin wegen der faschingsmäßigen Übermüdung heute länger schlafen wollen. Vor neun Uhr sollte es kein Frühstück geben. Unsere flehenden Blicke jedoch ließen ihr Herz schmelzen und sie bot uns ein Frühstück um acht Uhr an, in Anbetracht dessen, dass wir über Berg und Tal bis ins fränkische Poppenhausen gehen wollten und die Tage ja noch kurz waren. Sie erklärte uns, dass auf dem Waldstück vor Bad Kissingen Holzarbeiten im Gange seien, dass das Gehen daher schwierig werden könnte. Mit dieser Prognose sollte sie recht behalten. Zahlreiche gefällte Bäume lagen samt ihren Kronen kreuz und quer über dem Wanderweg, sodass ein kräftezehrendes Überklettern oder Umgehen vielfach nötig wurde. Ich kam mir wie eine Pionierin der Bundeswehr vor. Mit unseren schweren Rucksäcken galt es immer wieder zusätzliche Leistungen zu erbringen. Da durch die Holzarbeiten wohl einige Markierungen ausgefallen waren, gerieten wir auf einen falschen Weg und kamen so recht erschöpft, das letzte Stück auf vereisten Waldwegen dahinschlitternd, erst nach drei Stunden in Bad Kissingen an. Durch die Anstrengungen aufgerieben trotteten wir schließlich müde dahin und waren uns der Tatsache bewusst, dass wir erst ein Drittel des heutigen Weges zurückgelegt hatten. Es war also notwendig für uns, dass wir uns vor dem Weitergehen stärkten.

An der Saale fanden wir ein offenes Lokal, wo wir unseren Flüssigkeitsbedarf ergänzen und ein Stück Kuchen zu uns nehmen konnten. Mehr zu essen wagten wir nicht, war doch das Gefühl eines vollen Magens kein guter Wegbegleiter, wie wir aus Erfahrung wussten. Als wir uns in dem Lokal umsahen, in dem ein freundlicher, glutäugiger, junger Mann bediente, merkten wir, dass an den Wänden Texte in arabischer Schrift hingen. Da waren wir als christliche Pilger wohl in ein muslimisches Lokal geraten. Als der Mann uns fragte, wohin wir denn mit unseren großen Rucksäcken wandern wollten, sagten wir ihm, dass wir Pilger seien – Jakobspilger. Er wurde daraufhin ausnehmend freundlich. Auch er sei schon gepilgert. Mit herzlichem Handschlag wurden wir verabschiedet.

Ich denke, dass der Moslem ein gläubiger Mensch war – und Gläubige, egal welcher Religion, verstehen einander immer gut.
Denn sie alle haben ein gemeinsames Ziel.

Sie alle sind auf der Suche und kennen die eigene Unwissenheit.

Zunächst ging es recht anstrengend dahin, mit größeren Aufs und Abs. Schließlich erreichten wir durch ein hübsches, ebenes Waldstück, an dessen Wegrändern immer wieder Tafeln mit Waldgedichten berühmter Schriftsteller zum Lesen einluden, eine Hochfläche. „Der Wald steht schwarz und schweiget ..." von Matthias Claudius schwang noch in mir nach. Auch heute schwieg der Wald, aber es war ein lebendiges, belebendes Schweigen, in das er sich hüllte, in das er uns hüllte. Der Wald hatte uns in sein Schweigen aufgenommen, gastfreundlich, wohlwollend, freigiebig. Von ihm ging große Kraft aus, von der wir profitieren konnten, wenn wir uns der mit Energie geladenen Natur nicht verschlossen.

Plötzlich tauchte ein Mann in unserem Gesichtsfeld auf. Gab es überhaupt noch Menschen außer uns auf diesem Weg? Wir hatten seit Kissingen noch keinen einzigen getroffen. Der Mann strahlte vor Gutmütigkeit, was durch sein rundes, frisch gefärbtes Gesicht noch unterstrichen wurde. Sein fränkischer Dialekt war unüberhörbar, als er uns ansprach: „Soll ich euch net im Auto mitnehmen? Ihr seids heit scho gnug gangen!" Schweren Herzens lehnten wir das freundliche Angebot ab, mussten ihm aber genau erklären, wohin wir gehen wollten. Dass wir nach Spanien gingen, überraschte ihn nicht besonders, er hatte vom Jakobusweg schon gehört. Noch lange winkte der Mann uns nach.

Im sonnenbeschienenen Poppenhausen des Frankenlandes fühlten wir uns wie Triumphatoren, als wir dort Einzug hielten. Eine lange Etappe war gut bewältigt. Schlagartig fiel bei mir jegliche Müdigkeit ab, als wir den Ort betraten – ein seltsames Phänomen, das sich bei mir stets bei Erreichen des Etappenzieles einstellte, wahrscheinlich durch den Adrenalinstoß der Freude über das Erreichte. Die Jakobusstatue außen an der satt gelb getönten Kirche fiel uns sofort ins Auge, wie ja überhaupt ein Jakobspilger alles registriert, was mit dem Weg zusammenhängt. Jeder Bildstock, jede Muschel, jeder Stern – der Jakobsweg ist ja der Sternenweg –, jede Jakobuskirche, jede Kirche überhaupt, jede Kapelle, jedes Markierungszeichen werden besonders wahrgenommen. Auch die Natur mit ihren kleinen und großen Wundern begann uns immer mehr zu interessieren und schien Tag für Tag mehr zu uns zu sprechen.

Eiskristalle, Sonnenreflexe, dunkle Nadelbaumgipfel, Grasbüschel, die aus dem Schnee ragen, das Knacken der Äste im Walde, der Schrei von Vögeln, die Reinhard immer zu identifizieren sucht – alles ist wichtig.

Es stellte sich heraus, dass keines der drei möglichen Quartiere Zimmer anzubieten hatte. Die erste Pension war durch hier logierende Gastarbeiter ausgebucht, das große Gasthaus war geschlossen und die dritte Möglichkeit existierte nicht mehr. Entmutigt gingen wir in eine griechische Kneipe hinein. Ob hier wohl etwas von einer nahen Übernachtungsmöglichkeit bekannt war? Der südländisch aufgeschlossene Wirt runzelte die Stirn und fragte verschiedene Gäste, die still-vergnügt ihr Bier genossen und uns und unsere Rucksäcke neugierig beäugten und immer wieder von oben bis unten musterten. Aufgeregt kam der Wirt auf uns zu. In Ebenhausen, einige Kilometer entfernt, aber nicht auf dem Jakobsweg, gäbe es eine Möglichkeit zu übernachten. Die dortige Wirtin könne uns abholen und morgen früh wieder hier absetzen.

Um dem netten Griechen Freude zu machen, bestellten wir noch schnell jeder ein Glas Retsina. Was der Wirt uns dann brachte, war nicht ein Glas voll des geharzten, griechischen Spezialgetränkes, sondern ein Weinquantum in Riesenpokalen, das beinahe einer Maß Bier auf der Münchener Wiesen entsprach. Den ganzen Tag über hatten wir nur wenig gegessen. Ich merkte, wie der Wein mir beinahe augenblicklich zu Kopfe stieg. Als die sehr freundliche Wirtin aus Ebenhausen vor der Gaststätte hielt, um uns abzuholen, fühlte ich mich wie in einem Vollrausch. Ich konnte mich kaum mehr gerade halten, geschweige denn ein vernünftiges Wort reden. Reinhard bugsierte mich ins Auto und übernahm das Gespräch. Wie dankbar war ich, als ich, mich mühsam mit meinem Rucksack die Treppe hochhangelnd, das wunderschöne Zimmer erreichte, das als Studio deklariert war. Nach dem Duschen und Umziehen sank ich aufs Bett, von dem mich nur der Hunger wieder wegtrieb, der uns hurtig den Speiseraum im Untergeschoss aufsuchen ließ, in dem wir uns stärken konnten, und in dem sich bei mir wieder ein einigermaßen normaler Gleichgewichtssinn einstellte. Mein Schlaf war durch bleierne Tiefe charakterisiert.

Das Leid

Der Weg in Deutschland war unter anderem dadurch gekennzeichnet, dass wir, da wir ja in unserer Muttersprache parlieren konnten, viele Gespräche führten. Sie haben sich mir eingeprägt, und ich denke, dass sie mich vieles gelehrt haben. Als wir des Morgens bei zehn Zentimeter Neuschnee von Poppenhausen aus losstapften und nach kurzer Zeit Euerbach erreichten, grüßte uns ein älterer, verhärmter Mann sehr freundlich. Ob wir Jakobspilger seien? Das hätte er sich schon gedacht. Dann mit verschmitztem Lächeln: Ob wir prominent seien? Wir verneinten verwundert und amüsierten uns sehr, als der Mann damit herausrückte, er habe Reinhard für den Fuldaer Bischof gehalten, der doch dieses Stück des Jakobsweges vor kurzem eingeweiht habe. Der Oberhirte habe genau so einen Anorak

getragen wie Reinhard. Als die Personalien geklärt waren, begann der Mann unvermittelt zu weinen. Seine Frau habe Parkinson im Spätstadium, er leiste die Pflege ganz allein und heute sei sein Geburtstag. Beinahe wären auch wir in Tränen ausgebrochen. Dieser jetzt schon überforderte Mann würde seine Frau bis zu ihrem Ende weiterpflegen und dabei körperlich und seelisch über seine Grenzen hinausgehen müssen. Wir wünschten dem Mann in unserer Hilflosigkeit alles Gute und versprachen, ihn und seine Frau in unsere Gebete einzuschließen. Der Mann begann noch mehr zu weinen und verabschiedete uns mit herzlichem Händedruck, indem er uns eine glückliche Wallfahrt wünschte. Schweigsam setzten wir unseren Weg bis Eckartshausen fort.

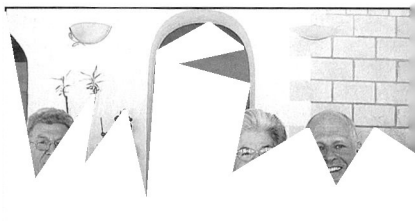

Wir können vieles nicht verstehen –
darüber nachzudenken nützt nichts.
Wir können nur für das
Erfreuliche dankbar sein,
das Schmerzliche aber,
die andere Seite des Lebens
müssen wir annehmen wie
trockenes Brot und schales Wasser.

Die berühmte Kirche in Geldersheim war in Renovierung, nirgends gab es ein offenes Lokal, um irgendwo einige Minuten die Beine ausstrecken zu können. In einer Bäckerei konnten wir eine Tasse Kaffee bekommen, die wir im Stehen tranken. Ach, dachte ich mir, wäre doch die Kirche offen, dann könnten wir uns wenigstens in eine Kirchenbank setzen. Eine Frau sprach uns an, so als hätte sie Gedanken lesen können. „Möchten Sie vielleicht bei mir zu Hause einkehren und sich etwas stärken und ausruhen? Ich wohne allerdings ziemlich weit außerhalb des Ortes." Wir bedankten uns hocherfreut, beschlossen dann aber nach einigem Überlegen, doch weiterzuwandern, keinen zusätzlichen Umweg zu der heute großen Etappe von 30 Kilometern in Kauf zu nehmen. Das Seltsame war, dass uns schon das Angebot aufmunterte. Ja, es ist Freundlichkeit, die uns Menschen stark macht. Würden wir einander doch öfter auf diese Weise Kraft verleihen und uns nicht gegenseitig durch Muffigkeit und Desinteresse den Lebensmut dämpfen!

Nach langem Stapfen durch ungespurten Schnee mit teilweise für uns unsichtbaren, an Bäumen windverblasenen Markierungen, die uns einige Umwege eintrugen, erreichten wir das Dorf Eckartshausen. Müde stapften wir die Straße entlang, an der eine Frau den Bürgersteig vom Schnee befreite. Freundlich lud sie uns in ihr Haus ein. Sie würde uns etwas Warmes zu trinken geben. Für Pilger habe sie immer etwas übrig. Diese Anrede kam gerade im richtigen Moment. Erleichtert folgten wir der Frau, die geschäftig vor uns hereilend, dicke Pappe auf den Boden legte, damit wir unsere Schuhe beim Betreten der guten Stube nicht

ausziehen brauchten. Schnell wurde uns heißer Tee gereicht, Kekse angeboten, Bonbons zugesteckt und beim Verlassen des Hauses ein Kreuzchen mit Weihwasser auf die Stirn gezeichnet. Vielleicht war es gerade dieses Segenszeichen der Frau, das uns über Wasser hielt, als wir in schwierige Situationen kamen. Wer weiß das schon? Auch das Haus dieser hilfsbereiten Frau war nicht von Leid verschont geblieben. Der Mann war nach einem schweren Unfall arbeitsunfähig und konnte die Schmerzen nach mehreren schlecht verheilten Wirbelbrüchen nur durch ein Stützkorsett und starke Schmerzmittel ertragen. Die beiden nahmen diesen Zustand als etwas zu ihrem Leben Gehöriges an. Sie waren nicht verbittert, sondern von einem tiefen Gottvertrauen erfüllt. So, wie ihr Leben war, so war es eben. Das sollte so sein, aber sie hatten doch auch viel Freude, vor allem, wenn sie anderen helfen konnten. Die gutmütigen Gesichter der beiden strahlten bei diesen Worten und unterstrichen den Wahrheitsgehalt ihrer Aussagen. Ich muss nicht eigens erwähnen, wie wohl uns dieser Aufenthalt in dem kleinen, warmen Häuschen tat, das wir im Grunde nur schweren Herzens verließen, obwohl es uns andererseits drängte, die Etappe ordnungsgemäß und nicht zu spät zu beenden.

Das Ende des langen Tages bestand darin, dass wir von der Markierung abkamen und plötzlich einen ungespurten Steilhang hinaufkeuchen mussten, als eben die Sonne glutrot, den Schnee in märchenhaftes Licht tauchend, vor uns unterging. Zum Glück erwanderten wir noch bei letztem Licht die Landstraße, auf der nur mehr ein halbes Stündchen zu gehen war, bis wir bei Dunkelheit den Ortsanfang von Gramschatz erreichten.

Am Aschermittwoch durch die Weinberge nach Würzburg

Da die Wirtin wegen ihrer Übernächtigkeit nach dem Faschingsdienstagstreiben erst um 9.30 Uhr Frühstück anbot, ergab sich für uns die Gelegenheit, auch einmal ein gemeinsames Morgengebet auf unserem Zimmer zu halten. Der Frühstückstisch unten in der Wirtsstube war reich gedeckt, es gab Marmelade, Brötchen und verschiedene Wurstsorten. Die Wirtin blickte uns ein wenig abfällig an und meinte: „Do is a Wurscht, oba am Aschermittwoch essen miiia kaa

Wurscht". Trotzig beschlossen wir, auch keine Wurscht zu essen, so fein sie auch in Form von Schinken, Leberwurst und Lyoner zu uns herduftete. Schließlich ist nur einmal im Jahr Aschermittwoch – die Ausnahmebestimmungen für Reisende, Alte und Schwache erschienen uns in unserem Fall als nicht zutreffend. Wir waren keine Reisenden, wir waren Pilger. Noch etwas ist erwähnenswert. Die Wirtin gab uns eine Postkarte zum Unterschreiben für den kranken, alten Küster von Gramschatz, den wir einmal kennengelernt hatten und der uns mit großer Freundlichkeit begegnet war. Nun lag er im Krankenhaus, würde wohl nie mehr hochkommen. So verrinnt die Zeit. Noch im letzten Jahr war der Mann quicklebendig gewesen und hatte uns mit Lebhaftigkeit die Kirche gezeigt, als wir sie einmal auf einer Kurzwanderung besuchten.

Zweige mit riesigen Reifkristallen zierten die Bäume der traumhaft schönen, verschneiten Waldwege, die mühsam zu gehen waren. In der Folge versäumten wir, wohl wegen einer vom Schnee verwehten Orientierungstafel, die Abzweigung nach Rimpar, mussten den viel längeren Weg über Güntersleben gehen. Mich überfiel urplötzlich Verzweiflung. Wenn wir uns nun jeden Tag verirrten und immer unsere 30 Kilometer und mehr machen müssten, würden dann meine konditionellen Reserven durch das kräfteraubende Stapfen im Schnee nicht bald aufgebraucht sein? Wie vermessen war ich eigentlich, mir einen Weg von gut 3000 Kilometern, die sich durch die beiden geplanten spanischen Alternativrouten ergeben mochten, zuzutrauen?

Durch Reinhards Stoppen eines Autofahrers vor Veitshöchheim, der sich als ortskundiger Förster entpuppte, erfuhren wir von einer angeblich kürzeren Route, auf die wir uns nur zögerlich einließen, die uns aber recht schnell auf einen Höhenweg führte, von dem aus Würzburg schon zu erahnen war.

Weitere Aufmunterung kam von einem Mann, der joggend bei uns anhielt und auf mich wie ein Künstler, ein Schauspieler vielleicht, wirkte. Jedenfalls sprach er ein lupenreines Deutsch und verwendete einen äußerst gewählten Wortschatz. Dies hörte sich so an: „Darf ich fragen, woher und wohin des Weges? Respekt, gnädige Frau. Aber auch ich bin Läufer!" Winkend und grüßend, sich noch einmal umdrehend, zog er davon. Diese Begebenheit wirkte auf uns wie ein kräftiger Espresso, weil wir die Ausdrucksweise lustig fanden und weil der Mann im Gespräch so viel Interesse an unserer Pilgerschaft gezeigt hatte. Innerlich erheitert erreichten wir bei strahlendem Sonnenschein und nur mehr spärlich beschneiten Ackerflächen ein Kapellchen, an dem wir kurz innehielten. Zahlreiche Würzburger Bürger nutzten den herrlichen Tag zu einem Spaziergang. Mit einem

Ehepaar kamen wir ins Gespräch. Der Mann zog ein Blatt Papier und einen Kugelschreiber aus der Tasche und zeichnete uns den kürzesten und, wie er sagte, schönsten Weg nach Würzburg auf. So kam es, dass wir zwischen Weinbergen auf teilweise vereisten, aber am Rande doch begehbaren Stufen bergab wandelnd direkt ins Herz von Würzburg kamen – ohne die langen Mühen vorstädtischer Asphalttretereien. Der Bezug des Hotels, in dem wir einen Rasttag einlegen wollten, um die Werke des Meisters Riemenschneider auf der Marienburg zu bewundern und uns auszuruhen, glich für mich einem Fest. Nachdem wir heute auf der ganzen Strecke keine einzige Rast hatten einlegen können, uns nie ein Weilchen hinsetzen konnten, gab es jetzt die Entspannung pur. In meinen Reiseaufzeichnungen steht: „Bin froh, hier zu sein. Gott sei Dank!" Der Tag wurde mit einem Gottesdienst zum Aschermittwoch, welchen wir in einer Kappelle des Seniorenstiftes des Juliusspitals erlebten, und mit einem köstlichen Abendessen, das aus Lachs, Kartoffelpuffern und Dillsauce bestand, beendet.

Ein Rasttag

Es gibt einen Kindervers: „Was macht die Maus am Donnerstag? – Dasselbe wie an jedem Tag." Schon als ich des Morgens erwachte, stieg in mir das wohlige Bewusstsein auf, meinen armen Schultern den Rucksack heute nicht zumuten zu müssen. Heute war kein Tag wie jeder andere, wenngleich Donnerstag, der Tag nach dem Beginn der Fastenzeit. Wir hatten etwas länger geschlafen als an den Tagen, da wir „on Tour" waren. Das Frühstück wurde genussvoll und langsam eingenommen. Unsere Gesprächsthemen waren belanglos. So zum Beispiel interessierte es uns sehr, ob die Damen am Nebentisch wohl Japanerinnen oder Chinesinnen waren und woran, wenn überhaupt, man das erkennen könne. Da wir die Frage nicht klären konnten, machten wir uns frohgemut, mit unseren Fotoapparaten bewaffnet, durch die regenfeuchte, heute nebelverhangene Stadt zum Mainfränkischen Museum auf. Wie schön war der Blick von dort oben über die ehrwürdige Stadt am Main. Die Exponate des Museums wirkten auf mich ganz intensiv. Die Skulpturen des Meisters, der für mich einzigartig ist wie Michelangelo, mir sogar noch mehr als dieser zusagt, bewegten mich sehr, obwohl ich sie doch schon vor Jahren gesehen hatte. Wie war es möglich, aus Holz und Stein etwas so Subtiles, Lebendiges zu schaffen? Mir kam in den Sinn, dass ich vielleicht durch unser bislang sechstägiges Gehen schon ein wenig aufnahmefähiger und aufnahmebereiter geworden war. Als der Saalwart unser andächtiges Staunen über den Ausdruck der Apostel- und Mariengestalten bemerkte, kam er zu uns und sagte mit strahlenden Augen: „Es gibt nichts Schöneres als diese Werke." Sodann erzählte er uns die abenteuerliche Auffindungsgeschichte einer Marienskulptur. Es war, als würden wir einander schon länger kennen – er, der untersetzte, väterliche Mann, und wir Fuldaer Pilger.

Wir besichtigten einige Gotteshäuser und fanden hinten in einer Nische der Salesianer-Kirche einen Pilgerstempel, mit dem wir unseren Würzburger Aufenthalt in unseren Pilgerpässen dokumentieren konnten. Dem Pilgerbuch entnahmen wir, dass sich dieses Jahr schon eine Person vor uns auf den fränkischen Teil des Jakobsweges begeben hatte. Wir entzündeten Wachslichter für verschiedene Anliegen, besonders für die unserer drei Kinder mit ihren Familien. Der Kerzenschein sollte unseren stillen Gebeten Nachdruck verleihen, einen feierlichen Rahmen bilden.

Kleiner Mittagsimbiss, Siesta, Wäsche waschen, Post erledigen, Vespergebet, Abendessen im Bürgerspital. Ganz spannend fand ich dort die Atmosphäre. An den schweren, blanken Holztischen saßen, meist solo, schweigsam einige Menschen. Jedes einzelne der markanten Gesichter erzählte eine Lebensgeschichte. Angst, Bedrängnis, Einsamkeit, Isolation, Nachdenklichkeit, Resignation und Originalität, Extravaganz und Begabung kamen in diesen Zügen, in diesen Haltungen zum Ausdruck. Die Menschen nippten aus ihren dicken Römern den gelbgrün schimmernden Frankenwein, hielten sich an ihren Gläsern fest, blickten in sich hinein oder in unauslotbare Ferne und wirkten auf mich wie Lebewesen, die sehnlichst darauf warten, aus der Verpuppung in das Stadium des Schmetterlings zu gelangen.

Ein einfacher Tag

Ich hatte schlecht geträumt. Sah mich auf dem Boden liegen. Hoffentlich entsprach dieses Bild nicht meinem wahren Zustand, über den ich mich vielleicht schönfärberisch hinwegtäuschte. Die Heldensaga vom Fuldaer Arztehepaar, das nach der Pensionierung zu Fuß eine Dankwallfahrt von Deutschland aus bis ans Apostelgrab des Jakobus im spanischen Santiago machte – würde sie nicht in einer Blamage enden? Wenn ich an diesen und an ähnliche Träume von Reinhard und mir denke, dann wird mir erst so richtig klar, wie gefährdet unser Unternehmen war, wie schnell es hätte ein abruptes Ende nehmen können. Mein leichter Hexenschuss rechts hatte mich noch immer nicht verlassen. Manchmal hatte ich nachts Schmerzen, von denen ich aufwachte. Ich hole mir dann eine Tablette Paracetamol oder Aspirin, um einige Stunden entspannten Schlafes zu ergattern. Reinhard war noch ärmer dran. Seine Verspannungen im oberen Rückenbereich machten ihm Tag und Nacht zu schaffen, der eine Fuß schmerzte auf der Sohle. Kälte, Feuchtigkeit, zu kurze Rasten und die schweren Rucksäcke trugen nichts dazu bei, die an sich harmlosen Beschwerden zum Abklingen zu bringen. Wie verrückt waren wir eigentlich? Auf einfachem Uferweg den Main entlang nach Ochsenfurt gelangt, ergab sich für Reinhard die erste Schuhreparatur. Er musste sich bei einem Schuster die schief getretenen Absätze erneuern lassen. Ein altes Pilgerhospital mit einem schönen gotischen Tympanon, das die Taten der heiligen Elisabeth darstellt – unter anderem die Labung und Pflege von Pilgern –, erfreute unser Herz. Wir waren in das bezaubernde Fachwerkstädtchen am Main über die ebenso reizvollen Orte Randesacker und Eibelstadt gelangt. Eine wunderbare Nikolauskirche mit prächtigen Tafelbildern, die die Gefahren für mittelalterliche Wallfahrer auf ihrem Weg darstellen, eine Kreuzigungsgruppe aus der Riemenschneider-Schule und ein gemütliches Konditoreikaffee bildeten auf dieser Wegstrecke meine größten Eindrücke.

Ja, früher war das Pilgern eine Sache auf Leben und Tod gewesen. Von den Bildtafeln inspiriert, kam mir die biblische Geschichte in den Sinn: „Ein Mann fiel unter die Räuber ..." Wenn dann kein barmherziger Samaritaner des Weges kam, war man verloren. Ein Charakteristikum des Pilgerns ist es unter anderem ja auch, ein Leben des Ausgesetztseins, der Unsicherheit zu führen. Gestern wie heute sind wir auf Menschen angewiesen. Wir müssen vertrauen, sonst sollten wir lieber zu Hause bleiben.

Sturmtief

Der Wetterbericht vom Vortag sollte sich bewahrheiten. Der Aufbruch am Morgen erfolgte unter bis jetzt ungewohnten Bedingungen. Es regnete und wehte. Das Wehen wurde immer heftiger und steigerte sich bis zum Sturm. Zu Mittag suchten wir Schutz in einem offenen, zugigen Unterstand zwischen riesigen, etwas modrig duftenden Strohballen. Nach ein paar Bissen Brot und einigen Schlucken aus der Flasche begaben wir uns fluchtartig nach wenigen Minuten des Ausstreckens und Entspannens der Beine wieder auf den Weg. Das Wetter wurde immer unfreundlicher, uns fröstelte und ein Nachtquartier war noch weit. Zwischen den Grasbüscheln am Rand des Weges, auf dem sich immer wieder kleine Wasserpfützen bildeten, formierten sich Inseln von körnigem Schnee. Es wurde also kälter. Die Windböen zerrten an unseren knatternden, uns umwehenden Regencapes. Wurde das Land offener, dann pfiff der Sturm wie mit Peitschen gegen uns an, sodass wir uns einige Male bemühen mussten,

die Balance zu halten und nicht in den Straßengraben zu taumeln. Die Lage war misslich – ohne Zweifel. Wir durchschritten Gollachostheim, in dem wir ein Gasthaus erwartet hatten, aber diesbezüglich herb enttäuscht wurden. Leise Resignation stieg in mir hoch. Ich war müde, durchnässt und durstig – vor allem aber musste ich dringend aufs Klo. Die freie Wildbahn kam als Toilette bei diesem Wetter nicht in Frage. Ein Bauernhof tauchte auf. Davor machte sich ein Bauer an etwas zu schaffen. Gerade wollte er ins schützende Haus zurückgehen, als Reinhard mit unserer Bitte an ihn herantrat. Der Mann sah uns freundlich und erschrocken an. Bei diesem Wetter unterwegs zu sein! Wir durften ins Haus gehen und uns erholen. Die Bäuerin holte für uns Getränke – warme und kalte. Nach einem kurzen, prüfenden Blick auf unseren durchnässten und durchfrorenen Zustand holte sie noch fette Krapfen aus der Küche, die wir heißhungrig verspeisten. Das Ehepaar setzte sich zu uns, stellte uns Fragen zur Jakobuswallfahrt. Der sympathische, noch jüngere Mann sagte, er sei zwar nicht gläubig, aber wir sollten an ihn und seine Familie in Santiago denken. Sein Rücken war durch die schwere Arbeit ruiniert, dauernd hatte er Schmerzen, wie er trocken und ohne Pathos erwähnte. Er und seine Frau schenkten uns herzerwärmende Fürsorge. Auch hatten uns der belebende Kaffee und die behagliche Innentemperatur schön eingeheizt, sodass wir nun den Aufbruch wagen konnten. Wir hatten erfahren, dass im nächsten Ort, in Gollhofen, ein Gasthof mit Bettentrakt existierte. Wir versprachen dem Bauern beim Abschied, eine Karte aus

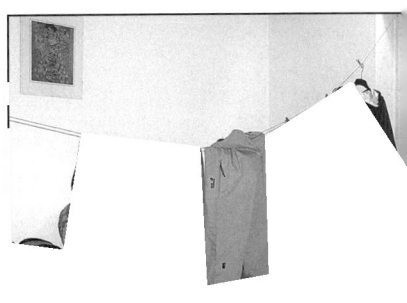

Santiago zu schreiben – und haben dies im Juni in die Tat umgesetzt.
Als wir nach etwa insgesamt 29 Kilometern das gastliche Wirtshaus erreichten und tatsächlich ein Zimmer zugewiesen bekamen, waren wir richtig glücklich. Zunächst wurde von Reinhard eine Wäscheleine quer durch das Zimmer gespannt. Im Anbringen der Schnur war mein Mann höchst erfinderisch. Tür- und Fenstergriffe, Schrankscharniere und Lampenhalterungen wurden als Befestigungspunkte benützt. Praktisch unser gesamtes Outfit war heute durchnässt. Selbst die Regenhosen hatten nicht ganz dicht gehalten. So sah es nach kurzer Zeit in unserem Zimmer malerisch und chaotisch aus mit all den zum Trocknen aufgehängten Klamotten. Nur wenn wir uns bückten, konnten wir den Raum verlassen.
Am Abend gingen wir mit großen Erwartungen in die Gaststube. Der Wildschweinbraten, den ich mir bestellt hatte, erschien mir aber geschmacklich irgendwie seltsam. Nach einem Probierbissen musste ich passen. Nur die Knödel und der Salat kamen mir „clean" vor. Ich war vielleicht verwöhnt – aber ich empfand

ein richtiges Grausen vor diesem Wildbraten. Dem netten Wirt sagte ich, um ihn nicht zu kränken, dass ich zu müde sei, um so viel zu essen. Und in gewisser Weise stimmte das auch.

Inzwischen ging draußen vor den bergenden Mauern des Wirtshauses ein starkes Wintergewitter unter lautem, schepperndem Krachen nieder, das von heulenden Sturmböen begleitet war, die die Fenster in gewissen Abständen leise erzittern ließen.

Fazit des heutigen Tages:
Es ist nicht selbstverständlich für
einen gut situierten Mitteleuropäer,
der sich gegen alles möglichst
absichert, der sein gutes
Auskommen hat,
der Geld spendet, aber selbst nie
etwas von anderen braucht –,
bitten zu müssen.
Wie schrecklich müsste es sein,
dachte ich früher, auch einmal
zum Bittsteller zu werden,
etwas zu benötigen, bei Fremden
anzuklopfen, vor der Tür zu stehen,
nicht zu wissen, ob man
erwünscht ist. Befremdete,
prüfende Blicke aushalten.
Dreckige Schuhe, ungepflegte
Frisur, strapaziertes Aussehen
vorführen.
Wie sollen die Leute wissen,
wer man ist?

Ich denke, dass die Leute gar nicht
wissen müssen, wer man ist,
ja, sie sollten es sogar nicht wissen.
Die, die uns freundlich
aufgenommen und geholfen haben,
und es waren viele, sagten sich
einfach: Da sind zwei Menschen
und sie brauchen uns.

Tiefe Eindrücke

Eigentlich hatten wir am Vortag bis Uffhausen kommen wollen, so galt es, da wir uns beide gut und erholt fühlten, diese fehlenden vier Kilometer der heutigen Etappe, die nach Rothenburg ob der Tauber führen sollte, dem Tagespensum zuzuschlagen, das sich somit auf 33 Kilometer erhöhen würde. Hochmotiviert zogen wir los und kamen im Eilschritt auf einem bequemen Radfahrweg bis Uffhausen. Langsam zog sich der am Morgen golden gefärbte Himmel wieder zu, Schneeschauer begleiteten unseren Weg, der nun über matschige Waldpfade führte. Nirgends gab es eine Einkehrmöglichkeit, unser Frischebonus vom Morgen war bereits aufgebraucht. Im Freien hinsetzen – unmöglich. Ich begann zu träumen. Wenn da plötzlich ein offenes Gasthaus auftauchte und ich könnte heißen Tee trinken – das wäre das Paradies! Als wir eine Straße überquerten, blieb eine Autofahrerin bei uns stehen und fragte uns, ob sie uns ein Stück mit dem Auto mitnehmen sollte. Unsere bedauernde Absage – wir seien Fußpilger – nahm sie etwas verständnislos, jedoch mit Respekt an. Unsere Hoffnung konzentrierte sich nun auf das nächste Dorf, das wir in einer Haltung des Zweckpessimismus durchschritten – waren wir doch in Bezug auf offene Wirtshäuser bisher meist enttäuscht worden. Ja, es gab in dem langgezogenen Ort ein Gasthaus, aber als wir die Klinke niederdrückten, fanden wir die Tür versperrt. Das hatten wir eigentlich erwartet. Schon wollten wir weiterziehen, da hörten wir hinter unserem Rücken, wie ein Schlüssel im Türschloss gedreht wurde. Ein hagerer, älterer Mann fragte, ob wir einkehren wollten. Eigentlich habe er ja geschlossen, aber für uns wolle er eine Ausnahme machen – schwerbepackt, wie wir seien.

Gut war es, die Rucksäcke abzunehmen und sich auf einen Stuhl zu setzen, sich nicht an eine Hauswand oder geschlossene Scheune lehnen zu müssen. Nachdem der Wirt uns zu unserem Weg befragt hatte, begann er von sich zu erzählen, während er uns Suppe heiß machte und Getränke vorsetzte. Seine Frau sei vor drei Jahren gestorben. Vorher habe er die Krebskranke acht Jahre lang gepflegt – und das neben seiner Tätigkeit im Wirtshaus. Er hielt inne im Erzählen und rannte einige Male aufgeregt in der Stube auf und ab, so als wollte er Kraft schöpfen für das, was nun kam. Er habe seiner Frau einen Lifter gekauft, damit sie zwischen den beiden Etagen hin und her fahren könne. Das habe gut funktioniert. Eines Tages sei die Frau vom Lifter gefallen und an den Folgen einer Hirnblutung gestorben. Der Wirt erzählte wild gestikulierend in ungeheuer schnellem Tonfall. Seine Augen waren weit aufgerissen. Er hatte das Ereignis noch längst nicht verkraftet, das konnten wir deutlich erkennen. Wie sollten wir die richtigen Worte finden? „Sie haben doch alles für sie getan, Sie sind nicht schuld an dem Unfall, Sie haben Ihrer Frau viel Liebe erwiesen, wer weiß, wie viel sie noch hätte leiden müssen ..." Wie banal klang das alles. Wir merkten es schon im Aussprechen. Besser hätten wir geschwiegen. Wir konnten dem Mann seinen Schmerz nicht wegreden, aber wir konnten ihm zuhören, ihm bestätigen, dass er ein wirklich schweres Leben gehabt hatte und noch immer eine Last mit sich schleppte, wir konnten ihn würdigen in seinem Schmerz, ihn ernst nehmen. Der Mann begann zu weinen. Er habe niemanden, mit dem er sprechen könne. Verstohlen wischte er sich die Tränen ab und lächelte uns zu, als wir uns herzlich für seine Freundlichkeit bedankten. „Betet für mich", sagte er und winkte uns nach, bevor er die Tür des Wirtshauses wieder zusperrte.

Manchmal, wenn mir unterwegs all die schweren Schicksale von Menschen durch den Kopf gingen, hatte ich das Gefühl, sie alle in meinem Rucksack mitzutragen. Ich vermeinte, ihre Last fast körperlich zu spüren. Ich versuchte dann für diese Menschen zu beten – still für mich auf dem Weg oder mit meinem Mann im Quartier, aber eine gewisse Kleingläubigkeit packte mich doch öfter.

Wieso soll Gott auf mich hören, wo doch all diese großartigen Gebete in den Kirchen tagtäglich in den Fürbitten zum Himmel steigen, für alle Kranken, alle Armen, alle Sterbenden, alle Priester, aber auch alle Familien ...
Es gibt eigentlich niemanden, der bei solchen Rundumschlägen durch das Raster fallen könnte. Über Jahrhunderte wurde und wird so gebetet, aber wäre es nicht viel sinnvoller, wenn Frau X sich flehentlich für Herrn Y einsetzte?
Bei solchen Gedanken habe ich ein besseres Gefühl.

Kaum ein Stündchen vor Rothenburg, also bereits ante portas, begann es wieder stark zu wehen. Staunend beobachteten wir, wie Schauer schwe-

ren, nassen Schnees, die aus riesigen Schneeflocken bestanden, vom plötzlich rabenschwarzen Himmel geschleudert wurden. Blitzschnell hatten wir die Kapuzen übergezogen, rannten beinahe das letzte, leicht ansteigende Stück hinein in die märchenhaft verschneite Stadt. Die Quartiersuche war nicht einfach. Viele Unterkünfte wurden zur Zeit nicht vermietet. Wer fährt schon im Februar nach Rothenburg? So kamen wir in den Genuss einer nahezu touristenfreien Stadt. Über das von der Schneeauflage etwas rutschige Kopfsteinpflaster der Innenstadt uns unsicher fortbewegend, fragten wir uns zu einer versteckten Pension durch, die beinahe schon wieder am Stadtausgang lag.

Im Quartier kam es zu einem sicher originellen Zwischenfall, der mich im Nachhinein an eine Szene aus einem „Don Camillo und Peppone"-Film erinnerte. Galt ich in unserer Zweierseilschaft eher als ein mäßigendes, vernünftiges Element, so hatte mein Mann die Rolle des Vorantreibers, des Mehr-als-nötig-Machers. Sofort nach der Ankunft in unserem Zimmer, noch vor dem Duschen und Umziehen, hatte er mich mit der Bemerkung, sofort zur Besichtigung loszuziehen zu wollen, heftig gereizt. „Lass mich doch erst einmal hier etablieren, dann reden wir weiter", hatte ich auf dieses Ansinnen mit unheilschwangerer Stimme geantwortet. Mein Mann verfasste daraufhin beim Vespergebet folgende freie Fürbitte: „Herr, schütze Ingrid vor meinem Ehrgeiz", was ich – innerlich belustigt – mit dem zuversichtlichen Gebetsruf: „Herr, ich wehre mich schon", spontan beantwortete. Unsere miese zwischenmenschliche Atmosphäre war im Nu verflogen. Mit listig blitzenden Augen registrierte mein Mann befriedigt, dass ich in Lachen ausbrach.

Nun waren wir reif für einen kurzen Orientierungsgang durch die Stadt, schließlich wollten wir auch irgendwo zum Essen einkehren. An der wunderbar beleuchteten, gotischen Jakobuskirche konnten wir einer Tafel entnehmen, dass sie morgen erst ab 10 Uhr geöffnet war. Das bedeutete, dass wir am nächsten Tag wohl nicht vor elf Uhr die Stadt verlassen würden, was eine verkürzte Strecke zur Folge hatte, einen halben Rasttag sozusagen, da die Tageshelligkeit für die ursprünglich geplante Etappe nicht ausreichen würde. Wir schrieben ja erst den 13. Februar. Während wir eine Möglichkeit zum Einnehmen eines Imbisses suchten, was gar nicht leicht war – Rothenburg schien im Dornröschenschlaf zu liegen –, machten wir einige Nachtaufnahmen der trotz Touristenmangels spektakulär illuminierten Stadt. Leberknödel und Apfelstrudel rundeten einen bunten Tag ab. Hundemüde, jedoch zufrieden, krochen wir in unsere Betten.

Kunst und Kälte

Als wir uns mit unseren Fotoapparaten schlendernd der hochberühmten Jakobuskirche näherten, registrierten wir, dass außer uns doch auch noch einige andere Interessierte die pittoreske Stadt belebten, die sich mit ihren kunstvollen Zunftzeichen und edlem Fachwerk, den romantischen Gassen und schmalen Giebeln prächtig präsentierte. Freundliche und wissbegierige Japaner waren es, die uns außer den Eingeborenen das Gefühl gaben, in den verschneiten und vereisten Gassen nicht allein zu sein. „Wie schön ist doch Deutschland", dachte ich nicht zum ersten Mal auf unserer Wanderschaft. Für die Besichtigungen ohne den am Rücken wärmenden Rucksack hätte ich mir jetzt eine wärmere Jacke gewünscht, aber irgendwann würde uns ja der Frühling begegnen und er würde die Quecksilbersäule auf über Null klettern lassen. Man musste nur Geduld haben. Dass wir knapp zwei Monate später im französischen Zentralmassiv unser letztes Schneeabenteuer würden bestehen müssen, wussten wir hier im deutschen Rothenburg zum Glück nicht.

Der Kustos der evangelischen Kirche empfing uns ausgesprochen wohlwollend. Wir mussten als Pilger keinen Eintritt bezahlen, bekamen einen Kleinführer geschenkt, erhielten einen spektakulären Stempel in unsere Pilgerpässe und wurden von dem Mann mit neugieriger Fröhlichkeit befragt und informiert. Ja, hier waren wir richtig, hier begann es zu kribbeln, es

war mir, als würde erstmals so richtig die faszinierende Atmosphäre der Jakobuspilgerschaft erfahrbar. Versunken standen wir vor dem Heiligenblut-Altar und vor dem Marienaltar des Meisters Riemenschneider. Mittelalterliche Bildtafeln zur Jakobspilgerschaft erweckten unsere Aufmerksamkeit. Nach angemessener Zeit lösten wir uns los und holten unsere Rucksäcke aus dem Quartier.

Eine junge Frau stand zur Verrechnung und zum Abschied bereit. Sie war blass, überschlank und hatte ein trauriges, übernächtiges Gesicht. Irgendwie kam sie mir schief, nicht ganz im Erdboden verwurzelt vor, so als hätte ein schwerer Orkan ihr zugesetzt und als sei es ein Leichtes, sie ganz umzuwerfen. Zu unserer Überraschung wusste sie viel vom Jakobsweg. „Bitte legen Sie für mich einen Stein am Eisenkreuz in Spanien nieder", sagte sie mit leiser Stimme und leicht verlegen. Wir eröffneten ihr nicht, dass die von uns gewählte Route uns nicht am berühmten Cruz de Hierro vorbeiführen würde, aber wir versprachen der Frau, einen Stein in ihrer Stellvertretung niederzulegen. Wir wussten ja, dass es dazu in Frankreich und Spanien viele Gelegenheiten gab, war es doch Pilgerbrauch, an markanten, denkwürdigen Orten des Weges Steine niederzulegen. Hatten einmal zwei oder drei Pilger damit an einer Stelle begonnen, dann gab es in der Folge viele andere, die an den Steinmännchen, den Steinpyramiden weiterbauten, als Zeichen und Botschaft für andere.

Steine wurden und werden auf dem Pilgerweg für eine Last, eine Sorge, eine Krankheit, eine Schuld abgelegt. „Mir fällt ein Stein vom Herzen" wird in eine deutliche Zeichenhandlung übertragen. So fällt es leichter, das Loslassen von Beschwerendem für möglich zu halten. Es ist ergreifend zu sehen, wie Menschen sich eines Ballastes in diesem eindrücklichen Pilgerritual entledigen – ob gläubig oder ungläubig spielt hier keine Rolle. Emotionen werden frei, Tränen kommen hoch, Verkrampfungen lösen sich.

*Die Erkenntnis dämmert bei
solch einem Ritual auf,
dass es Sachverhalte gibt,
die wir aus eigener Kraft
nicht ändern können.
Zugleich keimt die Hoffnung,
dass es etwas, eine Möglichkeit
geben könnte,
mit der Sache fertig zu werden,
sie nicht weiter wiederzukäuen,
umherzuschleppen,
sondern sie in der Solidargemeinschaft der Pilgernden
an etwas, das uns übersteigt,
abzugeben –
in der Sehnsucht, frei zu werden
von unnötiger Verkettung
an etwas Niederdrückendes,
das uns am Leben hindert.*

Entlang der reizvollen wilden Tauber führte uns nun unser Weg. Der Pfad war tief verschneit, das lebhafte Gewässer sprudelte flott, blauweiße Eisigkeit ausstrahlend, zu unserer Rechten. Ich merkte, dass der Gedanke, heute nicht so weit gehen zu müssen wie sonst, mich lockerer sein ließ, fröhlicher, weniger angespannt. Auch als wir ein Holzbrücklein von einem gestürzten Baum verbarrikadiert vor-

fanden, störte mich das wenig. In stoischer Ruhe kroch ich samt meinem Rucksack darunter durch. Reinhard machte von dieser Szene ein Foto, um später zu dokumentieren, dass unser Weg nicht immer ein Spaziergang war. Dabei fielen mir die Worte einer Ordensschwester aus Fulda ein, die ganz befremdet war, als sie hörte, wir würden kein Tragekreuz auf unsere Wallfahrt mitnehmen. Erstens wäre dies aus technischen Gründen nicht möglich gewesen, da ja beide Hände durch die unbedingt nötigen Skistöcke besetzt waren, zweitens hätte so ein Kreuz unser mitzuführendes Gewicht auf ein unerträgliches Maß vermehrt. Ein Kreuz trug ich allerdings schon mit mir – es war klein und hing an einem Halskettchen.

In Bettenbach bekamen wir tatsächlich Quartier, obwohl das Gasthaus gerade im Umbau und eigentlich geschlossen war. Dies war ein außerordentliches Entgegenkommen uns Pilgern gegenüber, erfuhren doch die jungen Wirte durch uns eine Störung ihres Arbeitsalltags. Sie entschuldigten sich beinahe, dass sie uns am Abend nur kaltes Essen servieren konnten. Es gab eine grandiose Schlachtplatte und am nächsten Morgen ein reichhaltiges Frühstück. Verdient haben die Leute nicht viel an uns, wie sich bei Rechnungsstellung ergab.

Während Reinhard im Dorf unterwegs war, legte ich mich aufs Bett und blieb so eine ganze Weile liegen. Das Zimmer war mittlerweile warm geworden. Behaglich streckte ich mich aus und ich geriet ins Sinnieren. Was hatte dieser Weg für uns zu bedeuten? Die Menschen, denen wir bis jetzt begegnet waren, zogen wie eine Prozession als inneres Bild an mir vorüber.

An jeden Einzelnen konnte ich mich erinnern. Alles war in meinen Aufzeichnungen verschriftlicht.

Vor kurzem traf ich einen pilgererfahrenen Mann. „Das Wichtigste am Pilgerweg ist der Mensch", sagte er eindringlich. Ich wollte ihm schon widersprechen. Eigentlich war ich vor allem deshalb losgezogen, um die Erfahrung von Sinn und weiterer Perspektive zu machen. Im Rückblick auf unseren Weg kann ich jedoch sagen, dass das eine vom anderen nicht zu trennen ist.

Schnee und nochmals Schnee

In der Nacht hatte es wieder Neuschnee gegeben. Während wir uns in tiefem und regenerierendem Schlaf befunden hatten, waren leise Flocken gefallen und hatten das ganze Land mit einer über zwanzig Zentimeter hohen weißen Schneeschicht bedeckt. Es war pulveriger, leichter, kalter, stäubender Schnee, in den wir munter hineingingen, undeutliche, sich schnell verwischende Spuren hinterlassend. Schön war das Winterkleid der Natur, das sich schützend über die neuen Lebenskeime im Erdreich gelegt hatte. Auch ich fühlte mich beschützt, eingehüllt, geborgen in diesem sanften Weiß. Die Luft war kalt, aber ich hatte das Gefühl, dass sie mir gut tat. Meine weiße Mütze zog ich tief in die Stirn hinein. Durch die kurze Etappe gestern waren wir beide ausgeruht und entsprechend unternehmungslustig. Es ging heute durch Wald und Feld. Weiße Stille, nur hier und da das Krächzen oder Pfeifen eines Vogels, der hoch oben in den Baumwipfeln die Zweige zum Knis-

tern und Knacken brachte. Nur Reinhard und ich und die Natur, der wir uns anvertraut hatten ...
So unkompliziert wie vermutet verlief der Weg allerdings nicht. Schon bald verloren wir im Wald die Markierung und rannten eine Stunde suchend umher, indem wir alle Wegabzweigungen nach unserem Leitzeichen, der Muschel, absuchten. Wir waren im Kreis gegangen, wie wir plötzlich am Ausgang des Waldes bemerkten. Hatten wir diese Häuser, dieses Ortsschild nicht schon einmal passiert? Seufzend machten wir uns neuerlich auf die Suche nach der korrekten Route. Auf einer von Schnee bedeckten Eisplatte rutschte ich im Umherschauen aus, war wohl zu wenig aufmerksam gegangen. Ich schlug hart auf den Boden auf. Erschrocken eilte Reinhard zu mir. Nein, nichts war kaputt, aber wie wir merkten, mussten wir uns doch sehr auf den Weg konzentrieren, durften nicht sorglos dahingehen. Schnell konnte unser Traum von der großen Wallfahrt beendet sein. Wir fanden ein kleines, geöffnetes Gasthaus, das nicht in unserem Pilgerführer verzeichnet war und somit eine äußerst positive Überraschung darstellte. Kurze Zeit später, als wir durch ein weiteres Dorf marschierten, sichteten wir eine Bushaltestelle mit einem Schutzdach und einer Bank darunter, auf der wir noch einmal kurz unsere Beine ausstrecken konnten.

*Als Pilger muss man alle sich bietenden Gelegenheiten, besonders wenn diese rar sind, wahrnehmen, um sich zu regenerieren, da nicht wir den Weg bestimmen, sondern der Weg uns. Wir haben uns ihm unterzuordnen, das, was er bietet, zu akzeptieren, das, was ihm vielleicht zu unserer Bequemlichkeit fehlt, nicht zu beklagen.
Es ist, wie es ist.*

Schon längere Zeit ging uns der schwäbische Malerpriester Sieger Köder durch den Sinn. Er musste hier in der Gegend irgendwo wohnen. In Fulda hatte uns jemand gesagt, er sei in Wallhausen, unserem heutigen Tagesziel, daheim. Da wir viele seiner farbenfrohen und ausdrucksstarken Bilder von Fotos, Postkarten und Büchern her kannten und schätzten, hatten wir uns vorgenommen, seine Werke in Rosenberg und Hohenberg anzusehen und ihn, den mittlerweile Achtzigjährigen, der so viel für die Jakobuswallfahrt getan hatte, nach Möglichkeit vielleicht in einem Gottesdienst zu erleben. Doch so einfach war die Sache nicht. Sieger Köder wohnte gar nicht in Wallhausen, wie uns die Wirtin im Quartier erklärte. An der Tür des Gasthauses war übrigens eine schöne Muschel angebracht, die Pilgerfreundlichkeit signalisierte.
Am Abend servierte der alte Wirt unter größter Anstrengung – er hatte einmal einen Bruch der Halswirbelsäule erlitten und konnte den Kopf nicht oben halten bzw. musste, ihn zur Seite dre-

hend, nach oben schräg hinaufschielen, wenn er einen Menschen ansehen wollte. Wieder schien es mir, wie schon zuvor bei anderen ähnlichen Begegnungen, als würde der ganze Jammer der Menschheit in diesem einen Menschen mit Urgewalt sichtbar.

Hatte ich sie alle bis jetzt nicht bemerkt, die vielen leidenden, trauernden und belasteten Menschen? Ich hatte sie wohl mehr als Sonderfälle betrachtet, als Leute, die Betreuung brauchten, möglichst professionelle. Wir Gesunden hatten uns bis zu einem gewissen Grad um die Armen zu kümmern, quasi um einen kleinen Tribut für unser bisheriges Wohlergehen zu leisten. Jetzt aber erschien es mir, dass das Leiden allen gehörte, dass es nicht mehr Arme und Reiche gab, dass die Sprechstunde für Unglückliche nicht mehr quasi nur von 10–12 Uhr geöffnet war, sondern dass auch uns selbst alles ganz existentiell betraf. Die einen und die anderen – wir waren nicht voneinander zu trennen. Mir begegnete da etwas Wichtiges, das mich stark berührte.

Webers kommen

Dichter Schneefall hüllte uns ein, als wir das Gasthaus, unsere Bleibe für die letzte Nacht, verließen. Im Grunde waren wir den Schnee jetzt schon gewöhnt. Wie würden die Tage wohl ohne Schnee aussehen, diesen weichen Widerstand unter unseren Füßen und Stöcken, irgendwann einmal, in einer fernen Zeit, die wir uns im Moment noch gar nicht vorstellen konnten? Immer wieder mussten wir nach Wegen fragen, die die völlig verschneiten und in ihren Markierungen unkenntlichen Jakobspfade umgehen konnten. Es wurden uns Radwege ge-

nannt, landwirtschaftliche Straßen, auf denen ein Schneepflug gefahren war oder auf denen wenigstens kräftige Traktorspuren zu finden waren, an denen wir uns orientieren konnten. Denn manchmal schien es, als wäre die Begrenzung zwischen Weg und offenem Feld völlig aufgehoben. So gelangten wir nach Crailsheim, bestaunt von geschäftigen Menschen, die diese hübsche, lebhafte Stadt bevölkerten und gerade am Einkaufen waren. Mit unseren Capes über den großen Rucksäcken – die Gesichter gerötet von Schnee und Wind, Wassertropfen auf Nase und Wangen, nasse Haarsträhnen, die unter der Mütze hervorvorhingen –, so stapften wir zielsicher auf eine kleine Konditorei zu, in der wir uns für das nächste Wegstück stärken wollten. Ein junges Mädchen blieb vor uns stehen und sprach uns an. Ein wenig schüchtern fragte sie, was wir denn für einen Sport betrieben. „Wir machen eine Wallfahrt und gehen zu Fuß nach Spanien." „Megageil!", meinte das Mädchen und wiegte anerkennend den Kopf.

In einer Apotheke, wo wir Traubenzucker – meine spezielle Kraftnahrung für schwache Stunden – und Mineraltabletten nachkauften, wurden uns Papiertaschentücher dazugeschenkt, die man als Pilger für unterschiedlichste Zwecke immer gut brauchen kann.

Unser nächster Weg führte uns zur Touristeninformation, die sich im Rathaus befand. Heute wussten wir noch nicht, wo wir übernachten konnten. Die hilfsbereite Dame am Schalter telefonierte für uns einige auf unserem Weg liegende Orte an – vergebens. Fündig wurde sie erst in Mainkling, wo sie für uns und Fuldaer Wanderfreunde, die drei Tage mit uns gehen wollten und sich gestern telefonisch angesagt hatten, zwei Doppelzimmer bestellte und uns gute Wünsche auf den Weg mitgab. Anschließend besichtigten wir noch die schöne gotische Johanneskirche mit ihrem kostbaren Flügelaltar, dann ging es wieder weiter, hinaus aus der gastlichen, kleinen Stadt.

Immer leicht bergan führte uns das schneeverwehte Sträßchen. Mühsam war das Gehen geworden, wir gingen schweigsam und beharrlich in eher langsamem Rhythmus. Ich bat Reinhard, irgendwo ein wenig stehen zu bleiben, ein paar Bissen zu essen. Wir hatten ja noch ein belegtes Brötchen vom Frühstück im Rucksack. Die einzige Möglichkeit, uns auszuruhen, bot eine hölzerne Scheunenwand, an die wir uns lehnen konnten. Das Dach hielt ein wenig von dem stäubenden Schnee ab, der immer wieder durch die Luft fegte. Schon das war Erleichterung. Schade, dass die Scheune versperrt war!

Im nächsten Weiler, den wir passierten, sahen wir eine alte Frau, die sich aus dem Fenster lehnte. Die Frau schüttelte bei unserem Anblick ungläubig den Kopf. In unverkennbarem Schwäbisch meinte sie, beinahe tadelnd: „Die Leit machet sich Wääge!" Ich: „Wir sind Jakobspilger." Sie: „Und wo hend Sie ihr Auto?" Ich: „Wir haben kein Auto, wir gehen zu Fuß nach Spanien." Die Frau schüttelte nochmals den Kopf und zog sich dann in ihre vier Wände zurück. Hoffentlich dachte sie nicht, wir würden sie zum Narren halten, da der deutsche weiße Winter und Spanien irgendwie nicht zusammenpassten.

Im Gasthof in Mainkling fanden wir ein gutes Quartier, auch Gunther und Ingeburg kamen heil per Auto an, was bei dem momentanen Straßenzustand nicht einfach gewesen war. Beinahe wären die Webers am letzten Anstieg stecken geblieben! Wir freuten uns, unsere langjährigen Wanderkameraden wiederzusehen, sie waren noch einmal eine Brücke zur Heimat, zum bekannten, hinter uns liegenden Leben. Während sie einen Spaziergang machten, vergönnten wir uns eine Siesta auf dem Zimmer – hatten wir doch schon genug Bewegung gehabt!

Auf den Spuren Sieger Köders

Heute gab es kilometermäßig eine Kurzwanderung. Unser Weg, auf den wir uns schon erwartungsvoll freuten, sollte uns über Rosenberg und Hohenberg nach Hütten führen und uns an allen drei Orten mit Werken von Sieger Köder konfrontieren. In Rosenberg verweilten wir lange vor einem eindrucksvollen, von Rot und Blau dominierten Flügelaltar, auf dem die Emmausjünger, der Pilger im Angesicht Gottes und weitere Mo-

tive zu sehen sind, die inneren Bezug zur Pilgerschaft des Lebens, zum Jakobsweg konkret aufzeigen. Eine freundliche Mesnerin erklärte uns so manches, schenkte uns ein Bildchen und wies uns auf witzige Aufkleber hin, die von Sieger Köder gestaltet waren.

Lange betrachtete ich das Bild, auf dem ein Pilger dargestellt ist, dessen Gesicht von rötlichem Leuchten umflossen ist, ja, der sich geradezu in dieses Leuchten auflöst. Der Mensch vor Gott, der Mensch in Gott, der Mensch in Zwiesprache mit Gott. Dieser Austausch besteht sicher nicht im Aufsagen von Texten, die irgendjemand aus dem Fundus seiner religiösen Literatur zusammengestellt hat. Das Gemälde stellt eine Situation dar, in der ein Mensch befähigt wird, die Schwingen auszubreiten und Gott entgegenzufliegen. Üblicherweise, im kirchlichen Alltag, heißt es: „Ein Gebetstext muss für alle passen, die Leute wollen das so, die Leute können die Stille sowieso nicht ertragen, schauen Sie, da sitzen lauter ältere Leute." So werden oft Gebetsstunden absolviert. Künstler wissen mehr und sie inspirieren uns zu der Vermutung: „Es muss auch noch etwas anderes geben."

In Aire sur l'Adour, schon beinahe an den Pyrenäen, habe ich in der Kirche Sainte Quitterie einen Text von Kierkegaard gefunden:

Ob Du schweigst oder
ob Du sprichst,
Du bist immer derselbe Vater,
Dasselbe väterliche Herz.
Du führst uns durch Deine Stimme,
Du erhebst uns durch
Dein Schweigen.

Wenn es die Art Gottes ist, im Schweigen zu sprechen, dann sollten auch wir manchmal schweigen dürfen, um mit diesem Gott auf eine Kommunikationsebene zu kommen. Manches ist unsagbar, damit müssen wir uns anscheinend abfinden.

Durch tiefen Schnee, an einem Pilgerkreuz vorbei, stapften wir zu viert bergan zum Hohenberg, auf dem, weithin sichtbar, eine Jakobuskirche steht. Sie birgt höchst bemerkens-

werte Glasfenster Sieger Köders und ein Fußbodenlabyrinth, dessen Mitte eine Muschel mit Perle birgt. Es drängte mich dazu, dem engen Labyrinthweg bis ins Zentrum zu folgen. Langsam ging ich mit meinen schweren Wanderschuhen – was kleine, dumpfe Geräusche auf dem Steinboden entstehen ließ – meinen Weg nach innen, zur Mitte des Labyrinths mit seinen vielen Wendungen und Kehren. Vielleicht hatte ich in meinem Leben die Perle schon einige Male in Greifweite, aber sie ist mir immer wieder entglitten. Von verschiedenen Meinungen, eigenen Erfahrungen und fremden Wegweisungen beeinflusst, haben mein Mann und ich uns aber bemüht, unseren authentischen Weg zu gehen.

Werden wir die nötige Einsicht haben zu erkennen, wann und ob uns gerade etwas Wichtiges gelehrt oder geschenkt wird?
Werden wir neue Weichenstellungen übersehen und im alten Trott dahinmarschieren?
Werden wir Zeichen fehldeuten, hilfreiche Menschen überhören und missverstehen,
uns unrealistisch in Träumereien hineinsteigern,
die uns die Perle übersehen lassen?

Ich hoffe, dass es letztlich nicht entscheidend ist, wie wir sind, sondern wie wir gerne sein möchten.

Heute hatten wir einen wenig strapaziösen Tag gehabt. Auf dem Hohenberg hatten wir eine geheizte Toilettenanlage vorgefunden – höchster Luxus für durchfrorene Pilger. Um das Maß voll zu machen, war auch noch ein Gasthof geöffnet, der eigentlich Ruhetag gehabt hätte, wie uns die gastliche Wirtin mitteilte. Wir bekamen eine köstliche Suppe und geröstete Leber, sowie reichlich Getränke, die uns, auch wenn wir heute wenig schwitzten, wohltuend belebten. Es schien, als würde uns der Spirit des pilgerfreundlichen Priesters Sieger Köder, der hier allüberall zugegen war, einen perfekten Tag bereiten.
Die Annehmlichkeiten setzten sich fort, als wir Hütten erreichten. Da stand eine kleine Kapelle. Zu unserer Überraschung war in dem Kirchlein eine wunderhübsche Krippenlandschaft zu sehen, in Form eines in Etagen geteilten Flügelaltares, der von Sieger Köder zusammen mit Landfrauen gestaltet worden war, wie wir in einer Erläuterung lesen konnten. Viel Gold, viel Buntes, viel Fröhlichkeit, viele Engel und Pilger. Es waren nur noch ein

paar Schritte zu unserem Quartier, in dem wir Ferien auf dem Bauernhof für eine Nacht machen wollten. Die Bäuerin empfing uns sehr herzlich und bewirtete uns zur Begrüßung mit Torte und Tee. Das sei kostenlos, setzte die Frau hinzu. Das Quartier war anheimelnd, strahlte Helle, Gemütlichkeit und Wärme aus. Auch Gunther und Ingeburg waren hochzufrieden. Nach dem Duschen wurde uns das Gästebuch vorgelegt, in dem wir uns verewigten und mit einem der Aufkleber von Sieger Köder die Eintragung verschönerten. Unter munterem Geplauder, mit einer deftigen Hausmacher Wurstplatte zum Abendbrot und unter Registrieren des eher wieder ungünstigen Wetterberichtes im Fernsehen ging dieser schöne Tag zu Ende.

Die Schwäbische Alb

Wieder schneite und wehte es. Wir erfuhren, dass die ausgeschilderten Jakobswege ungangbar seien. Die Schwäbische Alb sei „total zu", wie wir überall hörten. Am Abend in Heuchlingen, unserem heutigen Etappenziel – ich greife jetzt zeitlich etwas vor –, führte ein netter Mensch, Angehöriger des örtlichen Jakobusvereins, Reinhard im Auto zum Ausgangspunkt des morgigen Weges. Zunächst optimistisch, mussten die beiden Männer nach kurzem Probieren einsehen, dass ein Begehen der Waldwege unmöglich war. Meterhohe Schneemassen hatten sich im Laufe der letzten Tage aufgetürmt und zusammengeschoben. So hieß es für uns, morgen über Straßen nach Böhmenkirchen, dem vereinbarten Treffpunkt mit zweien unserer Kinder samt ihren Familien, die in Süddeutschland ansässig waren, zu gelangen.

Heute jedoch ging es über kleine, teilweise vereiste Sträßchen dahin, steil ansteigend zunächst nach Hochstadt, wo wir in einer sehr hübschen Patriziuskirche den Engel des Herrn beteten. Die Inspiration dazu kam von Ingeburg, die dieses Gebet besonders schätzt. Sie hat uns aber mit ihrer Vorliebe dafür so weit infiziert, dass wir im Laufe unserer Wallfahrt des Mittags nun auch hin und wieder dieses Gebet sprachen, wenn wir in einer Kirche allein waren. Der Patron der Hochstädter Kirche, der heilige Bischof Patrizius, war mir bis jetzt unbekannt gewesen. Er war als Schutzheiliger für das Vieh ausgewiesen. Ich rief ihn in Ermangelung von Haustieren für uns selbst um Fürbitte an, da wir ja alle manchmal Rindviecher sind, und so den Schutz durch einen Fachmann gut brauchen können. Auch einen Gebetszettel fand ich in der Kirche. Ich nahm ihn mit und las unter anderem:

„Wir bitten dich: Hilf, Menschen und Tiere vor Krankheiten und Katastrophen zu bewahren und Schaden abzuwenden von Gottes Schöpfung." – Eine gute Bitte, wie ich meine.

Gegenüber der Kirche konnten wir einkehren und bekamen die beste Suppe unseres Lebens vorgesetzt. Sie enthielt Maultaschen, Knödel, Eierstich etc. Schon der Anblick und auch der Duft, der von der dampfenden, klaren, fettäugigen Brühe aufstieg, waren Stärkung – wie viel mehr erst der geschmackliche Genuss!

Wir versuchten nun ein Stück des Originalweges zu gehen, der über die Klotzhöfe führen sollte. Anfangs gab es Fahrspuren, sodass wir gut vorankamen. An einem Hof aber endeten sie abrupt. Wir versuchten noch kurz, in den ungespurten Schnee hineinzustapfen, aber es erwies sich schnell, dass dies zu kräfteraubend war. So machten wir kehrt und gingen den Rest des verbleibenden Weges auf der Straße. Schnell erreichten wir Heuchlingen und fanden gutes Quartier in einem Gasthof, der gleichzeitig Metzgerei war, was Gutes ahnen ließ.

Webers würden uns morgen leider schon wieder verlassen – aber jetzt ging es erst einmal zum Abendessen in die Gaststube. Dort fand gerade ein großes und lautstarkes Fest zu Ehren eines 70-jährigen Geburtstagskindes statt. Die Blechbläser tröteten direkt in unsere Ohren, aber wir in unserem momentan abgeklärten und total unnervösen Zustand ließen die dröhnende Musik in unerschütterlicher Ruhe an uns heranbranden. Wir waren in die Fröhlichkeit einbezogen. Gunther spendierte Trollinger, wir danach noch Bier, sodass wir bald nicht mehr von der Festgesellschaft zu unterscheiden waren. Etwas fiel uns auf. Vor uns auf dem Tisch stand eine Tafel mit einem ausgedruckten Tischgebet, in dem auch für die Wirte gebetet wurde. Das christliche Abendland war also noch lebendig.

Auf zu den Kindern

Nach durchwachsener Nacht fanden wir uns zum Frühstück ein. Danach verabschiedeten wir uns herzlich von Webers. Ich war etwas nervös. Der heutige Weg auf der stark befahrenen Straße würde weiter sein als die ursprüngliche Jakobsroute. Was mochte auf uns zukommen? Allerdings freute ich mich intensiv auf das Zusammentreffen mit den Kindern und deren Anhang. Sie hatten letzte Woche am Telefon gemeint, dass sie uns noch einmal sehen wollten, bevor wir endgültig in die Fremde gingen. Mir fielen damals spontan die Worte des uralten Pilgerliedes ein: „Wer das elendt bauen will, der mach sich auf und sei mein knecht ... bist du in dem welschen land, du findst kein teutschen priester." Die Kinder nahmen unseren Weg ins Ungewisse wohl sehr ernst und waren riesig besorgt um uns: „Wo werdet ihr schlafen? Werdet ihr nicht zu viel mitschleppen und euch eure Wirbelsäulen ruinieren? Übertreibt bloß nicht! Brecht ab, wenn es zu hart wird. Seid nicht zu ehrgeizig! Ruft uns an, wenn ihr etwas braucht, wir holen euch überall raus. Wandert gemütlich, gönnt euch genügend Rasttage, macht ja keinen Blödsinn ..." So und ähnlich hatten die eindringlichen Ermahnungen unserer drei Kinder gelautet – und wir hatten ihnen geduldig zugehört.

Die schmale Passstraße führte uns über Mögglingen nach Lauterberg. Der recht steile Weg war anstrengend, außerdem galt es immer wieder, die um die engen Kurven entgegenkommenden Fahrzeuge rechtzeitig akustisch wahrzunehmen und uns dann möglichst dicht links an den durch Schneehaufen verschmälerten Straßenrand zu drücken. Wir waren froh, als wir das Hochplateau erreicht hatten und nach einiger Zeit in Bartolomä einzogen.

Eine kurze Rast wäre jetzt schön gewesen, aber von den vier oder fünf Gasthäusern des Ortes war sage und schreibe kein einziges geöffnet. Unsere Mienen umwölkten sich immer mehr. Besonders ich hätte einen kurzen Stopp dringend nötig gehabt, machte mir doch plötzlich rasender Durst zu schaffen. Trübselig stapften wir durch den Ort. Schließlich erreichten wir eine Tankstelle, die Getränke verkaufte. Die Coladosen in den Händen, die Rucksäcke auf dem Rücken, fragten wir eine junge Dame an der Tankstelle, ob wir uns irgendwo kurz niedersetzen könnten. Die Frau tat, als wären wir verdächtige Kriminelle. Mit leicht angewidertem Gesicht verneinte sie. Dies sei eine Tankstelle. Ein ebenfalls hier Dienst machender Mann wollte uns zwei Stühle anbieten – aber die Dame blieb hart. „So etwas soll man sich gar nicht erst einführen", dachte sie wohl. Als wir nach einer Toilette fragten, wurde uns dieser Wunsch gewährt, wenn auch zögerlich und mit peinlich berührtem Gesicht. Peinlich war allerdings das gewisse Häuschen, das sich in Form einer nicht zu verschließenden, kabinenförmigen Bruchbude, die in ihrem Zustand jeder Beschreibung spottete, im hintersten Winkel eines Lagerraumes befand. Hier war wohl der Abtritt für Gesindel und fahrendes Volk. Aber in der Not frisst der Teufel Fliegen – und so war auch dies eine Wohltat, wenn auch mit herbem Beigeschmack.

Böhmenkirchen wirkte auf uns wie ein Magnet und so verschärften wir unser Tempo, wenngleich das Gehen sich nun immer schwieriger gestaltete. Die Spuren auf einem tief verschneiten Radweg endeten abrupt und wir sanken bis zu den Knien im Schnee ein. Auf einem gefallenen Baumstamm machten wir – der Nachmittag war schon fortgeschritten – die erste Sitzrast, die naturgemäß nicht lange dauerte, uns aber doch die Möglichkeit schuf, unser Brot von gestern zu essen und den Rest aus der Coladose zu trinken. Durch lichtes Gesträuch sahen wir einen anscheinend gespurten Weg durchscheinen und siehe da, als wir ihn ein Stück verfolgten, trafen wir an einer Wegkreuzung auf die Muschelmarkierung. Unsere Freude und Erleichterung war riesengroß, hatten wir doch schon erwogen, auf die Hauptstraße zurückzugehen, um auf diese Weise sicher an unseren Zielort zu gelangen. Das Terrain wurde nun weit, es gab mit einem Mal säuberlich gewalzte Spazierwege, die uns direkt in den kleinen Ort Böhmenkirchen hineinführten.

Im Gasthof Lamm warteten auf uns Maresi und Dorli mit ihren Familien, auch unser Neffe aus München war mitgekommen, was für uns eine freudige Überraschung war. Einer unserer Schwiegersöhne musterte uns kritisch und sagte dann anerkennend: „Ihr seht nicht einmal so schlecht aus!" Vielleicht hatte er erwartet, wir würden mit letzter Kraft, wie Amundsen im Schneesturm, hereinwanken, ausgemergelt und abgezehrt. Dass dem nicht so war, freute alle – immerhin hatten wir schon vierzehn Tage unserer Wallfahrt heil überstanden – ohne Blasen und zusätzliche Blessuren. Unsere kleinen Enkelkinder musterten uns ein wenig schüchtern. Das sollten Oma und Opa sein? Als wir dann aber ohne Mützen, Rucksäcke, Stöcke und Wanderklamotten nach dem Duschen die Wirtsstube betraten, liefen sie auf uns zu und belegten uns mit Beschlag. Zur angemessenen Zeit wurden sie ins Bett gebracht, Reinhard und ich lasen ihnen vor. Wir freuten uns, dass die Kinder leicht und schnell einschliefen. Wir Erwachsenen hatten noch einen schönen, aber nicht allzu langen Abend in der Gaststube.

Finis Abschiedsgeschenk

Da Sonntag war, besuchten wir einen Gottesdienst, der in festlicher Atmosphäre ablief. Ich erinnere mich an viele brennende Kerzen und persönlich gestaltete Fürbitten der Kinder, die dieses Jahr zur Erstkommunion gehen sollten. Vom Pfarrer bekamen wir nachher einen besonders schönen Stempel der Pfarrei St. Hippolyt in unseren Pilgerpass gedruckt.
Beim Mittagessen saß ich neben unserer Enkelin Fini. Sie wollte mir ein Bild zeichnen. Die Dreieinhalbjährige malte ein Gesicht mit Nase, Mund und Augen. Mit feierlicher Miene und leiser Stimme sagte sie: „Das ist mein Gesicht, damit du mich nicht vergisst." Ich versprach ihr, die Zeichnung immer bei mir zu tragen, dort, wo meine wertvollsten Dinge – eine Scheckkarte, ein Personalausweis und etwas Geld – aufbewahrt waren. Vor ihren Augen steckte ich den Zettel zu meinen Pretiosen in meine Hüfttasche, die ich innen am Gürtel trug. Ich habe diese Zeichnung mit Finis Gesicht wie meinen Augapfel gehütet, ihr Besitz ließ mich bis zu meiner Heimkehr etwas von einer Wärme und Nähe spüren, die so unkompliziert nur ein Kind geben kann.
Nach dem Kaffee mussten die jungen Familien abreisen, waren doch die Straßenverhältnisse nach wie vor ungünstig. Nach einem fröhlichen Schneespaziergang sortierten sich die insgesamt 9 kleinen und großen Personen wieder auseinander. Zu viert und fünft nahmen sie in zwei Ford-Kombis Platz, die langsam und unter heftigem Winken der Insassen den Ort Böhmenkirchen verließen, um nach

Backnang bzw. München zurückzukehren. Zwei Personen blieben zurück und schauten nachdenklich und etwas wehmütig den Autos nach. Schließlich kehrten die beiden Pilger in die Ordnung ihres neuen Lebens zurück, indem sie gemeinsam die Vesper beteten.

Christus als Apotheker und ein Arbeitsunfall

Ich habe überlegt, immer wieder Tage in meiner Beschreibung und Reflexion auszulassen, nur die wirklich wichtigen und prägenden Ereignisse niederzuschreiben. Ich erkannte, dass für uns jeder Tag wichtig war, da jeder Tag Teil einer langsamen Entwicklung, eines Prozesses wurde, von dem ich jetzt noch nicht weiß, wohin er führen wird. Ich weiß nur, dass wir nicht als dieselben Menschen heimkehrten, als die wir losgezogen sind. Freilich gab es in der Folge etliche außergewöhnliche Eindrücke, über die ich an passender Stelle berichten werde. Aber gerade der gewöhnliche Pilgeralltag mit seinen variablen Facetten war es, der uns ganz behutsam in die Lehre nahm, Stunde um Stunde, Tag für Tag. „Wasser ist stärker als Stein".

Heute hatte ich ein beinahe weihnachtliches Gefühl. Dichte Flocken fielen vom Himmel und hüllten das ruhende Land in feierliches und verheißungsvolles Weiß. So erreichten wir Gussenstadt, das eine interessante Kirche haben sollte. Die Tür war verschlossen und so läuteten wir am gegenüberliegenden, stilvoll und gepflegt wirkenden Pfarrhaus an. Der evangelische Pastor öffnete uns freundlich. Er war es sichtlich ge-

wöhnt, Menschen zu begrüßen, aufzunehmen, sie nicht zurückzuweisen. Er holte den Kirchenschlüssel und sperrte uns das Tor des Gotteshauses auf. Da gab es auf den Balustraden der Empore Bilder der Apostel sowie Abrahams, Jakobs und Isaaks, und natürlich ein Gemälde von Christus. Dann war aber da noch eine Darstellung, die unsere Blicke auf sich zog. Das am Ende des 16. Jahrhunderts gemalte Tafelbild heißt „Christus als Apotheker". Da steht ein gütig blickender, fast lächelnder Christus mit einer Apothekerwaage in seiner linken Hand. Er ist dabei, eine probate Mischung aus Heilmitteln für uns Menschen zusammenzustellen. Mit seiner rechten Hand nimmt er aus einem der zahlreichen Gefäße ein Kräutlein. Die Gefäße haben folgende Aufschriften: Milch – Wein – Wasser – Gottesgnad – Vergebersünd – Geduldt – Kreutz Wurz – Gerechtigkeit – Hoffnung – Frid – Glaub – Hilff in Nethen – Beständigkeit – Ewigs Leben.

Der nette Pastor ließ uns zur Betrachtung allein. Wir sollten den Schlüssel nachher zurückbringen. Die meisten der Bildaufschriften sagten mir etwas, nur bei dem Worte „Milch" stutzte ich. Was sollte dieser Ausdruck als Remedium Christi bedeuten? Die Redensart „Milch der frommen Denkungsart" fiel mir auf Anhieb ein, das Agens also, das bewirken soll, dass der Mensch zu seinem eigenen Frommen fromm ist, sich den göttlichen Spielregeln unterwirft. Das Land, wo Milch und Honig fließt – ein weiterer Gedanke. Ist dort das gelobte Land, wo es sich gut leben lässt, weil Gott darin zugegen ist? Würde auch uns das gelobte Land gezeigt werden? Oder waren wir vielleicht jetzt schon mitten drinnen in diesem Land, weil wir in ihm für Fragen und Suchen alle Zeit der Welt hatten?

In meiner Jugend hatte ich einen sehr eindrucksvollen Traum, den ich mein Leben lang nicht vergessen habe. Ich fuhr mit mehreren Leuten, vor allem Kindern, in einem Boot dahin. Es war ein langer Einbaum, in dem einer hinter dem anderen saß. Unsere Ruderbewegungen waren harmonisch und wir kamen gut voran durch das klare, ruhige Wasser und ich wusste, dass wir eine Insel ansteuerten. „Wir fahren in das Land Will", sagte ich laut und erwachte. Ich habe öfter darüber nachgegrübelt, was das Land Will wohl bedeuten mochte. Sicher ein Land, in das ich kommen wollte. Aber wohin wollte ich denn kommen? Vielleicht war dieses Gehen mit meinem Mann Tag für Tag in einer märchenhaft verschneiten Landschaft schon dieses Land Will, ein Land, in dem wir ein gesteigertes, verändertes Lebensgefühl hatten, die Zeit ausgefüllt und intensiv war.

Zurück im Pfarrhaus befragte uns der noch junge Pastor über unseren Weg, er schien wirklich interessiert daran zu sein. Er bot uns an, bei ihm Rast zu machen und etwas zu trinken, auch einen schönen Stempel bekamen wir von ihm. Wie wohl tat uns diese menschliche Zuwendung – gegeben von einem der Protestanten, die ja angeblich der Wallfahrt nicht viele positive Seiten abgewinnen können. Wie seltsam erschien mir in diesem Moment die Trennung der Christenheit in unterschiedliche Konfessionen. Ich konnte mit solch einer Aufteilung zurzeit wenig anfangen. Waren die einen Christen verdammt und die anderen nicht? Und wenn doch niemand verdammt war auf Grund seiner Konfession, warum wurde und wird dann soviel Aufhebens bezüglich der Unterschiede der christlichen Bekenntnisse gemacht? Nur über persönliche Begegnungen können wohl Fremdheit und Misstrauen abgebaut werden. Dies ist unter anderem der Sinn einer Pilgerschaft.

Der Tag bescherte uns noch ein eindrückliches Erlebnis. Wir durchwanderten gerade ein Dorf und sahen in einer offenen Werkstatt einen jungen Mann, den wir nach dem richtigen Weg fragten. Der Mann antwortete freundlich und ausführlich, stieg sichtlich gern in ein Gespräch ein. Als unser Blick auf die Hände des Mannes fiel, bemerkten wir, dass dieser gut aussehende, vitale Mann zwei Prothesen trug, die ihn dazu befähigten, einfache Greifbewegungen durchzuführen. Reinhard fragte den Mann, wie es zu dieser Behinderung gekommen sei. Durch einen Betriebsunfall hatte er beide Hände und Unterarme verloren. Der Mann sah uns mit seinen wachen

Augen direkt an. Er wollte nicht bemitleidet werden, er hatte seinen Lebensmut nicht verloren. Als er liebevoll von seiner Familie sprach, merkten wir, woher seine Kraft kam. „Das einzig wirklich Schwere ist," – der Mann senkte die Augen beim Abschied – „dass ich durch den Unfall meine Arbeit verloren habe. Ich würde gern wieder etwas tun." Er sah uns ein wenig hilflos an und wünschte uns alles Gute für die Pilgerschaft. Ich glaube nicht, dass er uns bat, ihn in unser Gebet einzuschließen, wir haben dies aber trotzdem getan.

Unter stetigem, leichtem Schneefall erreichten wir Lonsee. Unser erster Eindruck war ein eher trister. Als Kind besaß ich ein Buch, dessen Titel lautete: „Die Steinzwerge und ihre schwarze Stadt." An dieses Buch fühlte ich mich nun erinnert. Der Schnee hatte es hier nicht vermocht, all die Wunden, die kleinen Hässlichkeiten, die Tristesse der Industrialisierung barmherzig zuzudecken. Grauschwarzer Schneematsch bedeckte schmierig die Straßen dieses kleinen Ortes, der vorstädtischen Charakter hatte. Fast hatten wir den Eindruck, als wäre dieser Ort kaum noch bewohnt. Es war daher schwierig, uns nach einer Unterkunft durchzufragen. Graue Häuserfassaden mit teilweise blinden Glasscheiben ließen kein Gefühl der Behaglichkeit oder Zuversicht aufkommen. Beinahe hätten wir Lust bekommen, weiterzuziehen. Schließlich gab es da aber doch ein Wirtshaus, das ein Zimmer an uns vermietete. Allerdings würde es hier kein Abendessen geben. Froh, ein Dach über dem Kopf zu haben, bezogen wir unser Zimmer und machten es uns bequem.

War es möglich, dass wir morgen schon Ulm erreichen und dort auf P. Claudius, unseren langjährigen Freund und geistlichen Lehrer, der uns das Langstreckenwandern beigebracht hatte, treffen würden? Unversehens hatten wir nun ein schönes Stück des Deutschen Weges zurückgelegt, zwar nicht in rekordverdächtiger Zeit, aber doch zügig und respektabel. Freude stieg in uns hoch. Vielleicht würde unser Vorhaben doch glücken? Und wenn wir bis jetzt keine Blasen und Blessuren hatten, vielleicht würden wir ja weiterhin oder doch zumindestens möglichst lang davon verschont bleiben.

Bei Dunkelheit gingen wir auf die Suche nach einer Möglichkeit, irgendwo ein Nachtmahl zu bekommen. Wir trabten die Hauptstraße entlang. Das Schneetreiben war wieder einmal recht heftig geworden. Kein gemütlich erleuchtetes Gasthausfenster war auszumachen. Innerlich stellten wir uns schon darauf ein, heute Abend mit einem Müsliriegel, auf dem Zimmer verspeist, Vorlieb nehmen zu müssen, da kreuzte ein hastig vorbeieilender Mann unsere Bahn. Ihn fragten wir nach einem Speiselokal. „Da gibt's nix", meinte er kurz, „höchstens noch das Kegelstüble, ein Vereinslokal, das könnte geöffnet haben." Es hieß nun, noch ein gutes Stück weiterzulaufen bis zu einer Sportanlage, auf der ein massives Gebäude stand. Wir gingen um das Gebäude herum und suchten den Eingang. Schließlich gelangten wir erleichtert in einen warmen Raum mit Theke und einigen Tischen. Wir wurden angewiesen, nicht an dem langen Tisch Platz zu nehmen, da hier die Kegler ihre Stammplätze hätten. Dem Himmel sei Dank – wir bekamen

etwas zu essen, nämlich Gorgonzola-Nudeln, und wir unterhielten uns nett mit einem Ehepaar – der Mann war Monteur auf Heimaturlaub –, stapften danach zügig ins Quartier zurück.
Unterwegs wurde ich von einer Freundin angerufen, die morgen operiert werden sollte. Ich hatte sie gebeten, mir Bescheid zu geben, wenn es so weit wäre. Sie erzählte mir von Intrigen gewisser Leute gegen eine gemeinsame Bekannte. Wie weit waren im Moment diese Gedanken entfernt! Es war eine fremde Welt, die mich da erreichte, wie eine bedrohliche Welle. Es bedeutete mir seelisches und körperliches Missbehagen, daran zu denken, dass außerhalb unseres Lebens einander Menschen peinigten und mobbten, belogen und schlecht machten. Ich war einerseits erstaunt über meine große Empfindlichkeit, andrerseits überglücklich, hier auf dem Weg mit meinem Mann zusammen Ruhe und Frieden zu haben. Im Einschlafen kam mir das Gebet: „Herr, lass mich ruhen in Frieden." Natürlich sollte damit nicht die ewige Ruhe gemeint sein, Schlafes Bruder, sondern zunächst einmal die Nachtruhe vom 21. auf den 22.2.05.

Per aspera ad astra

Schnee, Schnee, Schnee – so steht es in meinem Reisetagebuch verzeichnet. Gut, dass wir am Morgen nicht wussten, dass wir erst nach 25 Kilometern, drei Kilometer vor Ulm, würden einkehren können. Wir hatten es nicht für möglich gehalten, dass auf dem letzten Stück vor Ulm kein Gasthaus, keine Konditorei geöffnet haben würde. Ein Lichtblick war in dieser Situation ein Mann, der mit seinem Auto bei uns anhielt und uns fragte, ob wir ein Quartier brauchten. Er könne uns eines in Ulm anbieten. Er schien besorgt um uns, zeigte uns eine kürzere Wegvariante, auf der wir uns aber später verirrten und so noch zusätzlich eine Ehrenrunde von 2–3 Kilometern drehten. Der nette Mann war ein evangelischer Pastoralreferent. Am liebsten hätte er uns im Auto mitgenommen und nach Ulm geführt. In solchen Momenten ist es immer schwierig, den inneren Schweinehund zu besiegen und mit der Einstellung „Weiche von mir, Satan!" der Versuchung zu widerstehen. Nun, noch hatten wir die mentale Kraft zu widersagen, jedoch kam uns der folgende Weg sauer an. Nur mehr wenige Kilometer vor Ulm erreichten wir einen größeren Ort. Griechisches Lokal – geschlossen. Konditoreicafè – geschlossen. Pizzeria – geschlossen. Verschämt kauerten wir uns in einem Hinterhof auf eine schmutzige, nasse Metalltreppe und verzehrten heißhungrig und blitzschnell unsere zweite Frühstückssemmel aus Lonsee, die wir als Proviant für unterwegs mitführten, nippten dazu nicht gerade enthusiastisch von unserem Wasser, in dem winzige Eisbröckchen schwammen. Schade, dass damals niemand von uns ein Foto gemacht hat – es wäre eindrucksvoll geworden. Überhaupt blieben die eher schwierigen Momente und Passagen in unserer Pilgerschaft meist fotomäßig unkommentiert, weil wir in solchen Situationen weniger daran dachten, diese zu verewigen, sondern sie möglichst schnell zu verändern.
Von einem eher peinlichen Erlebnis dieses Tages muss ich auch noch berichten. Ich denke, dass uns das, was

uns da durch eigene Unaufmerksamkeit passierte, so leicht keiner nachmachen wird – hoffentlich! Wir hatten den Eindruck, schon auf der Zielgeraden nach Ulm zu sein und marschierten zügig am linken, verschneiten Randstreifen einer mäßig befahrenen Straße dahin. Schließlich teilte sich die Straße in mehrere Abzweigungen auf, die als Radfahrweg, Auffahrt und Unterführung weitergingen. Die Markierung hatten wir verloren und meinten, einem schneebedeckten Radfahrweg zu folgen. Der würde uns schon nach Ulm hineingeleiten. Der breite Weg mündete auf einer sehr stark befahrenen, vierspurigen Schnellstraße ohne Randstreifen. Wir drückten uns an die Leitplanken rechts dieser Schnellstraße, auf der wir uns mit einem Mal wiederfanden. Autos und Lastwagen rasten dicht an uns vorbei, unsere im Wind flatternden Capes, der Schneefall und aufspritzender Schneematsch trugen nicht zu unserer Entspannung bei. Wie waren wir nur hierher gelangt? Beide waren wir wohl gedankenverloren mit gesenktem Kopf, einer hinter dem anderen dahingewandert, hatten nicht rechts und links geschaut. Autos hupten uns immer wieder von hinten an. Ich möchte nicht wissen, wie viele Autofahrer uns den Vogel gezeigt haben. Vielleicht gab es schon eine Warnung im Verkehrsfunk: „Auf der Stadtautobahn Ulm befinden sich zwei Geistergeher mit Rucksack und Stöcken. Bitte achten sie auf die beiden stadteinwärts gehenden Personen." Aus unseren Spekulationen wurden wir gerissen, als ein Polizeiauto neben uns anhielt. Die Polizisten musterten uns kurz, schüttelten den Kopf und einer sagte seufzend: „Hier können

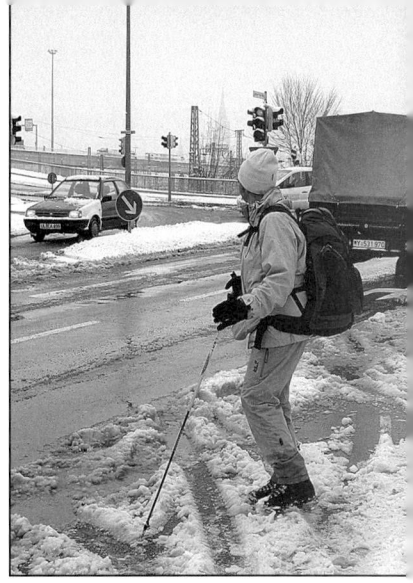

Sie doch nicht gehen, das ist gefährlich". „Ich weiß", sagte mein Mann, ebenso seufzend, „aber können Sie uns sagen, wie wir hier wieder weg kommen?" Der Polizist überlegte kurz: „Sie klettern jetzt einfach dort vorne über die Leitplanke den Hang hinunter. Mit den Stöcken werden Sie das schon schaffen. Unten ist dann eine kleine Straße, die in die Stadt führt." Gesagt, getan. Hurtig hoben wir ein Bein und schwangen uns über die Leitplanke in den hochverschneiten, steilen Hang hinein, den wir unbeschadet bis ins Tal hinabstapften und -rutschten. Als wir unten waren, atmeten wir erst einmal erleichtert auf. Man hatte uns jedenfalls nicht auf die Polizeistation mitgenommen oder unsere Personalien verlangt. Wir waren wohl eher in der Kategorie „harmlose Deppen" eingestuft worden. Die Polizei, Dein Freund und Helfer – in unserer Story hat sich dieser Slogan, nicht nur an diesem Tag, bewahrheitet.

Der Weg zum Franziskanerkloster in der Haßlerstraße zog sich noch recht lang hin, aber jedenfalls wussten die befragten Menschen auf der Straße genau Bescheid, wo sich das „Klöschterle" befand. Die Tür zum Kloster erwies sich als verschlossen – was nicht stimmte, wir hatten nur zu wenig fest gedrückt, wie sich später herausstellte. Von P. Claudius, der damals im Kloster Wangen stationiert war, erhielten wir die telefonische Nachricht, dass er gerade auf dem Bahnhof in Ulm eingetroffen sei und gleich bei uns sein werde. In der Zwischenzeit setzten wir uns in die gut geheizte, kleine Kirche. Ich war unendlich dankbar, angekommen zu sein, mir erschien dieses Kloster als eine Art von bedeutungsvollem Zwischenziel. Anspannung und Aufregung des heutigen Tages fielen von mir ab. Ich wurde schlagartig ganz müde und wäre beinahe in der Kirchenbank eingeschlafen. Die Taizé-Melodie mit ihrem Text „In dir bin ich geborgen, still wie ein Kind ..." fiel mir ein. Auch Reinhard saß lächelnd und zufrieden da und harrte der kommenden Dinge.

Die Kirchentür öffnete sich. P. Claudius betrat in Wanderausrüstung die Kirche. Wir freuten uns riesig, ihn wiederzusehen und noch mehr darüber, dass er die nächsten vier Tage mit uns verbringen würde. Wie viele Wanderungen und Teilstücke des Jakobsweges hatten wir schon mit ihm zusammen gemacht! Wir hatten ihm in mancherlei Hinsicht viel zu verdanken. Er war im Laufe der Zeit ein wichtiger Mensch für uns geworden, aber nicht nur für uns, sondern auch für viele andere, die ihn bei Exerzitien, in Gottesdiensten, beim Singen, beim Wandern oder einfach in fröhlicher Runde kennenlernen durften.

Der nächste Schritt war nun, das Kloster zu betreten, wo wir herzlich von P. Justin empfangen wurden, den wir auch schon von Fulda her kannten und von dem wir etliche Publikationen kannten, die uns sehr gefielen. Auch die anderen beiden Mitglieder der Kommunität, schon ältere Patres, gaben uns zu verstehen, dass wir hier willkommen waren.

Reinhard und ich bekamen je ein Einzelzimmer zugewiesen. In meiner Zelle gab es nicht den Blick ins Grüne, sondern ins Blaue, wie P. Claudius im Hinblick auf eine blitzblau gestrichene Wand bemerkte. Ein Kreuz, die Bibel und franziskanische Schriften ließen erkennen, dass wir hier im Kloster waren. Wir wurden köstlich bewirtet, beteten die Vesper mit P. Claudius in einer Hauskapelle, aßen zu Abend, schauten Nachrichten im TV, und hernach ging es in die sogenannte Rekreation. Bei interessanten und anregenden Gesprächen – einer der Patres ist Heilpraktiker und Orgelbauer –, unterstützt durch ein oder mehrere Gläschen Wein –, verging der nette Abend blitzschnell. Eigentlich wollte ich heute schon um 21 Uhr ins Bett gehen, weil ich recht

müde war, aber als ich auf die Uhr schaute, war dieses Zeitlimit längst überzogen.

Zu den Steyler Missionarinnen

Nach Eintragung in das Gästebuch und herzlicher Verabschiedung zogen wir drei am nächsten Morgen los. P. Lambert hatte uns auf einer Landkarte einen Weg gezeigt, der uns sicher und landschaftlich schön aus der Stadt hinausführen sollte. Leider ließ sich diese Streckenführung wegen des hohen Schnees auf allen Seitenwegen nicht ganz realisieren, wir erwischten jedoch, Dank dem guten Orientierungssinn von P. Claudius, geeignete Fahrradwege und Sträßchen, die leicht zu gehen waren, da es praktisch keine Steigungen gab. Einmal hielten wir ein Polizeiauto auf, um uns des richtigen Weges nach Laupheim zu vergewissern. Die Polizisten fragten uns neugierig, wohin wir denn gehen wollten. Ich sagte wahrheitsgemäß: „Nach Spanien". Diese Aussage bereitete den Ordnungshütern offensichtlich große Probleme. Sie wussten nicht, ob wir sie auf den Arm nehmen wollten oder nicht und blickten uns mit einem Ausdruck aufbrausender Empörung, gemischt mit etwas unsicherem Staunen, zweifelnd an. Der Anblick der durchaus seriös wirkenden Dreiergruppe mag sie aber dazu bewogen haben, uns dennoch freundlich, ja sogar letztlich achtungsvoll Auskunft zu geben.

Eine Mittagsrast bot sich in einem Lokal an, das von Kroaten aus der Vojvodina geführt wurde. Als Draufgabe offerierte uns die Madame in balkanischer Gastfreundschaft je einen Slibowitz in Fläschchen. „Rakija gut für

Gehen", meinte sie augenzwinkernd. In der Barockkirche zu Dellmensingen traf Claudius einen Bekannten. Für den Pater wäre es unmöglich gewesen, inkognito auf Wanderschaft zu gehen.

Als wir in Laupheim das Frauenkloster am späten Nachmittag betraten, wurden wir schon in der Vorhalle sehr herzlich empfangen. P. Claudius hatte auch dieses Quartier organisiert. Im wunderschönen, hellen Gästetrakt bekamen wir ein Doppelzimmer zugewiesen. Eine 94-jährige Schwester meinte mit leuchtenden Augen, dass sie uns gern auf dem Jakobsweg begleiten würde, wenn sie das noch könnte. Ich denke, dass großer Unternehmungsgeist, Neugier und Abenteuerlust neben einem überzeugten Glauben dazugehören, um als Missionsschwester den Schritt zu wagen, in unbekannte Fernen, im Fall der alten Ordensschwester nach Chile aufzubrechen und dort lange Jahre zu leben, ja sogar glücklich zu sein. Ihren Lebensabend verbrachte sie jetzt hier in Laupheim, ein wenig wehmütig und höchst bereit zum Hinübergang in eine andersartige Existenz.

Mir wurde wieder einmal bewusst, welch große Lebensleistung Menschen erbringen, die sich wirklich und wahrhaftig aus allen bekannten Bindungen lösen und immer wieder Neuland betreten. Im Prinzip ist das ja auch schon bei nicht missionarisch tätigen Ordensleuten der Fall, die sich sogar, wie die Franziskaner, alle paar Jahre in eine wechselnde Hausgemeinschaft einleben müssen.

In der wunderschönen Hauskapelle, mit Blick auf moderne, von einer Schwester entworfene und in Applikationstechnik farbenfroh gestaltete Wandteppiche, feierten wir zu dritt Gottesdienst. Er prägte sich ganz besonders ein, ich denke deshalb, weil er uns das Gefühl gab, dass es auch auf uns ganz speziell ankam.

In einem Gottesdienst, der von 300 Menschen besucht ist, fällt es nicht auf, wenn einer träumt, döst oder einschläft oder vielleicht mit seinen Gedanken beim nächsten Fußballspiel oder der letzten Steuernachzahlung verweilt.
In einer Messe aber, in der mein Mann und ich zwei Drittel der Anwesenden bilden, ist es sehr wohl wichtig, total präsent zu sein.
„Wo zwei oder drei ..."
Jeder kennt das Wort.
Wenn aber von zwei oder drei Personen zwei nicht richtig da sind,

dann ist Er wahrscheinlich auch nicht mitten unter diesen zweien oder dreien.

Das Blaue vom Himmel

Am nächsten Tag erfuhren wir, dass Reinhard und ich zu einem Tarif für Ordensleute hier in Laupheim hatten übernachten dürfen. Wie schön, dass wir einen Ordensmann als Fürsprecher und Protektor hatten. Heute sollte uns der Weg nach Biberach führen. Es war ein nebliger Tag und Reinhard meinte im Gehen, dass er ein ganz unwirkliches Gefühl habe, wenn der grauweiße Himmel und die grauweiße Landschaft so konturlos ineinander übergingen. Und in der Tat: manchmal hatten wir den Eindruck, als würden die Bäume am Horizont an Schnüren an uns vorbeigezogen. Es ergab sich eine gewisse Relativität der Bewegung. Fuhr die Landschaft an uns vorbei oder waren doch wir der aktive Teil? Es war der Tag der vielen Bildstöcke und Flurkreuze. Wir befanden uns in christlichem Land, daran konnte kein Zweifel sein. Wir machten einen kurzen Halt an einem Gedenkkreuz, dessen Inschrift uns ermahnte, für die armen Seelen ein Vaterunser zu beten. Unmittelbar vorher hatten wir von einigen Verstorbenen aus unserer Familie gesprochen. P. Claudius regte uns deshalb an, die in Stein gemeißelte Aufforderung ernst zu nehmen. Nach dem Gebet zogen wir mit zügigem Schritt weiter.

Brauchen die Verstorbenen wirklich unser Gebet, oder dient es nur dazu, unser eigenes Gewissen zu beruhigen, uns freizukaufen von dem, was wir vielleicht an den Lebenden versäumt haben? Im Grunde wissen wir so we-

nig. Die kirchliche Tradition ist aber tröstlich und lebensfreundlich.

*Ich glaube nicht, dass Gott
einem Menschen ohne unser Gebet
nicht vergibt,
aber ich kann mir vorstellen,
dass unsere Zuwendung über den
Tod hinaus einen Menschen
begleitet wie ein Stab,
auf den er sich stützen kann –
vielleicht wie auf einen
Blindenstock,
der das Umherirren abkürzen
und verhindern kann.
Wenn man Pilger ist,
hat man viel Zeit, über solche
Themen nachzudenken,
bzw. es denkt in uns weiter bei
jedem Schritt, jedem Kilometer,
auf jeder Tagesetappe.*

Die Innenstadt von Biberach war schließlich erreicht. Wir betraten die St.-Martins-Kirche und ich geriet in Staunen. Wunderbare, eindrucksvolle Fresken stellten sich uns dar, deren für mich interessantester Teil, ein geraffter, plastisch gemalter Vorhang, in herrlichstem Blau leuchtete. Was mochte dahinter verborgen sein? Über allem schwebte eine grandiose, verlockende Ungewissheit.

Durch die wunderschöne Innenstadt mussten wir nun zu unserem gestern vorgebuchten Hotel „Berliner Hof" gelangen, das recht weit draußen lag. Diese zusätzliche halbe Stunde fiel mir schwer, obwohl wir nur 26 Kilometer gegangen waren. Wenn man meinte, angekommen zu sein, dann war jeder weitere Weg mühsam – zumindest für mich. Sobald aber unser Ziel endlich erreicht war, lief ein Programm ab, das zu unserem Alltag geworden war. Duschen, umziehen, etwas ausruhen, Gebetszeit, Abendessen mit Gesprächen. Diesmal ging es dabei um Extremsituationen, insbesondere beim Bergsteigen. Für jeden Menschen gibt es unterschiedliche Extremsituationen, aber sicher kann man von einer solchen sprechen, wenn man an seine individuellen körperlichen und mentalen Grenzen gerät. Rückblickend weiß ich jetzt, dass ich mich auf unserer langen Wanderung mindestens zweimal an so einer Grenze befunden und dass ich dadurch viel über mich selbst erfahren habe.

Nachdem P. Claudius mit uns die Planung für den nächsten Tag gemacht hatte – wir konnten im Kloster Reutte übernachten, was aber eine Verlängerung der Strecke auf 32 Kilometer bedeutete – schenkte er uns vor dem Zubettgehen ein Stück Schokolade, wohl um uns für den morgigen Tag zu stärken.

Nicht wahnsinnig

Die Gegend wurde jetzt etwas interessanter, welliger, und wir konnten den wunderschön geführten Jakobsweg begehen, auch wenn die Landschaft nach wie vor tief verschneit war und das Stapfen Mühe machte. In einem kleinen Ort sprach uns eine junge Frau an. Als sie erfuhr, dass wir heute von Biberach nach Reutte gehen wollten, meinte sie spontan: „Sind Sie wahnsinnig?" Wir brachen in Gelächter aus und erzählten ihr von unserer Absicht, bis ins äußerste Westspanien zu gelangen. Sie war außer sich. So eine Strecke müsse man mit dem Auto fahren, alles andere sei verrückt. Jetzt hieß es für uns, ein wenig Überzeugungsarbeit zu leisten.

Ja, es ist möglich zu Fuß zu gehen – auch in der heutigen Zeit. Wenn doch die Menschen wüssten, was für ein phantastisches Lebensgefühl sich beim Wandern nach einiger Zeit einstellt, wie sehr der eigene Körper zum Freund und Bundesgenossen wird, weil er merkt, dass er endlich zeigen darf, was in ihm steckt, dann würde sich so mancher überwinden und den Rucksack schultern.

Schon waren wir einige Stunden auf den Beinen und hielten nach einer Rastmöglichkeit Ausschau. Schließlich tauchte ein Kirchlein auf, das wir mit etwas müdem Schritt über eine Freitreppe erreichten. In der Kirche wurde gerade restauriert. Vorn am Altar war ein kleines Gerüst aufgestellt, überall standen Latten und Werkzeuge umher. Es roch nach Leim und Farben. Der Kirchenraum war geheizt. Sehnsüchtig schielten wir zu den Kirchenbänken hin. Dort ließe sich wohl eine komfortable Rast einbauen. Wir fragten den Restaurator und seine Assistentin, ob wir hier unser Brot essen dürften. Dies wurde uns freundlichst erlaubt, ja die junge Frau meinte sogar: „In der Leichenhalle können Sie aufs Klo gehen." Phantastische Aussichten waren das, und so hockten wir uns dankbar und selig in die hinterste Kirchenbank und kramten unser Brötchen hervor, das wir wieder vom reichlichen Frühstück aufgespart hatten.

Schon erspähten wir auf unserem Weg die Kirchentürme von Bad Waldsee und wir machten erstmals Bekanntschaft mit der guten Beth, die hier verehrt wird. Ich fabrizierte eine Eintragung ins Fürbittenbuch und entzündete ein Lichtchen. Meine größte Sorge waren immer die drei Kinder und ihre Familien. Aber auch alle anderen, die mir gerade in den Sinn kamen, pflegte ich in solche Fürbitten hereinzunehmen, und je länger ich dabei verweilte, desto mehr wurden es, beinahe beängstigend lang formierte sich oft eine Kette von Menschen, die ich Gott empfehlen wollte. Würde er mich hören, erhören? Oder musste man dazu heilig sein – was immer das bedeuten mag?

Das Kloster der Franziskanerinnen von Reutte war erreicht. Mächtig erhob sich der riesige Klosterbau in der sanften Landschaft. Erleichtert wurden die Rucksäcke auf dem Boden unseres hübschen Zimmers abge-

stellt. Ich beglückwünschte meine Nackenmuskeln dazu, dass sie sich jetzt entspannen durften. Überhaupt lobte ich meinen Körper manchmal und war bemüht, ihm nicht zu viel zuzumuten, soweit das von mir aus regulierbar war. Umso wichtiger war daher für mich am Abend die Erholung, die ich meinem bis jetzt gut funktionierenden Körper gewähren wollte und musste. Mit Genuss und Freude erlebte ich jeden Tag das Abendessen, das uns neue Energie, Kraft und Mut geben sollte. Der Schlaf tat dann meist das Übrige und löste alle Verspannungen auf, entkrampfte, beruhigte. Als wir aber heute beim Abendessen saßen, erlebten Reinhard und ich, dass es außer Brot und Radieschensalat nichts zu essen gab. Wir schauten einander betreten an – P. Claudius war nicht zugegen – und wärmten einen Witz auf, der uns in einem uralten Militärfilm über die k.u.k. Truppen erheitert hatte: „Melde gehorsamst, Menage nicht gut und reicht nicht." Zu Unrecht verdächtigten wir innerlich die Schwestern, uns Pilger auf Karfreitagsration gesetzt zu haben. Doch wir hätten nur vom Nebentisch die Platte mit Wurst und Käse erbitten müssen, wie wir leider zu spät erkannten. Dieser reichlich bestückte Teller war nämlich für uns alle, die wir im Gästerefektorium speisten, gedacht gewesen. Doch ich will nicht gierig erscheinen – schließlich waren wir ja Pilger, die sich mit Entbehrungen aller Art auseinanderzusetzen hatten.

Wieder durften wir eine eindrucksvolle Messe zu dritt feiern. Das Predigtgespräch über den Weinbergbesitzer, dessen Sohn von den Pächtern getötet wird, beschäftigte mich noch lange. Oft wird es ja so dargestellt, als ob es Gott wollte, dass sein Sohn getötet wird.

Will Gott, dass ein Kind ermordet wird, will er, dass ein Mensch in einer Jauchegrube verreckt, von Bomben zerfetzt wird?
Ich kann mir das einfach nicht vorstellen und es daher nicht glauben.
Hat der Sohn nicht aus Mitleid geweint, Menschen von ihren Krankheiten befreit?
Wie hätte er das tun können, wenn doch jedes Übel Gottes Wille wäre?
Ich persönlich glaube an den mitleidenden Gott, der aus jeder katastrophalen Situation, z. B. einer Kreuzigung, noch

etwas Heilbringendes, z. B. eine Auferstehung, machen kann.

Im Begegnungssaal trafen wir viele Franziskanerinnen an, die im Haus zu einer Oberinnenkonferenz versammelt waren. Zwei junge Schwestern gesellten sich für einige Zeit zu uns, während P. Claudius, der hier jeden kannte und der von allen freudig begrüßt wurde, gerade dabei war, mit einigen Schwestern ein paar Worte zu wechseln. Die Schwestern, die bei uns standen, waren ganz lebhafte und hübsche junge Frauen, denen wir anmerken konnten, dass sie mit der von ihnen gewählten Lebensform hochzufrieden waren. Eine Schwester fragte uns, wie weit wir bis jetzt zu Fuß gegangen seien und sie fragte noch einmal kritisch zurück, weil ihr die angegebene Kilometerzahl zu hoch schien. Wir zuckten hilflos mit den Achseln, hatten wir doch immer die laut Jakobswegführer ausgewiesenen, bisher zurückgelegten Kilometerzahlen addiert – einige kleine und größere Umwege dazugerechnet. Es war für Nichtwanderer sicher schwer zu begreifen, dass wir allein bis Würzburg zu Fuß 159 Kilometer gegangen waren, während man auf der Autobahn nur 100 hätte einplanen müssen. Diese Wanderpfade, die sich ja selten die kürzeste Route suchen, sondern teilweise große Umwege in Kauf nehmen, um den Pilger auf möglichst ruhigen und landschaftlich ansprechenden Strecken zur Besinnung kommen zu lassen und ihn keiner Gefahr durch Fahrzeuge auszusetzen, ärgerten uns manchmal schon ein wenig, wenn wir beispielsweise einen Abschnitt von noch 15 Kilometer vor uns hatten, aber auf einem Straßenschild lasen, dass es auf Asphalt fünf weniger gewesen wären.

Vom TV erfuhren wir, dass ab morgen ein arktischer Kälteeinbruch drohte. Bei einem Glas Bier ließen wir diese

Nachricht in Seelenruhe an uns herankommen. Kalt war es schon die ganze Zeit gewesen – und wir waren ja nicht in der Arktis, wo man unversehens erfrieren und verlorengehen konnte. Beim Zubettgehen amüsierten wir uns über das Kalenderblatt des heutigen Tages, auf dem folgender Spruch zu lesen stand: „Besser auf dem rechten Wege hinken, als aufrecht in die Irre gehen". Als Verfasser war der hl. Augustinus angegeben.

Menschen

Heute war schon der letzte Wandertag mit P. Claudius angebrochen. Wir würden das Kloster erreichen, in dem er zur Zeit lebte. Vielleicht zu Claudius' Ehre gab es einen strahlenden blauen Winterhimmel. Der Schnee knirschte unter unseren Füßen, als wir uns beschwingt und flott auf den Weg machten. Um neun Uhr trafen wir, wie verabredet, an einer Tankstelle Roswitha, eine Bekannte von P. Claudius, die in der Nähe wohnte und die auch uns gut bekannt war. Sie wollte für ein bis zwei Stunden mit uns gehen und uns so auf dem Jakobsweg Gesellschaft leisten. Reinhard und mir tat es gut, dass wir doch immer wieder, vor allem telefonisch, Zeichen der Verbundenheit von Freunden, Nachbarn und natürlich von der Familie erhielten. Ein treuer Wanderkamerad rief uns auf dem gesamten Weg bis Santiago alle zwei bis drei Wochen an und verfolgte unser Weiterkommen auf der Landkarte. Einmal hat er uns, tief in Frankreich, durch seinen Anruf aus einem Müdigkeitstief herausgeholfen, als wir uns gerade auf einer überlangen und nicht leicht zu gehenden Strecke befanden.

Der sonnenüberglänzte Weg in der Schneelandschaft des Allgäus war begeisternd schön, ließ unsere Herzen höherschlagen. In Weingarten besuchten wir die eindrucksvolle Basilika und vergönnten uns ein kleines Mittagessen in einem griechischen Lokal. Das letzte Stück unserer heutigen Gehstrecke führte uns auf einen Waldweg, der von zahlreichen Spaziergängern besucht war. Heute war Samstag und die Menschen in beschaulicher und besonders aufgeschlossener Stimmung. Einige Ausflügler hielten uns an und fragten uns nach unserem Wanderziel. Der Sinn einer Wallfahrt wurde angesprochen und von manchen unsere Motivation erforscht. Auch lustige Sprüche bekamen wir zu hören, als der Weg einmal entlang einer Langlaufloipe führte: „Wo haben Sie Ihre Ski verloren?", hieß es da zum Beispiel. Jedenfalls war es ersichtlich, dass hier in Süddeutschland ein lebhafter und neugieriger Menschenschlag lebt. So führte uns unser Weg nicht nur durch unterschiedliche Landschaften und Dialektbezirke, sondern wir konnten auch erkennen, dass doch die Mentalitäten – auch innerhalb Deutschlands – Verschiedenheiten aufweisen.

Manchmal vermeinte ich in den Augen unserer Gesprächspartner ein wenig Bedauern zu erblicken, dass sie selbst im Moment so einen Weg der Ungebundenheit aus gesundheitlichen, zeitlichen oder anderen persönlichen Gründen nicht auf sich nehmen konnten. Wir ermutigten aber, mit kleinen Wanderstrecken auszuprobieren, ob eines Tages nicht doch vielleicht ein längerer Weg in Frage kam. Wir gaben Auskunft über das Gewicht unserer Rucksäcke, unsere tägliche Gehleistung – im Nachhinein ergab sich eine Durchschnittsetappe von knapp 28 Kilometern –, erzählten vom Grab des Jakobus und auf Anfrage von der Geschichte der Wallfahrt.

Ravensburg hat eine schöne Altstadt, die wir kurz besichtigten. Danach holte uns Roswitha mit ihrem Auto vor der Kirche ab, um uns nach Wangen zu bringen, welches nicht auf der eigentlichen Jakobsroute liegt. Mit dem guten Gefühl, dass uns am morgigen Sonntag ein Rasttag erwartete, erreichten wir das gastliche Kloster. Im Kloster schlug uns eine Welle von Sympathie entgegen. Durch unsere Freundschaft mit P. Claudius hatten wir natürlich einen Bonus bei seinen Mitbrüdern. Außerdem kannten wir den einen oder anderen bereits von Lebensstationen in anderen Klöstern der Thüringischen Franziskanerprovinz. Einen netten, jungen Postulanten, der auch für die Wäsche zuständig war, wagten wir zu fragen, ob wir unsere gesamte Bekleidung für eine Generalreinigung in die Waschmaschine einlegen dürften. Welche Wohltat, Wäsche, Socken, T-Shirts, Wanderhosen und Fleecejacken einmal wieder richtig sauber zu kriegen. Wir konnten ja unterwegs alles nur per Hand waschen – kleine Wäsche sozusagen. Nun, dies hier war große, großartige Wäsche, ein wahres Fest. Es war nachher ein unglaublich gutes Gefühl, mit einer von Frische duftenden Jacke weiterzuwandern.

Nach Vesper und Abendessen ging es in die Rekreation, bei der wir in den geselligen Abend der Hausgemeinschaft einbezogen waren. Fröhliche und interessante Gespräche, ein Glas Wein, aber vor allem die unkomplizierte, wohlwollende Atmosphäre trugen dazu bei, dass wir uns richtig geborgen fühlten, im Freundesland sozusagen. Ich als einziges weibliches Wesen fühlte mich geschwisterlich aufgenommen. Bemerkenswert war – und es wurde von den Patres und Brüdern mit Erheiterung zur Kenntnis genommen –, dass gleich zu Beginn des abendlichen Beisammenseins beinahe zeitgleich drei Dinge zu Bruch gingen. Durch Ungeschicklichkeit und Unachtsamkeit wurden umgestoßen und zerschellten eine Wasserflasche, ein Weinglas und eine Flasche mit Milch im Sekundenabstand. „Aller guten Dinge sind drei – Scherben bringen Glück", dies waren die Überlegungen einer positiv denkenden Jakobspilgerin, die sich todmüde, aber höchst zufrieden zu Bett begab.

Sonntag

Um 6.45 Uhr fand das Morgengebet im Meditationsraum statt. Wunderbar war die Stille, in der die bereits Anwesenden auf ihren im Halbkreis gestellten Sitzen verharrten. Nach und nach füllte sich der spärlich beleuchtete Raum, während draußen noch winterliches Dunkel herrschte. Etwas wie Erwartung lag in der Luft. Wie schön muss es sein, dachte ich mir, jeden Tag so zu beginnen. Empfand ich nur deshalb so, weil diese Situation für mich nichts Alltägliches war? Vorsichtig schaute ich in die Runde. Die Gesichter der Brüder waren gesammelt und ihr Blick nach innen gerichtet, wenngleich der eine oder andere etwas unausgeschlafen wirkte und verstohlen gähnte. Dasselbe konnte ich übrigens auch von mir behaupten. Trotzdem berührte mich diese halbe Stunde tief. Das gemeinschaftliche Dasein in Ehrlichkeit und Offenheit hatte für mich etwas Tröstendes und Aufbauendes. Ja, wir können den Weg schaffen, dachte ich im Stillen. Vielleicht wird ja der eine oder andere Bruder für uns beten? Im Gottesdienst ging es um die Frau am Jakobsbrunnen, die von Jesus in all ihren Dunkelheiten und Unwahrhaftigkeiten durchschaut, aber trotzdem akzeptiert wird.

Wir setzten uns hernach mit P. Claudius zusammen, den wir ja ab morgen leider wieder entbehren mussten. Er legte uns Wanderkarten vor und besprach die vor uns liegende Strecke mit uns, wobei er uns bekömmlichen Kräuterschnaps spendierte.

Bei der Siesta am Nachmittag schlief ich wie ein Murmeltier beinahe zwei Stunden und fühlte mich danach richtig erholt für das, was ab morgen wieder auf uns zukommen würde. Nach einem schönen Spaziergang durch das tief verschneite Wangen mit seinen anheimelnden Fachwerkhäusern, interessanten Brunnen und Denkmälern, betraten wir gerne wieder das schützende Kloster, hatte es doch begonnen zu wehen und zu schneien. Langsam wurde es draußen auf der Straße ungemütlich. Vor dem Kloster stand ein Schneemann, waren hohe Schneewälle aufgetürmt. Es war kaum möglich, die Gehwege vom Schnee freizuhalten. Wie würde sich das Wandern morgen wohl gestalten? Ein wenig bange konnte einem schon werden, wenn man die weißen, wirbelnden Fahnen sah, die von den Dächern herabfegten. Zudem war es eisig kalt geworden.

Eine schöne Vesperandacht mit Gitarrenmusik, und geselliges Beisammensein mit den Brüdern beendeten diesen erholsamen und aufbauenden Tag.

Ein Angebot und ein erstaunter Arzt

Nach Morgengebet und Frühstück verabschiedeten wir uns dankbar und herzlich von unserem franziskanischen Wanderkameraden und seinen Mitbrüdern. Das Thermometer zeigte heute -12 Grad, aber – wir konnten es beinahe nicht glauben – der Himmel strahlte in kräftigem Blau. Zwei Franziskanerbrüder setzten uns, unterwegs zu einer pastoralen Aufgabe, in Ravensburg ab, von wo wir unseren dort vorgestern unterbrochenen Pilgerweg fortsetzen konnten. Zunächst suchten wir das Pfarramt auf, um uns einen Stempel für unser Credencial geben zu lassen. Die Dame war sehr charmant, gab uns auch eine Liste mit Unterkünften für den weiterführenden Jakobsweg mit, die uns gute Dienste leisten sollte.

Unsere heutige Etappe nach Markdorf war nicht lang – nur 22 Kilometer. Zu Mittag fiel uns ein schmuckes Gasthaus in die Augen, wo uns eine Suppe stärken und wärmen sollte. Am Nebentisch saß ein Ehepaar, das uns immer wieder interessiert beobachtete und sichtlich über uns sprach. Schließlich wendete sich der Mann an uns. Als er hörte, dass wir Jakobspilger waren, bot er uns sofort ein Quartier in seinem Haus an. Es liege allerdings ein paar Kilometer abseits, aber er habe ein bequemes Gästezimmer. Reinhard und ich waren berührt von so viel Freundlichkeit uns Fremden gegenüber. Diese sympathischen, wohlwollenden Leute kannten uns doch gar nicht. Hatten sie denn keine Angst, dass wir uns länger bei ihnen einnisten, alles dreckig machen oder etwas ruinieren würden? Ich kann es nicht anders sagen, aber ich fühlte mich bei diesem Angebot wie von Engelsflügeln berührt und behütet. Aber für Reinhard und mich war es klar, dass wir nicht abseits des Weges Quartier machen, sondern zügig den Weg fortsetzen wollten, um unseren Zeitplan einzuhalten. Übermorgen würden wir die Schweiz betreten – welch ein Hochgefühl! Wir bedankten uns also herzlich für das liebe Angebot. Dafür erkundigte sich Reinhard noch nach einem Schuster, der seine schief gelaufenen Absätze erneuern konnte. Die Eheleute begannen nun per Handy umherzutelefonieren, bis sie von Freunden erfuhren, dass es in Markdorf selbst einen guten Schuster gab.

Die Nähe des Bodensees machte sich bemerkbar. Die Landschaft wurde offener, Obstbaumkulturen waren in Reih und Glied entlang des Weges angelegt. Noch standen die Bäume kahl im Schnee, aber wer weiß, wie bald sie in leuchtender Blüte erstrahlen würden! Morgen war immerhin schon der 1. März. Die Ahnung einer hoffnungsvollen Witterungsperspektive

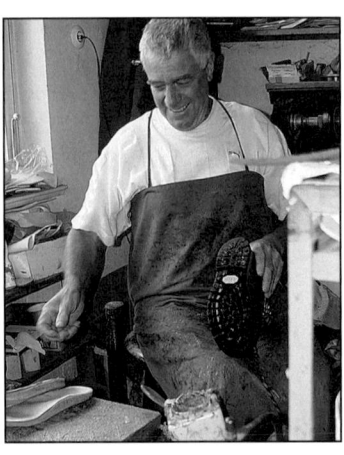

nistete sich in uns ein. Wir gingen vom Winter in den Frühling hinein, würden im Frühsommer in Spanien eintreffen. Das hatten wir uns immer schon gewünscht: Den Wechsel der Jahreszeiten hautnah und zu Fuß wandernd zu erleben. Beschwingt und gar nicht müde erreichten wir Markdorf, wo wir feststellten, dass der uns empfohlene Schuster nicht geöffnet hatte. Außerdem vermietete keiner der Gasthöfe und kleinen Hotels Zimmer. Sie waren alle, wohl saisonbedingt, geschlossen. Jetzt waren wir schon beinahe eine Stunde im Städtchen umhergelaufen, hatten gefragt und gesucht. Unsere Stimmung sackte ab. Wo sollten wir denn übernachten? Wann konnten wir endlich unsere Rucksäcke ablegen? Wir hätten doch das Angebot des gastfreundlichen Ehepaares annehmen sollen! Plötzlich fiel uns die Quartierliste von Ravensburg ein, welche ich sorgsam verstaut hatte. Hier stand eine angeblich pilgergemäße Pension verzeichnet, nach der wir sogleich auf die Suche gingen. Als wir das etwas versteckt liegende Grundstück betraten, eilte uns eine Frau entgegen, die uns herzlich als Jakospilger begrüßte. An der Eingangstür stach uns eine Jakobsmuschel in die Augen, als vertrauenswürdiges Hauszeichen für Pilger. „Aber freilich", meinte die Wirtin auf unsere Frage, ob wir ein Zimmer für eine Nacht mieten könnten.

Zunächst bekamen wir einen herrlichen Empfang bereitet, kaum dass wir uns voll Erleichterung unserer schweren Schuhe entledigt hatten. Auf einem runden Tisch standen Tee, Äpfel, Kuchen, Wasser zu unserer freien Verfügung bereit – „alles umsonst" –, wie uns beteuert wurde.

Wir kamen uns vor wie im Schlaraffenland und genossen unseren Pilgerstatus. Allerdings hatte ich heute lästige Schmerzen im Ischiasbereich. Schöne Bescherung! So legte ich mich aufs Bett und schluckte ein bitteres Paracetamol, während Reinhard auszog, um seine abgetretenen Absätze erneuern zu lassen.

Für das Abendessen empfahl uns die Hauswirtin den Gasthof „Schwanen". Flott stapften wir durch die grimmige Kälte dorthin, immer bestrebt, nicht auf einer der zahlreichen Eisplatten auszurutschen. Vom Lokal aus rief Reinhard einen ehemaligen Kollegen an, der seit mehreren Jahren hier in Markdorf wohnte. Er war tatsächlich zu Hause. Er und seine Frau wollten uns gerne wiedersehen, was auf Gegenseitigkeit beruhte. Wir ließen uns also abholen. Als der Kollege uns erblickte, merkte man ihm sein Erstaunen an. Wir hatten unsere „verwanderten" Trekkingschuhe an, gefütterte, schon arg strapazierte Winterhosen und einen unangemessen dünnen Anorak. Meine Frisur war selbstverständlich erbärmlich – wenn man überhaupt von einer Frisur sprechen kann. Reinhards Kollege selbst war wie immer sportlich elegant gekleidet.

Er wollte einfach nicht begreifen, dass sein ehemaliger Oberarzt und dessen Frau zu Fuß unterwegs waren. Zweimal fragte er: „Und wo habt ihr euer Auto?" Geduldig wiederholten wir, dass wir mit Rucksack bis nach Spanien zu Fuß gehen wollten. Er rang förmlich nach Atem und versuchte, sein Unverständnis nicht allzu deutlich zu zeigen. Als dann noch das Wort Wallfahrt fiel und Santiago, da war die Verwirrung vollständig. „Wir hätten den armen Kerl vorwarnen müssen, ihn nicht mit unserer reduzierten Erscheinung überfallen dürfen!", so dachte ich im Stillen, genoss aber irgendwie diese Situation. Öfter im Leben hatte ich etwas für die anderen Unerwartetes tun wollen – und es war mir fast nie gelungen, aus den vorgezeichneten Klischees auszubrechen. Jetzt aber schien uns das doch geglückt zu sein. Unser Traum vom gemeinsamen Weg durch halb Europa hatte uns Flügel wachsen lassen, die uns über unsere eigenen Mauern und Wälle, die nicht nur Schutz, sondern auch Gefängnis waren, hinwegtragen konnten. Hoffentlich würde es uns nicht wie dem Ikarus der antiken Sage ergehen, der nach seinem Höhenflug schließlich abstürzte.

Im Haus von Reinhards Kollegen gab es dann herzliche und angeregte Gespräche. Aber immer wieder merkte ich, wie die Dame des Hauses unsere Schuhe betrachtete und wohl fieberhaft überlegte, was mit uns passiert war, dass wir so etwas Grässliches wie diesen Weg wagten. „Und was tun Sie, wenn Sie einmal nicht gut drauf sind?", fragte sie mich. Ich überlegte kurz und erwiderte: „Weitergehen." Es gab eine kleine Gesprächspause, dann meinte sie: „Ach so!" und wechselte das Thema.

Der Bodensee wird erreicht

Am nächsten Morgen erfreute uns wieder herrliches Winterwetter. Doch bevor wir uns auf die Piste wagten, erwartete uns ein überdimensionales Frühstück. Es war wirklich fantastisch, was uns hier liebevoll aufgetischt worden war. Das Angebot hielt den Vergleich mit dem eines Dreisterne-Hotels stand. Eier, Früchte, Säfte, Kaffee, Wasser, verschiedene Wurst- und Käsesorten, Joghurts etc. sowie knackfrische Brötchen machten uns den Mund wässerig und ließen uns ungewohnt reichlich zugreifen. Der wohlbeleibte Hausherr saß – vor Gutmütigkeit strahlend – mit uns am Esstisch und kontrollierte bzw. kommentierte unseren Appetit. Aufmunternd meinte er, wenn wir zu erlahmen drohten: „Essen's nur, essen's alles zammen!". Zum Schluss mussten wir uns noch in das Gästebuch eintragen, wofür ich als standesgemäße Dekoration meiner Zeilen einen weiteren Pilgeraufkleber von Sieger Köder mit der Aufschrift „Tapferle weiter!" opferte. Das liebenswürdige Hauswirtsehepaar, das uns so viel für so wenig finanzielle Gegenleistung geboten hat, werden wir nie vergessen! Danke!

Traumhaft schön war die nun folgende Wegstrecke. Da hier im Bodenseegebiet viel weniger Schnee lag als in Schwaben und im Allgäu, konnten wir komplikationslos der Originalroute folgen, die uns zu einer Kapelle in Braitenbach führte, an der, in der Sonne liegend, eine bequeme Sitzbank zur Rast einlud. Wenn die lokalen Pfleger

und Erhalter der Jakobswege doch wüssten, was eine Bank am richtigen Ort zur rechten Zeit für einen angestrengten Pilger bedeuten kann – und das nicht nur zur Winterszeit –, dann wären sie sicher erstaunt. Unter diesen Umständen aber ergab sich für uns eine Mittagsrast, die nicht schöner hätte sein können. Hinter unserem Rücken ein hübsches, kleines Gotteshaus, vor uns eine freundliche, bäuerliche, glitzernde und gleißende Schneelandschaft, unter unseren Gesäßen ein wärmeisolierendes Alusitzkissen, in uns drinnen die Freude des gesamten bisherigen Weges und besonders die des heutigen Tages – so konnte es ruhig weitergehen. Ich empfand in solchen Momenten die Harmonie mit meinem Mann ganz besonders intensiv, da er genauso wie ich durch Naturschönheiten oder Kunstdenkmäler zu begeistern war und dabei alle etwaigen Unbequemlichkeiten vergaß.

Das Innere der Kapelle bot neben einem Pilgerbuch, in das wir uns natürlich mit Datum eintrugen, auch noch eine besondere Sehenswürdigkeit. An die rechte Seitenwand waren einige Pilgermuscheln in Rötel mit flottem Strich hingezeichnet. Angeblich sollten sie aus dem Mittelalter stammen. Jedenfalls war es ein erhebendes Gefühl, uns in eine ganz lange Prozession von Pilgern einordnen zu können, von ihrem Glauben, ihrer Motivation mitgetragen zu werden. So wie wir waren auch sie in der Heimat aufgebrochen, um in monatelangem Marsch vielleicht, hoffentlich, mit Gottes Hilfe, Santiago de Compostela zu erreichen. Wenn die Pilger aus allen Jahrhunderten, die schon hier verweilt hatten, plötzlich sichtbar für uns da gewesen wären, zu uns hätten sprechen können von ihrem Glauben, ihren Zweifeln, ihrer Sehnsucht, ihrer Schuld, ihren Schmerzen und Nöten,

ihren Krankheiten und ihrer Mutlosigkeit! Ich denke, wir hätten einander viel zu sagen gehabt und uns als Verwandte gefühlt, so wie wir das später in Gesprächen mit Mitpilgern, die ab Frankreich in immer größerer Zahl unterwegs waren, empfunden haben. Da es gerade Mittag geworden war, beteten wir einen „Engel des Herrn" und zogen sodann beschwingt weiter.

Schon hatten wir das wunderschöne Städtchen Meersburg erreicht und durchschritten ein altes Stadttor, gingen quer durch die mittelalterliche Innenstadt hindurch hinunter zum Seeufer, um eine Fähre zu erreichen, die uns nach Konstanz übersetzen sollte. Auch die Pilger alter Zeiten sind dieses Stück per Schiff gefahren, um einen Seezipfel abzuschneiden und den Weg nicht unnötig zu verlängern. Der Anblick des Bodensees war für uns überwältigend. Er signalisierte uns Weite und Freiheit. Wie ein Meer lag er in weißblauem Dunst vor uns da. Wir hatten Glück. Soeben kam die Fähre und brachte uns bis Staad zum anderen Ufer. Der Rückblick auf Meersburg war bezaubernd. Recht rasch wurde die Silhouette der Burg kleiner, die Türme und Türmchen verschwanden. Manches in Meersburg wäre sehenswert gewesen, aber es drängte uns, Konstanz zu erreichen. Für uns war diese Stadt ein Markstein auf unserer Pilgerschaft. Den deutschen Teil unseres Weges von Fulda aus hatten wir ja nun beendet.

Von Staad aus war es noch ein gutes Stück zu gehen, besonders weil wir die Markierung verloren und so einen Umweg durch verschiedene Wohngebiete einlegen mussten. Schließlich aber hatten wir nach einigem Fragen das Ufer des Bodensees neuerlich erreicht und strebten nun auf der stark begangenen Strandpromenade der Stadt Konstanz zu, deren charakteristisches Stadtbild uns entgegenwuchs. Einige Menschen grüßten uns freundlich. Schwäne gondelten am Ufer entlang, um von Kindern und Leuten, die Zeit hatten, gefüttert zu werden. Das warme Gold des späten Nachmittags schien uns ein verheißungsvolles Omen. Konstanz nahm uns freundlich auf. Nach längerem Suchen hatten wir ein passendes Hotel entdeckt. Ich fühlte mich plötzlich müde, und so leistete ich Reinhard keine Gesellschaft, als er in die Stadt ging, um Nötiges, wie z. B. Schokolade für unterwegs, einzukaufen und eine Landkarte und die Führer für den Deutschen Jakobsweg an P. Claudius zu schicken, der sie für uns bis zur Rückkehr aufbewahren würde. Nur kein unnötiges Gewicht mittragen!

Da wir vor nicht allzu langer Zeit das Münster anlässlich einer Fahrt besucht hatten, tat es mir nicht ganz so leid, dieses wunderbare Gotteshaus diesmal nicht besichtigen zu können. Heute bei unserem Einzug in die Stadt hatten wir es verschlossen vorgefunden, und auch am nächsten Tag, beim Auszug aus Konstanz, war die Kirche nicht geöffnet. Nur das Schild auf dem Domplatz – 1950 Kilometer bis Santiago – hatten wir bewundern können. Dass der Weg in Wirklichkeit beinahe 400 Kilometer länger ist – unsere eigenen Alternativrouten nicht eingerechnet –, dem wurde Ende letzten Jahres endlich Rechnung getragen. Auf Drängen des Schweizer Jakobusvereines hat man das Schild korrigiert. Hier steht jetzt zu lesen: 2340 Kilometer bis Santiago.

UNSER WEG DURCH DIE SCHWEIZ
2. März 2005 – 22. März 2005

Anders als gedacht

An der Grenzstation zur Schweiz zitierte ein Deutscher Zollbeamter meinen Mann zu sich, weil Reinhard fotografiert hatte. Zum Glück besaßen wir digitale Kameras, sodass dem Grenzer auf dem Display die Harmlosigkeit der Aufnahme bewiesen werden konnte, worauf dieser uns mürrisch ziehen ließ. Schon bald nahm die Schneehöhe wieder zu und es ging in einen bewaldeten Hang hinein, der sich durch schöne Kreuzwegstationen auszeichnete. Hier umfing uns eine beinahe weihevolle Stille. Die Bäume warfen lange bläuliche Schatten. Es fiel uns nicht schwer, uns nach längerer Zeit wieder einmal auf eine größere Steigung einzulassen. Ja, ich liebte dieses bedächtige Bergaufgehen ganz besonders und kam dabei jedesmal in eine beschauliche Gemütsverfassung, die intensiv durch die in Metall dargestellten Leidensstationen Christi beeinflusst wurde.

Die Fastenzeit war schon immer für mich eine besondere Zeit der Erwartung und der Nachdenklichkeit gewesen, umso mehr konnte sie es in diesen Tagen sein, da wir ohne Alltagsverpflichtungen unterwegs waren. Etwas strapaziert erreichten wir schließlich zur Mittagszeit Märstetten, wo uns eine wunderschöne Jakobuskirche mit romanischen Fresken erwartete. Die Sonne schien heute wärmer als sonst, hatte mehr Kraft. Sie erweichte den Schnee und hatte um die Kirche herum schon einige Schneeglöckchen und Krokusse aus dem Boden gelockt. Nach einer zünftigen Stärkung in Form von Käsespätzle im Dorfgasthaus erreichten wir auf beinahe ebenen Wegen an schmucken, sauberen Dörfern vorbei endlich Tobel. Vor uns, noch in weiter Ferne, türmten sich schon die ersten ernst zu nehmenden Berge auf.

In Tobel schien es kein Quartier zu geben, obwohl etwas Derartiges in unserem Outdoorführer angezeigt

war. So fragten wir den Wirt eines Gasthauses. Dieser erwies sich als äußerst hilfsbereit und telefonierte für uns nach einem Privatquartier. Wir wurden herzlich empfangen, liebevoll eingewiesen und betreut – nur auf Schweizerisch eben, in das wir uns erstaunlich gut einhörten, es sogar nach einiger Zeit wunderschön fanden. Ich muss ehrlich zugeben, dass ich soviel Entgegenkommen in der Schweiz nicht erwartet hatte. Ich hatte gedacht, dass wir Deutsche dort unbeliebt seien und dass man uns kühl begegnen würde. Das Gegenteil war der Fall. Ich stellte wieder einmal fest, dass ich ein Vorurteil revidieren konnte. Das beste Mittel gegen Voreingenommenheit war es also, sich auf den Weg zu den Fremden hin, in die Fremde zu begeben und sich dort für menschliche Begegnungen offenzuhalten.

Scheiden tut weh

Es war interessant zu beobachten, dass sich zu manchen Vermietern schon nach kurzer Zeit, manchmal sofort, so etwas wie ein freundschaftliches Verhältnis entwickelte. Jeder der beiden Partner wusste, dass es ein Wiedersehen nach Menschenvoraussicht nicht geben würde und so versuchte man, die ein oder zwei Stunden der Begegnung mit Leben zu erfüllen, einander zu vertrauen, Wohlwollen und Sympathie zu schenken. So ist es erklärbar, dass wir oft unterwegs Probleme zu hören bekamen, die normalerweise wildfremden Menschen nicht erzählt werden. Manche Schicksale sind mir noch heute, lang nach unserer Rückkunft, präsent und sie bewegen mich nach wie vor. Umgekehrt haben wir festgestellt, dass Wirte, vor allem die in Privatquartieren – aber auch richtige Hotelprofis –, uns viel Zeit widmeten und es sich zur Aufgabe machten, uns irgendwie weiterzuhelfen, uns zu verwöhnen, uns beim Abschied eine Süßigkeit für den Weiterweg zuzustecken, uns Rabatt zu gewähren – obwohl wir darum nicht gebeten hatten. Wir hatten solches Entgegenkommen mit dieser Regelmäßigkeit in unserem ganzen Leben noch nie erfahren – außer vielleicht in Form der sprichwörtlich balkanischen Gastfreundschaft vor einigen Jahren. Diese offene und freigebige Mentalität, die normalerweise in Mitteleuropa kaum zu finden ist, weil sie der Profitgier, dem Desinteresse und der Isolation gewichen ist, haben wir auf dem Camino de Santiago wiederentdeckt.

Im Gehen über weite Strecken kam bei mir nach und nach viel Negatives hoch, aber mir schien es, dass diese dunklen Antriebe und Energien rasch von den Kräften der Natur, denen wir uns auf dem Weg total ausgesetzt und verbunden fühlten – da wir uns ja dauernd in ihnen bewegten –, aufgesogen, absorbiert wurden. Der majestätische und bergende Wald, die beschneiten Berge, glänzenden Seen, die klare Vorfrühlingsluft, der mit Eiszapfen behangene Bach – sie alle beschenkten uns fürstlich. Angesichts dieser Geschenke verstummten immer wieder die dunklen Seiten in uns. Sie machten staunender Erwartung Platz, die alles für möglich hielt.

Unser Hauswirt in Tobel sperrte uns vor dem Abschied noch die schmucke Dorfkirche auf, erzählte uns allerlei darüber und brachte uns wieder auf den Jakobsweg zurück. Er ermutigte uns, als wir Bedenken bezüglich der Machbarkeit der heutigen Etappe äußerten. Er meinte, der Weg zur Hörnlihütte sei bei diesem Traumwetter gut zu schaffen. Er sei selbst schon oben gewesen. So schieden wir zuversichtlich und winkten zum Abschied einem Mann, der uns gern ein paar Kilometer gefahren hätte, wenn wir dazu Ja gesagt hätten.

Der Tag begann wieder sehr aufbauend. Nach kurzem Marsch erreichten wir ein verschneites Dorf. Mit flottem Schritt zogen wir gerade an einem Gasthaus vorbei, als wir eine Männerstimme hörten, die uns nachrief. Beim Umdrehen erblickten wir einen Mann, der sich aus der Tür des Wirtshauses herausbeugte und uns zuwinkte. Wir sollten doch mit ihm eine Tasse Kaffee trinken. Er würde uns dazu einladen. Nichts lieber als das! Auf dem Absatz machten wir kehrt und folgten dem Mann in das Lokal. Es wurde ein gemütliches halbes Stündchen, das wir mit ihm verbrachten. Er hatte uns gestern in Tobel gesehen, als wir nach einem Quartier fragten. Als er von meinem Mann erfuhr, dass dieser Urologe war, unterbreitete er ihm seine einschlägigen Beschwerden, wobei er mich um Verzeihung bat, dass er so ein Thema anschnitt. Es war mir ganz angenehm, nicht an diesem Gespräch teilnehmen zu müssen, sondern ganz abschalten und meinen eigenen Stimmungen und Gedanken nachhängen zu können.

Mit Worten wie: „Schön, intensiv, fantastisch, bewegend, eindrucksvoll, unvergesslich" versuchen wir dann oft trotzdem unser Glück, weil wir im Grunde meinen, verpflichtet zu sein, alles erklären, beschreiben zu müssen. Aber es kommt auf einem so ungeheuer langen Weg wie dem unseren vor – und das nicht einmal ganz selten –, dass uns bewusst wird, nicht das letzte Wort haben zu können und zu wollen.

Übrigens ist es auf unserem Weg nicht unbedingt ein schlechtes Zeichen, keine Worte für eine Situation, ein Gefühl, einen Anblick, eine Erfahrung zu finden.

Nach herzlichem Abschied und Austausch von Mailadressen verließen wir erholt und durch das Coffein angekurbelt den gastlichen Ort. Langsam wurden die Wege anspruchsvoller, das Terrain steil hügelig. Hohe Berge waren in greifbare Nähe gerückt. Die Jakobsmuschel führte uns nun in einige schlecht oder kaum eingetretene Steilpfade, die uns nach euphorischem Tagesbeginn etwas kleinlaut werden ließen. Bergauf, bergab ging es unter Keuchen und Schwitzen. Der Jakobsweg wollte uns von der Landstraße fernhalten – das tat er auch –, aber um den Preis großer Anstrengung. Wir kamen langsam vorwärts und wussten, dass die eigentlichen

Strapazen des heutigen Tages noch vor uns lagen. Unten im Tal tauchte das wunderschöne Kloster Fischingen auf. Grantig knurrte ich, dass der Weg unten auf der Straße nur halb so lang gewesen wäre, zumal wir ja nun doch wieder ins Tal hinunter mussten. Reinhard war etwas gelassener. Ihm war es vor allem wichtig, möglichst viel auf Originalpfaden zu wandern – was für mich ja vom Prinzip her auch zutraf. Nur war ich mehr als er bestrebt, meine Kräfte einzuteilen, weil ich mir nicht so ganz sicher war, ob ich unser Vorhaben glücklich würde zu Ende bringen können.

Zunächst kehrten wir aber in Fischingen in einen urigen Gasthof ein, gewissermaßen um uns vor dem eigentlichen Kampf noch einmal zu stärken und muskulär zu entspannen, ja, ich war sogar ein wenig aufgeregt vor dem Aufstieg zur Hörnlihütte im Schnee. Einige Male hielt ich meinem Mann vor Augen, dass dieser Aufstieg keine Kleinigkeit sein würde, wodurch ich ihm, rückblickend betrachtet, sicherlich auf die Nerven ging, was er mir aber in seiner ritterlichen Art nicht zeigte, oder nur ganz wenig, indem er zum Beispiel ein zerstreutes „Ja, Ja" erwiderte.

Im Gasthof wurden wir freundlich und respektvoll gegrüßt. Meiner Meinung nach sahen wir selbst nicht mehr ganz wie „Stadtmenschen", sondern bereits eher wie „Bergmenschen" aus, ein Ausdruck, den meine Schwestern und ich in der Kinder- und Jugendzeit kreiert hatten. An einem klobigen Ecktisch aus schwerem Holz saß so ein „Bergmensch" von unseren Gnaden, der einem Heimatfilm entstiegen zu sein schien. Er löffelte gerade seine Suppe, musterte uns scharf mit seinen hellen Augen und gab auf unsere Fragen bedächtig Auskunft. Er wisse nicht, ob der Weg zum Hörnli, wo wir in einer Berghütte übernachten wollten, gepfadet sei – eher nicht. Aber über die Schlittelbahn, da könnten wir wohl gehen. Ja, wir würden die Hütte noch vor Einbruch der Dunkelheit erreichen. Der noch junge Mann mit seinem eisengrauen Bart und der handgestrickten, grauen Schafwollmütze strahlte Verlässlichkeit und Verantwortungsgefühl aus. Hastig aßen wir unsere Graupensuppe zu Ende und

machten uns auf den Weg. Kurz schauten wir in die Klosterkirche hinein, deren prächtiges Barock leider gerade durch Baugerüste nicht voll zur Geltung kam. Schnell noch holten wir uns an der Klosterpforte den wirklich hübschen Pilgerstempel, bevor wir unsere Schritte endgültig bergwärts richteten.

Zunächst ging es zügig und regulär voran auf der schon angekündigten, sonnenbestrahlten Schlittelbahn, die regen Rodelverkehr aufwies, sodass wir uns einige Male nur per Hechtsprung auf die Seite drücken konnten, wenn ein Fahrer um die Kurve gesaust kam. Zum Glück lachten und kreischten die meist kindlichen Fahrer so laut vor lauter Vergnügen oder auch Nervenkitzel, dass wir immer schon ein akustisches Vorsignal bekamen, bevor es richtig ernst wurde.

Plötzlich standen wir an einem Schild mit der Aufschrift „Pilgerpfad". Es wies in einen tief verschneiten Steilhang hinein, aus dem allerdings zur Orientierung etwa 20 Zentimeter eines hölzernen Geländers herausragten. Kurze Zweifel packten uns. War das zu machen? Wortlos zog ich aus meiner Anoraktasche ein kleines Tütchen mit der Aufschrift „Powergel", das uns eine von Reinhards Assistentinnen mit einem Augenzwinkern neben Klopapier und Blasenpflaster zum Abschied geschenkt hatte. Wann, wenn nicht jetzt, sollten wir Power tanken – auch wenn diese vielleicht nur auf einem psychologischen Effekt beruhen sollte. Solchermaßen gedopt machten wir uns an den Aufstieg. Es war unendlich mühevoll, fast bis zu den Hüften im Schnee, sich am Geländer entlang hochzuziehen, dabei immer wieder zurückzurutschen. Wir kamen nur im Schneckentempo höher. Atmung und Herzschlag taten ihr Bestes, uns über diese Situation hinwegzubringen. Ich wusste, wenn wir dieser Stelle im Sommer je nochmals begegnen sollten, würden wir über unsere heutigen Mühen und Ängste lachen, aber in diesem Moment hatte ich nur das dringliche Gefühl: du darfst jetzt nicht stehen bleiben, darfst nicht aufgeben, musst weitermachen. Irgendwann wird diese Steilheit ja zu Ende sein. So ging der Pfad bald schon in eine

Bergschulter über, die links und rechts von Bäumen bestanden war. Dazwischen war ein freies Schneeband, in dem keine Spuren zu sehen waren, auch die Markierung konnten wir nicht erblicken. Dies war ein Moment, in dem mein sonst so cooler Mann ins Grübeln geriet. Sollte man doch sicherheitshalber umkehren? „Da zurück gehe ich nicht mehr", sagte ich bockig. „Wir werden schon irgendwohin kommen." Und so legten wir weiter unsere Spur in den jungfräulichen Schnee – mit etwas Angst im Bauch, wie ich zugeben muss. Plötzlich standen wir an einer Straße – und da war ja auch wieder die herbeigesehnte Markierung! Die Freude war ungeheuer. Wir hatten wohl gerade eine winteruntaugliche und daher ungeheuer anstrengende Abkürzung genommen.

Wieder ging es in eine Schlittelbahn hinein, auf der uns zum Glück niemand mehr entgegenkam bis auf zwei Wanderer, die flott, von der Hörnlihütte kommend, zu Tal stiegen und vor Freude über das herrliche Panorama von Zeit zu Zeit einen Juchzer oder Jodler ausstießen, der weithin zu hören war. Es sei höchstens noch eine halbe Stunde bis zur Hütte, riefen sie uns lachend auf unser ein wenig ängstliches Fragen zu. Nun konnte uns nichts mehr passieren. Wir genossen intensiv die abendlich goldene Beleuchtung über der Hochfläche und das Licht über den schon bläulich verschatteten Bergen rundherum.

Mein innerer Jubel kannte in diesem Moment keine Grenzen. Dankbarkeit über den geglückten Tag erfüllte uns beide und wir sprachen das auch immer wieder aus, während wir genussvoll Quartier bezogen. Es war immerhin schon 17 Uhr, als wir zutiefst erleichtert unsere Rucksäcke in dem gemütlichen, mit Naturholz getäfelten Zimmer, vor dessen kleinem Fenster dicke Eiszapfen hingen, vom Rücken gleiten ließen.

Da außer uns niemand hier oben in der Hütte übernachten wollte – es gab heute nur Tagesgäste –, bekamen wir ein Zweibettzimmer mit hübschem, blauem Bettzeug auf hellen, hölzernen Kastenliegen. Auch die Dusche mussten wir also mit niemandem teilen. Das hatten wir nicht erwartet. Und um 18.30 Uhr würde uns die Hüttenwirtin ein Käsefondue zubereiten! Abends in der Gaststube kamen wir mit einem netten Ehepaar ins Gespräch – mit zwei Lehrern, die heute noch den Heimweg ins Tal per Schlitten und mit Stirnlampen ausgerüstet wagen wollten. Der Mann wirkte sehr sportlich und couragiert, die Frau sagte mir leise, dass sie sich eigentlich vor der Schlittenfahrt fürchte – außerdem sei sie herzkrank. Unsere guten Wünsche begleiteten die beiden.

Kapuziner

Dass wir erst um 9.30 Uhr – Frühstück gab es nicht früher als um 8.45 Uhr – von der Hörnlihütte aus unseren Abstieg in Richtung Rapperswil antreten konnten, war vielleicht ganz gut, da sich die Schlittelbahn jetzt am Morgen noch als recht vereist erwies und erst langsam begann, durch die Sonneneinstrahlung ein wenig weicher zu werden. Wir stakten wie auf Eiern ins Tal hinab, immer ängstlich bestrebt, ja nicht hinzufallen und womöglich unser weiteres Fortkommen zu gefährden. Unsere Stöcke leisteten wieder einmal unschätzbare Dienste. Die Aussicht auf die Berge war atemberaubend schön und hätte zum Gelingen dieses Tages eigentlich schon genügt.

Ich kann sagen, dass der Weg genussreich war. Die winterliche Frische schien uns in Herz und Sinne geschlüpft zu sein. Wir fühlten uns hervorragend beim Anblick der weißen Hänge mit ihren Nadelbaumbeständen und der stattlichen Bauernhöfe mit ihren hölzernen Balkonen und Verkleidungen. So mancher fromme Spruch war mit kunstvollen Lettern an die weißen Fassaden gepinselt. Wie schön war es, als Pilger beim Vorbeiwandern lesen zu können: „Mein Wohnung soll im Himmel sein, nicht hier auf dieser Erden. Ein Pilger bin ich hier, allein dort hoff ich Bürger werden." Natürlich hieß das für uns jetzt nicht, dass wir unser Erdenleben verachten sollten. Ganz im Gegenteil! Ich denke, dass wir selten zuvor im Leben so zufrieden, so geerdet und offen waren.

Bei aller Freude, aller Ausgeglichenheit waren wir uns natürlich dessen bewusst, dass dies nur ein vorübergehender Zustand sein würde, dass wir wieder irgendwann in unseren Alltag zurückkehren müssten. Vielleicht würde er uns wie mit Krakenarmen umschlingen, festhalten und vereinnahmen, vielleicht würde aber nach unserer, so Gott will, glücklichen Heimkehr doch alles irgendwie anders sein, das Leben durch anders gefärbte Brillengläser eine Umschichtung von Wertigkeiten erfahren. Doch das lag ja für uns noch in weiter Ferne. Jedenfalls kamen wir nicht umhin, dieses leibseelische Hochgefühl, das uns auf unserem Weg in diesen Tagen öfter beherrschte – es gab auch Ausnahmen –, als Vorgeschmack zu deuten. Nicht umsonst gibt es ja Aussprüche wie: „Das ist himmlisch, ich fühl mich wie im Paradies, das ist überirdisch schön, der Himmel auf Erden ..."

Der Zürichsee war erreicht und wir stapften mit nun schon etwas schweren Schritten zwischen den von gediegenen Bürgerhäusern gesäumten Gassen in das wunderschöne Städtchen Rapperswil hinein. P. Claudius hatte uns angeraten, hier bei den Kapuzinern zu übernachten. Er würde uns anmelden. Bevor wir das Kloster betraten, stiegen wir noch auf eine Aussichtsplattform, um den See, über dem schon leichter Nebel lag, im letzten Sonnenlicht zu betrachten, das wie in Goldstäubchen aufgelöst ein wenig flimmerte und den späten Nachmittag in magisches Licht tauchte.

An der Klosterpforte saß präsent und aufmerksam ein Pater mit klugen, forschenden Augen. Nein, ihm sei nichts bekannt, dass hier Jakobspilger übernachten sollten. Ja, den P. Claudius, den kenne er schon, aber der habe hier

nicht angerufen. Ja, die Sr. Ruth, die kenne schon den P. Claudius, er wolle sie gleich anrufen, ob ihr etwas von einer Übernachtung bekannt sei. Nein, die Sr. Ruth wisse auch nichts von einer Anmeldung. Zwar stelle man hier im Kloster ein Pilgerzimmer zur Verfügung, aber nur auf Voranmeldung. Der Pater musterte uns und ich hatte das Gefühl, er wolle uns bis ins Herz hineinschauen. Mir war das Ganze sehr unangenehm und ich sagte etwas vorschnell, dass wir ja auch im Hotel übernachten könnten, dass P. Claudius uns wohl vergessen habe, dass wir uns also jetzt verabschieden würden. Der Pater lächelte nun ein wenig spöttisch: „Sie können schon in dem Pilgerzimmer übernachten, aber ich muss das alles erst unserem Oberen schmackhaft machen". Das klang ja geradeso, als seien wir hier nicht erwünscht, als misstraute man uns, als hätten wir uns eine Geschichte von einer Voranmeldung ausgedacht, um hier unterzukommen! In mir stieg Ärger auf. Dann würden wir eben woanders schlafen, wenn hier solches Theater wegen dieser Übernachtung gemacht wurde. Der Pater merkte unsere Verwirrung und sagte begütigend: „Na, gehen Sie erstmal zum Vespergebet in die Kirche, dann werden wir weitersehen."

Brav setzten wir uns ganz hinten in eine Kirchenbank, beteten und sangen eifrig mit. Einige Kapuziner saßen im ganzen Kirchenraum verstreut in den Bänken, wenige Laien waren zugegen. Interessant war, dass Fürbitten verlesen wurden, die Kirchenbesucher im Lauf des Tages in ein Fürbittbuch, das hier in der Kirche auflag, eingetragen hatten. Mir schienen diese Bittgebete lebendig, und mir war, als würden sie den Himmel erreichen. Nach der Vesper kam der Pfortenbruder strahlend auf uns zu. „Alles ist gut, Sie können hierbleiben, Sie sind sogar zum Essen eingeladen." Etwas verlegen und unsicher folgten wir den anderen ins Refektorium, wo uns der „Chef" erwartete. Ich war total überrascht, als ich den noch ganz jungen, schlanken Mann in seinem braunen Habit erblickte. Der Pfortenbruder hatte mein Erstaunen bemerkt. „Ja, er ist der Jüngste und nicht einmal Priester." Wir versuchten nun, uns quasi rechtfertigen wollend, dem jungen Kapuziner zu erklären, was es mit unserem Besuch hier auf sich hatte. Er winkte lächelnd ab: „Aber das ist doch ganz egal, warum Sie hergekommen sind. Das ist wirklich nicht wichtig." Er geleitete uns an den Tisch und wies uns Plätze ihm direkt gegenüber an, sodass wir uns die ganze Zeit mit ihm unterhalten konnten, wobei er Aufmerksamkeit, Freundlichkeit und Präsenz ausstrahlte. So erlebten wir, dass es zwischen uns hereingeschneiten Pilgern und diesem außergewöhnlichen Mann zu einer angenehmen Begegnung kam. Er hatte seinen persönlichen Weg schon gefunden, er brauchte keinen Jakobuspfad dafür. Es war eine Bestimmtheit an ihm, die wohl von Bestimmung, Berufung kommt.

Bei Kaffee, Käse und Brot verbrachten wir das Essen in franziskanischer Atmosphäre, fühlten uns aufgehoben und ernst genommen. Ich äußerte Bedenken bezüglich des Kaffees, wollte ihn zunächst nicht trinken, da das Coffein jetzt am Abend unserem Schlaf sicher nicht zuträglich sein würde. Der Pater sah mich verwundert an: „Aber das ist doch kein gefährlicher Kaffee", meinte er ernst. Beruhigt trank ich also aus meiner großen, weiten Tasse. Mein Anfangsärger war verflogen, hatte sich aufgelöst wie der Morgennebel in der Sonne, vielmehr war ich froh, hier zu sein.

Um 19.30 Uhr durften wir an einem Gottesdienst im kleinen Kreis von Gläubigen, bei dem alle halbkreisförmig im Altarraum saßen, teilnehmen. Wir registrierten erbaut, dass wir von dem zelebrierenden Pater den anderen vorgestellt wurden. „Wir freuen uns, dass die beiden den Weg zu uns gesucht und gefunden haben. Sie kommen vom Grab des Bonifatius in Fulda und gehen zum Grab des Jakobus nach Santiago in Spanien." In mir erzeugten diese Worte ein Hochgefühl. Nein, wir wurden hier nicht als lästige Eindringlinge empfunden, als aufdringliche Störenfriede. Die Kommunion erfolgte in beiderlei Gestalten – für uns Pilger, die wir unterwegs keinen Gottesdienstbesuch vorplanen konnten, ein besonderes Erlebnis. Unser Schlaf in dem engen Pilgerkämmerchen war entsprechend himmlisch.

Ich habe heute eine Lektion
erteilt bekommen.
Mir wurde wieder einmal
vor Augen gestellt,
dass ich eitel, aufbrausend,
ungeduldig und zornig bin.
Ich erkenne, dass Schwierigkeiten
sich auflösen können, dass sich
eine Situation wandeln kann.
Um mehr Vertrauen und
Gelassenheit bitte ich!

Ende gut, alles gut, ein Pass und eine Basilika

Am Morgen des nächsten Tages beim Frühstück kam Sr. Ruth ganz fröhlich auf uns zu und eröffnete uns, dass sie spät abends eine Mail von P. Claudius vorgefunden hatte, welche nicht früher von ihr abgerufen worden war. So hatte sich also das Rätsel um unsere Anmeldung in Wohlgefallen aufgelöst. Sr. Ruths Rückantwort, die uns später von P. Claudius zugeschickt wurde, lautete:

„... Die Pilger sind gut bei uns angekommen, und wir werden gut zu ihnen schauen, dass sie morgen gestärkt weiterziehen können. Wie der Weg genau weitergeht, ist noch etwas ungewiss, weil bei uns auf den Höhen doch recht viel Schnee liegt ..."

Das mit dem vielen Schnee stimmte schon, wie wir sofort nach unserem Aufbruch bemerkten. Über Nacht hatte es wieder geschneit. Der gestern

Abend so leuchtende See wirkte heute grau wie Blei. Die Luft war erfüllt von leichtem Schneegestöber, und es kostete Überwindung, den Weg zu beginnen. Mir schien, als wäre der Tag noch gar nicht richtig angebrochen. Ganz gerne wäre ich noch ein wenig im Kloster, in dem warmen Pilgerzimmer geblieben und hätte mich wieder aufs Bett gelegt, um ein Stündchen zu schlafen. Ohne großen Elan stapften wir also über den langen, dem alten Pilgerweg nachempfundenen Steg, der einen Zipfel des Zürichsees abschneidet. Die Stöcke klickten hart auf dem etwas glitschigen Untergrund, unsere Profilsohlen gerieten einige Male ins Rutschen. Endlich war der Ort Pfäffikon am anderen Ende der Seeüberbrückung erreicht. Die Markierung führte uns nun steil bergauf in Richtung Etzelpass, bis wohin uns ein rotarischer Freund meines Mannes, der in Einsiedeln eine Wohnung besaß, entgegenkommen wollte.

Wir mussten in einen ungespurten Steilhang hineinstapfen, der speziell mir sehr zu schaffen machte. Ich merkte, dass ich hier an meine Grenzen geriet. Entweder war meine heutige Kondition nicht besonders gut oder das Wegstück war schwieriger als alles Bisherige. Schritt um Schritt mussten wir den Aufstieg im Tiefschnee erkämpfen.

*Ich habe plötzlich den Eindruck,
dass ich diesen Weg heute
eventuell nicht schaffen werde.
Der Rucksack ist mir belastender
als sonst, Beine, Herz und Kreislauf
beginnen zu rebellieren
und in mir entsteht der Gedanke,
dass ich meinem Körper im
Moment nichts Gutes tue,
dass ich ihn vielmehr
schlicht überfordere.
Wie lange wird er diese
Quälerei noch tolerieren?
Auch die Psyche ist nicht mehr
bereit, den Körper zu motivieren,
zu überlisten und ihm
Beine zu machen.
Diese Beine finden einfach,
dass sie zu müde zum Weitergehen
sind, sie wollen nichts
als ihre Ruhe haben,
wenigstens für ein paar Minuten.*

Zum Glück erreichten wir noch rechtzeitig vor einem möglichen Breakdown das Ende des Steilhanges und krochen über die Hangkante auf eine kleine Fahrstraße hinauf. Der Originalweg hatte wohl die weiten Serpentinen der Straße abgeschnitten, was im Winter bei hohem Schnee wenig sinnvoll war, wie wir gerade erfahren hatten. Erleichtert und nach Luft ringend stützte ich mich auf meine Stöcke und wartete, bis mein Körper wieder im Lot war. Meinem Mann ging es an dieser Stelle zwar etwas besser, trotzdem war aber auch er dafür, künftig bei hoher Schneelage den Originalpfad zu verlassen, sofern das möglich war. Reinhard erkundigte sich im Gasthof Luegeten, wie der Etzelpass am besten zu erreichen sei. Wir sollten das kleine Sträßchen nehmen, das direkt dorthin führte. Die schmale Straße war vom Schneepflug wohl am Morgen schon befahrbar gemacht worden, allerdings war die Neuschneeauflage bereits wieder über 10 Zentimeter hoch. Dennoch war die Fortsetzung unseres Weges natürlich ein Spaziergang gegenüber dem, was wir zuvor erlebt hatten. Kein einziges Auto fuhr bergan, keines kam uns entgegen.

Oben angekommen fanden wir die kleine Meinradskapelle geöffnet. Wir waren unglaublich froh, dass wir den Pass heil erreicht hatten, der im Sommer sicher mit Leichtigkeit völlig problemlos über hübsche Wiesenpfade zu begehen war. Im stimmungsvollen Kirchlein nutzten wir die Möglichkeit, uns ein wenig hinsetzen und die Beine ausstrecken zu können. Alle weiteren Gebäude hier oben waren geschlossen. Die Passhöhe wirkte wie im Schnee vergessen, unbegangen, unbefahren, lebensfeindlich. Es wehte und schneite nach wie vor, sodass wir rasch den Abstieg zum Treffpunkt Teufelsbrücke und Gasthof im Paracelsushaus knapp unterhalb des Etzelpasses antraten. Das Hinunterstapfen war recht unangenehm, da sich unter der

Schneeauflage Eisplatten gebildet hatten, die uns öfter ins Straucheln brachten. Durchfroren und durchweht, nachdem die uns einheizende Anstrengung des Aufstiegs abgeklungen war, betraten wir die gemütliche Gaststube. Reinhards rotarischer Freund war noch nicht eingetroffen, da wir vor der verabredeten Zeit angekommen waren. So gab es Möglichkeit genug, uns bei einer Tasse Tee aufzuwärmen und danach noch die berühmte Teufelsbrücke, einen überdachten Steg, zu bewundern.

Frohgemut war der Bekannte meines Mannes schließlich eingetroffen, er ahnte nicht, dass wir heute schon Anstrengungen hinter uns gebracht hatten. Es hätte keinen Sinn gehabt, ihm das erklären zu wollen. Es ist schwierig, über Strapazen des Pilgerns zu berichten, weil es immer die besonderen Umstände sind, die einen Weg schwierig oder leicht machen. Eigentlich hätte ich gern hier oben schon eine Kleinigkeit gegessen, aber das

Männerduo entschied, dass dies Zeit bis zu unserem Eintreffen in Einsiedeln hätte. Gut, dass ich nicht wusste, dass es bis zum Abend nichts zu essen geben sollte, auch nicht ein paar Bissen Brot, die wir uns üblicherweise um die Mittagszeit genehmigten. Nun gut, ich würde das schon aushalten. Was die beiden Männer konnten, das konnte ich auch. Ich biss also die Zähne zusammen und verkniff mir einschlägige Bemerkungen, obwohl ich das Gefühl hatte, dass sich dort, wo sich mein Magen befand, eine ungeheure Leere breitmachte. Heimlich griff ich in meine Anoraktasche und verspeiste ein kleines Stück Traubenzucker. Beinahe schlagartig ging es mir nun besser und ich konnte den Weg nach Einsiedeln richtig genießen. Stetig leicht bergab führend, kostete er uns wenig Anstrengung. Herr K. war in rührender Weise bemüht, uns den ersten Blick auf sein geliebtes Einsiedeln von einer möglichst spektakulären Seite her zu ermöglichen. Seine Augen strahlten, als er uns über den St.-Benedictus-Weg zur Stiftskirche führte. Es war nahezu ein heiliger Moment, als wir uns bückten, um alle ein wenig vom eiskalten Wasser des Pilgerbrunnens zu trinken, und als wir dann, noch mit unseren Rucksäcken auf dem Buckel, die Treppen zur Kirche emporstiegen. Wie oft hatte ich mir Fotos der bedeutenden Benediktiner-Abtei angesehen und dabei sehnsüchtig gedacht: „Wenn wir erst einmal dort sind, dann ..."

Die Basilika bot schon von außen einen überwältigenden Eindruck, wie sie so großartig, breit ausladend und sehr barock vor uns lag. In den Innenraum gelangt, war der erste Anblick nahezu umwerfend. Die hochkarätigen Fresken mit ihrer lachsrosa

und resedagrün sie umgebenden Ornamentik mischten sich in Verbindung mit dem erhabenen Gesamteindruck des Raumes zu einem Kunsterlebnis erster Klasse. Vor dem Gnadenbild der Madonna von Einsiedeln im hinteren Kirchenschiff fand gerade eine Andacht statt. Gerne hätte ich länger in Stille davor verweilt, mich hingekniet, aber der Fluss der Besichtigung riss mich mit sich. Mir ist lediglich ein Andachtsbildchen der Madonna geblieben, das ich bis heute neben einigen mir wichtigen Andenken von der Pilgerschaft in Ehren halte.

Wenn wir uns in schwierigen oder besonders belastenden Situationen befanden, sandte ich meine Gedanken anrufend zu der Virgen del Camino, wie das auf Spanisch heißt, also zu der „Jungfrau des Weges", aber auch zu Jakobus und zum Erzengel Raffael, der ja in biblischen Geschichten als Wegbegleiter geschildert und besonders in Asturien als einer der Schutzpatrone der Pilger verehrt wird. Die Künstler stellen ihn oftmals mit mächtig schillerndem Gefieder dar. Außerdem passierte es bisweilen, dass sich im langen Gehen eine Art von innerer Ikone formierte, die einem Christus mit Schutzmantel gleichkam. So begannen all die heiligen Gestalten, die mit unserem Weg zu tun hatten, langsam Gestalt anzunehmen.

Bei all dem Umherziehen durch das prächtig verschneite Einsiedeln begann der Rucksack nun langsam doch zu drücken und ich sehnte das Quartier herbei, welches uns Herr K. so großzügig zur Verfügung stellen wollte. Es war wie eine Erlösung für mich, nach der feuchten Kälte heute endlich ins Warme einzutauchen. Dankbar bemerkten wir, dass Herr K. uns als Willkomm große Tüten mit Schweizer Schokolade auf die komfortablen Betten gestellt hatte. Ich muss gestehen, dass ich mich gleich darüber hermachte und davon unmäßig viel verspeiste, da mein Hunger mittlerweile ins Gigantische angewachsen war, hatten wir doch seit dem Frühstück um sieben Uhr nichts mehr gegessen – und nun war es etwa vier Uhr am Nachmittag!

Reinhard und ich bewohnten die gemütliche Gästewohnung ganz allein, Herr K. hatte sich in sein Domizil zurückgezogen und wollte uns abends abholen, um mit uns gemeinsam essen zu gehen und danach an der Komplet, dem Nachtgebet der Mönche, in der Basilika teilzuhaben, was er uns als besonders tiefgehendes Erlebnis schilderte. Dass wir morgen am Sonntag einen Rasttag vor uns hatten, erfüllte Reinhard und mich mit Freude und einer gewissen Erleichterung. Gewiss, das Gehen war wunderbar – unter allen Umständen –, aber hin und wieder sagte uns unser Instinkt, dass es angebracht war, unserem Körper ein wenig Ruhe zu verschaffen, ihn zu pflegen, auf seine Bedürfnisse zu hören. Erstaunlicherweise fühlte ich mich nach der Dusche und dem Umziehen sofort wieder kreuzfidel und blickte erwartungsvoll unserem Gasthausbesuch entgegen. Es wurden uns „Güggeli im Nest" empfohlen, eine Schweizer Hühnerspezialität, von der mein Mann, der sonst nie Geflügel isst, danach enthusiastisch sagte, es sei das beste Huhn seines Lebens gewesen. Ich kam nie ganz dahinter, ob er dies nur aus Höflichkeit erklärte oder ob bei ihm durch das Pilgern ein Geschmackswandel eingetreten war. Jedenfalls genossen wir den

Abend nach der höchst angenehmen Mahlzeit anschließend auch durch die Teilnahme an der Komplet in der Stiftskirche, deren Bankreihen nahezu gänzlich mit Einheimischen und Urlaubern gefüllt waren.

Die Mönche psalmodierten im Chorgestühl bald sitzend, bald stehend in innerer Sammlung mit klingenden, doch unpathetischen Stimmen, die zu uns schwebten wie der Hauch aus einer anderen Welt. Waren mein Mann und ich nicht auch zu dem Zweck unterwegs, endlich einmal reichlich Zeit für das Gebet zu haben? Was für uns beide aber eine relativ kurze Erfahrung mit fraglichen Langzeitfolgen sein würde, bedeutete für die Benediktiner, die da sangen und beteten, ihren ganz normalen Alltag bis zum Lebensende. Menschen, die sich mit Haut und Haar ausgeliefert hatten, keine Rücktrittsversicherung eingegangen waren, die sich so mancher attraktiven Lebensmöglichkeit beraubten – gut, dass es sie als Fürsprecher und Stellvertreter für uns andere gab! Trotz der weihevollen Stimmung kam ich nicht umhin, die eisige Kälte in der großen Kirche zu spüren, die langsam an mich herankam und in mir hochkroch, mich ganz besetzte, sodass ich bald an nichts anderes mehr denken konnte. Man konnte den Atem der Menschen sehen, die rundumher in den Bänken saßen und in Pelzmäntel und dicke Lodenjacken gehüllt, mit warmen Wollschals und Tüchern vermummt waren, währenddem Reinhard und ich ja nur einen ungefütterten Anorak über unserer Fleecejacke trugen.

Am Nachhauseweg begann es wieder stärker zu schneien. Es war ein intensives Bild, die Flocken durch den Lichtschein der Straßenlaternen tanzen zu sehen. Ein Glas Rotwein beendete diesen erlebnisreichen Tag.

Schnee, Schnee

Beim ersten Morgenlicht genügte ein Blick aus dem Fenster, um festzustellen, dass die Luft dicht mit fallendem Schnee erfüllt war. Ich hatte ein wenig unruhig geschlafen, weil mich die Route des morgigen Tages beschäftigte, fühlte ich mich doch für die Planung verantwortlich. Mein Mann vertraute mir in dieser Hinsicht blind, er war kaum bereit, sich selbst damit abzugeben. Nun würde morgen ein Aufstieg von über 600 Höhenmetern nötig sein, um den Haggenegg-Pass zu überqueren. Dies war aber nur über einen Pfad möglich, der momentan sicher ungespurt und gefährlich war. Auf den Steilhängen lag meterhoch der Schnee. Wie leicht konnte bei so einem Aufstieg – ganz abgesehen von der Anstrengung – ein Schneebrett losgetreten werden. Unser Gastgeber zeigte sich optimistisch. Er hätte sich erkundigt, der Aufstieg sei wohl si-

cher gepfadet, weil ja Träger zur Haggenegg-Alm auch irgendwie hinaufgelangen müssten. Trotzdem war ich skeptisch, mir war nicht wohl bei der Sache, wenn ich so die Welt rundherum im Schnee versinken sah. Mein Einspruch zeigte insofern Wirkung, als die beiden Männer nun einverstanden waren, in einem Touristenbüro eine alternative Möglichkeit, zum nächsten Etappenziel, nämlich nach Brunnen zu gelangen, zu erfragen. Dort sagte man uns nach einigem Kopfschütteln über unser geplantes Vorhaben, dass es den niedrigen Katzenstrick-Pass gäbe, der vom Schneepflug geräumt würde, der allerdings einen großen Umweg für uns Pilger bedeutete. Mein ungutes Gefühl bezüglich der ursprünglichen Route erhielt insofern weitere Nahrung, als uns ein Wirt hinten im Tal, von wo aus der Aufstieg erfolgen sollte, beim abendlichen Gasthausbesuch kurz und knapp sagte, dass der Weg zum Haggenegg wohl erst in zwei bis drei Tagen wieder gangbar wäre. Ich war froh, als ich das hörte. Die Würfel waren gefallen.

Wir erlebten an diesem Sonntag ein wunderschönes Hochamt, in dem eine Messe von Palestrina gesungen wurde. Ich kam mir wie in einem Film vor: Wir, die kleinen Pilger aus Fulda, saßen hier in diesem gewaltigen und herrlichen Gotteshaus im Angesicht der traumhaften Fresken und der benediktinischen Inszenierung der Messe. Nur Lesung, Evangelium und Predigt mit Fürbitten wurden vor der Chorschranke, die in Form eines prächtig geschmiedeten Gitters das Volk von den Mönchen schied, gesprochen. Ein wenig fühlten wir uns ferngehalten von den Geschehnissen am Altar. Andrerseits symbolisierte aber diese Distanz etwas von dem großen Geheimnis, das Gott bei all dem theologischen Reden gescheiter Leute doch immer bleiben wird.

*Wahrscheinlich wäre es
nicht gut zu uns,
wenn uns Gott seine Mysterien
erklärte und sich für uns ganz
durchsichtig machte.
Am liebsten wäre uns ja,
wir hätten von ihm Fingerabdrücke
und eine DNA-Analyse.
Ich denke, dass Gott für uns
Menschen in alltäglichen
Metaphern spricht.
Im blühenden Baum, im Schweigen,
im kühlenden Wind,
im Wirbel von Blättern,
im freundlichen Lächeln, in einer
treuen Hand, im Stück Brot,
in einem Glas Wein.
Gottes Sprache auf unserem
Jakobsweg –
sie ist einfach und verstehbar,
eindringlich und klar.*

Mythen

Am Vortag hatten wir noch durch die Protektion unseres Gastgebers eine Privatführung durch das Kloster und die herrliche Bibliothek erhalten. Der Pater bat uns am Ende, in Santiago an ihn zu denken. Hochzufrieden und erholt – mit viel Schweizer Schokolade im Bauch – starteten wir in den neuen Tag, der uns mit strahlender Wintersonne über einer tief verschneiten Landschaft überraschte. Die Wolken hatten sich über Nacht entleert. Das Herz schlug höher, als wir zu dritt – unser Gastgeber wollte diese Tagesetappe mit uns gehen – in den

jungen, strahlenden Morgen hineinstarteten. Tatsächlich hatte der Pflug schon das Sträßchen, das über den Katzenstrick-Pass führte, geräumt. Ich sehe das herrliche Bild heute noch vor mir – unsere Spuren im Schnee und unter uns das im Dunst verschwindende Einsiedeln. Alles war weiß und glitzernd, dass es beinahe in den Augen weh tat.

Leider mussten wir an diesem Tag im weiteren Verlauf über 20 Kilometer des Weges am Rand einer gut befahrenen Straße wandern, in die das schmale Passsträßchen schließlich einmündete. Mit munteren Gesprächen verging die Zeit in unserer Dreierkonstellation. Zu Mittag beteten wir in einer Kirche am Weg den Engel des Herrn, was unser Wohltäter zwar etwas überraschte, aber doch gern mit den Worten: „Ja, das haben wir früher auch gemacht" mitvollzog. Ich hatte sogar den Eindruck, dass uns dieses Gebet in seinen Augen erst als wahre Pilger erscheinen ließ. Wir kehrten in ein am Straßenrand gelegenes, von einem serbischen Gastronomen bewirtschaftetes Lokal auf einen Mittagsimbiss ein, nachdem wir es zunächst in einem anderen Etablissement versucht hatten. Dort hielt aber die Belegschaft gerade Schönheitsschlaf – wir hatten einen Nachtclub erwischt, dessen Signum ein rosa Ferkel war, was uns recht belustigte. Unser Gastgeber wurde ganz lebhaft und meinte, er wolle bei der nächsten rotarischen Sitzung erzählen, dass er und mein Mann in diesem zweifelhaften Haus gelandet wären, währenddem ich weinend am Straßenrand sitzen geblieben sei.

So erreichten wir Schwyz am späteren Nachmittag. Wie heilige Berge ragten verheißungsvoll hinter der wunderschönen Stadt der große und der kleine Mythen empor. Die glänzenden Schneefelder in den steilen Felsenrinnen wirkten unnahbar und doch faszinierend. Was ist es, das die Berge für uns Menschen so begehrenswert macht?

In den Kulturen der Welt
gibt es heilige Berge,
denen der Mensch sich nur
in höchster Ehrfurcht naht.
In der Höhe, auf dem Dach der
Welt, ist Gott zu finden, heißt es.
Eremiten ziehen sich oft
in die Berge zurück.
Da oben ist es still
und einsam und feierlich.
Welche Feier findet da wohl statt?
Vielleicht die Verbindung
der menschlichen Seele mit
der Ewigkeit.
Eine neue Form von
Zeitqualität entsteht.
Es gibt einen Schlager, der
„Magic Moment" betitelt ist.
Ich denke, dass es solche
magischen, ewigen Momente im
Leben der meisten Menschen gibt.

Nach einem Rundgang durch die Stadt entschlossen wir uns, doch noch weiter, nämlich bis Brunnen an den Vierwaldstätter See zu gehen, wo wir um halb sechs Uhr ankamen, wie meine Reisenotizen belegen. Der rotarische Freund, der so wacker mit uns gelaufen war und der uns so viel Gutes getan hatte, nahm nun einen Zug, um nach Einsiedeln zurückzufahren. Wir aber gingen auf Quartiersuche. Ich hatte verschiedene Übernachtungsmöglichkeiten in petto, bei keiner waren wir erfolgreich. Der eine Gasthof war im Umbau, der andere gesperrt und eine dritte aufgelistete Möglichkeit konnten wir nicht erfragen. So blieb uns nichts anderes übrig, als im größten und nobelsten Hotel direkt am See unterzukommen. Der Hotelier behandelte uns wie Gäste, die er erwartet hatte. Er werde uns einen Pilgersonderpreis machen. Wo wir denn herkämen etc. Der Blick aus unseren Zimmerfenstern auf den im Dunkel versinkenden See war großartig. Um ein Gegengewicht zu der vornehmen Unterkunft zu schaffen, aßen wir am Abend auf dem Zimmer kalt, nämlich jeder eine Nussrolle, die Reinhard im Supermarkt erstanden hatte. Als Dessert wurde die restliche Schokolade aus Einsiedeln mit größtem Appetit verzehrt. Dazu gab es Bier. Mein umsichtiger Mann hatte es im Ort noch rasch vor Ladenschluss besorgt. Wieder gab es Grund zur Freude – so wie eigentlich täglich.

Umwege

Dass wir heute Stans nicht auf Originalpfaden erreichen würden, war uns bei unserem Aufbruch am Morgen klar. Wieder hatte es Neuschnee gegeben, der mir ein wenig wässrig schien, der aber oben in den Hügeln

und Bergen die Auflage weiter gefährlich vermehrte. Vom Hotel aus gingen wir die paar Meter bis zum Seeufer, um laut Pilgerführer die Fähre nach Treib zu nehmen, die pünktlich um 8.55 Uhr einlief. Schon nach wenigen Minuten hatten wir den schmalen Seezipfel überquert, um von dort den Fußweg zu starten. Wir waren in einem äußerst einsamen Winkel gelandet. Zum Glück begegnete uns ein Mann vom Wegedienst, der uns anwies, die vom Pflug geräumte Straße bergan zu nehmen. An alles andere sei nicht zu denken. Der Umweg würde etliche Kilometer betragen – aber daran waren wir nun schon gewöhnt. Hauptsache, dass wir überhaupt vorankamen. In uns stieg Angst auf, den Weg in der Schweiz, wenn es weiterhin so viel Schnee gab, womöglich nicht zu Fuß zu schaffen, lagen doch noch einige kritische Strecken vor uns. Unverdrossen stapften wir bergan. Es war ein einsames und entspanntes Ge-

hen. Obwohl wir zunächst zwei Stunden Aufstieg bis zum Touristenort Seelisberg vor uns hatten und die erste Zeit entgegen unserer gewünschten Wanderrichtung gehen mussten, waren wir guter Dinge, weil die Ausblicke auf den Vierwaldstätter See immer spektakulärer wurden. Da unten lag ein schmaler Seeteil des verzweigten Gewässers, nebelumwogt und schillernd wie Eis. Aber oben am Himmel, da deutete sich langsam eine Wetterbesserung an. Schüchtern machten sich hier und da kleine hellblaue Wolkenlücken bemerkbar und es hatte aufgehört zu schneien. Im freundlichen Seelisberg gab es bäuerliche Häuser mit viel Holzanteil, die gemütlich im

hohen Schnee hockten. Schornsteine rauchten, der Geruch von Holzfeuer lag in der Luft, und ich bekam Halluzinationen von einem gemütlichen Lehnstuhl an einem Kamin, in dem das Feuer flackerte, die brennenden Scheiter knackten und eine Kanne mit heißem Tee auf einem stabilen Tisch Behaglichkeit verbreitete.

Endlich war auch das Bergdorf Emmetten erreicht, das sichtlich Ausgangsstation für Skifahrer war. Irgendwo in der Nähe musste es Skilifte geben, da wir etlichen entsprechend ausgerüsteten Leuten begegneten. Zum Glück fanden wir einen geöffneten Gasthof, in dem wir uns für ein knappes Stündchen häuslich niederließen. Hatte ich mich bis dahin noch topfit gefühlt, so bewirkten die Röstis im Bauch und die wohlige Wärme in der Gaststube, dass mich beim Aufbruch bleierne Müdigkeit befiel. Obwohl nun 300 Höhenmeter bergab zu gehen waren, was ja auf der Straße nicht anstrengend ist, schleppte ich mich von da an weiter und hoffte nur, möglichst bald unser Tagesziel, nämlich Stans, zu erreichen.

Bruder Klaus

Als wir von unserem renommierten Hotel aus, in dem ich aber wenig wärmendes Wohlbehagen empfunden hatte, wenngleich der Blick aus dem Fenster über den mittelalterlich dekorativen Marktplatz fulminant war, am nächsten Morgen gut ausgeruht aufbrachen, erwartete ich mir nicht allzuviel von dem Ort, an dem Nikolaus von der Flüe, ein Schweizer Nationalheiliger, gelebt und gewirkt hatte. Das, was ich von Bruder Klaus wusste, machte ihn mir nicht allzu sympathisch. Im 15. Jh. hatte er gelebt, Frau und zehn Kinder gehabt – Bauer, Hauptmann, Ratsherr, Landrichter und Anwärter auf höchste politische Ämter. Er sei intelligent gewesen, fähig zu allem. So weit, so gut. Dann aber kam plötzlich ein Bruch. Mit fünfzig Jahren verließ er seine Familie, meinte, sich aus der Welt zurückziehen zu müssen, um ganz das Leben eines Gottsuchers zu führen. Wie mochte seiner Frau Dorothea zu Mute gewesen sein, wie seinen Kindern? Konnte Gott mit solch einem Handeln einverstanden sein? Ich fühlte mich durch Bruder Klaus in meinem Familienstand angegriffen, in Frage gestellt. War er vielleicht verrückt gewesen, waren seine angeblichen Visionen vielleicht nur die Halluzinationen eines Schizophrenen? Und die Geschichte, er habe in seiner Klause als Eremit nur vom Empfang der Eucharistie gelebt, sonst nichts zu sich genommen – war sie nicht empörend und gegen jeden gesunden Menschenverstand? Hatte nicht auch Jesus gegessen und getrunken? Warum er dann nicht?

Der Tag begann gut. Kurz nach Stans sprachen wir einen noch jüngeren, bäuerlichen Mann an, um ihn nach dem Weg zu fragen. Wir waren überzeugt, wieder hauptsächlich Straßen gehen, den unpassierbaren Originalweg meiden zu müssen. Der Mann betrachtete uns mit aufmerksamen Augen. Er wisse ganz sicher, dass ab Ennetmoos die Pfade gangbar seien. Wir könnten uns darauf verlassen. Er gab uns Mut und ein brüderliches Lächeln, das zu Herzen ging. Im Nachhinein kam uns der Gedanke, dass wir wohl hin und wieder Engeln begegnet waren, die uns auf unserem Weg bestärkten oder uns den richtigen Weg wiesen. Gewiss, wahrscheinlich waren alle diese Engel ganz normale Menschen, die uns aber halfen, unser Vorhaben zu einem glücklichen Ende zu bringen.

Aufgebaut und getrost marschierten wir unter bedecktem Himmel auf der Straße dahin. In einer Kapelle am Weg hatten wir die erste Berührung mit Bruder Klaus. Da stand eine düstere Holzstatue, die einen hageren Mann in dunklem Gewand zeigte. Er trug den Rosenkranz in der Hand. Seine Züge waren scharf und bitter, beinahe wirkte er ein wenig unheimlich auf mich. Trotzdem erweckte dieses hölzerne Bild einen gewissen Respekt in mir. Klar bei Verstand musste er ja doch gewesen sein, da er von seiner Klause aus, die sich in der Nähe seines Hofes befand, als Ratgeber und Schlichter weithin berühmt gewesen war. Hätte man sich wohl in schwierigen persönlichen und politischen Fragen an einen Irren gewendet?

In Ennetmoos fanden wir das Dorfkirchlein St. Jakob geöffnet. Die Kirche war festlich wie für eine Hochzeit geschmückt. Festlich war auch uns zu Mute, als wir wieder aufbrachen. Tatsächlich, der Originalpfad war gangbar. Mit Elan stürzten wir uns hinein. Heute war ein guter Tag, das spürten wir. Auf einem Waldbänkchen ruhten wir ein wenig aus und redeten über unsere Freude am Unterwegssein.

Als wir tranken und aßen, fiel unser Blick auf einen grünen Kasten, auf dem „Robidog" stand. Solche Kästen hatten wir schon öfter gesehen. Wir befanden uns in totaler Waldeinsamkeit. Sollte es wirklich nötig sein, hier die „Hinterlassenschaft" von Hunden in Plastiktüten zu entsorgen? Waren Exkremente nicht Produkte, die sich ohne weiteres in den natürlichen Kreislauf wieder eingliederten? Rätselhaft war uns diese Auflage für Hundebesitzer in freier Wildbahn. Wir fanden es jedenfalls interessant, auf „Robidog" zu blicken und darüber, bei allem Respekt und aller Sympathie für die Schweizer, amüsiert zu lachen.

Wir kamen durch einige Dörfer, in denen wir Kirchen und Kapellen besichtigten und darin verweilten. Votivtafeln, die das wundersame Wirken von Bruder Klaus betrafen, beeindruckten uns in ihrer naiven Malerei und bildeten eine gute Vorbereitung auf das, was uns erwartete. Langsam begann sich gegen Mittag der Himmel zu lichten, ein wenig föhnig, vorfrühlingshaft wirkten die Berge mit ihren nur in den oberen Höhen noch komplett verschneiten Hängen. Auf den Südseiten machten sich schon braungrüne Flächen bemerkbar, die uns andeuteten, dass alles in Bewegung war, die Natur sich anstellte, den Triumph des Lebens vorzubereiten. Die Luft war klar und rein, still war es und wir begegneten, außer in den Dörfern, keinem Menschen. Einmal verloren wir die Markierung und wanderten weit bergauf bis zu einem Einschichthof, an dem der Weg ein jähes Ende fand. Beim Umkehren hatten wir einen weiten Blick übers Land, der uns für die vorangegangene Mühe entschädigte. Schnell war mitten im unten gelegenen Dorf der richtige Pfad gefunden, der uns noch einmal in den Tiefschnee führte, der allerdings gespurt war. Eine alte Frau, die gerade aus einem kleinen Fenster blickte, bestärkte uns in der Vermutung, dass wir diesem Pfad, der jäh in ein Bachbett und aus diesem wieder steil hinaufführte, folgen sollten. Das letzte Stück des Weges war nicht schwierig zu gehen, noch einmal machten wir Trinkrast an einer Kapelle – wobei unser Trinkbedarf in diesen kalten Wintertagen recht gering war –, dann stapften wir zügig über eine sonnenbeglänzte Hochfläche weiter. In der Ferne sahen wir zwei Frauen mit wallenden Gewändern am Horizont dahinwandeln. Ein ungewohnter Anblick – wie aus einem Film. Beim Näherkommen entdeckten wir, dass es sich um Ordensschwestern handelte, die wir fragten, wie wir denn am schnellsten in den Ranft, die tief eingeschnittene Schlucht, gelangen könn-

ten. Sie wiesen uns einen Weg, der nicht ganz mit dem markierten Jakobspfad identisch war, der uns aber zunächst in das eindrucksvolle, supermodern erbaute Dominikanerinnenkloster führte. Wir bestaunten den großzügigen Kirchenraum, der ganz in Holz und in Beton gehalten war. Von der Pfortenschwester – es handelte sich hier wohl auch um ein Gästehaus – bekamen wir einen schönen Pilgerstempel, bevor wir das letzte Stück unseres Weges begannen.

Schöner und eindrucksvoller kann man ein Wanderziel nicht erreichen, als dies heute der Fall war. Über einen hoch verschneiten, aber gespurten Hang, auf den die Sonnenstrahlen beinahe heiß brannten, stakten wir ins Tal hinunter. Und da, in der Schlucht, sahen wir die kleine Ranftkappelle, auf die wir zügig zustrebten. Wir öffneten die Tür und begaben uns in das Innere des Raumes. Wir waren nicht allein, zwei oder drei Menschen verharrten kniend, im Gebet versunken, in dem Kirchlein. Wir versuchten, möglichst kein Geräusch zu machen – so beeindruckend war die Stille, die uns jetzt umfing. Ich fühlte mich geborgen, akzeptiert. In mir stieg Freude auf. Fort waren zweifelnde Gedanken bezüglich des Bruder Klaus, fort waren überhaupt alle Gedanken. Ich stand nur und staunte, was das doch hier für ein besonderer Ort war. Jede innere Sammlung, die ich einmal gehabt und wieder verloren hatte, sie war plötzlich wieder vorhanden. Öffnung und innere Ruhe, sie stellten sich ein, ohne dass ich das angestrebt hatte. Wollte Bruder Klaus mir zeigen, wie damals alles wirklich gewesen war? Wie viele Zweifel und Selbstvorwürfe mag Klaus in all diesen Jahren der Entscheidung mit sich getragen haben? Schließlich mussten aber er und seine Familie erkennen, dass ein Ruf an ihn ergangen war, dem er zu folgen hatte. Bruder Klaus war nicht düster und verschroben – nein, er war ein Mann, der, seinen Mitmenschen zugewandt, deren Nöte und Sorgen teilte.

Über die aus Holzbalken gefügte Klause mit ihrem berühmten Meditationsbild gingen wir steil einen Pilgerweg hoch und landeten im Ort Flüeli. Nun waren wir doch rechtschaffen müde, aber zunächst mussten wir noch den Ausblick genießen, bevor wir auf Quartiersuche gingen. Berge, die Silhouette einer Kirche, freundliche Häuser, ein schönes Holzkreuz mit geschnitztem Corpus, und etwas weiter weg das imposante Gebäude des Jugendstilhotels „Pax Montana". Direkt oberhalb des Ranft liegt auf der Hochfläche eine nette Hotelpension, der Klausenhof. Dorthin wendeten wir uns, und wir hatten Glück. Obwohl das Haus sehr gut belegt war, gab es doch noch ein Zimmer für uns, das sich durch ein Kreuz an der Wand und das Fehlen eines Fernsehapparates auszeichnete. Wir wurden sehr fürsorglich als Pilger aufgenommen und dementsprechend im Speisesaal behandelt. Es gab, wie in den typischen Pilgerunterkünften, nur ein einziges Menü, welches aber delikat zubereitet war und an hellen Holztischen ästhetisch serviert wurde. Wir genossen in Flüeli jede Stunde, jede Minute – ich wäre so gern noch einen Tag dageblieben, aber wir hatten doch gerade in Einsiedeln einen Rasttag eingelegt! Die Vernunft obsiegte also, obwohl mir beim Aufbruch am nächsten Morgen das Herz wehtat. Aber – ein Pilger darf nirgends bleiben, sich nicht häuslich einrichten. Das Wesen der Pilgerschaft besteht ja im Weitergehen.

Schlechte Kondition, schwierige Strecke

Als wir das gastliche Pilgerheim verließen, präsentierte sich die Natur märchenhaft schön. In goldenem Licht lagen die Berge schon am frühen Morgen, alles zeichnete sich durch große Klarheit aus. Die Luft war verhältnismäßig warm. Wären wir jetzt im Inntal gewesen, wo wir so manchen Schiurlaub verbracht hatten, so hätte ich das Wetter als föhnig bezeichnet. Schon immer hatte diese Wetterlage mir zugesetzt, ich hoffte jedoch, dass meine nunmehr wohl recht starke Kondition alle Unpässlichkeiten überwinden würde. Schwer ging ich von Flüeli weg, aber schon bald lockte das Neue, und wir begannen munter den Abstieg nach Sachseln. Laut Führer gibt es einen sogenannten Visionenweg, auf dem Plastiken eines modernen Künstlers an die geistlichen Erfahrungen des Klaus erinnern sollen. Diesen Weg haben wir aber nicht gefunden, sondern sind geradewegs auf den Sarnersee zumarschiert, der uns schon von weit her durch seine beinahe unwirkliche Bläue anlockte. Nach einem kurzen Stopp in der Kirche und Gedenken am Grab von Bruder Klaus ging es nun den See entlang. Wir bekamen kaum Menschen zu Gesicht und genossen den schönen Uferweg. Schilfbestand und Enten sowie das insgesamt herrliche Panorama mit seinen imposanten Bergen und den friedlichen bäuerlichen Ortschaften prägten das Bild.
Trotzdem fühlte ich mich nicht ganz in Form, wunderte mich über meine Schlappheit am frühen Morgen. Der Gedanke an den Brünigpass, den wir heute noch erreichen mussten, erschreckte mich. Es waren zwar nur 500 Höhenmeter zu überwinden, aber bis dahin war wohl noch ein weiter Weg. Warum war mein Rucksack heute so schwer? Meine Beine fühlten sich untrainiert an und ich ging ein wenig wie auf Wolken, fühlte mich unsicher. Wie würde ich diesen Tag wohl beenden? In mir stiegen Ärger und Gereiztheit auf. Reinhard schien den Tag heute besonders zu genießen, er fühlte sich topfit. Ich schleppte mich

über eine ebene Schneefläche dahin, von wo aus ein Steilaufstieg bis zum Lungener See anstand. Hurtig eilte Reinhard der Markierung nach in einen ungespurten Waldweg hinein. Nach einigen Schritten, die mir ungeheuer schwerfielen, rastete ich aus: „Was ist das für ein Blödsinn, uns diesen verschneiten Weg hinaufzuquälen! Warum gehen wir nicht die Straße? So etwas kannst Du mit irgendeinem Lackel von Mann machen, aber nicht mit mir! Ich will da nicht gehen, mir geht es heute schlecht! Immer musst Du die schwierigere Route nehmen, können wir nicht einmal den leichteren Weg gehen?" Reinhard blieb betroffen stehen. Schon hatte er ein scharfes Wort auf den Lippen, ich konnte es ihm anmerken. Er sah mir prüfend ins Gesicht und bemerkte wohl, dass ich wirklich verzweifelt war, den Tränen nahe. Wortlos drehte er um, und wir erklommen die erste Steilstufe nun auf der stark befahrenen, nicht ungefährlichen Straße. Reinhards Gesicht wirkte etwas verkniffen. Er mochte sich wohl vor weiterem Zetern und Zagen meinerseits fürchten. Auch ich sprach nun kein Wort mehr, und so gingen wir in eher eisigem Schweigen bergan. Mein Ausbruch hatte etwas Gutes gehabt. Er hatte mich belebt, mir einen Kick nach oben gegeben, wie ein kleines Doping gewirkt, sodass ich mein Tief einigermaßen überwunden hatte, als wir oben ankamen. Am Lungener See lag ein schönes Gasthaus, in dem ich mir einen Espresso und viel Wasser genehmigte. Schlagartig ging es mir nun besser – mein Kreislauf funktionierte wieder ordnungsgemäß, das fühlte ich mit Befriedigung – und ich konnte die Fortsetzung des Weges in vielleicht nicht bester, aber immerhin erträglich guter Kondition genießen.

Der Weg entlang dem Lungener See war paradiesisch. Wir gingen auf hohe Berge zu, und irgendwo mittendrin musste der Brünigpass liegen, unser heutiges Ziel. Nach einigem Suchen hatten wir in der übersichtlichen Landschaft die im Führer erwähnte Zahnradbahn erreicht, neben der der erste Teil des Aufstiegs zum Pass erfolgen sollte. Mancher wird vielleicht fragen, warum wir nicht diese Bergbahn bestiegen, um uns von ihr in die Höhe tragen zu lassen. Nun, ich denke, dass daran unser beider Ehrgeiz schuld war. Beide hatten wir uns vorgenommen, nie ein öffentliches Verkehrsmittel zu benützen, es sei denn in einer echten Notsituation.

Auch die großen Städte wie Würzburg, Genf, Le Puy, Jaca, Logroño, Burgos, León haben wir alle zu Fuß durchquert – und es hat sogar irgendwie Freude gemacht, sich auch diesen etwas beschwerlicheren Wegpartien zu stellen, zwischen ganz normalen Passanten dahinzugehen und festzustellen, dass wir nicht belächelt, sondern öfter mit anerkennenden oder aufmunternden Worten bedacht wurden, gerade auch von jungen Leuten. Wir brauchten uns als Pilger jedenfalls nicht vor der Konfrontation mit dem „Normalbürger" zu scheuen.

Der Weg auf den Brünigpass hinauf glich einem Wintermärchen. Nach einiger Zeit verließen wir den gut ausgetretenen Weg neben der Zahnradbahn und begaben uns auf einen Trampelpfad in eine tief verschneite Winterlandschaft, in der einige Almhütten lagen, die fast bis zum Dach im Schnee versunken waren. In der abendlichen Sonne glitzerte und gleißte die Welt, Reinhard schwelgte in Ausrufen des Entzückens, meine eigene Grantigkeit vom Mittag war wie weggeblasen und vergnügt genossen wir unsere Weggemeinschaft. Als mich Reinhard über eine höhere Schneewechte hinwegzog, verriss ich mir wieder ein wenig das Kreuz, aber das tat unserer freudigen Gewissheit keinen Abbruch, dass wir wohl auch heute unser Ziel erreichen würden.

Ich erinnere mich auch an einen Moment der Angst beim Aufstieg zum Brünigpass. Uns entgegen kam in dieser Einsamkeit ein junger, düster blickender Mann, der ein in der Abendsonne blitzendes Beil in der Hand trug. Er sah uns bewusst nicht an, antwortete nicht, als wir „Grüß Gott" sagten. Als er vorbei war, drehte ich mich noch einige Male ängstlich nach hinten um. Vielleicht würde der introvertierte Bergkauz plötzlich ausrasten und uns von hinten mit seinem Beil erschlagen? Gewiss waren dies für eine Pilgerin unwürdige Gedanken – aber ich habe sie nun einmal gehabt. Überrascht erkannte ich, dass für mich ein Alleingehen auf diesem langen Pilgerweg unmöglich gewesen wäre. In Frankreich und Spanien haben wir auf dem Jakobsweg viele Frauen jeglichen Alters getroffen, die solo den Weg zurücklegten – aber meine Sache wäre das nicht gewesen. Was mich freute, war, dass mein Mann das Gleiche von sich behauptete. Es war für uns beide äußerst interessant, ab und zu Erkenntnisse über uns selbst zu gewinnen, die wir so nicht erwartet hatten.

Und plötzlich waren wir auf der recht belebten Passhöhe angelangt. Es gab hier intensiven Verkehr, die Passstraße war durch die Schneewälle auf beiden Seiten sehr eng. Wie sollten wir auf dieser Straße wohl zu Fuß ins Tal gelangen? Doch zunächst verdrängten wir diesen störenden Gedanken und suchten uns eine Unterkunft. Sie war recht einfach und mit spartanischer

Einrichtung bedacht – aber wir hatten wieder einmal ein Dach über dem Kopf.

Beim Abendessen befragten wir einen zünftig aussehenden Mann, der mit einem großen Hund hier oben weilte und für einige Zeit zum Baumfällen eingesetzt war, wie wir vom Brünigpass wohl nach Brienzwyler ins Tal gelangen könnten. In unserem Führer war ein Bergpfad angegeben, der aber jetzt tief verschneit und ungespurt war. Der ortskundige Mann meinte, dass an diesen Abstieg nicht zu denken sei, da jetzt und noch für einige Tage akute Schneebrettgefahr den an sich schon sehr steilen und unangenehmen Weg unbegehbar machte. Wir sollten doch die fünf Kilometer mit dem Bus fahren! Die Passstraße sei wegen des mangelnden Randstreifens und der Serpentinen zu gefährlich. Wollten wir denn unser Leben riskieren? Nein, das wollten wir nicht. Und so haben wir zähneknirschend, aber letztlich doch froh über diese Möglichkeit, am nächsten Morgen den Linienbus bestiegen, der uns die wenigen Kilometer über die kritische Stelle hinweghalf. Diese gefahrenen fünf Kilometer waren die einzigen, die wir auf unserem langen Fußweg einschieben mussten, um unsere Pilgerschaft fortsetzen zu können, wenn man von einem Stück Busfahrt im Stadtinneren von Lausanne absehen will.

Noch sind die Strapazen nicht vorüber

Als wir am frühen Morgen bei Sonnenschein dem Bus entstiegen, hatten wir noch immer gemischte Gefühle. „Wir hätten doch so gerne auch diese Strecke zu Fuß gemacht!" Auf dem Weiterweg zu Fuß nach Brienz kamen mir allerdings die Gedanken, dass diese Busfahrt für uns auch eine der Prüfungen auf dem Jakobsweg sein könnte.

Den Ehrgeiz loslassen,
von eigenen Vorstellungen
Abschied nehmen,
das akzeptieren, was uns zufällt,
dankbar sein, dass bis jetzt
alles gut gegangen ist,
viel besser eigentlich als gedacht –
ist das vielleicht auch ein
wichtiger Punkt in dem Examen,
das dieser Weg nun einmal in
vielerlei Hinsicht darstellt?

Erfreulich war, dass auch Reinhard keinerlei Problem mit dieser Busfahrt hatte. Er war Realo, tat das Notwendige, ohne viel zu murren oder zu hinterfragen – das imponierte mir an ihm. Ich hatte ihn eigentlich anders eingeschätzt.

Der Brienzer See war erreicht und er bot wieder ein bezauberndes Wegpanorama. Ein wenig ratlos blieben wir stehen. Es war eine Route links des

Sees beschrieben und eine Alternative rechts. Wohin sollten wir uns nun wenden? Ein Mann sprach uns an. Er hatte wohl unsere Ratlosigkeit bemerkt. „Auf dem Jakobsweg seid ihr? Ja, da geht ihr besser rechts des Sees, da liegt schon die Sonne auf den Hängen, außerdem müsst ihr nicht so hoch hinauf und drittens seht ihr rechts immer Gämsen auf dem Weg über dem See." Dankbar befolgten wir den Rat des hilfreichen Mannes und marschierten zügig in den Ort Brienz hinein, der sich touristisch belebt den See entlangzog. Mittagsrast hielten wir auf einer Bank, die an der Sonnenseite eines hübschen hell geputzten Kirchleins gelegen war. Von hier aus hatten wir einen weiten Blick über den im Moment türkisblauen See. Wie hatten wir eigentlich diese sonnenbestrahlte Schönheit verdient? Ich spürte, wie die kräftige Märzensonne mein Gesicht berührte und von der Haut wie ein langersehnter Gast aufgenommen wurde. Ich war ganz entspannt, derweil ich mit großen Bissen ein Stück Brot mit Käse aß. Mit solchem Appetit zu essen – wann hatte ich so zum letzten Mal empfunden? Reinhard mochte es ähnlich ergehen. Wir schauten, fotografierten, genossen, waren beinahe sprachlos, weil jedes Wort banal gegenüber dieser dichten Realität gewesen wäre.

Niemand hatte uns gezwungen, diesen Weg zu gehen, der – zugegeben – auch manchmal mühsam war. Wir durften die Tage als Geschenke hinnehmen, einen nach dem anderen – wie Perlen, die man zu einer Kette reiht. Es schien mir Jahre her zu sein, dass ich irgendwo, weit weg schon, täglich mit einem Seufzer erwacht war. „Ach, Gott", so hatte ich oft nach dem Aufwachen in Fulda gedacht oder gesagt, weil ich wusste, dass wieder ein mühsamer Tag auf mich zukam. Krankenbesuche, Sterbebegleitungen, Trauergespräche, Supervisionen, ellenlange Telefonate und Gespräche über Hospizfragen. Kolleginnen, die einander aufrieben, sich gegenseitig vorwarfen, das Helfersyndrom zu haben ... Mich hatte all das müde gemacht, mehr als ich mir damals eingestand. Jetzt schien es so weit entfernt von mir zu liegen, beinahe irreal zu sein, obwohl wir ja erst vor etwas mehr als einem Monat von zu Hause aufgebrochen waren. Mir fiel ein, dass ich auf unserem Weg noch kein einziges Mal mit einem Seufzer aufgewacht war, sondern dass ich den Tagen, die sich im Lauf der Stunden immer weiter und oft überraschend entwickelten, mit Spannung und Zuversicht entgegensah.

Gestärkt begaben wir uns nach der Rast wieder auf den Jakobspfad, der uns auf einen stetig ansteigenden, schmalen Weg führte, der, je höher wir kamen, umso mehr von sulzigem, schwer zu gehendem Schnee bedeckt war. Sahen wir am Anfang noch Spuren, so standen wir plötzlich, nach einer mühsamen Wegstrecke, an einer Stelle, wo die gut sichtbaren Abdrücke von groben Profilsohlen abrupt endeten. Zunächst versuchten wir noch, in den weichen Schnee hineinzuspuren. Dieses Unterfangen erwies sich aber als äußerst kräfteraubend. Derweil wir überlegten, ob wir weitergehen oder wie der Profilsohlenbesitzer umkehren sollten, erblickten wir tatsächlich zwei der von dem Mann im Tal angekündigten Gämsen. Sie ließen sich durch uns nicht stören, blieben allerdings auf Respektabstand. Schweren Herzens kehrten wir

um. Ein Weiterkommen wäre hier nur unter ungeheurem Kräfteaufwand möglich gewesen. Kurze Zeit gingen wir nun im Tal weiter, praktisch entlang der Uferstraße. Nach etwa einer halben Stunde lockte uns aber eine Jakobswegmarkierung wieder auf den Originalpfad, der uns zunächst einfach zu gehen schien. Ein von Schnee bereits befreites landwirtschaftliches Sträßchen führte uns aufs Neue bergan. Schon längst hatten wir uns unserer Anoraks und Handschuhe entledigt. An Hängen, die noch mit altem Gras bedeckt waren, blühten schüchtern die ersten Krokusse. Wir erreichten den Wald und betraten nun einen Pfad, der einigermaßen gut zu gehen war. An das Stapfen im Schnee waren wir gewöhnt. So konnte es weitergehen. Hier waren schon andere Menschen vor uns gegangen. Eine Holzbank neben dem Weg veranlasste uns dazu, ein wenig zu rasten. Blitzblaue Leberblümchen auf schneefreien Böschungsflecken vermittelten uns Frühlingsgefühle. Da kamen zwei ältere Frauen daher und warnten uns davor, weiterzugehen. Heute seien auf den Weg Schneebretter und eine kleine Lawine niedergegangen. Die Jakobusroute sei unpassierbar. Wir müssten umkehren.

Obwohl wir den einheimischen Frauen dankbar für ihre Warnung waren, erfüllte sie uns doch mit einer gewissen Frustration. Wir hatten heute bestimmt schon zwei bis drei Stunden durch vergebliche Anstiege verloren, die uns viel Energie gekostet hatten. Urplötzlich fühlte ich in mir Müdigkeit und Schwere auftauchen. Ich bezweifelte, das für heute eigentlich geplante Etappenziel Interlaken noch erreichen zu können. Mich packte die Mutlosigkeit. Dieser Weg hatte es in sich und gestaltete sich schwieriger als gedacht. Mit müden Schritten erreichten wir also wieder das Tal und trotteten die Seeuferstraße entlang, immer nach einem möglichen Nachtquartier ausspähend. Fünf Kilometer vor Interlaken erblickten wir schließlich eine kleine Pension, die tatsächlich noch ein freies Zimmer anzubieten hatte. Meine Wangen brannten von der kräftigen Märzensonne, die Beine waren schwer und mein Rücken schmerzte. Ich ließ den Rucksack fallen und schnürte die Schuhe auf. Wir sprachen beide nicht viel, waren einfach nur müde. Trotzdem –

wir hatten bis hierher durchgehalten, ja, der Tag war herrlich gewesen, wir waren hilfreichen Menschen begegnet, wir hatten ein gutes Quartier gefunden.

Höhle, See und Wind

Am nächsten Morgen beeilten wir uns, in flottem Marsch Interlaken zu erreichen. Beinahe legten wir die wenigen Kilometer im Eiltempo zurück. Mittlerweile war es so, dass Reinhard und ich unsere Durchschnittsgeschwindigkeit ein wenig gesteigert hatten, sodass wir auf guten Wegen ein Stundenmittel von fünf Kilometern erreichten. Wir positionierten uns dann hintereinander, und rannten mit leicht vorgezogenen Schultern dahin, die Kraft des Körpers spürend. Muskelkater hatten wir keinen mehr, dieser war nur in der ersten Zeit unser Begleiter gewesen. Jetzt hatten wir den Eindruck, dass alle für das Wandern in Frage kommenden Partien trainiert waren. Auch das Gewicht des Rucksacks war von Rücken und Schultern nach und nach angenommen worden. Der Rucksack war sogar an guten Tagen kaum mehr zu spüren, wurde erst nach vielen Kilometern wieder etwas lästig.

Interlaken war bald erreicht. Die Stimmung am Himmel war eigenartig verschleiert. Die Sonne kam nur mühsam durch und setzte den hohen Bergen des Berner Oberlandes Gloriolen von schrägen Lichtstreifen auf. Die Stadt mit ihren hübschen Brücken und Promenaden interessierte uns weniger, aber das Lichtspiel am Himmel war faszinierend und lud uns ein, innezuhalten. Ein Kurzbesuch in der protestantischen Kirche ließ uns einen aufgeschlossenen Küster treffen, der uns einen einfachen Plan der Umgebung mitgab. Mit guten Wünschen entließ er uns auf unsere Route. Wir hatten nun völlig vereiste Waldwege zu begehen, über die uns etliche Jogger und auch einige Reiter entgegenkamen. Ich fühlte mich recht unsicher auf den grau schillernden Platten, in welche Fichtennadeln eingesprengt waren. Mir schien es, dass die Jogger geradezu an uns vorbeitänzelten. Ein wenig sehnsüchtig sah ich ihnen nach. So ohne Gepäck dahinzulaufen erschien mir im Moment recht erstrebenswert, und ich fühlte mich, im Angesicht der zahlreichen blendend aussehenden, sportlichen Damen und Herren mit Idealgewicht, die ihre Körper in schicke Sportdresses verpackt hatten, unansehnlich und plump. War es wirklich sinnvoll, dass ich, in meinem fortgeschrittenen Alter, mich wie ein Packesel über diese unangenehmen Wege quälte, die es nicht zuließen, in Träume zu versinken, sondern die ein hohes Maß an Konzentration forderten? Wäre ich nicht besser auf einer Wellnessfarm aufgehoben, um mich einer guten Körperpflege zu unterziehen und vor allem um den dringend benötigten Friseurbesuch zu erledigen, mich einige Tage richtig auszuschlafen? Mit einigen Kunstgriffen und etwas schicker Kleidung konnte ich eigentlich noch ganz gut aussehen. Warum tat ich mir das alles hier an? Ein Blick auf Reinhard, in dessen braungebranntem Gesicht die blitzblauen Augen unternehmungslustig leuchteten, ließ meine hochkommenden Zweifel verstummen. Wir beide taten etwas, das zwar auf den ersten Blick nichts mit Wellness zu tun hatte, das sich aber auf

den zweiten Blick doch täglich aufs Neue als faszinierend erwies.

*Gehen, gehen, gehen,
den Kopf frei bekommen,
das Herz entlasten, die Gedanken
entschärfen, bis sie keine
Zeitbomben mehr sind, keine
Tretminen.
Warum soll ich an mir zweifeln,
da ich doch das tue, was ich
mir immer gewünscht habe.
Tief drin in mir ist ein Bereich,
in dem das verschlossen war,
was jetzt Flügel bekommen hat
und mich trägt.
Es trägt mich aus mir
selbst hinaus in Neues
und ich komme nach,
Schritt für Schritt
um mich mit ihm zu vereinen.*

Längst hatten wir wieder einsame Pfade erreicht, menschenleere Wege. Steil ging es plötzlich oberhalb des Thunersees auf schmalen Stufen aus bräunlichem Naturstein in eine Wand hinein. Der Weg wäre wohl unten am See weniger anstrengend gewesen, aber wir wollten die Beatushöhle doch unbedingt erreichen, wenngleich sie erst in den nächsten Tagen nach der Winterpause zur Besichtigung geöffnet sein würde. Wunderschön war das letzte Wegstück zu den Höhlen, die noch heute Ziel von Pilgern sind. Der Einsiedler Beatus ist hier um 100 n. Chr. gestorben. Er sei vom Apostel Petrus beauftragt gewesen, in der Schweiz den christlichen Glauben zu verkünden. Er habe in der Höhle, nur mit einem Kreuz bewaffnet, gegen einen Drachen gekämpft und ihn vertrieben. Gemeint ist in der Legende vielleicht der Drache der inneren Finsternis, die immer bereit ist, uns zu erschrecken und zu verunsichern.

Am Ziel angelangt, bot sich uns ein grandioser Blick auf eine sonnenbeschienene Felsenwand, an der der

Eingang zu den Höhlen lag. Wasserfälle rauschten und sprudelten. Wir ließen uns auf einem Holzbalken nieder und atmeten tief die Frische und Lebendigkeit des Platzes ein, der im Mittelalter ein vielbesuchter Wallfahrtsort gewesen war. Nach hübschem Abstieg gelangten wir wieder an den Thuner See, der nun von starken Windböen gepeitscht wurde. Einige Male bekamen wir eine kalte Dusche ab, da der Sturm auflandig dahinfegte. Trotz des vorübergehend rauhen Wetters fiel mir eine wunderschöne Bucht in die Augen, an deren hinterem Ende ein geruhsames, einladendes Haus lag. Es war groß, ein wenig altmodisch und von bunt blühenden Frühlingsblumen umgeben. „Unsere ganze Familie könnte darin Platz finden", kam es mir in den Sinn. Am Ufer lagen ein behäbiges Segelboot und ein Kahn. Direkt am Haus meinte ich eine Kinderschaukel zu entdecken. Wer dort wohl wohnen mochte? Waren die Leute glücklich? Mir kamen Begriffe wie „Heim" und „Bleibe" in den Sinn. In diesem Haus mit seiner friedvollen Umgebung habe ich jedenfalls einen für mich idealen Ort entdeckt, von dem ich sogar später zu Hause meinen Kindern erzählte.

Irgendwo für eine Woche und mehr bleiben zu wollen, war eine große Versuchung beim Pilgern. Ich meinte manchmal, doch nun endlich Anrecht zu haben auf etwas Gemütlichkeit, etwas Wärme, etwas Komfort, etwas mehr „normales Leben". Indem ich so dachte, übte ich Verrat an unserer momentanen Lebensform, die auf Weiterziehen angelegt war. „Wie hast du das ausgehalten, jeden Tag in einem anderen Bett zu schlafen?", wurden wir später oft gefragt.

Einen Weg zu gehen ist das Gegenteil von sich einnisten. Ein Nest ist aber nicht unbedingt nötig, wenn man schon flügge geworden ist. Ein erwachsener Vogel, der es gelernt hat zu fliegen, der für sich Verantwortung zu übernehmen bereit ist, der seinen Horizont erweitern will, der nicht mehr gefüttert werden muss, der kann sich aufmachen, sich der Weite anvertrauen, weil er weiß, dass er sie aushält und sie ihn.

Auf dem Weg gab es keine Spezialbandscheibenmatratzen, keine frischen Brötchen, keine weichgespülte Wäsche, keinen Mittagsschlaf und keine zwei Liter Mineralwasser am Tag.

Es ist schwierig, auf manche eingefahrene Gewohnheit zu verzichten, doch wir können feststellen, dass Leib und Seele uns deshalb nicht böse sind, sondern dass sie willig und später sogar begeistert, den völlig neuen Rhythmus übernehmen, der sich durch Unregelmäßigkeit auszeichnet und doch insgesamt eine Ordnung ergibt – eine Ordnung, in der echte Überraschungen möglich, ja sogar vorprogrammiert sind. Neues kann geboren werden, da es nicht durch das straffe Zaumzeug des immer schon Gewohnten blockiert wird.

Auch heute gelang es uns nicht, das im Pilgerführer vorgeschlagene Etappenziel, nämlich Thun, zu erreichen, da wir ja noch den Rückstand von einigen Kilometern vom Vortag aufzuholen hatten. So waren wir nun etwa fünf Kilometer vor Thun angelangt und beschlossen, hier in Oberhofen zu übernachten, ja sogar einen Rasttag einzulegen. Die immer wieder beträchtlichen Höhendifferenzen, die wir zum Teil in weichem, unverspurtem Schnee in den letzten Tagen überwunden hatten, steckten uns in den Knochen. In mir war eine allgemeine Müdigkeit, ja, beinahe Lustlosigkeit, und auch Reinhard schien strapaziert.

Mönch, Eiger und Jungfrau – und viele Uhren

Nach bekömmlicher Nacht erwartete uns ein strahlend schöner Tag, der den hübschen Ort, der an der „Riviera des Thuner Sees" gelegen ist, im schönsten Licht zur Geltung brachte. Besonders das mittelalterliche Schloss mit seinen charakteristischen Türmen und Zinnen vor der Kulisse des blauen, ruhigen Sees begeisterte uns. Zunächst fuhren wir mit dem Bus nach Thun, um dort einen Rundgang zu machen, was morgen beim Durchwandern aus Zeitgründen nicht möglich sein würde.

Ich fühlte mich nicht besonders frisch, als wir über die mir sehr zahlreich scheinenden Stufen zur Stadkirche emporstiegen. Der hübsche Turm, der das Stadtbild prägt, stammt laut Aufschrift aus dem 14. Jahrhundert. Der Kirchenraum allerdings erschien mir sehr karg und sachlich. Für einen Katholiken ist es immer schwierig, wenn er in einem Sakralraum den Tabernakel und eine gewisse Feierlichkeit vermisst. Die spartanische Ausstattung aus dem 16. Jahrhundert bestand im Wesentlichen aus einem langen Abendmahlstisch aus Holz und einer nüchternen Kanzel. So wie uns an diesem Ort mochte einem Orthodoxen zu Mute sein, wenn er in eine katholische Kirche kam, in der es weder Ikonen noch Ampeln, geschweige denn einen reich verzierten Ikonostas gibt.

Ist es nicht doch am besten, die Vielfalt in der Grundgemeinsamkeit des christlichen Glaubens zu behalten, um einander ohne Aggression und Diffamierung begegnen zu können, ohne dem anderen die eigenen Gepflogenheiten aufschwatzen zu wollen?
Sind nicht auch in unterschiedlichen Familien Geschmack und Lebensgewohnheiten divergierend, die „Stallgerüche" stark different, und können nicht trotzdem alle diese Familien ihren Mitgliedern Liebe und Geborgenheit auf ihre spezielle Weise vermitteln und sie auf einen glaubwürdigen Weg führen?

Thun als Kleinstadt mit seinen Brücken, Türmen und alten Häusern war insgesamt bezaubernd schön. Trotzdem waren wir froh, als wir, zurück im Quartier, eine ausgiebige Siesta halten konnten, in der ich versuchte, meine unansehnlichen und verblichenen Haare ein wenig zu kolorieren, was gründlich misslang. Man merkte so gut wie keine positive Veränderung, nachdem die Prozedur beendet war. Mein Mann lächelte milde, als ich

mich ihm – leicht grimmig – in neuer alter „Haarpracht" präsentierte. Gut, ab jetzt würde ich gar nichts mehr an meinen Haaren machen. Sollten sie wachsen und bleichen wie sie wollten. Ich würde mich bemühen, dem nicht zu viel Bedeutung beizumessen.

Der Tag hielt noch viel Schönes für uns bereit. Wir machten einen gemütlichen Spaziergang am See entlang. Die hohen Berggipfel lagen im Dunst und das Wasser kräuselte sich bläulichgrau. Plötzlich schob sich der Dunst irgendwohin weg – vielleicht hatte er sich aufgelöst – und schlagartig wurde es wärmer, klarer, Himmel und Wasser „erblauten". Unser Blick fiel auf die Berge. Und mit einem Mal standen sie da in strahlendem Weiß bis zu den Gipfeln hinauf, die Trias der Stars europäischer Bergwelt: Eiger, Mönch und Jungfrau! Nie hätten wir gehofft, diese selten klar zu erblickenden Bilderbuchgipfel heute noch schauen zu dürfen. Zuerst verschlug es uns die Sprache. Reinhard verfiel in aufgeregten Aktionismus und fotografierte im Eilzugstempo mit und ohne Zoom aus verschiedenen Positionen, mit und ohne Vordergrund. Wer weiß, wie rasch sich dieser Traumblick verflüchtigen würde. Auch mich packte Aufregung. Alle spannenden Bergfilme von Besteigungen der Eigernordwand standen vor meinen Augen. Wie viele Menschen hatte diese Wand schon fasziniert und in ihren Bann gezogen. Wie viele waren darin schon durch

Schlechtwetter, Steinschlag und Eisbruch umgekommen! Wie viele dramatische Rettungsaktionen hatten sich in dieser Wand abgespielt! Ehrfürchtig verweilten wir lange Zeit, mit Blick auf das Bergpanorama, an einem Steinmäuerchen der Seepromenade.

Als wir genug geschaut hatten, zog es uns in das im Wanderführer angekündigte und gelobte Uhrenmuseum. Dort erwartete uns eine weitere Überraschung. Der Kustos des Museums schien es sich zur Aufgabe machen zu wollen, uns persönlich durch die reichhaltige Ausstellung zu führen und uns nebenbei Tipps für besonders sehenswerte Kunst am folgenden Stück des Jakobsweges zu geben. Beinahe eine Stunde lang erklärte und berichtete der nicht mehr junge, aber attraktive, lebhafte Herr mit dem weißen Schnauzbart und den funkelnden, dunklen Augen in engagiertem Tonfall. Es war keine Sekunde langweilig, obwohl ich mich für Uhren, zum Unterschied von Reinhard, nicht so sehr interessiere. Dieses Plauderstündchen wirkte auf uns wie der Genuss eines Glases von einem exquisiten, alten Rotwein, den jemand unversehens aus dem Keller hervorgezaubert hat.

Auf unserem Zimmer hielten wir dann noch das gemeinsame Abendgebet, empfingen zwei liebe Anrufe und verwöhnten uns durch den Genuss eines vom Hauswirt perfekt zubereiteten Käsefondues.

B & B

Da unser Hotel heute Rasttag machte, mussten wir uns unser Frühstück selbst zubereiten. Für diese und ähnliche Situationen hatten wir schon in Fulda ein Plastiktütchen, gefüllt mit kräftigem Löscafe, in den Rucksack gepackt. So mussten wir an keinem Tag unserer langen Wanderschaft das belebende Getränk entbehren, das uns, als gebürtigen Wienern, nahezu unentbehrlich schien, um am Morgen die Lebensgeister zu wecken, „in die Gänge zu kommen".

Die paar Kilometer nach Thun hatten wir rasch zurückgelegt. Besonders heute, nach dem erholsamen Rasttag, fühlten wir uns energiegeladen und aufnahmebereit für Neues. Wieder

schien die Sonne, diesmal auf ein herrliches Naturschutzgebiet namens Gwatt, das sich am See entlangzieht. Ein schöneres und einfacheres Gehen als hier an diesem Uferweg konnten wir uns nicht vorstellen. Die Luft war frisch, und die Berge standen verheißungsvoll und verlässlich – von leichtem Morgendunst umhüllt. Ich liebte dieses Gehen am frühen Morgen, wenn wir einträchtig in unverbrauchtem Zustand mit klarem Kopf und leichten Beinen, den Rucksack kaum als Last empfindend, flott den Weg von Markierung zu Markierung aufnahmen.

Die alte Kirche von Scherzlingen war leider noch zugesperrt, dafür erreichten wir nach längerem Gehen das bedeutende romanische Gotteshaus von Amsoldingen, das zu unserer Besichtigung offenstand. Ein steinernes Taufbecken mit einem bergauf springenden Hasen – der als Flachrelief gestaltet, wohl die himmelwärts strebende Menschennatur darstellen sollte –, eine Krypta und diverse stilreine Details, die wir mit Interesse betrachteten, verstärkten den imponierenden Raumeindruck des bäuerlich schlichten Gotteshauses.

In einer Bank saß ein junger Mann, ganz in schwarzes Leder gehüllt. Er war mit einem Motorrad vorgefahren gekommen. Er hatte einen bekümmerten, fast kindlichen Ausdruck im Gesicht und war tief ins Gebet versunken. Vielleicht bekam seine Frau gerade ihr erstes Kind und es drohte eine komplizierte Entbindung? War seine Mutter schwer krank oder hatte der junge Mann mit einer Entscheidung zu kämpfen, die ihn umtrieb, von der er nicht wusste, wie sie ausfallen sollte? Jedenfalls hatte er sich der Stille dieses Sakralraumes anvertraut, um Hilfe zu bekommen. In der Kirche lag auf einem Tischchen auch ein schöner Stempel bereit, mit dem wir unseren Pilgerpass, das Credencial, um einen weiteren, interessanten Abdruck ergänzen konnten.

Am frühen Nachmittag wurde uns der Weg lang, und wir suchten ein Plätzchen zum Ausruhen. Nahe bei Wattenwil angelangt, beschrieb uns eine freundliche junge Frau ein Café „Rendez-vous", das sicher geöffnet habe. Wir waren froh, dass dies tatsächlich der Fall war.

Gut, dass wir uns ein wenig rekreiert hatten, da der Weg nach Riggisberg, unserem heutigen Etappenziel, noch etwa zwei bis drei Stunden entfernt und nicht ohne Mühen zu erreichen war. Zunächst durchwanderten wir eine bäuerliche Landschaft, in die immer wieder alte Höfe so selbstverständlich in Harmonie mit ihrer Um-

gebung eingebettet lagen, als müssten sie genau dort stehen, wo man sie einst erbaut hatte. Die ehrwürdigen, massiven Gebäude, aus Holzbalken gefügt, mit kunstreichen Holzbalkonen, auf denen es Plaketten, Zaumzeug und Viehglocken zu sehen gab, vermittelten ein anheimelndes Gefühl. Gern hätte ich manchmal hinter die kleinen Fenster geschaut, wo jetzt sicher gerade Schulkinder am Stubentisch bei ihren Hausaufgaben saßen oder die Familie zusammen Kaffee trank. Ich konnte mir gut vorstellen, was ein Mensch, der keine feste Bleibe hat, wohl manchmal empfinden musste, wenn er sich in die Geborgenheit eines freundlichen Hauses hineinwünschte. Der Weg, den wir jetzt gingen, war beinahe schneefrei. Erste Krokusse, Winterlinge, Frühlingsknotenblumen und Primeln belebten das harte, bleiche Gras vom Vorjahr.

Es ging schon gegen Abend, als wir schließlich rechtschaffen müde Riggisberg erreichten. Zunächst wollten wir auf Quartiersuche gehen, was hier wohl nicht schwierig sein würde. Riggisberg war kein ganz kleiner Ort und schon von der Ferne sahen wir ein Hotelschild an einer Straßenecke. Die Enttäuschung war riesig groß, als wir feststellen mussten, dass das Hotel im Umbau, daher geschlossen war. Ziellos liefen wir im Ort hin und her, fragten Passanten nach einer Bleibe, aber niemand konnte uns weiterhelfen. Schließlich betraten wir eine Konditorei und trugen der Besitzerin, die mit flinken Augen und Händen vielbeschäftigt hinter der Theke amtierte und agierte, unser Anliegen vor. Ja, sie wisse schon ein passendes Quartier, es sei allerdings ein paar Kilometer außerhalb des Ortes gelegen. Sie wolle für uns gleich einmal dorthin telefonieren. Unsere schon etwas verzagten Mienen hellten sich sprunghaft auf, als wir positiven Bescheid bekamen. Ja, da sei ein Zimmer frei, allerdings gäbe es in dem Haus kein Abendessen. Das machte uns nun gar nichts aus, da es ja hier in der Konditorei auch kleine Imbisse wie Thunfischbrötchen, Eiersalat und natürlich diverse Süßspeisen gab, sodass wir uns schnell eine kleine Speisenfolge zusammengestellt hatten, um unsere hungrigen Mägen zu befriedigen. Obwohl wir ja noch ein Stück zu gehen haben würden, tranken wir, entgegen aller sonstigen Gepflogenheit, ein Glas Bier, angeblich um unseren Mineralhaushalt zu stabilisieren. Selten hat mir ein Bier so gut geschmeckt wie an diesem Abend. Ja, der Abend war schon hereingebrochen, als wir uns seufzend noch einmal auf den Weg machten, den inneren Schweinehund tapfer überwindend, der uns nötigen wollte, die nun anstehende Strecke nicht mehr zu laufen, sondern uns irgendwie zum Quartier bringen zu lassen, was sicher möglich gewesen wäre. Wir braven Pilger aber schulterten wieder unsere Rucksäcke und erreichten bei einbrechender Dämmerung das freundliche Haus, auf dem eine Tafel in großen Lettern B & B, also Bed and Breakfast, das Ziel unserer Sehnsucht, signalisierte.

Freundlich wurden wir von einer mütterlich wirkenden Frau empfangen, die uns sogleich zu unserem Zimmer führte, da sie uns erstens wohl ansah, dass wir uns im Moment nichts mehr wünschten als das, die aber zweitens auch selbst daran interessiert war, zu ihrer eigenen, durch unsere Ankunft unterbrochenen Beschäftigung – vielleicht das Fernsehen – zurückzukehren. Unser Zimmer glich zu unserem größten Erstaunen einem Puppenmuseum. In jeder Ecke saß ein in duftiges Rosa, Schneeweiß oder Himmelblau gehülltes Püppchen mit glänzenden Locken. Von der Decke hing ein rotgefiederter Holzpapagei, kurzum, das Zimmer wirkte sehr verspielt und adrett, sodass wir es kaum wagten, die glänzend rosa Überdecke vom Bett zu ziehen. Wohin unser Blick auch schweifte, erspähten wir stets neue Verzierungen, Blümchen und Deckchen. Es wunderte uns, dass die Frau uns dieses „Heiligtum", das für sie sicher mit wertvollen Erinnerungen verbunden war, geöffnet hatte. Der Gedanke an Kinder oder Kindheit spielte sicher im Leben dieser Frau, die eigentlich ein bäuerliches Anwesen mit vielen Tieren bewirtschaftete, eine tragende Rolle.

Sensenschlucht und Hühnerwunder

Am nächsten Tag berichtete uns unsere Hauswirtin aufgeregt, dass am frühen Morgen ein gesundes Fohlen geboren worden war. Wir könnten es besuchen, wenn wir wollten. Natürlich freuten wir uns, den um sieben Uhr noch recht dunklen Stall betreten zu dürfen, um das rührend ungeschickte Fohlen mit seinem feuchten, leicht gekrausten Fell zu betrachten. Das Fohlen stand wackelig auf seinen langen Beinen, die ihm selbst noch nicht ganz geheuer schienen. Reinhard verwendete keinen Blitz zum Fotografieren, um das Pferdebaby nicht zu erschrecken. So kommt es, dass das Foto zu dunkel geworden ist und auch durch nachträgliche Bearbeitung am Computer nicht zu retten war. Aber in uns drin ist das Bild des Neugeborenen gespeichert – und das ist die Hauptsache.

Die Hauswirte hielten nicht nur Pferde, sondern es gab auch zahlreiche Volieren mit den verschiedensten Nymphensittichen, wir erblickten freilaufendes Federvieh und noch so manches andere Getier. Stolz wurden wir durch das Anwesen geführt und nach üppigem Frühstück herzlich verabschiedet. Ein neuer Tag begann sich zu entwickeln.

Wieder waren die Wege überhaupt nicht einfach zu gehen, ja, ich würde sogar sagen, dass in einer Fremdenverkehrsregion die beiden Schluchten, die wir zu durchqueren hatten, wegen totaler Vereisung gesperrt gewesen wären. Aber wir waren die vorliegenden Verhältnisse mittlerweile gewöhnt und kraxelten ohne zu murren schattige baumbewachsene Steilhänge bergauf und bergab – auf ziemlich schmalen Pfaden, die wir manchmal wegen der Eisplatten verließen und umgingen, um nicht irgendwo unten in einem Bachbett zu landen. Wir mussten uns streckenweise mit höchster Vorsicht vorwärtsbewegen, sodass unser Tempo naturgemäß wenig flott war. Wir begegneten keiner Menschenseele, und bis auf die Geräusche, die unsere Tritte und unsere Stöcke machten, war es sehr, sehr still. Hier in diesen schattigen Klüften hatte es der Frühling noch nicht zustande gebracht, sein erstes Siegel aufzudrücken. Ein langer, gedeckter Steg überspannte eine tiefe Schlucht wie ein hoffnungsvolles Zeichen, das zu neuen Ufern führt, indem es einen bedrohlichen Abgrund überbrückt.

Die vom Namen her gefährlich klingende Sensenschlucht war überwunden. Sie hatte uns freigegeben und wir bewegten uns nun auf angeblichen Originalpfaden mittelalterlicher Pilger weiter. Die Sonne hatte hier teilweise den Schnee von uralten Kieselpflasterungen weggeschmolzen. An den niedrigen Felswänden waren eingeritzte Zeichen zu erblicken. Sie wirkten wie Hieroglyphen, für uns nicht zu enträtseln.

Ein altes Ehepaar, das im nächsten Dorf mit Holzarbeiten beschäftigt war, winkte uns zu. Der Mann meinte, dass nun das Schlimmste für uns heute wohl vorüber sei. Ob uns ihre „Eisbahn" in der Schlucht gefallen hätte? Er sprach anerkennende Worte über unsere Wintertour und wünschte uns viel Glück. Solche Worte konnten wir brauchen, da auch heute wieder unser Bedarf an körperlicher Anstrengung mittlerweile gedeckt war. Da wir beschlossen hatten, in einem der letzten Orte der deutschen Schweiz, nämlich in Tafers, zu übernachten, waren wir glücklich, als wir diesen schmucken Ort endlich erreichten. Unser erster Weg führte uns in die Kirche St. Martin, an der der Jakobsweg direkt vorbeiführte. Ein Weihwasserbecken suchten wir vergeblich, dafür entdeckten wir an der Innentür eine Schale mit Asche, dem Zeichen der Vergänglichkeit. Wir fanden es interessant, dass hier wohl in der Fastenzeit nicht mit Wasser, sondern mit Asche bekreuzigt wurde. Alte, wertvolle Skulpturen gaben dem Innenraum Gewicht und Bedeutung. Vor der Kirche sprach uns ein älterer Mann an,

der sich als einer der Initiatoren der hiesigen Pflege des Jakobsweges erwies. Er wollte alles über unseren Weg wissen und freute sich, uns in der gegenüberliegenden Jakobskapelle unsere Pilgerpässe zu stempeln und uns auf den Freskenzyklus des jakobäischen Hühnerwunders hinzuweisen.

Wir charakterisieren gewisse Zustände mit Bildern des Todes. Da ist jemand todernst, es ist totenstill, er ist todtraurig, todgeweiht, tödlich getroffen, tödlich erschrocken ... Immer bedeutet der Zusatz „Tod", dass da jemand oder etwas sich vom Leben abgewendet hat. Eine Todtraurigkeit ist keine fließende, emotionale, gesunde Trauer, sondern ein Zustand, in dem einer am liebsten nicht mehr leben möchte. Ist einer tödlich getroffen, dann hat er einen Hieb bekommen, von dem er sich nicht so leicht, oder vielleicht gar nicht mehr erholen wird. Tödlich getroffen sein ist mehr als Verletzung, die irgendwann ausheilt, sondern bedeutet lebenslange Bürde, die am Leben hindert.

So kommt es, dass auf dem Jakobsweg die Geschichte von der Rettung des zu unrecht Gehenkten und dem Wunder, dass gebratene Hühner wieder zu leben beginnen, seine symbolische Bedeutung hat. Seltsamerweise habe ich noch nie einen Pilger sagen hören: „Was für ein Blödsinn", sondern jeder lässt sich gerne die Geschichte erzählen, wie Jakobus die Menschen, die ihm vertrauen, wieder in das Leben führt.

Französische Schweiz

Im einzigen Hotel namens „Taverna", dessen Name die ursprüngliche Bedeutung des Ortes Tafers – ad tabernas – ausdrückt, hatten wir eine gute Nacht verbracht, wenngleich es uns nicht freute, dass wir am nächsten Morgen kein Frühstück bekamen, sondern uns wieder mit unserem Pulverkaffee begnügen mussten.

Nach frühem Aufbruch kam schon um halb neun Uhr die gotische Kathedrale St. Niklaus in Fribourg in unser Blickfeld, als wir die schöne Brücke über die Saane unter unsere Füße nahmen. Wie glücklich waren wir, wieder ein signifikantes Stück des Weges seit der Schweizer Grenze zurückgelegt zu haben. Hier verlief die Grenze zum französischen Sprachraum, und begeistert lasen wir einander einige zweisprachige Aufschriften vor. Zunächst kehrten wir aber in einem Café direkt an der Kathedrale ein, um unser Frühstück nachzuholen und uns frischzumachen. Stehende Redensarten zwischen uns waren: „Die Toilette ist ganz toll, es gibt sogar Seife und frische Handtücher!" Einige Male mussten wir einander auch vor dem Örtchen warnen: „Ich rate Dir, geh lieber im Freien!" So seltsam dies vielleicht für Nichtpilger klingen mag, auch dieses Thema hatte einen wichtigen Stellenwert in unserem Pilgeralltag.

Unser Besuch der Kathedrale fiel nicht allzu intensiv aus, da wir doch heute endlich unseren Rückstand von fünf Kilometern aufholen und von Tafers aus bis Romont kommen wollten, was etwa einer Strecke von 35 Kilometern entsprach. „Jetzt oder nie", sagten wir einander, denn das heute zu erwartende Streckenprofil war nicht allzu anspruchsvoll, auch der Schnee war jetzt bis auf kleine Reste dahingeschwunden. So betrachteten wir in

St. Niklas die Jugendstilfenster, sprachen unsere stillen Gebete wie immer und machten uns auf den Weg. Haben wir die Atmosphäre in der Kirche deshalb als nicht besonders dicht empfunden, weil wir in Eile waren? Ich denke schon. Hätten wir länger verweilt und uns Zeit genommen, hätte sich uns dieser Ort wohl eher erschlossen.

Gleich nachdem wir aus der großen Stadt Fribourg herausgefunden hatten – es waren mehrere Kreisel in der richtigen Richtung zu verlassen – stießen wir nach einem Wald auf ein kleines Steinbrücklein mit alter Pflasterung. Es war immer ein erhebendes Gefühl, dort zu wandern, wohin schon unzählige Pilger ihre müden und lädierten Füße gesetzt hatten. Links des Weges lag das kleine Kapellchen St. Appoline. Rast machten wir erst nach etwa 20 Kilometern im Weiler Posat. Ich fühlte mich hundemüde, und auch Reinhard wirkte ermattet. Wenn wir heute noch weitere 14 Kilometer gehen wollten, so wie wir uns das vorgenommen hatten, dann brauchten wir jetzt ein wenig Erholung, nicht nur eine kleine Trinkpause. Es erschien uns wie vom Himmel geschenkt, dass wir ein kleines Gasthaus fanden, das noch dazu geöffnet hatte.

Es galt ja jeden einzelnen Tag zu bewältigen, jeder Tag musste für sich betrachtet und strategisch günstig angegangen werden. Vor jeder neuen Etappe versuchten wir, uns schon am Abend zuvor darauf einzustellen. Wieviele Kilometer wollten und konnten wir am nächsten Tag zurücklegen, wo gab es Unterkünfte? Welche Höhenunterschiede galt es zu bewältigen, wo waren Einkehrmöglichkeiten? Welche Sehenswürdigkeiten und Naturschönheiten waren besonders zu beachten, wo gab es Siedlungen, um notfalls um Wasser bitten zu können? Wie war die Wetterlage, wo konnte man eventuell auf eine feste Straße ausweichen, falls es stark regnete und der Boden ungangbar wurde? Für die sehr einsamen Strecken hatten wir, falls wir uns verirren sollten, Landkarten bei uns, die uns ein wenig Orientierung geben konnten, wenn-

gleich der Maßstab 1:200 000 zum Wandern unzureichend war. Trotzdem sollten uns diese Kartenteile, die wir aus Gewichtsgründen aus großen Karten herausgeschnitten hatten, an einigen Etappenstücken hervorragende Dienste leisten.

Nach dem gemütlichen Mittagessen, bei dem wir von einer freundlichen, jungen Frau köstliche Suppe serviert bekamen, fühlten wir uns wie neugeboren. Ich möchte bei dieser Gelegenheit feststellen, dass es weniger der Körper war, der den Weg zurücklegte, sondern es vielmehr Geist und Seele waren, die uns weitertrugen auf den Flügeln unserer Wünsche, Erwartungen und Träume. Worauf aber warteten wir? Was war unser Anliegen, wohin gingen unsere Fantasien?

*Ich will warten, dass etwas mit mir geschieht,
dass etwas in mir frei wird, sich entbindet.
Ja, eine Entbindung muss stattfinden, eine Neugeburt.
Ich bin schwanger, ziemlich lange schon
und es muss geschehen, ich komme nicht darum herum.
Ich freue mich, bin aber auch ein wenig ängstlich.
Was soll denn geboren werden?
Ich weiß es nicht, aber ich bin im achten Monat schwanger.*

Ein Kapellchen mit Heilwasserquelle ließ uns anhalten. Ein andächtiges Schöpfen von dem guten Wasser, ein Blick in das Kirchlein. Wir fanden Fresken der Apostel Andreas und Jakobus, die ein wenig ungeschlacht wirkten, aber in eindrücklicher Farbigkeit erstrahlten. Über eine Holzbrücke betraten wir einen schönen Waldsteig, auf dem uns Eisplatten ein wenig zu schaffen machten. Knapp vor dem Etappenziel Romont setzten wir uns noch einmal kurz an den Wegrand, um den Wasserrest aus den Flaschen zu trinken und uns mit ein wenig Schokolade zu stärken. Romont, eine Stadt auf dem Berg, schon weithin sichtbar, erreichten wir gegen 17 Uhr. Ein Zisterzienserinnen-Kloster lag im goldenen Abendlicht am Fuße des Berges. Eigentlich war ich schon zu müde, um noch irgendwas zu be-

sichtigen, aber Reinhard drängte, doch noch einen Blick in das Kirchlein zu werfen. Gerade als wir das Gotteshaus betraten, zogen etwa zwanzig bis dreißig größtenteils junge Nonnen in ihrer schwarzweißen Tracht ein, um das Vespergebet zu singen. Andächtig und müde sanken wir in den Kirchenbänken nieder. Herrlich junge Stimmen psalmodierten mit Hingabe. Unser Blick fiel auf eindrucksvolle, moderne Glasfenster, die in das gotische, schmale Kirchlein eingepasst waren und den Raum in intensive Blau-Rot-Gelb-Töne tauchten. Beim genaueren Hinsehen bemerkte ich, dass rote und gelbe Vögel auf azurblauem Himmel schwirrten und schwebten. Ich nannte diese Vögel für mich „Seelenvögel" und die karierte Blaustruktur nannte ich „Paradieskaro". Beim Vaterunser erhoben die Nonnen ihre Hände zum Himmel, als wollten sie sich diesem weit öffnen. Das ging mir zu Herzen. Ich sah Reinhard von der Seite an. Er strahlte und wirkte richtig glücklich. Und obwohl ich mich ja selbst nicht sehen konnte, denke ich, dass ich genauso hell ausgesehen habe wie er.

Eine Läsion

Wir hatten in einem gemütlichen, komfortablen Hotelzimmer oben in der Stadt übernachtet, in dem ich sogar zu meiner größten Freude einen Haarföhn vorgefunden hatte. Heute hatten wir eine recht kurze Strecke vor uns, wir wollten nur Moudon erreichen, waren somit nach der gestrigen Etappe wieder in unserem Zeitplan. So hatten wir des Morgens Zeit, noch ein wenig die Stadt zu besichtigen, die von einer mittelalterlichen Festungsanlage umgeben war. Ein freundlicher, alter Mann, der ein Stück mit uns ging und uns über unseren Weg befragte, empfahl uns die Kollegiatskirche. Diese erwies sich für uns in der Tat als höchst sehenswert, besonders ein Auferstandener und eine Eva mit betrübtem Gesicht prägten sich mir ein. Diese Eva sprach mich an, ich fühlte mich ihr verbunden.

Wie schnell passiert es, die
falsche Entscheidung zu treffen,
wider besseres Wissen zu handeln,
verkehrte Worte zu finden, die
geraden Wege zu verlassen
und in der bergenden Dunkelheit
das Heil zu suchen.
Was zunächst gar nicht
so schlimm erscheint,
menschlich begreiflich,
entschuldbar,
das wird zur Hypothek für
das eigene Leben
und für das von anderen,
mit denen wir verbunden sind.
Die Eva hier ist traurig, dass
alles so gekommen ist.
Es wird sehr, sehr lang dauern,
bis das Licht am Ende
des Tunnels aufscheint.
Aber es wird kommen, eines Tages.
Eva trägt ein leises Lächeln in ihren
ernsten Gesichtszügen.

Ein Blick noch auf die gewaltigen Festungsanlagen und das Schloss, dann gingen wir am Laden des Schusters vorbei, den Reinhard heute am Morgen gefunden hatte. Ja, die Wanderschuhe waren in einer Stunde fertig geworden. Sie hatten eine robuste Militärsohle aufgeklebt bekommen. Nun konnten wir beruhigt weiterziehen.

Wieder schien die Sonne strahlend und herzerfrischend und wir marschierten frohen Mutes zur Stadt hinaus. Auf einem Hügel an ein Steinkreuz gelehnt, mit Blick über die nun schon weiter entfernte Stadt, beteten wir unser Morgengebet aus dem Stundenbuch. Auf den Wiesen zwischen uns und Romont lagen wie weiße Flecken eines Kuhfelles rundliche Schneeinseln. Bald würde der Frühling hier Einzug halten können. Ein bequemer Weg mit weitem Blick führte uns bergab nach Curtilles, wo wir an einer trotzigen, kleinen Kirche aus der Gotik Rast machten. Wir hockten auf morschen Hölzern tief am Boden und betrachteten kauend und schweigsam die leuchtenden gelben und violetten Krokusse, die in der Wiese glänzten. Das Gotteshaus war von außen sehr eindrucksvoll, leider konnte uns niemand das verschlossene Tor zum Innenraum aufsperren.

Ist es nicht langweilig, wenn man, obwohl miteinander gehend, die meiste Zeit schweigt?
Ist es nicht schrecklich,
den Ehepartner Tag um Tag,
Nacht für Nacht, Minute um Minute
an der Seite zu haben?
Wie habt ihr das ausgehalten,
hat uns so mancher gefragt.
Habt ihr nicht dauernd gestritten,
euch angeödet, angegiftet?
Wart ihr nicht froh, als alles
vorüber war?

Auch Schweigen kann anregend
und beredt sein.
In der Stille kann ganz viel erfahren
werden – von mir selbst,
vom Partner,
aber auch von ganz anderem.
Jemand an der Seite zu haben,
der zu mir hält, dem ich wichtig bin,
der mir wichtig ist,
das macht Sinn, das kann man
aushalten, Tag um Tag,
wenngleich Meinungsverschiedenheiten nicht ausgeschlossen sind.

Die letzten fünf Kilometer legten wir auf einem schönen Fußweg entlang des Flusses Broye zurück, an dessen Ufer sich das letzte Eis wie in kostbaren Gehängen blauweiß funkelnd behauptete. Da wir gestern ein eher teures Quartier gehabt hatten, wollten

wir heute das einfachste nehmen, das in unseren Unterlagen aufgeschrieben stand. Es handelte sich um ein kleines Hotel zwischen Bahngleisen und verkehrsreicher Hauptstraße. Moudon zeigte sich hier von einer eher unschönen Seite. Zu unserer größten Überraschung erwies sich dieses Hotel als Glückstreffer. Mit freundlichen Worten wurde uns Pilgerrabatt gewährt, und uns erwartete ein wunderschönes Zimmer mit allem Komfort. Sogar eine Flasche Mineralwasser wurde uns als Geschenk überlassen.

Beim Hinaufgehen in den Oberstock hatte ich schon bemerkt, dass Reinhard Schmerzen haben musste. Er ging eigenartig verkrampft und sein Gesicht wirkte recht angespannt. Er ließ sich auf das Bett fallen und meinte nur kurz, er habe wieder Rückenprobleme, und außerdem habe er da eine Blase auf einer Zehe. Die Blase umschloss beinahe die ganze Zehe und wirkte auf mich ausgesprochen ungut. In seiner gewohnt abschwächenden Art, falls er selbst einmal Probleme hatte, meinte Reinhard, das Ganze sei halb so wild, er werde ein Blasenpflaster drüberkleben und dann würde alles bald wieder gut sein. Ich wollte es gerne glauben und freute mich mit Reinhard über ein herrliches Fondue Chinoise, das unten im Speiseraum serviert wurde.

Gelobt sei, was hart macht

Diesen Spruch hatte Reinhard früher oft verwendet, wenn in unserem Leben irgendwelche Schwierigkeiten auftraten, wenn wir zum Beispiel bei Schneesturm und minus zehn Grad Celsius auf einem Skilift bergan schwebten, wenn wir uns auf einer Tour verirrten und ohne Wasser auskommen mussten, kurzum, wenn wir etwas aushalten, uns zu etwas überwinden mussten. Auch die heutige Tour sollte eine eher schwierige werden, ja sie ist eine der ganz wenigen Strecken auf unserem langen Weg, die ich in nicht so guter Erinnerung habe. Die Länge der Etappe sollte unter 30 Kilometer sein, also durchaus mäßig, aber als wir am späteren Abend endlich in unserem Quartier in Lausanne ankamen, da hatten wir wohl knapp 40 Kilometer hinter uns gebracht.

Zunächst fing alles ganz gut an. Die Sonne schien herrlich, als wir uns nach einem knappen Frühstück um sieben Uhr dreißig auf den Weg machten. Moudon war hübscher als gedacht, das Stadtbild geprägt durch alte Häuschen, Brunnen und ein spektakuläres Schloss. So zogen wir zunächst aus dem Städtchen hinaus und in der Folge 300 Höhenmeter bergan. An einer Kapelle, die mitten in der Wiese lag, machten wir die erste Kurzrast. Der nächste Ort, an dem wir einkehren konnten und wollten, sollte Montpreveyres sein. Nachdem wir längere Zeit marschiert waren – Markierungen hatten wir nicht gesehen, aber der Weg schien eindeutig – erreichten wir tatsächlich nach angemessener Zeit einen kleinen Ort, in dem sich ein Gasthaus befand. Genussvoll konsumierten wir Suppe und Cola und gingen weiter. Der Weg mündete in eine Waldstraße, die noch total vereist war. Immer wieder schauten wir nach einer Markierung aus, konnten aber keine erblicken. Auf einigen Bäumen konnten wir jedoch rotweiße, verblichene Zeichen erkennen, die uns ermutigten, unbeirrt weiterzugehen. Der Weg

führte uns in totale Einsamkeit. Keine Menschenseele war zu sehen, kein Auto, keine landwirtschaftliche Maschine war zu hören. Hohe, dicht stehende Nadelbäume säumten unseren Weg. Hier schienen nicht einmal Vögel zu nisten. Es war total still. Von Zeit zu Zeit änderte der Pfad seine Richtung. Bald schon war unser Orientierungsgefühl dahin. Das schneebedeckte, schattige Sträßchen strahlte eisige Kälte aus.

Wir waren etliche Kilometer so gegangen, als wir plötzlich beide dasselbe aussprachen – nämlich, dass wir glaubten, einem falschen Weg gefolgt zu sein. Diese Erkenntnis war bitter. Sollte die ganze Anstrengung umsonst gewesen sein? Es hieß jedenfalls für uns umzukehren. Hoffentlich würden wir den Rückweg überhaupt finden. Ein wenig kam ich mir vor wie in dem Märchen Hänsel und Gretel. Würden die Brotkrumen unserer Erinnerung ausreichen, auf dem Rückweg die richtigen Abzweigungen zu wählen? Ich sandte Stoßgebete zu Jakobus, unserem Schutzpatron, und zu manch anderem Helfer in der Not. Nach einiger Zeit, sie erschien mir endlos, erreichten wir wieder glücklich den Ort, wo wir die Suppe gegessen hatten. Als uns auf der Straße eine Frau begegnete, hatte Reinhard die Eingebung, sie nach dem Namen des Ortes zu fragen. Zu unserer Bestürzung stellte sich heraus, dass dieser Ort gar nicht Montpreveyres war, sondern dass wir uns total verlaufen hatten. Die Frau wies uns die richtige Richtung und wünschte uns mit mitleidigen Worten alles Gute. So, nach Lausanne wollten wir heute noch kommen? „C'est dure", das ist hart, meinte sie.

Zunächst waren wir nur froh, dem düsteren, nicht zielführenden Wald entkommen zu sein und wanderten in beschleunigter Gangart dahin. Laut Führer konnte man über ein Naturschutzgebiet Lausanne erreichen, oder über den regulär markierten Weg. Die Variante mit dem Biosphärenreservat ließen wir erst einmal fallen, da wir uns auf längeres Suchen und möglicherweise wieder Verirren nicht einlassen konnten. So folgten wir also den Wegzeichen in einen Wald hinein. Nach längerer Zeit stellten wir wiederum seufzend fest, dass wir den rechten

Pfad verloren haben mussten. Wir erreichten eine feste Straße, auf der es zum Glück einige Jogger gab, die wir befragen konnten. Es war etwa 16 Uhr am Nachmittag, als wir erfuhren, dass wir noch etwa zwölf Kilometer zu gehen hätten, was im besten Fall noch drei Stunden bedeuten mochte, konnten wir doch in unserem schon recht ermüdeten Zustand mit nicht viel mehr als vier Kilometern Gehleistung pro Stunde rechnen. Die beiden Umwege hatten uns acht bis zehn zusätzliche Kilometer eingebracht. Ich fühlte mich total erschöpft, weniger wegen der großen Strecke, als vielmehr wegen der emotionalen Wechselbäder, die heute dauernd zwischen Hoffnung und Enttäuschung geschwankt hatten. So etwas macht müde, wie ich nun aus eigener Erfahrung erzählen kann.

*Vom grünen Tisch aus
ist alles so einfach.
Wir planen, berechnen, bereiten vor,
trainieren, bauen auf unsere
Erfahrungen, unsere Routine.
Wir glauben, dass wir gelassen
sind, dass uns nichts so leicht
umwerfen kann.
Dann kommt etwas,
das ein klein wenig anders ist,
als wir uns das gedacht haben.
Und schon sind wir anklagend,
aggressiv und verzweifelt.
Und wir erkennen, dass wir
noch einige Defizite haben.*

Endlich war das Ortsschild von Lausanne erreicht. Lausanne ist eine große Stadt, und als wir uns nach unserem Quartier erkundigten, das wir von Moudon aus vorgebucht hatten, da erfuhren wir, dass es am anderen Ende dieser großen Stadt lag, etliche Kilometer von hier entfernt. Reinhard und ich sahen einander an. Wir durchbrachen einmütig unser Prinzip und stiegen in einen Bus ein, der uns zum Zentrum führte, nachdem wir unter großen Mühen und unter Zuhilfenahme von beratenden Passanten einem Automaten zwei Fahrscheine entlockt hatten. Vom Zentrum aus würde es nur mehr eine halbe Stunde zu marschieren sein. Kaum registrierten wir die noblen Häuser der Botschaften, die großzügigen Grünflächen, die eleganten Geschäfte, das pulsierende, fröhliche Leben. Wir waren nach und nach in ein weniger spektakuläres Viertel gelangt, das etwas trist wirkte. Mit brennenden Füßen stapften wir die Treppen hinauf zur Pension der vermietenden Madame. Die Dame war nicht sehr freundlich, sie machte eine Gnade daraus, dass wir bei ihr wohnen durften – warum wir denn erst jetzt ankämen – und zeigte uns ein dürftiges Dreibettzimmer mit kaputter Beleuchtung und gebraucht wirkendem Bettzeug. Das Badezimmer war irgendwo auf dem Gang. Wir konnten es mit etwa zehn anderen Personen benutzen.

Mir und Reinhard war in diesem Moment alles egal. Reinhards Zehe schmerzte, und ich war einfach nur müde, abgesehen von unangenehmen Kreuzschmerzen. Aber immerhin, auch dieser Tag war bewältigt, und es würden sicher wieder bessere Tage folgen. Ein Stück Pizza, verzehrt in einem Lokal um die Ecke, beschloss diesen mühsamen Tag.

Schon wieder ein Irrtum

Nach dem Erwachen fühlte ich mich gut ausgeschlafen. Schnell waren die

Rucksäcke gepackt, alle umherliegenden Utensilien verstaut. Es konnte losgehen. Doch zuvor wollten wir uns noch beim Frühstück stärken. Wir lechzten geradezu nach Kaffee. Erwartungsvoll betraten wir den Speiseraum. Um einen riesigen Tisch herum saßen etwa zehn bis zwölf Männer in den besten Jahren. Stumm hockten sie am Tisch. Die meisten hatten dunkle Haare und Augen, eher große Nasen, kurzum, sie wirkten alle etwas südländisch exotisch. Höflich grüßten wir beim Betreten des Zimmers, bekamen jedoch nur ein schwaches Echo. Einige eher trübe, melancholische Blicke richteten sich kurz auf uns, ein wenig Erstaunen im Blick, was eine Frau hier wohl sollte, noch dazu eine Frau in derben Schuhen und vergammelten Hosen. Ich begann mich ein wenig unbehaglich zu fühlen. Mein Blick schweifte über die Männer, die eifrig an ihren Marmeladebroten kauten und ihren Kaffee aus hohen Henkeltassen schlürften. Auf dem Holztisch vor uns standen etliche riesige Gläser mit Marmelade und Nutella, Teller mit Margarinewürfeln bestückt, ferner einige Dosen mit Pulverkaffee. Auch Milch war im Tetrapack vorhanden. Die ganze Runde wirkte auf mich wie eine Partie von Galeerensträflingen auf hoher See, vergessen von der Umwelt, nicht beachtet, nur existent, um eine Leistung zu erbringen. Denn ohne Zweifel handelte es sich bei den Männern um Gastarbeiter, die hier in Lausanne irgendwo auf einem Bau roboteten, um ihren Familien, die in weiter Ferne auf sie warteten, ein wenig Geld schicken zu können. Vielleicht waren die Blicke deshalb so depressiv, so resigniert, weil die Männer ein wenig Wärme vermissten. Warum aber hatten sie untereinander so wenig auszutauschen? Es herrschte beinahe Totenstille, sodass ich es kaum wagte, das Wort an Reinhard zu richten. Aus einigen gemurmelten Worten hier und da merkten wir, dass hier so etwas wie eine babylonische Sprachverwirrung herrschte. Wir konnten slawische Sprachanteile agnoszieren, ferner etwas aus dem arabischen Sprachraum, vielleicht auch Albanisch, Rumänisch? Reinhard und ich saßen schweigsam und beeindruckt durch die freudlose Stimmung in dieser Runde, umschlossen von einem Meer von Traurigkeit, die wir beinahe körperlich spüren konnten. Schließlich erhoben wir uns, mit fast schlechtem Gewissen. Die Männer würden hier ausharren müssen bei dieser unfreundlichen und unwirschen Madame, an diesem lieblos bestellten Tisch, unter diesen einsamen und kommunikationsunfähigen Kumpanen. Als wir den Raum verließen und zum Abschied grüßten, trafen uns einige schüchtern freundliche und ein wenig wehmütige Blicke.

Fremdes Leid brandet
an die eigenen Dämme.
Sturmflut der Gefühle, Hochwasser.
Es ist leicht möglich, dass es ein
Leck gibt in dieser
kompakten Schutzhülle.
Eigenes wird in Frage gestellt
durch Fremdes.

Wir hatten heute in einem „Hotel d' Union" in Rolle ein Zimmer vorgebucht. Der Weg würde auch wieder recht lang sein und uns, die Rasten eingerechnet, den ganzen Tag in Anspruch nehmen. Der Beginn des Tages

war wunderschön. Wir wanderten entlang des blassblauen Genfer Sees, dessen Wellen sich am frühen Morgen sanft und träge kräuselten. Das gegenüberliegende Ufer lag im Dunst, heiter und friedliche Stimmung begleitete unseren Weg. Wir begegneten Menschen, die ihre Hunde ausführten, Joggern, Spaziergängern und jungen Leuten, die mit Aktentaschen und Beuteln über der Schulter wohl zu irgendwelchen Jobs oder Vorlesungen hinstrebten. Hin und wieder gab es kleine Wortwechsel mit Leuten, die uns ansprachen, uns Mut und Kraft wünschten, uns mit ihrem Wohlwollen begleiteten. Ich merkte es, dass ich mich nach jedem aufbauenden Zuspruch ein wenig frischer und unternehmungslustiger fühlte, so als wäre Energie auf uns übergegangen.

St. Sulpice aus dem 11. Jahrhundert lud uns zur Einkehr ein, hernach beschlossen wir, in Morges zu rasten. Morges war ein hübsches Städtchen am Genfer See und voll von Touristen und betriebsamen Einheimischen. Wir beschlossen, in einem Straßencafé Platz zu nehmen, um nicht mit unseren Rucksäcken und Wanderstöcken die Menschen im dicht besetzten Lokal zu behindern. Da unsere Stühle in der Mittagssonne lagen, war die Temperatur gut auszuhalten, auch andere Menschen nahmen im Freien Platz und genossen den beginnenden Frühling. Da wir heute keinerlei Proviant bei uns hatten, genehmigten wir uns Suppe und einen Toast und natürlich ganz viel Getränke, um unseren Flüssigkeitspegel wieder zu normalisieren.

Der Jakobsweg führte uns nun auf ein verschwiegenes Weglein, das sich „sentier de truite", also Forellenpfad nannte. Bald befanden wir uns in einem lichten Wald mit struppigem Unterholz. Es ging Hänge bergauf und bergab, ein kleiner Bach war immer wieder zu überqueren bzw. wir mussten ihm längere Zeit folgen. Wir begegneten einem Fischer mit hohen grünen Stiefeln, der uns etwas misstrauisch beäugte. Nein, wir würden ihn nicht bei seiner geruhsamen, meditativen Tätigkeit stören, wir wollten ja so schnell wie möglich weiterkommen. Es dauerte noch eine ganze Weile, ehe uns dieser Pfad wieder freigab und uns in die Helle des Tages entließ. Was ich insgeheim vermutet hatte, traf zu: In eineinhalb Stunden waren wir unserem Etappenziel kaum näher gekommen, wir befanden uns noch immer dicht an Morges, hatten also noch nicht einmal die Hälfte der Strecke zurückgelegt! Beim wunderhübschen Ort St. Prex kamen wir wieder an den See hinunter, allerdings währte das Vergnügen nur kurz. Bald schon mussten wir wieder den bequemen Weg verlassen. Neuerlich ging es bergauf und wir erreichten nun die „Route des vignobles", die, ein Stück über dem See gelegen, zwischen Weinbergen dahinführt. Der Blick auf den jetzt tiefblauen See und auf die säuberlich in Reih und Glied stehenden Weinstöcke, die bald das erste Grün zeigen würden, entschädigte uns für die Mühen des heutigen Tages. Zufrieden erreichten wir die Stadt Rolle am Genfer See. Wir fragten einige Leute, zuletzt einen Barbesitzer, wo denn das Hotel d'Union sei. Wir ernteten verständnislose Blicke. Ein Hotel dieses Namens gab es nicht.

Ein Taxifahrer schließlich brachte uns auf die richtige Spur. In einem Dorf namens Bursin, hoch über dem See, etwa zehn Kilometer von Rolle entfernt, aber abseits des Jakobsweges, sollte dieses Hotel liegen. Wir ließen uns nun kurz entschlossen bei leise einbrechender Dämmerung dorthin bringen, wollten uns dann aber beim Weiterziehen wieder in Rolle absetzen lassen, um den Pilgerweg lückenlos zurückzulegen. Der mazedonische Taxifahrer, der eine Zeit in Deutschland gelebt hatte und daran sichtlich gern dachte, überschüttete uns mit ermutigenden Worten und wünschte uns alles Gute für den Weg.

Wir bemerkten mit Vergnügen, dass uns da per Zufall – Was ist Zufall? Das,

was uns zufällt! – ein wunderschöner Ort zur Erholung beschert worden war. Wir betraten ein bezauberndes kleines Hotel, das in einem idyllischen Dorf mit Brunnen, Schloss, Weingärten rundherum und steingefügten Mäuerchen säuberlich eingebettet lag. Der Gasthof wirkte sehr ländlich und mochte nur wenige Zimmer haben. Freundlich strahlte er uns entgegen. Mich überkamen sofort Heimatgefühle, als die schlanke junge Wirtin uns in unser Zimmer führte. Wir hatten ein Mansardenkämmerchen zugeteilt bekommen, das aber mit Badezimmer und TV bestückt war. Alles duftete nach Sauberkeit, aber nicht penetrant nach Reinigungsmitteln, sondern nach etwas gut Riechendem, das aus der Natur kam. Welche Wohltat nach dem gestrigen Quartier. Hier waren wir richtig im Himmel gelandet. Dankbarkeit brandete in uns auf, zumal Reinhard recht angeschlagen war und wir hier einen Rasttag einlegen wollten. Morgen war Palmsonntag. Den wollten wir mit einem Gottesdienstbesuch begehen.

Nach dem Duschen bat ich Reinhard, mir seine Zehe zu zeigen. Nachdem er das Pflaster unter Schmerzen abgemacht hatte, sah ich die ganze Bescherung. Der Zehennagel war vom

Nagelbett abgegangen, darunter war rohes Fleisch, das Ganze wirkte, als sei das Zehenendgelenk eröffnet. Hatte sich durch die Anstrengung des Gehens, den Schuhdruck und das Reiben der Socken hier eine ernsthafte Verletzung gebildet? Reinhard war wirklich ein Held, dass er mit dieser Läsion den ganzen langen Tag zu Fuß gegangen war. Was für Schmerzen musste er gehabt haben! Mühsam verbarg ich mein Erschrecken und kramte erst einmal eine Heilsalbe heraus, die ich in meinen Utensilien mitführte. Reinhard ließ die Verarztung über sich ergehen, ohne Einspruch zu erheben, was ein recht schlechtes Zeichen war. Normalerweise hätte er meine Bemühungen abgetan und sich selbst ein Pflaster aufgeklebt, ohne weiter Worte darüber zu verlieren.

Dass auch ihn seine Wunde recht beunruhigte, ersah ich aus einem Traum, den er mir am nächsten Morgen erzählte: Er sei zurück nach Fulda geflogen und habe sich dort seine Zehe amputieren lassen. Nun, soweit sollte es Gott sei Dank nicht kommen. Wie gut, dass wir hier sowieso einen Rasttag eingeplant hatten, an dem sich Reinhard erholen konnte. Danach würden wir weitersehen. Das köstliche, schon ein wenig französisch anmutende Abendessen, das wir bei einem Glas Weißwein genossen, baute uns wieder einigermaßen auf. Rundherum saßen angeregt plaudernde, animierte Leute, die wohl zum Wochenende in diese schöne Gegend gekommen waren. Es summte wie in einem Bienenkorb, Teller klapperten, Gerüche gut zubereiteter Speisen durchzogen die Luft. Wärme, Helligkeit und wogendes Leben taten uns gut.

Wie schön ist es zu leben,
wie gut kann alles sein,
Geborgenheit, Klarheit,
Wohlbefinden –
trotz verletzter Zehe.
Und morgen, morgen ist
ein Rasttag!

Palmsonntag

Die Wirtin hatte uns angeboten, mit ihr zum Festgottesdienst nach Rolle zu fahren. Gerne hätten wir sie begleitet, aber Reinhards Zustand war nicht besonders gut. Obwohl in Sandalen, hatte er Schmerzen beim Gehen und wollte lieber in Ruhe ein paar Schritte ums Haus machen. Doch zunächst gab es ein herrliches Frühstück mit frischem Weißbrot, selbstgekochten Marmeladen und würzigem Käse. So etwas Gutes hatten wir schon lange nicht gegessen! Mir schien, dass Reinhard bei der folgenden Besichtigung des Dorfes etwas fröhlicher wurde und auch ein wenig leichter ging. So hatte wohl die Nacht doch einen Heilungsprozess eingeleitet. Die evangelische Dorfkirche wirkte total verwaist. Hier fand heute kein Gottesdienst statt.

Bonhoeffer, der evangelische
Bekenner,
hat in einer Gefängniszelle
die Kraft gefunden,
die ihn zum Schreiben des Textes
„Von guten Mächten wunderbar
geborgen ..." veranlasst hat.
Er trug die Kraft Gottes in sich,
oder fühlte sie doch um sich herum.
Gott kann auch in einer
Gefängniszelle wohnen,
er braucht keine Kirche.

Heute gestalteten wir uns einen richtigen Wohlfühltag. Vielleicht war ja die lädierte Zehe ein Signal, dass wir es uns gut gehen lassen, dass wir einen Tag lang faul sein sollten. Wir genossen den Blick über die Weingärten, das Dorf und das stattliche, wohl restaurierte und bewohnte Schloss. Im Schneckentempo wandelten wir dahin, uns immer wieder ein ruhiges Plätzchen suchend, einmal auf einem Holzstoß am Waldrand, dann wieder auf einem Steinmäuerchen. Die Stundengebete erlebten wir heute richtig intensiv, merkten deutlich, dass ein wenig Muße deren Qualität verbessern kann. Unendlich viele Anliegen kamen über unsere Lippen.

Reinhard hatte durch ein Telefonat erfahren, dass seine schwerkranke Lieblingscousine wohl nicht mehr lange leben würde. Mit Atemnot und Auftreten von Doppelbildern hatte sich ihr Zustand dramatisch verschlechtert. Noch zu Silvester hatten wir sie, sozusagen zum Abschied, vor Antritt unserer langen Jakobstour in Bad Aussee besucht. Sie hatte sich darüber gefreut und mit uns und ihrer Familie Silvester gefeiert, ja sie hatte sogar mit uns noch einen kleinen Spaziergang gemacht. Aus ihren Worten klang damals eine gedämpfte Fröhlichkeit. Sie ahnte den Ernst ihrer Situation, verstand es aber, den Augenblick zu genießen. Als wir uns am nächsten Tag von ihr verabschiedeten, wussten wir alle, dass es auf dieser Welt kein Wiedersehen geben würde. Ihr Mann brachte uns auf die Bahn. Er schüttelte den Kopf und sagte: „Ich weiß ja, dass wir alle sterben müssen, aber doch nicht so bald!" So sind wir weggefahren.

Zu Mittag kauften wir uns jeder ein Stück Kuchen in der Konditorei und tranken auf unserem Zimmer ein Glas Mineralbrause. Sodann verkrochen wir uns in unsere Betten und hielten einen langen, regenerierenden Mittagsschlaf. Danach gingen wir noch einmal ins Freie, um uns unser Abendessen zu verdienen. Erstaunlicherweise ging von Reinhard bereits wieder eine gewisse Umtriebigkeit aus, Hoffnung war also angesagt. In der Gaststube gab es abermals ein fulminantes Essen, nämlich eine Spezialität namens Malakoff, die überraschenderweise aus Käsekrapfen mit Salat bestand. Die Krapfen wurden immer wieder frisch aus dem Fett herausgebacken. Die Kellnerin ging mit einem großen Tablett umher und reichte jedem, der es orderte, ein duftendes Backwerk. Mit wahrem Heißhunger stürzten wir uns auf die appetitliche Speise, auch die anderen Gäste sprachen den Krapfen gern und reichlich zu. Am Ende dieses geruhsamen Tages bekamen wir noch zwei Telefonate von Freunden aus Fulda, über die wir uns riesig freuten. Noch waren wir nicht vergessen!

Beim Weltkirchenrat

Wir hatten beschlossen, uns nicht auf den ursprünglichen Pilgerweg nach Rolle hinunterbringen zu lassen, da wir zu unserer größten Freude hier oben in Bursin einen Wanderweg entdeckt hatten, der nach Nyon ausgeschildert war und herrlich zwischen Weinhängen dahinführte. Nyon aber lag auf unserem Pilgerweg. Wir wollten dann allerdings noch ein paar Kilometer bis Céligny weitermarschieren, da uns unsere Wirtin gesagt hatte, dass es dort ein Schloss gab, in dem eine kirchliche Organisation behei-

matet war, die auch an Pilger Zimmer vermietete.

Großartig, dass Reinhards Zehe kaum mehr schmerzte. Der feste Bergschuh neben einem weichen, jedoch kompakten Verband schien die lädierte Stelle so ruhig zu stellen, dass das Gehen gut möglich war. Zu meiner größten Freude war Reinhard munter wie eh und je. So kamen wir, ausgeruht wie wir waren, gut voran. An einem romanischen Kirchlein machten wir Rast und standen bereits zu Mittag knapp vor Nyon, als ein Auto neben uns Halt machte. Ein Fenster wurde hinuntergekurbelt und ein älterer Herr meinte, er habe uns gestern in Rolle gesehen. Wie weit wir denn gehen wollten, woher wir kämen? Dürften sie uns denn zum Kaffee einladen? Sie wohnten nicht weit weg von hier. Reinhard und ich wollten zwar doch lieber gleich weitergehen, um unser noch unsicheres Quartier entweder zu belegen oder eventuell die Zeit zu haben, weiterzuwandern, aber wir spürten die große Herzlichkeit des Ehepaares, das am liebsten mitgewandert wäre und uns umsorgt hätte. Mehrmals sagten die beiden uns Adieu – geh mit Gott – und reichten uns die Hände zum Abschied. Die gepflegte alte Dame sah mir tief in die Augen und hielt meine Hand lange in der ihren.

Es war doch nur ein Händedruck,
könnte man sagen.
Es waren doch nur banale Worte,
könnte man sagen.
Aber es war Liebe in den Worten
und in der Berührung –
das könnte man auch sagen.

Das Château de Bossey in Céligny erreichten wir auf einer kleinen Straße, die von Alleebäumen gesäumt war. Vor uns lag das Schloss recht stattlich da, viele Autos parkten davor, und einige korrekt gekleidete, meist jüngere Leute lustwandelten auf dem Areal. Wir waren im ökumenischen Zentrum des Weltkirchenrates gelandet. Am Empfang war man ausgesprochen höflich und freundlich zu uns. Ja, es sei noch ein Zimmer mit Etagenbad frei, allerdings in der Dependance. Wir bekämen auch Pilgerrabatt. Munter marschierten wir auf das Nebengebäude zu, das wohl einst das Haus des Schlossverwalters gewesen war. In unserem Raum gab es zwei Schreibtische mit Internetanschluss. Wir versuchten nun, uns ein möglichst gepflegtes Aussehen zu verleihen, was eigentlich kaum möglich war. Wenn wir auch die Wäsche und T-Shirts täglich wuschen und auch jeden Tag die Möglichkeit zu duschen hatten, so merkte man uns doch an, dass wir schon viele Wochen unterwegs waren. Ein buntes, zu einem breiten Band gedrehtes Seidentuch war das einzige Requisit, mit dem ich meine grässliche Frisur, die ich untertags mit einem Stirnstreifen zähmte, einigermaßen vertuschen konnte.

So betraten wir etwas schüchtern das Hauptgebäude, um dort unser Abendessen einzunehmen. Menschen aus vielen Ländern und mit den unterschiedlichsten Hautfarben waren in angeregte Gespräche vertieft. Man hörte viel Englisch, aber natürlich auch Französisch und Spanisch. Es war ein appetitliches Buffet aufgebaut, an dem man sich selbst bedienen konnte. Nach dem Essen kam eine junge, deutschsprechende Frau auf uns zu: „Ich bin die Karin", verstand ich zunächst und antwortete schlagfertig: „Und ich bin die Ingrid." Erst später begriff ich, dass sie: „Ich bin Vikarin" gesagt hatte. „Sind Sie die Pilger? Kann ich Ihnen unsere Kapelle zeigen?" Natürlich stimmten wir freudig zu. Die Frau zeigte uns ein wenig das Haus. Es schien recht luxuriös ausgestattet. Kein Wunder, da das Imperium Rockefeller der Sponsor war. Die Kapelle zeigte sich sehr hübsch mit Ikonen ausgestaltet, und Karin, die Vikarin, zündete einige Kerzen an und sprach mit uns gemeinsam Luthers Abendsegen, danach schlug sie vor, mit ihr „Der Mond ist aufgegangen" zu singen. So wurden wir von einer evangelischen Vikarin für unseren weiteren Pilgerweg gesegnet und gestärkt, ein wahrhaft denkwürdiges und beeindruckendes Erlebnis. Zurück in unserem Zimmer versuchten wir verzweifelt, telefonisch für morgen ein Quartier in Genf festzumachen. Aber in Genf schien jedes Bett besetzt zu sein. Angeblich gab es gerade etliche Kongresse in dieser Stadt, die unsere letzte Station vor dem Überschreiten der französischen Grenze sein sollte. Wir waren über die bisherigen Absagen nicht wirklich beunruhigt, wollten morgen den netten Herrn am Empfang bitten, uns bei der Quartiersuche behilflich zu sein.

Eine Großstadt

Dass es dem Mann an der Rezeption durch ellenlange Telefonate gelang, doch noch ein Zimmer in Genf für uns aufzutreiben, dafür gebührte ihm ein Orden „pour le mérite". Er schien es sich zum Ziel gesetzt zu haben, uns armen, unterstandslosen Pilgern beizustehen. Er strahlte, als er uns verkündete, dass im Ibis-Hotel in Genf das letzte Zimmer – es hatte drei Betten – noch frei sei, wir müssten aber sofort zusagen und abends bis um sechs Uhr zur Stelle sein. Sonst würde die Schlafgelegenheit an andere vergeben.

Bei leichtem Regen verabschiedeten wir uns von etlichen freundlichen Menschen. Auch die kommunikative und freundliche Vikarin war samt ihrer Mutter zur Stelle. Das Gehen fiel mir heute nicht leicht, obwohl das Streckenprofil einfach und die Länge der Etappe unterdurchschnittlich war. Wahrscheinlich war es das trübfeuchte Wetter, das mir zu schaffen machte. Ich spürte gar keine „Leidenschaft im

Bein", wie es so schön in einem Song der letzten Fußballweltmeisterschaft heißt. Mir schien, ich sei ohne Spannkraft, grau außen und grau innen. Die Umgebung war auch nicht gerade dazu angetan, mich zu beleben. Ich hatte den Eindruck, dauernd neben Bahngleisen und verkommenen Häuschen trister Vorstädte dahinzumarschieren. Ich wollte eigentlich heute nur ankommen, mich selbst wieder finden, mich fangen, beleben. Wer oder was konnte mir heute das Feuer der Begeisterung einblasen?

Langsam kamen wir in richtige Stadtbezirke hinein. Die Menschen rannten wie die Ameisen durch die Straßen. Mir kam vor, als seien sie blind. Keiner hielt den Kopf erhoben, alle blickten wie zwanghaft in ihrer Rennerei auf das Pflaster, wohl um nicht zu stolpern. Prächtige Häuser aus teuren Materialien gebaut, die weithin sichtbare Wasserfontäne am Abfluss der Rhône aus dem Genfer See, die angeblich 140 Meter hochschießt, Banken und Botschaftsgebäude säumten unseren Weg. Beinahe hätten wir eine supermoderne Kirche zu unserer Rechten übersehen, nämlich das katholische Gotteshaus Ste. Trinité. Ich kann aus meinen dürftigen Notizen darüber nicht viel rekonstruieren, aber ich habe die Erinnerung an einen Steg über ein Wasserbecken, an eine riesige Marmorkugel, an Innenfenster mit Fotos kosmischer Erscheinungen, eine wunderbare Marienikone. Ja, für mich wehte hier etwas vom Geist, der über den Wassern schwebte. Der Beginn des Universums in seiner unfassbaren Gewaltigkeit, aber auch die Geborgenheit im Symbol der Mutter und des göttlichen Kindes wurden mir in diesem Sakralraum erfahrbar. Ich spürte, dass diese Kirche mir wieder etwas von der heute fehlenden Spannkraft zurückgab, und leichteren Herzens gingen wir die letzte Viertelstunde bis zu unserem Quartier.

Da wir meinten, dass der Winter endgültig vorbei sei, machte Reinhard aus unseren Handschuhen, den Fleecemützen, einem Wintershirt und dem Wanderführer der Schweiz ein Päckchen und schickte es nach München zu unserer jüngeren Tochter, die sich um die Post kümmerte. Mit Befriedigung vermerkten wir, dass wir auf diese Weise beinahe 3 Pfund losgeworden waren – ein wahrhaft befreiendes Gefühl. Nach dem Duschen merkte ich plötzlich im rechten Knie einen starken Schmerz. Wieso ausgerechnet jetzt? Was würde daraus werden? Ich schluckte in gedämpfter Laune ein Aspirin und konnte am nächsten Morgen feststellen, dass der Schmerz wie weggeblasen war und auch weiterhin fernblieb.

UNSER WEG DURCH FRANKREICH
23. März 2005 – 9. Mai 2005

Man spricht nicht mehr deutsch

Vielleicht war es eine Freud'sche Fehlleistung, dass wir vergaßen, unseren Wecker zu stellen. So kamen wir erst um 8 Uhr zum Frühstück. Möglicherweise war die relativ lange und hervorragende Nachtruhe aber der Grund, dass sowohl bei Reinhard als auch bei mir am Morgen die diversen Wehwehchen wie weggezaubert schienen. Mit neuem Mut und Antrieb starteten wir also in den grau verhangenen Tag hinein. Heute würden wir die Grenze zu Frankreich überschreiten. Der Weg durch die Stadt Genf war recht hübsch, allerdings fanden wir die Kathedrale St. Pierre verschlossen vor. Überdies konnten wir nicht begreifen, dass man einem ursprünglich romanisch-gotischen Gotteshaus auch noch ein klassizistisches Portal übergestülpt hatte. Von vorne sah die Kirche aus wie ein griechischer Tempel – ein wenig geglücktes Konglomerat. Das Altstadtviertel begann sich gerade mit Leben zu füllen. In Erinnerung ist mir ein businessmäßig gut gekleideter Herr mit Aktenkoffer, der uns entgegenhastete, aber knapp vor uns stehen blieb und uns „bonne route" wünschte. Dazu lächelte er auf eine Art und Weise, dass wir zu erkennen meinten, er sei selbst den Weg schon irgendwann gegangen – damals sicher nicht kenntlich als smarter und wohlhabender Geschäftsmann, sondern als ein Pilger wie jeder andere.

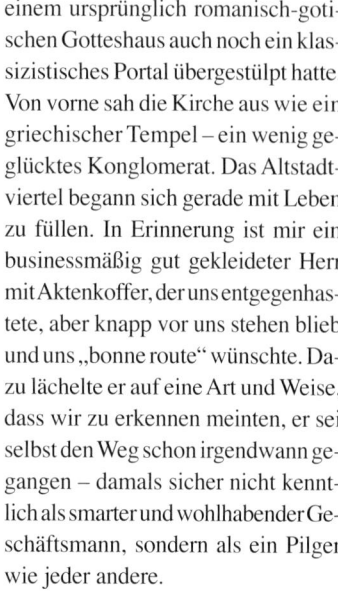

Wir Pilger haben etwas gemeinsam
– unsere neue Identität.
Die Lust auf den Weg, Tag für Tag,
trotz mancher Unbilden
und Strapazen.
Die Sicherheit, dass alles unsicher
ist, dass es sich aber fügen wird.
Das Vertrauen auf eine Kraft, die
uns teilhaben lässt an ihrer Stärke,
die uns so stark macht, dass wir
uns ruhig eingestehen dürfen,
dass wir schwach sind.

Plötzlich waren wir aus der Stadt draußen, schneller, als wir gedacht hatten, und nach einem kurzen Stopp an einer ehemaligen Malteser Komturei sahen wir mit einem Mal einen rotweißen Balken, der unseren Weg abzusperren schien. Keine Menschenseele war an

dieser unbewachten Grenze zu sehen und schon dachten wir, einfach so weitermarschieren zu können, von einem Land in das andere, als doch zwei Schweizer Grenzposten langsam in einem Auto herangefahren kamen. Gerade wollten wir unsere Personalausweise hervorkramen, als einer der Grenzer uns wohlwollend von oben bis unten musterte und uns höflich weiterwinkte. Sichtlich erschienen wir ihm harmlos, unfähig, ein Säckchen Haschisch oder Heroin im Pilgerrucksack verborgen zu halten oder sonstige Untaten geplant zu haben. In mir stieg der verwegene Gedanke hoch, dass man sich nur als Jakobspilger verkleiden müsse, um ungestört Schmuggel treiben zu können. Vielleicht wäre das ja ein gutes Thema für einen Krimi? Das Überschreiten dieser Grenzlinie, obwohl im heutigen Europa wenig dramatisch, gab mir doch einen gewissen Kick und flößte mir, wie man sieht, völlig unpilgermäßige Gedanken ein.

Da waren wir also, hatten unsere Füße auf französischen Boden gesetzt. Wie würden uns die Franzosen wohl aufnehmen? War da nicht noch immer eine gewisse Deutschfeindlichkeit? Na, Reinhard mit seinen guten Sprachkenntnissen würde uns schon managen. Ich war jedenfalls neugierig auf dieses Land, in dem wir uns nun einige Wochen fortbewegen würden, bis wir – so Gott will – auf dem Somportpass unseren Blick nach Spanien wenden könnten. Noch schien dieser Zeitpunkt unendlich weit entfernt zu sein, es war also besser, nicht in Fantasien zu schwelgen, sondern erst mal den heutigen Tag zu bewältigen.

Gegen Mittag machten wir in einem kleinen Ort Rast. Wir landeten in der

Kantine eines Campingplatzes, die gerammelt voll mit Straßenarbeitern war, die wohl in der Nähe zu tun hatten. Die Männer strahlten eine kernige Fröhlichkeit aus, sie tranken zum Mittagessen aus robusten Gläsern hellen Landwein, der ihre Zungen bereits gelöst hatte und eine lockere Stimmung und hohen Geräuschpegel erzeugte. Wir hatten nicht das Gefühl, wegen unserer Rucksäcke und der sonstigen Adjustierung angeglotzt und beargwöhnt zu werden. Die Leute nahmen uns wohlwollend hin wie etwas Selbstverständliches. Sie selbst hatten als Straßenarbeiter einen anstrengenden Beruf – wir in ihren Augen auch. Sie deuteten das mit lustigen und anerkennenden Gesten bezüglich unserer Muskeln und der schweren Rucksäcke an. Wir fühlten uns hier integriert und genossen das köstlich zubereitete kleine Essen, das wir uns bestellt hatten – Lachspastete, die auf der Zunge zerging. Reinhard und ich sahen einander vielsagend an. Ja, das war eben die vielgerühmte französische Küche, die auch in einem bescheidenen Lokal das Essen zum Ereignis machte. Wein bestellten wir uns nicht, erstens, weil er müde macht, und uns noch ein recht großes Gehpensum bevorstand, zweitens, weil wir uns auf Anregung von Reinhard vorgenommen hatten, in der Karwoche keinen Alkohol zu trinken, was uns aber nicht schwerfiel, also keine große Willensleistung von uns forderte.

Hat es überhaupt Sinn,
sich etwas nicht zu vergönnen,
das man haben könnte?
Wem nützt denn so etwas?
Was wird dadurch besser
oder anders?
Ich denke, dass es
ein Zeichen sein soll
für eine Haltung des Respekts
und der Loyalität.

In der Folge wanderten wir in ein grünes, hügeliges Land hinein, in dem wir schließlich eine Höhe von 800 Metern erreichten. Wir gingen ganz einsam auf unseren gut als GR 65 markierten Pfaden. Einem Pilger waren wir jedenfalls von Fulda bis hierher noch nicht begegnet. Während wir so mit leichten Schritten auf vom schmelzenden Schnee durchfeuchteten Wegen dahingingen, ja beinahe dahinglitten, kam mir dieses Faktum des im Moment alleinigen Anspruchs auf diesen Weg besonders zu Bewusstsein.

Niemand sonst, niemand sonst,
niemand sonst.
Anderswo Autoschlangen,
Gehupe, Crashs.
Kaufhausgedränge,
Schlangestehen,
in Konsumgütern wühlen.
Anderswo, nicht einmal
weit entfernt, Nervosität,
hoher Blutdruck, Schlafstörung,
Albträume.
Hier aber, wo ich jetzt bin,
erfahre ich Heilung von Drangsal.
Gehen, gehen, wie im Traum,
der Weg macht sich von selbst.

In Beaumont erblickten wir mit Wohlgefallen eine hübsche Pilgerstatue, im Wald einen gut gestalteten Rastplatz für Pilger bei der Chartreuse de Pomier, einer ehemaligen Kartause. Nach den Städten Lausanne und Genf, die uns einiges Missbehagen bereitet hatten, fühlten wir uns hier wie im Paradies. Das Gehen auf weicher Erde in der reinen, schon ein wenig nach Vorfrühling duftenden Waldluft strengte uns wenig an, wir hätten noch viele Stunden so weitergehen können.
Über landwirtschaftliche Wege, auf denen noch kleine Schneereste lagen, gelangten wir bei nach wie vor trübem Wetter zu unserem angestrebten Übernachtungsziel, Col du Mont-Sion. Wir waren überrascht, ein recht vornehmes Hotel in dieser Einsamkeit vorzufinden. Da etwas Einfacheres weit und breit auf dem Weg nicht in Sicht war – wir hätten uns die Strecke von vornherein anders einteilen und schon in Beaumont übernachten müssen –, buchten wir ein Zimmer.

Eigentlich passt diese Unterkunft
nicht zu unserem Status.
Sind wir hier nicht deplatziert?
Werden wir vielleicht
schief angesehen?
Das sollen Jakobspilger sein?
Möchtegern-Wallfahrer!
Aber warum sollen wir uns

*aufregen? Nehmen wir es,
wie es ist.
Und das Quartier ist ja
nicht gerade unangenehm.*

Interessant war, dass wir gerade hier, wo wir uns ein wenig unbehaglich fühlten, einen riesigen Pilgerrabatt bekamen – ohne diesen angefragt zu haben, wohlgemerkt. Tatsächlich zahlten wir hier nicht mehr, als in einem guten Privatzimmer, das war sensationell. Als wir uns an einem exquisiten dreigängigen Menü delektierten, bekräftigten wir einander, wie wunderschön dieser erste Tag in Frankreich gewesen war. Das machte Appetit auf mehr und gab Motivation für die nächsten Tage.

Gründonnerstag, der 24. März 2005

Als ich am Morgen nach tiefem Schlaf erfrischt erwachte, hatte ich das Gefühl, dass Reinhard und ich uns nun von den Strapazen des Schweizer Winters zu erholen begannen. Es war so, dass Reinhard durch das Wegschicken des Paketes in Genf eine Entlastung der verspannten Schultern spürte, außerdem hatte er die Gurten des Rucksackes etwas verkürzt, sodass ihm auch dadurch die Bürde auf dem Rücken nicht mehr so drückend erschien.

Das Wetter war trüb regnerisch, wir glaubten, dass uns jeden Moment ein Guss von oben treffen könnte, aber richtig zu regnen begann es erst, als wir am früheren Nachmittag unser Quartier in Frangy erreichten. Der Weg dorthin war wunderschön. Die kleinen Dörfer heimelten uns an. In Charly sperrte uns eine freundliche alte Frau das Kirchlein auf und wies uns stolz auf einen Jakobus hin, der ein Glasfenster zierte. Außerdem gab es auch noch außen, in einer Mauernische, eine schöne Pilgerstatue. Wir ließen uns von der Frau, die direkt am Kirchplatz wohnte, in unser Credencial einen spektakulären Stempel verpassen, auf den sie voll Stolz hingewiesen hatte. Und wieder, wie so oft: „Priez pour nous!" – Betet für uns.

Es war für uns eine unerwartete Erfahrung, dass in Frankreich der Jakobsweg wichtig genommen wurde. Dies sollte bis zu den Pyrenäen so bleiben. Wir fanden kaum eine verschlossene Kirche vor. Und wo dies doch der Fall war, gab es immer jemanden, der bereit war, das Gotteshaus für Pilger aufzuschließen. Nicht selten fanden wir in ganz kleinen Dörfern Pilgerstatuen aus Metall oder Holz oder auch Holztafeln mit eingekerbten Gebeten. So mancher kleine Weiler hatte ein Kreuz errichtet oder eine Marienstatue aufgestellt. Die Markierung des Weges war überall

hervorragend. Wir haben uns ganz selten verirrt! Die Menschen waren aufgeschlossen und hilfsbereit, wenn dies nötig war.

Wir wanderten durch Hohlwege, in denen noch die letzten Schneeflecken lagen. In tieferen Lagen aber machten sich die ersten Frühlingsblüher bemerkbar: Primeln, Schlüsselblumen, Veilchen, Buschwindröschen, Immergrün. Kamen wir wieder in größere Höhen, dann waren diese frühlingshaften Intermezzi dahin. So konnten wir sinnlich und hautnah erleben, wie der Frühling langsam von den Tälern her das Terrain eroberte, das der Winter so lange im Griff gehalten hatte.

Knapp vor der Ankunft in Frangy erwartete uns ein besonderes Naturschauspiel. Mit einem Mal befanden wir uns, bevor wir Chaumont erreichten, in einer Felsenschlucht, die von einer alten Steinbrücke überspannt war. Wie angewurzelt blieben wir stehen und betrachteten erst einmal das zwischen steilen Steinwänden eingegrabene Wildbächlein, das in Kaskaden von Felswanne zu Felswanne sprudelte. Das Wasser hatte die großen Steine muldenförmig ausgewaschen. Moose und Flechten und an den Rändern Büschel von grünen Schneerosen gaben dem Felsdurchbruch ein buntes Gesicht. Reinhard kletterte entlang des munter glucksenden, strömenden, springenden, sich bisweilen in ruhigen Buchten um die eigene Achse drehenden Gewässers umher und versuchte seine Eindrücke mit der Kamera festzuhalten. Wie sich später herausstellte, war allein die Optik dieses Platzes aber nicht imstande, die Charakteristik des Naturschauspiels wiederzugeben. Ohne die begleitenden akustischen Wahrnehmungen, ohne das Gefühl der feucht wehenden Luft auf den vom Wandern geröteten Wangen, ohne die Empfindung der Glätte der nassen Steine unter den Sohlen war eine authentische Reproduktion nicht möglich.

Noch einmal mussten wir Kräfte mobilisieren, einen kurzen Steilanstieg bewältigen, bis es endlich in die Schlussphase unserer Etappe, einen

sanften Abstieg nach Frangy, hineinging. Hundegebell begleitete unsere Annäherung an den kleinen Ort, dessen Einwohnerzahl im Pilgerführer mit 1600 angegeben ist. Unsere behäbig altmodische Unterkunft befand sich in einem Haus, das sich als „Hotel Le Moderne" zu erkennen gab. Ein wenig Stress gab es beim Duschen, da nämlich kein Wasser aus dem Hahn kam und ich fröstelnd und unbekleidet in der Duschkabine darauf wartete, dass Reinhard unten in der Gastwirtschaft Bescheid gab. Die an sich sehr freundliche Wirtin war darüber ganz erschrocken, sie hatte gedacht, wir seien ausgegangen und hatte darum das Wasser abgestellt – warum auch immer. Als das warme Wasser dann in erlösendem und erwärmendem Schauer der Brause entströmte, bemerkte ich mit Schrecken, dass sich in der engen Kabine ein Gewirr von verdächtigen Schläuchen und Kabeln befand, die mit Hilfe eines Klebestreifens gebündelt waren. Hoffentlich befand sich keine stromführende Leitung darunter, sonst konnte es mir vielleicht wie dem Trappisten Thomas Merton ergehen, der wegen eines defekten Ventilators beim Duschen irgendwo in Asien vor etlichen Jahren ums Leben gekommen war. „Wir sind noch einmal davongekommen", dachte ich, als Reinhard und ich unversehrt den Duschvorgang überstanden hatten.

Sterben auf dem Jakobsweg?
Eigentlich ein heroischer Tod.
Aber lieber doch nicht
unter der Dusche!

Um 20 Uhr war Gottesdienst in der Kirche, die nur zwei Minuten von unserer Unterkunft entfernt lag. Wir waren froh, dass wir den heutigen Gründonnerstag gebührend begehen konnten. Es war eindrucksvoll, wie gesammelt und innerlich beteiligt die Gemeinde wirkte. Es lag so etwas wie der melancholische Schleier einer Vorahnung von Karfreitag in der Luft. Mitglieder der Gemeinde waren vorn am Altar in das Geschehen eingebunden. Einige deckten den Altar wie einen Abendmahlstisch und ließen sich vom Priester die Füße waschen. Ein uralter Konzelebrant ließ bisweilen an unpassenden Stellen der Liturgie seine Stimme erschallen, was aber der noch junge Hauptzelebrant gütig und geduldig tolerierte.

Was haben wir eigentlich
für einen Gott?
War er so naiv, nicht zu merken,
welche Gefahr auf Jesus zukam?
Warum hat er ihm nicht
eingegeben, aus dem Ölgarten
zu flüchten?
Noch wäre es möglich gewesen.
Hat Gott vielleicht gedacht,
dass der Mensch doch so
schlimm nicht sein könne,
bis zum Äußersten zu gehen?
Hat er gehofft, das Volk würde
Barrabas überantworten
und nicht den Unschuldigen?
Oder hat er vielleicht mit Barrabas,
dem Räuber, Mitleid gehabt
und sich dafür selbst gestellt,
so wie Pater Maximilian Kolbe
für den Kameraden in die physische
Vernichtung gegangen ist?
Wenn Jesus wirklich Gott selbst
war, dann kann ich all das
Widersprüchliche hinnehmen,
mich damit versöhnen.
Wenn dem nicht so wäre, dann

*wäre es für mich angemessen,
auf die Knie zu sinken, das Gesicht
auf den Boden zu drücken,
und zusammengekrümmt
wie eine Larve im Erdreich
zu warten, verzweifelt und geduldig,
bis mir Einsicht käme
oder Vergessen.*

Innerlich angerührt erreichte ich mit Reinhard wieder das Quartier, im Kopf noch die vor uns abgelaufenen Bilder, als nämlich am Ende des Gottesdienstes das Sanctissimum vom Hauptaltar wegtransferiert wurde, während vorn am Altar der Tabernakel weit geöffnet seine Leere zur Schau stellte, es dunkel wurde, die Lichter erloschen und die Gemeindemitglieder still nach Hause gingen.

Die aufmerksame Wirtin reichte uns in der Gaststube den Rest unseres Abendessens, das wir vor der Messe nicht mehr beenden konnten, um nicht zu spät zu kommen. Ich war plötzlich wahnsinnig durstig und musste nochmals eine Flasche Wasser nachbestellen. Die Nacht begann für mich schlecht. Ich beschloss nach einiger Zeit, mich nicht weiter mit Muskelverspannungen im Kreuz zu quälen und schluckte eine Tablette Ibuprofen.

Karfreitag

Als wir unser Quartier nach dem Frühstück um sieben Uhr wie üblich bezahlen wollten, bekamen wir eine Rechnung von 41,50 Euro für uns beide zusammen überreicht, enthalten waren darin Zimmer mit Frühstück und Abendessen. Auch in einer Jugendherberge wären wir nicht billiger davongekommen. Ähnliches ist uns in den einsamen Teilen Frankreichs sehr oft passiert.

Am vorigen Abend und in der Nacht hatte es ausgiebig geregnet, die Wiesen und Wege dampften von Feuchtigkeit. Auf den Zweigen der Sträucher und Bäume hingen dicke Tropfen. Noch in Designy, wo wir uns im Rathaus einen schönen Stempel holten und einen Hinweis für Pilger, dass es hier öffentliche Toiletten gäbe, mit Freude zur Kenntnis nahmen, war der Himmel grau verhangen und wir mutmaßten, dass uns demnächst ein Regenguss ereilen würde. Schon spürten wir einige feine Tropfen auf der Haut, die sich aber bald als Vorboten einer Himmelsaufhellung erwiesen. In der Tat begannen plötzlich Dunst und Nebel in Bewegung zu geraten, es wogten, hoben und senkten sich die Schwaden, sie zogen unschlüssig umher und beschlossen dann, das Feld zu räumen. Bläuliche Partien wurden hoch über uns frei, die Sonne begann sich zu zeigen. Schon traten die Umrisse eines unter uns liegenden Schlösschens hervor, dessen Türme in frühem Licht erstrahlten.

Auf einem Mäuerchen sitzend machten wir später Mittagsrast. Wie gut war es, die Beine ausstrecken zu können, wie angenehm, den Rucksack für eine Zeit abzulegen. Jeden einzelnen Tag, den wir auf dem Pilgerweg verbrachten, empfanden wir als mehr oder weniger anstrengend. Nach unserer Heimkehr meinten die meisten Leute, wir seien nach etwa zwei bis drei Wochen so fit gewesen, dass die langen Strecken eine Kleinigkeit und das Gewicht des Rucksacks eine Spielerei gewesen sein musste. Wir können das so nicht bestätigen. Jede Etappe brachte neue Mühen mit sich. Diese waren nicht immer nur körperlich bedingt. Freilich hatte sich im braven Körper eine gewisse Gelassenheit eingenistet, die uns signalisierte, dass der Weg machbar sein würde, aber dennoch, billig war die Erreichung des Zieles wohl nicht zu haben.

Wir hatten etwas Weißbrot bei uns und Wasser, das sollte unser Essen an diesem Karfreitag, dem 23.3.05 sein. Seltsamerweise bekam uns das eher spärliche Essen unterwegs, das wir notgedrungen wegen fehlender Einkehrmöglichkeiten für gewöhnlich praktizierten, ganz ausgezeichnet. Wo war die Zeit, als ich glaubte, ohne kleine Zwischenmahlzeiten nicht auskommen zu können? Im Gegenteil, ich hatte den Eindruck, dass unsere Körper immer brauchbarer für unsere Unternehmung wurden. Wir hatten schon an Gewicht verloren – so mussten die Beine und der ganze Bewegungsapparat weniger schleppen und sie waren dankbar dafür.

Schon um 14.30 Uhr erreichten wir unser Ziel Serrière en Chautagne. Wir hatten im Hinterkopf den Gedanken, dass wir wohl noch einen Gottesdienst, der ja üblicherweise am Karfreitag um 15 Uhr stattfindet, erreichen könnten. Noch vor dem Bezug eines Quartiers gingen wir zur kleinen Dorfkirche und suchten den Schaukasten nach den Ankündigungen ab. Wir konnten den pfarrlichen Mitteilungen entnehmen, dass heute hier kein Karfreitagsamt angesetzt war. Die Bewohner des Dorfes mussten in einen anderen Ort fahren. In dieser Gegend, wie in so vielen anderen, gab es Priestermangel, wie man uns erzählt hatte. Nun konnten wir uns Zeit lassen und auf Quartiersuche gehen. Ein einladendes kleines Hotel war bereits voll belegt – es war ja Osterzeit –, aber man wies uns auf eine unscheinbare Pension hin, die auch noch Zimmer zu vermieten hatte. Die junge, dunkelhaarige Wirtin zeigte uns etwas unsicher ein kleines Stübchen im Oberstock, das wohl eigentlich Kinderzimmer war. Im Nebenraum spielten zwei kleine Jungen, die ich ein wenig verblüffte, als ich mich, zurückkommend von der Duschmöglichkeit auf dem Gang, in der Zimmertüre irrte. „Bonjour", sagten die Kinder und spielten ruhig weiter. Sie waren fremde Leute gewöhnt. Das Haus hatte im Übrigen eine gute Atmosphäre, wir fühlten uns geborgen in unseren vier Wänden. Die Betten schienen erträglich zu sein, wenngleich die Matratzen sich beim Draufsetzen verdächtig weich anfühlten. Wir begannen uns schon jetzt am Nachmittag auf das Abendessen zu freuen. Ich hatte brüllenden Hunger – Reinhard nicht so sehr, da er asketischer veranlagt ist als ich und da er – von seiner beruflichen Tätigkeit her gewöhnt, über die Mittagszeit hinweg zu operieren – tagsüber wenig

zu essen braucht. Es galt also, die Zeit bis zum Abend zu überbrücken. Was lag näher, als sich ein wenig auszuruhen, um danach das Vespergebet zu halten. Gegen Abend kam eine SMS von Pater Claudius: Er habe bei den Karfreitagsfürbitten der Pilger auf dem Weg, also auch unser gedacht. Wir freuten uns darüber sehr. Es gab Leute, die sich unseretwegen Gedanken machten. So hatten wir heute also doch, wenn auch indirekt, an einem Gottesdienst teilgenommen.

*Freundschaft heißt nicht
in erster Linie reden,
debattieren, diskutieren,
Freundschaft heißt nicht
in erster Linie Ratschläge erteilen,
Versprechungen oder
große Worte zu machen,
Freundschaft heißt einfach –
sie zu praktizieren.*

Nein, ich bin wirklich keine Fischesserin, habe noch immer den fischigen Gestank unfrischer Fische als Freitagsspeise meiner Kindheit in der Nase. Nach dem Krieg überlebten wir Kinder in Wien dank der Schulspeisung, die von den Schweden gespendet war. Einmal gab es Fischgulasch.

Die ganze Schule war durchzogen von für mich ekligen Gerüchen. Wenngleich mich der Hunger plagte und ich so mager war, dass man mich später für eine Zeit in ein Heim verschickte, war ich nicht imstande, mir einen Schlag des matschigen, grauen Gemenges in mein Blechgeschirr geben zu lassen. Weinend trottete ich nach Hause und gestand, dass ich nichts gegessen hatte. Meine Großmutter, von der meine Mutter, meine Schwestern und ich nach den Kriegswirren aufgenommen worden waren, schimpfte nicht, sondern sank auf einen Stuhl und barg das Gesicht in ihren Händen. Nach einiger Zeit sagte sie: „Ich kann Dir nichts geben, wir haben heute nichts." Nun, nichts zu essen, das war mir lieber als Fischgulasch, und so wartete ich ab, bis es wieder etwas geben würde. Am Nachmittag klingelte es an der Tür. Ein junger Mann gab eine Büchse mit Corned Beaf für uns ab. Was mich damals verwunderte, war, dass meine Großmutter in lautes Weinen ausbrach.

Hier aber, am 25.3.05 in Serrières en Chautagne gab es zum Abendessen gefüllten und panierten Fisch, der überhaupt nicht nach Fisch schmeckte. Er war so köstlich, dass wir sagten:

„Was für ein Festessen!" Die Wirtin riet uns, für den morgigen Tag Zimmer in Yenne, unserem nächsten Etappenziel, zu reservieren, zumal wir dort am Ostersonntag einen Rasttag einlegen wollten. Die hilfsbereite junge Frau erledigte das Telefonat für uns erfolgreich. Beruhigt konnten wir uns also nach dem Nachtgebet zur Ruhe legen, um Kraft zu schöpfen für den morgigen Tag, der mit einer Etappenlänge von 32 Kilometern und recht großen Höhendifferenzen eher hart werden konnte.

Der erste Pilger wird erspäht

Gleich am Morgen verloren wir die Markierung. Das Fällen von Bäumen hatte wohl dazu geführt, dass an den entscheidenden Stellen, wie an Wegkreuzungen, keine Wanderzeichen zu erblicken waren. Immer wieder lagen entlang des Weges Holzstämme aufgeschichtet. Ratlos gingen wir in die Richtung, von der wir glaubten, dass sie zielführend sein könnte. Die Wege waren relativ breit und eben, wir kamen also flott vorwärts. Mir kam aber das berühmte Lied des Wiener Komikers Qualtinger in den Sinn: „I hob kaa Ahnung, wo i hinfoahr, oba dafür bin i schnöller durt". Das Wetter war grau, die Gegend unspektakulär, wir auf dem Holzweg, im wahrsten Sinne des Wortes. „Wenn nur einer käme, mich mitnähme", heißt es in einem Märchen. Diese Worte fielen mir ein. Reinhard und ich waren nun etwas nervös. Ausgerechnet heute musste uns sowas passieren. Wir hatten doch noch so viel an Strecke vor uns!
Es war, als wären wir beide die einzigen Menschen auf der Welt. Wen sollten wir nach dem rechten Weg fragen? Plötzlich kam uns ein Radfahrer entgegen und hielt neben uns an. Wie wir denn wieder auf den Jakobsweg kämen, fragten wir ihn. Er zog eine Landkarte aus der Tasche, in deren Studium er sich vertiefte. Tatsächlich war da Loi eingezeichnet, ein kleiner Ort, durch den wir ziehen mussten. Wenn der Mann nicht so vertrauenswürdig ausgesehen hätte, wären wir der von ihm angezeigten Richtung nie und nimmer gefolgt. Waren wir bislang doch genau in die entgegengesetzte Richtung marschiert. Der sportliche, junge Mann schwang sein Bein über das Mountain Bike, wünschte uns viel Glück und brauste davon. Nur zögerlich schlugen wir die neue Richtung ein, auf der wir aber recht bald das ersehnte Loi erreichten, wo wir wieder auf den GR 65 stießen.

Durch die Rhôneauen ging es alsbald in ein herrliches Naturschutzgebiet hinein, das wir auf schmalen Pfaden durchwanderten. Wir sahen Nagespu-

131

ren der Biber, die einzelne dünnere Bäume zu Fall gebracht hatten. Die Sonne war durch die Wolken gekommen. Wir hörten beim Gehen das Rascheln und Knacken kleiner Zweige unter unseren Füßen. Hin und wieder schnatterte eine Ente vom Wasser her, schrie ein Vogel. Ziemlich lang gingen wir so, bis wir, etwa zu Mittag, schließlich ein Zwischenziel, das malerische Chanaz, erreichten. An einem Kanal mit touristischem Schiffsverkehr gelegen, bot sich in dem Städtchen an der Uferlände ein Kaffeehaus an, um einzukehren und vor den anstehenden Aufstiegen und Anstrengungen etwas zu trinken. Da wir noch nicht einmal die Hälfte des heutigen Weges bewältigt hatten, war es geraten, auch einen Espresso als kleines Stimulans zu uns zu nehmen.

Schon nach einer Viertelstunde zogen wir weiter – die Zeit drängte. Nun folgte ein recht steiler Anstieg, der uns Gelegenheit bot, eine Ölmühle aus dem 19. Jahrhundert mit riesigem, sich drehendem Mühlenrad von oben zu betrachten. Nur nicht zu lange verweilen! Selbst die Fotografierpausen erschienen uns im Moment Zeitverschwendung. Wir gelangten auf einen herrlichen Höhenweg, von dem aus wir ein spektakuläres Panorama auf die Rhône und auf eine schöne Mittelgebirgslandschaft hatten. Ständig wurden wir durch kleinere oder auch größere An- und Abstiege in Atem gehalten. Ja, heute war es mühsam für uns.

Auch ohne Schnee auf den Wegen fühlten wir uns angestrengt, ich musste gegen aufsteigende allgemeine Müdigkeit ankämpfen, begann wie sonst auch bei einem physischen Tief das Rosenkranzgebet im Geiste zu memorieren. Das lenkte mich von meiner Schlappheit ab, machte mich wieder frei für andere Eindrücke. Wenn eine Rosenkranzrunde zu Ende war, wusste ich, dass etwa eine halbe Stunde vergangen, zwei bis zweieinhalb Kilometer abgearbeitet waren. Da klingelte es mit einem Mal in Reinhards Rucksack. Es dauerte einige Augenblicke, bis wir realisierten, dass uns jemand anrief. Es war eine umständliche Aktion für Reinhard, den Rucksack abzuwerfen und das Handy herauszukramen. Der Anruf kam von dem Wanderfreund, der uns ein Stück aus Fulda hinausbegleitet hatte. Treu rief er alle zwei bis drei Wochen an, um sich nach unserem Befinden zu erkundigen.

Gangolf klang ganz frisch am anderen Ende der Verbindung – vielleicht saß er gerade mit seiner Frau beim Kaffee, gemütlich ausgestreckt auf seinem bequemen Sofa. Er fragte, wo wir gerade umherliefen, ließ uns von etlichen Bekannten grüßen, erzählte, wie in Fulda gerade das Wetter sei und verabschiedete sich mit guten Wünschen. Auf uns wirkte dieses Telefonat aufpulvernd, so als wären wir von der Fröhlichkeit des Wanderfreundes angesteckt worden. Ich hatte jedenfalls mein Tief überwunden und konnte mich nun wieder voll und ganz auf die abwechslungsreiche Landschaft konzentrieren, die uns jetzt in Form einer hügeligen Weingegend begleitete, in der es kleine Dörfer, freundliche Menschen und einen Brunnen mit gutem Trinkwasser gab.

Wieder nahte ein kleiner Aufstieg. Vor uns sahen wir einen Mann mit Rucksack bergan wandeln. Er schien ungeheuer viel aufgepackt zu haben, setzte bedächtig Schritt vor Schritt und hatte irgendetwas Buntes über die Schulter geworfen. Auch trug er einen Hut mit gewaltiger Krempe. Der Mann blieb stehen und erwartete uns mit den Worten: „Seid ihr auf der Flucht? Warum geht ihr so schnell?" Er trug eine große Ziehharmonika bei sich und das Bunte entpuppte sich als Friedensfahne in allen Farben des Regenbogens. Man hätte denken können, sich in Bayern zu befinden, da der Pilger, der eine Pilgermuschel auf seinem breitkrempigen Hut trug, mit Lederhose und rot kariertem Hemd bekleidet war. Er erzählte uns, dass er als pensionierter, deutscher Lehrer jedes Jahr ein Stück auf dem Jakobsweg unterwegs sei und meistens im Freien übernachte. In seinem überdimensionalen Gepäck war also ein Zelt inbegriffen. Im Dorf, das wir gerade erreichten, blieb er stehen und begann auf seiner Ziehharmonika zu spielen: „Bruder Jakob, schläfst du noch? Es läuten schon die Glocken, Dingdangdong!" Kaum hatte der Pilger zu spielen begonnen, öffnete sich die Tür einer Gaststätte. Heraus kam eine junge Mutter mit ihrem behinderten Sohn. Dieser freute sich an der Musik und tanzte auf dem Dorfplatz umher. Es war ein fröhliches Bild. Kurz darauf wurde der Pilger in die Gaststätte gebeten, um dort aufzuspielen. Wir aber setzten unseren Weg fort.

Weiter bergan ging es zwischen Weinbergen auf eine Kapelle zu, die sich erhöht gegen den Horizont abhob. In der Kapelle gab es ein leuchtendes Glasfenster, auf dem die Weinernte dargestellt war, den goldglänzenden Tabernakel zierte eine Weinrebe. Neben der Kapelle standen eine Marienstatue und eine Pilgerstatue, um wieder einmal zu dokumentieren, dass wir uns hier auf dem Jakobsweg befanden. Der Blick von hier oben in die Weite hinein war herrlich. Wir staunten wieder einmal, wie bemerkenswert doch die Welt abseits der üblichen Wege war und fühlten uns wie Könige. Jeden Tag gab es Kostbarkeiten zu bestaunen, Kleinodien zu bewundern!

Das Weglein, das nun folgte, war nicht gerade als bequem zu bezeichnen. Im Pilgerführer steht zu lesen: „An der Kapelle vorbei führt ein sehr steiler Pfad (bei Nässe schlüpfrig) hinab zur D921". In der Tat standen am Einstieg des Steiges Warnungstafeln, die für einige Stellen zu Beginn des Weges galten, wo nahe an einem Felsabsturz gegangen werden musste. Nun, der ganz schmale Pfad war tatsächlich sehr abschüssig, er querte größtenteils licht bewaldete Hänge, die mit Primeln, weißen und blauen Veilchen,

gleich „porentief sauber", nach dem Waschen einen penetranten Geruch nach Speisen, Fett und Räucherkammer. Hier hatten wohl intensive Küchengerüche die trocknenden Kleider durchdrungen. Nun, beim Gehen im Freien würde dieser Gestank bald wieder verflogen sein. Abends gab es ein köstliches Menü, das mit einer Crème caramel abgeschlossen wurde. Auch Wein durfte wieder getrunken werden – gab es doch schon abends eine Auferstehungsfeier hier in Yenne. Wir wollten erst nächsten Morgen, am Ostersonntag, die Messe besuchen.

Ostersonntag

Anemonen und Himmelschlüsseln übersät waren. Auch blühender Buchsbaum schmückte immer wieder den Weg. Trotz des mühsamen Abstiegs, der unsere schon etwas müden Knie belastete, nahmen wir uns immer wieder Zeit, diese Pracht anzuschauen und zu bewundern.

Aufgebaut, wenngleich nun schon rechtschaffen müde, machten wir uns nach bewältigtem Abstieg an das letzte Stück des heutigen Weges, das uns auf einem Naturlehrpfad auf leisen Sohlen über ein Brücklein nach Yenne hineinführte. Schnell war das Quartier erreicht, hurtig hatten wir unser Zimmer bezogen, das uns wie ein Märchenschloss erschien, obwohl es durchaus nicht die perfekte Ausstattung hatte, die der europäische Tourist erwartet. Die Wirtin war sehr freundlich zu uns Pilgern und wusch unsere gesamten Klamotten in der Waschmaschine – auch die Überkleider, um sie uns am nächsten Morgen, säuberlich zusammengelegt, zu überreichen. Leider verströmten sie, wenn-

Ich weiß nicht, warum ich schon um vier Uhr in der Früh erwachte. Später fiel mir ein, dass es die Zeit war, in der wir in unserer Heimatgemeinde in Fulda jedes Jahr die Auferstehungsfeier mit Anzünden des Osterfeuers begannen.

Aufstehen in Dunkelheit ...
gingen sie zum Grab des Herrn,
als die Sonne aufging,
halleluja, was sucht ihr ihn
bei den Toten, sucht ihn
bei den Lebendigen,
sie dachte, es sei der Gärtner,
da sagte er „Maria".
Knistern des Osterfeuers
im Innenhof unserer Kirche.
Funken fliegen, die ersten Vögel
beginnen ihren Gesang.
Erwartung, Spannung,
Lumen Christi, halleluja.
Nähe der anderen,
Zusammengehörigkeit,
einer entzündet dem anderen
sein Licht.
Er ist wahrhaft auferstanden,
dessen Geist über den Wassern
schwebte,
der Israel aus Ägypten führte,
der das Menschsein probierte,
der abgelehnt wurde, der doch
unsere einzige Rettung ist,
der lebendige Lebensspender.
Im Pilgern beginnen wir zu leben.

Im Gottesdienst hielt ein glaubwürdiger Priester eine glaubwürdige Predigt, von der ich das Wesentliche sogar mitbekam. „Le foi adulte est personel, libre, realiste et responsable." Der erwachsene Glaube ist personal, frei, realistisch und verantwortlich, wurde da gesagt.

Nach dem Gottesdienst unterhielten wir uns noch mit dem deutschen Friedenspilger von gestern. Er wollte das Stück Genf–Le Puy zurücklegen und hatte vor, heute irgendwo im Freien zu übernachten. Kam er uns gestern in seiner Adjustierung noch etwas ungewöhnlich vor, so fanden wir ihn heute richtig sympathisch. Wir hatten Respekt vor seiner Art auf Menschen zuzugehen und durch sein Harmonikaspiel Zugang zu ihnen zu bekommen.

Jeder denkt von sich, er sei selbst
der authentischere Pilger,
jeder meint, der andere sei seltsam.
Er meint, wir laufen zu schnell,
er meint, wir kriegen vom Weg
nichts mit.
Wir meinen, dass er zu bunt
umherzieht, zu betont „pilgerhaft".
Beides sind Vorurteile,
wenn man es genau bedenkt.
Warum soll einer sein
wie der andere?
Warum glaube ich, dass ich
das Maß aller Dinge bin?
Unser Weg muss uns
noch vieles lehren.

Leben und Tod

Bestens ausgeruht entließ uns der Morgen nach dem Rasttag in neue Anstrengungen, die sich daraus ergaben, dass wir auf einem bezaubernden Pfad, der immer wieder atemberaubende Blicke auf die tief unter uns glänzenden Rhôneschleifen freigab, insgesamt doch etwa 700 Höhenmeter überwinden mussten. Am Morgen nach dem Aufwachen, als wir verwundert feststellten, dass wir eine Stunde später dran waren als sonst, also erst um neun Uhr aufbrechen konnten, hatten wir noch vorgehabt, eine weit weniger fordernde Wegvariante einzuschlagen, aber unser Wirt hatte uns zu dem schöneren Weg quasi genötigt. Wir als Pilger müssten doch unbedingt ... Also gut, wir ließen uns überreden und sollten es nicht bereuen.

*Eigentlich wollten wir nicht,
waren zu bequem,
hätten gern einen
leichteren Tag gehabt.
Doch da kam dieser Mann,
dieser Wirt,
und fand es unverständlich,
dass Jakobspilger
den einfacheren Weg zu gehen
beabsichtigten.
Da packte uns der Ehrgeiz,
wir wollten nicht enttäuschen,
wir Pilger aus Deutschland.
Am Ende des Tages waren wir froh
darum – auch schon unterwegs –,
denn der Weg war zwar
teilweise steil,
aber in seiner Frische,
in seinem Blühen,
in seiner Beschaulichkeit und
Erhabenheit unvergesslich.*

Mitten zwischen hellgelben Primeln, zart duftendem Buchs, blassen und kräftig gefärbten Veilchenpolstern setzten wir uns mit Blick über das weite Tal an den Wegrand, um zu rasten. Schnüffelnd und ausgelassen hopsend und rennend kamen drei Hunde auf uns zugelaufen, blieben wie angewurzelt bei uns stehen, begannen an unserem Baguette und an unserer Kleidung zu schnüffeln – wahrscheinlich witterten sie den für uns unangenehmen Küchenduft an unseren frisch gewaschenen Wanderhosen. Alle drei, eine Dogge, ein Dobermann und eine Promenadenmischung, drängten sich dicht an uns heran, einer stellte die Vorderfüße auf unsere Knie. Solchermaßen umzingelt und auf dem Boden festgenagelt, waren wir recht froh, dass alsbald die beiden munter miteinander plaudernden Herrinnen dieser vitalen Hunde auftauchten. Die Dogge war gerade dabei, mir mit flinken Bewegungen die Hände abzuschlecken. Die beiden Damen blieben kurz bei uns stehen und eine sagte beruhigend: „Les chiens sont tres communicatives!", was bedeutete, dass die Hunde zwar gerne Anschluss suchten, aber im Grunde harmlos waren. Zu unserer großen Erleichterung ließen sie tatsächlich von uns ab und verzogen sich schweifwedelnd ins Gebüsch. Man konnte den Eindruck gewinnen, dass sie an ihrer Aktion großen Spaß gehabt hatten.

All die Höhenmeter, die wir uns redlich erarbeitet hatten, mussten wir nun wieder bergab gehen, was einige „Schikanen" in sich barg, so zum Beispiel locker mit Steinen jeder Größe bestückte, steile Wegteile, auf denen wir aufpassen mussten, nicht ins Rutschen zu geraten, was die Knie mit einer unangenehmen Anspannung der umgebenden Muskulatur erwiderten. Trotzdem waren wir guter Dinge und

fühlten uns pudelwohl – um im Bild unseres Hundeerlebnisses zu bleiben.

Guter Dinge sein – was heißt das?
Voll von guten Dingen sein?
Viel Gutes erlebt haben?
„Wenn einem so viel Gutes
widerfährt, das ist schon
einen Asbach Uralt wert!",
hieß es einmal in einer
oft gehörten TV-Reklame.
Was ist es mir wert, dass ich
so viel Gutes erlebe?
Wie kann ich darauf erwidern,
wenn ich etwas geschenkt bekomme
– und nicht einmal wenig geschenkt
bekomme –, täglich und stündlich!
Für Geschenke soll man sich
bedanken, sie nicht als
selbstverständlich nehmen.
Ein warmes Gefühl erfüllt mich,
Geborgenheit.
Hoffentlich werde ich mich
immer daran erinnern.

Knapp vor unserem Ziel Saint Genix erhob sich ein Kreuz mit einer Jakobusstatue. Pilger hatten Steine auf dem Sockel abgelegt. Auch ich fühlte das Bedürfnis, dasselbe zu tun, dachte dabei an meine Lieben, an all die Probleme und Besorgnisse im engeren Familienkreis. Auch die blasse junge Frau aus Rothenburg kam mir in den Sinn. Sie hatte uns ja gebeten, auf dem Jakobusweg einen Stein für sie niederzulegen. Welche Last mochte sie bedrücken? Ich denke, dass es die angeschlagene Gesundheit war, die ihr Sorgen machte. In den Stein, den ich vom Boden aufhob und ablegte – es war kein ganz kleiner Stein –, legte ich in stillem Bittgebet mein Wohlwollen, mein Mitgefühl und meine mitmenschliche Solidarität. Mochten die Ängste dieser jungen Frau möglichst bald ad acta gelegt werden!

Saint Genix war erreicht, ein kleiner Ort, in dem es eine hübsche Unterkunft in einem am Fluss gelegenen Logis de France gab. Der Wirt empfing uns sehr fröhlich, sagte uns aber gleich, dass er uns heute kein Abendessen anbieten könne, da die Küche geschlossen sei. Nach kurzem Nachdenken setzte er hinzu: „Ich kann Ihnen aber eine kalte Kleinigkeit zum Essen herrichten, werde sie Ihnen nachher aufs Zimmer servieren." Zu dieser Freundlichkeit hatte er sich wohl entschlossen, weil es in dem Ort keine andere Möglichkeit gab, irgendwo einzukehren oder sich noch etwas zu essen zu kaufen.

Als es nach einiger Zeit an unserer Türe klopfte und uns Hühnersalat,

Weißbrot und Wein serviert wurden, blickten wir mit glänzenden Augen auf die Köstlichkeiten. Sogar ein Schälchen mit Pudding hatten wir bekommen und fühlten uns infolgedessen wie im siebenten Himmel – mit einer schönen Tour in den Beinen, Frieden im Herzen und verwöhnt durch französischen Weißwein, der golden und belebend die Kehle hinabfloss. Kurze Zeit nach dem Essen kam ein Anruf von unserem Sohn. Die Cousine meines Mannes, die so lange gegen ihre schwere Krankheit gekämpft hatte, war gestern, am Ostersonntag, beim Morgenrot gestorben.

Was bedeutet es, Mensch zu sein?
Es bedeutet geboren werden, lieben,
leiden, krank werden, sterben.
Es bedeutet enttäuscht werden,
hoffen, glauben, versagen,
verstummen,
es bedeutet Revolution,
Veränderung, Stagnation,
Depression, Kreativität, Aufschrei,
Hadern, Dankbarkeit, Freude,
Überraschung, Angst, Hass,
Wut, Verbitterung, Freundlichkeit,
Hochherzigkeit.
Über sich selbst hinauswachsen,
verzeihen, sich opfern, flüchten.
Warme Blicke des Einverständ-
nisses, Hand halten, lustig sein,
lustvoll sein, Abscheu empfinden,
Ekel, Verzweiflung, sich übergeben,
ohnmächtig sein, ohnmächtig
werden, Überforderung,
Herausforderung, Kampf.
Die ganze Palette des Lebens
anzunehmen – das ist unser Weg.

Auch Baptisten sind Christen

Kurz nach 7.30 Uhr brachen wir auf – der Tag würde lang werden, wie wir unserem Wanderführer entnahmen. Auch heute war der Weg wieder anstrengend mit den vielen Steigungen und Gefällestrecken bei einer Länge von 33,4 km. Nach dem Kauf von Baguette und Schinken unterwegs und Eintragung in das Pilgerbuch einer Dorfkirche trafen wir ein französisches Ehepaar auf Fahrrädern, das auch schon selbst gepilgert war. Reinhard konnte sich gut unterhalten, ich kriegte beim Zuhören wenigstens das Wichtigste mit, wobei ich anscheinend ein so verständnisvolles Gesicht machte, dass die Leute immer glaubten, ich sei der Sprache mächtig, was mich manchmal in Schwierigkeiten brachte.

Für mich war es immer wieder eine Überraschung, wie flüssig sich Reinhard in der Landessprache unterhalten konnte. Überhaupt brachte es der Weg mit sich, dass ich andere und neue Seiten meines Mannes kennenlernte. Seine Intelligenz, sein Wissen, sein manchmal schlafwandlerischer Instinkt und sein bedingungsloses Zu-mir-Halten gaben mir neben ihm ein Gefühl der Sicherheit und steigerten seinen Wert in meinen Augen noch um ein Vielfaches.

Die letzten Kilometer des Weges führten uns durch einen lichten Wald, der uns auf gewundenen Wegen und leisen Sohlen in das Dorf Le Pin entließ. Eine freundliche junge Frau, sie nannte sich Christine, kam uns aus einem umfriedeten Grundstück entgegen und hieß uns herzlich Willkommen. Sie vermietete privat Zimmer und erstellte Abendessen und Frühstück, wie das in den Chambres d'hôtes so üblich ist. Ohne diese privaten Vermieter wäre die Situation für die Pilger in manchen Gegenden katastrophal gewesen, da der Weg oft durch einsame Landstriche und kleine Dörfer führte, in denen sich weder eine Pilgerunterkunft noch ein Laden zum Einkaufen, geschweige denn ein Gasthaus befanden.

Hier aber waren wir wunderbar aufgehoben. Wir wohnten im Oberstock des Hauses in einem gepflegten Zimmer mit gemütlicher Balkendecke. Das Bad war mit Muscheln als Hinweis auf den Pilgerweg geziert. Sogar der Behälter einer Klobürste war als Muschel gestaltet. Auf dem Nachttischchen entdeckten wir eine Bibel. Das hatten wir bis jetzt nur in den Klöstern erlebt. Am nächsten Tag beim Abschied sprachen wir Christine darauf an. Sie sagte, sie sei Baptistin und ihr sei der Glaube und der Dienst an den Pilgern sehr wichtig, auch interessierte sie sich für unsere religiöse Einstellung und freute sich deshalb, als auch wir uns als Gläubige outeten. „Es gibt keinen Glauben", sagte sie, „ohne sich für die Bibel zu interessieren."

Über den Glauben spricht man normalerweise nicht gern außerhalb der Kirche.

Ja, im Gesprächskreis der Pfarrei, da traut man sich, fromme Statements abzugeben. Man befindet sich ja unter Gleichgesinnten, geht kein Risiko ein. Niemand wird einen dort angreifen, niemand belächeln. Aber außerhalb, da ist das doch eher peinlich. Da könnten die Leute doch denken, dass man bigott ist, scheinheilig. In Wien wurden solche Leute „Kerzerlschlucker" genannt, und jeder hütete sich, als solcher zu erscheinen. Seltsam, bei Christine hier wirkt alles ganz natürlich, echt, normal. Eine Baptistin lehrt uns, was es heißt, sich zu seinem Glauben zu bekennen.

Keime werden gelegt

Nach herzlicher Umarmung entließ uns Christine in den vom nächtlichen Niederschlag noch regenschweren Morgen. Der Boden war glitschig und Wasserlachen standen hell glänzend auf den Wegen. Mir gingen die letzten Worte Christines nach. Sie fürchtete, so hatte sie uns erzählt, dass ihr Mann in absehbarer Zeit aus dem Betrieb entlassen werden könnte. Ich nahm diese Worte mit in den Vormittag, der sich zusehends aufheiterte und schließlich von strahlendem Sonnenlicht durchdrungen war.

Eigentlich war der Weg heute nicht schwierig, es gab wenig Höhendifferenzen, aber ich fühlte mich ein wenig ausgelaugt und hatte am frühen Mittag rasenden Durst. Nirgends gab es eine Möglichkeit einzukehren, unsere Mineraltabletten waren längst verbraucht, das heißt, wir tranken schon seit vielen Tagen pures Wasser, aber auch das war heute längst zu Ende gegangen – einen verlässlichen Brunnen hatten wir nirgends erspäht. Ein kleiner Friedhof kam in Sicht, ich setzte mich in den Schatten der Friedhofskapelle, um etwas auszuruhen. Nach kurzer Zeit kam Reinhard und brachte mir seine Feldflasche, gefüllt mit kühlem Wasser. Gierig trank ich daraus. Danach fragte ich ihn, woher er denn das Wasser hätte. „Von der Friedhofswasserleitung", meinte er treuherzig. Ich war leicht irritiert. Konnte aus dem Hahn nicht verunreinigtes Nutzwasser gekommen sein? Würde man in einer so abgelegenen Gegend wohl reines Trinkwasser zum Blumengießen verwenden? Düstere Gedanken stiegen in mir hoch. Mir grauste vor diesem „Leichenwasser", wie ich es bezeichnete. Wenn ich das gewusst hätte, wäre ich nie und nimmer auf die Idee gekommen zu trinken. Reinhard meinte, ich solle mich nicht so anstellen, er selbst habe auch etwas von dem Wasser getrunken.

Alea jacta est – der Würfel ist gefallen –, dachte ich grimmig im Stillen, und war auf dem restlichen Etappenstück meinem Mann keine heitere Weggefährtin. Allerdings kamen mir in einer Art von Galgenhumor auch komische Dinge in den Sinn, die ich Reinhard postwendend mitteilte. So fiel mir eine Passage aus dem Film „Man spricht Deutsch" ein, in dem der Komiker Gerhard Polt davon spricht, dass das Wasser der Adria „verseucht" sei. Er habe einen verwesenden Schafsschädel darin entdeckt und massenhaft Fäkalien. Unsere sogenannte Mittagsrast absolvierten wir mangels besserer Gelegenheit auf einem rutschigen, feuchten, lehmverschmierten Hang, wobei wir uns auf einen losen, dünnen Baumstamm zu setzen versuchten, der gefällt an der Böschung lag, aber immer wieder unter unseren Hintern wegrutschte. „Ich wünschte, ich hätte Krallen wie ein Wellensittich, um mich festzuklammern", meinte ich, belustigt über meine eigenen Worte. Ich musste furchtbar lachen, und beschloss, diese Szene meinen beiden Schwestern zu erzählen, falls ich heil von unserem Abenteuer zurückkehrte. Von komischen Situationen – die andere Leute vielleicht gar nicht so komisch fanden – hatten wir zu Hause in der Jugend immer schriftliche Aufzeichnungen gemacht, um einander gegenseitig einen Spaß mitzuteilen. Jetzt in dieser nicht gerade rosigen Situation fielen mir einige andere witzige Begebenheiten ein – z. B. von einer Wanderung in der Herzegowina mit einigen Freunden in leicht alkoholisiertem Zustand –, was für einen aus unserem Grüppchen mit einem Reinfall in einen Bach geendet hatte. Ich sprühte geradezu vor Erinnerungen. Mein Mann sah mich von der Seite an. Er fand es nicht besonders lustig, auf unserem schmalen, labilen Stämmchen zu hocken und meinen skurrilen Memoiren zu lauschen.

Schließlich wurde nach etwa 28 Kilometern der Ort La Côte Saint André erreicht. Wir betrachteten kurz das sehr hübsche Zentrum mit dem Brunnen und die berühmten Markthallen aus dem 14. Jahrhundert, die heute noch benützt werden. Das Hotel, eine Logis de France, war das erste Quartier auf unserem Weg, in dem es auch ohne angestellte Heizung angenehm warm war.

Während Reinhard einkaufen ging – er machte dies sehr gern, ja es war sogar zu seiner Domäne geworden –, lag ich auf dem Bett und stellte den Fernsehapparat an. Es gab eine Sendung über Kopfjäger, die auf Schädeln ihrer Feinde schlafen und Engerlinge essen. In mir stieg leise Übelkeit auf und ich schaltete das Gerät ab, obwohl mich Sendungen über fremde Kulturen schon interessieren.

Bin froh, angekommen zu sein, möchte ruhen.
Mein Körper signalisiert, dass er im Moment wenig Spannkraft hat.
Ist es überhaupt möglich, eine Wanderung mit so vielen Entbehrungen auszuhalten?
Noch haben wir nicht einmal die Hälfte unseres Weges zurückgelegt.
Ich darf gar nicht an all das denken, was uns noch bevorsteht – das Zentralmassiv, die Pyrenäen, die Montes de Oca, die Meseta, die Berge nördlich von León, die asturischen Berge ...
Wird mein Schutzengel, werden Raffael und Jakobus nicht überfordert sein?
Ehrlich gesagt – im Moment fühle ich mich mies.

Das Abendessen im Hotel bekamen wir als Pilgermenü vorgesetzt. Als Vorspeise gab es eine fette, graue Wurst, die sich Pastete nannte. Ich probierte vorsichtig. Sie schmeckte so, wie sie aussah – verdächtig. Ich teilte meine Empfindung Reinhard mit. Er konnte meinen Eindruck nicht teilen. Da ich eigentlich recht hungrig war, aß ich die mir so seltsam erscheinende Wurst schnell auf.

Revel-Tourdan

Dass wir heute einmal wieder eine leichte und kurze Etappe vor uns hatten – 22 km –, versetzte mich in einen total entspannten Zustand. Ich bestaunte die ersten blühenden Birnbäume und Magnolien – „selbst Salomo in all seiner Pracht war nicht schöner gekleidet als diese". Auch konnten wir heute erstmals in der Sonne liegend Mittagsrast halten, wozu uns eine hübsche Waldlichtung einlud. Allerdings hatte ich wieder einmal Schmerzen in der Ischiasgegend und war froh, als wir zusammen mit einer aufsteigenden, dunklen Wolkenfront unser Quartier erreichten.

In diesem Ort gab es nur ein einziges Zimmer zu vermieten, welches im Oberstock einer kleinen Bar lag und wohl ehemals Kinderzimmer gewesen war. Es wirkte nicht ungemütlich mit seiner intensiv grünen Waldtapete, die uns suggerierte, uns im Freien zu befinden. Die beiden Betten weckten allerdings in uns wenig Vertrauen auf eine entspannte Nacht. Es waren jeweils einige Matratzen und Auflagen übereinandergeschichtet, das Ganze wirkte wackelig und weich. Was würden unsere Wirbelsäulen dazu sagen? Da ich ohnehin schon Kreuzschmerzen hatte, schluckte ich erst einmal eine Tablette Ibuprofen, um für das Kommende gerüstet zu sein. Trotzdem waren wir natürlich froh, dieses einzige Quartier weit und breit ergattert zu haben.

Nach dem Duschen im unteren Stockwerk, gingen wir erst einmal in die Bar, um ein Bier zu trinken. Auf unserem Dorfrundgang danach fanden wir ein völlig verwahrlostes Gotteshaus vor. Im Inneren schien sich nichts mehr an Aktivitäten abzuspielen, sonst hätte wohl jemand nach dem Besen gegriffen und ein wenig sauber gemacht. Vor dem Abendessen krochen wir noch für eine Stunde ins Bett, da die Kälte, die gegen Abend durch die Ritzen der schlecht schließenden, einfachen Fenster eindrang, sich unangenehm bemerkbar machte. Um uns ein wenig zu unterhalten, schlug ich vor, „Ich seh' etwas, was du nicht siehst" zu spielen, auf was mein Mann nur widerwillig einging, da die Zahl der Gegenstände in diesem spärlich möblierten Raum so klein war, dass die Raterei wenig Spaß machte, trotzdem gab uns aber diese ungewohnte Aktivität Anlass zu viel Gelächter.

*Es ist auch manchmal schön,
richtig blöd zu sein,
und ich denke mir,
gut, dass ich nicht ganz allein bin,
dass da ein Mensch ist,
der bei mir bleibt.*

Erbauliches und Moritaten

Heute erwartete uns ein frischer, sonniger Tag, der Lebensfreude weckte. Es wurde uns Einsamkeit pur serviert. Feldwege, Waldwege, blauer Himmel und immer wechselnde Wolkenbilder. So wie man TV-süchtig werden kann, so war ich beinahe süchtig nach diesem wechselnden Szenario des Gewölks hoch über unseren Köpfen, diesem Kommen und Gehen, diesem Jagen und Gewoge, diesem sich Sammeln und Zerfließen. Gesichter, Tiere, Zeichen ... Nie wurde ich müde, dies alles zu beobachten.

*Im Lauf der Tage und Wochen
wird es immer wichtiger,
die Zeichen der Natur zu beachten
und zu deuten.
Wie kann etwas so zu Herzen
Gehendes
wie beispielsweise dieser*

rotgoldene Streifen am Horizont nicht höchst wichtig für uns sein?

Die Markierung führte uns in ein recht düsteres Waldstück, das sich insofern als ein wenig unheimlich präsentierte, als es uns an einem Kreuz vorbeiführte, das zum Gedächtnis an einen Mord errichtet war. Es konnte nicht ausbleiben, dass die Fantasie zu spielen begann. An diesem einsamen Ort hier schien es ein Leichtes zu sein, einen anderen Menschen zu überfallen und zu überwältigen. Wieder kam mir der Gedanke, dass es beruhigend war, nicht allein zu sein. Wenn uns aber doch jemand überfallen sollte – so spann ich meinen Faden im Weitergehen fort –, dann hatten wir ja die Walkingstöcke als Waffe. Ich würde damit einen unerwarteten, flinken Stoß ausführen, der Täter ließe seine Pistole überrascht fallen, ich bückte mich hurtig, um die Waffe weit weg ins Gebüsch zu schleudern. Der Täter würde einen Moment stutzen, sodann die Flucht antreten. Gerettet.

Nachdem wir unbeschadet dem Wald entkommen waren, legten wir eine Rast für das Morgengebet ein, um beschwingt auf einem breiten Feldweg weiterzueilen – ich kam mir manchmal vor wie der Götterbote Hermes aus der griechischen Mythologie, der mit kleinen Flügeln an den Füßen abgebildet wird. Allerdings passte dieses Bild natürlich nur dann, wenn ich mich frisch und kraftvoll erfuhr, wie es gerade der Fall war. In den Feldweg hinein folgte uns langsam ein Auto nach, das bei uns stehen blieb. Ein breit lächelnder Mann entstieg dem Gefährt und stellte sich als Mitglied des örtlichen Jakobusvereins vor, der teilweise für die Markierung der hiesigen Strecken zuständig und verantwortlich war. Da er sich selbst auch demnächst auf den Pilgerweg machen wollte, interessierte er sich dafür, wie wir uns fühlten, wie schwer unsere Rucksäcke waren und ob wir uns schon oft verlaufen hätten. Mit herzlichen Wünschen und einem strahlenden Blick schüttelte er uns zum Abschied fest die Hände.

In einem schönen Logis de France an der N7 in Auberives sur Varèze beendeten wir diesen warmen und frühlingshaften Tag, der uns auf dem letzten Wegstück durch märchenhaft rosa blühende Pfirsichkulturen geführt hatte. Überrascht stellten wir fest, dass wir für die 26,5 km nur fünfeinhalb Stunden gebraucht hatten – alles in allem. Allerdings hatten wir wieder einmal keine Gelegenheit gehabt, in einer Gaststätte einzukehren, um etwas zu trinken und uns zu erholen. So blieb heute noch viel Zeit, um uns im Quartier zu rekreieren. Erstmals saßen wir bei offenem Fenster in unserem lichtdurchfluteten Zimmer.

Reinhard unterhielt sich lange mit der jungen Wirtin, die nach einem Unfall stark hinkte. Sie machte es sich zur

Aufgabe, für uns das nächste Quartier festzumachen. Nach einigen erfolglosen Telefonaten teilte sie uns mit, dass das nächste verfügbare Quartier erst nach 36 km in Bourg Argental zu finden sei, der Weg dorthin sei mit allerlei Schwierigkeiten gespickt – vor allem mit zahlreichen Auf- und Abstiegen, die über Berge und Täler führten. Nachdem das Zimmer in Bourg Argental reserviert war, fühlten wir uns entlastet. Denn so weit gehen zu müssen und dann kein Quartier vorzufinden, das wäre bitter gewesen. Bei all den Unwägbarkeiten des Weges gab es nun doch eine Sicherheit, eine Konstante.

Am Abend erfuhren wir aus dem Fernsehen, dass Papst Johannes Paul II. im Sterben lag.

Wenn ich diesem Papst
ein Prädikat geben sollte,
dann würde ich ihn
„den Tapferen" nennen.
Von Krankheit und Schwäche
gezeichnet,
mit verwaschener Sprache und
Speichelfaden im Mundwinkel
hat er eine Botschaft gegeben:
seine wichtigste.
Dass Krankheit und Leiden
normal sind, menschlich,
dass sie zum Leben dazugehören.
Er hat die Hinfälligkeit anziehend
gemacht und hoffähig.
Er hatte den Mut eines Löwen,
als er sich mit Rollator der Welt
zeigte und als er künstlich
lebensverlängernde Maßnahmen
für sich ablehnte.
Nicht nur die Alten und Schwachen
haben auf ihn gesehen,
nein gerade auch die Jugend.
Er hat Unmögliches möglich
gemacht und auf den
Weltjugendtagen Millionen
mobilisiert und begeistert.
Am Anfang seines Pontifikates
habe ich gedacht: „Oh je, ein
Hardliner aus Polen, ein Fundi."
Jetzt denke ich: „Er hatte einen
Auftrag und den hat er erfüllt,
so gut er konnte."

Wem Gott will rechte Gunst erweisen, den schickt er in die weite Welt ...

Unterwegs waren mir bisweilen Texte alter Volks- und Kirchenlieder in den Sinn gekommen. Ich hatte sie früher eigentlich immer als etwas schwülstig und antiquiert empfunden. Jetzt im Gehen stiegen sie manchmal ungefragt in mir auf, ich konnte mich ihrer gar nicht erwehren. Die zweite Zeile obigen Liedanfanges lautet: „... dem will er seine Wunder weisen, in Berg und Tal und Flur und Feld." War es nicht wirklich so, dass uns auf dem Weg der Blick für das Außerordentliche in den scheinbar so normalen Dingen eröffnet wurde?

Das Glitzern der Tautropfen,
ein Windhauch,
schräge Sonnenstrahlen,
die Wolken durchbrechend.
Die kraftvolle Stille des Waldes,
der Ruf eines Vogels,
das Plätschern eines Brunnens,
das Quietschen einer Holztür,
die heilende Atmosphäre
in einem Kirchlein.
Früher schien mir alles
nicht bemerkenswert,
jetzt bringt es mich zum
Verstummen und Staunen.

An diesem Tag sollte noch einiges Erwähnenswerte passieren. Zunächst gingen wir in zügigem Schritt entlang der Straße ein gutes Stück dahin, mussten dabei zweimal die Leitplanken übersteigen. Wir hatten heute schon um 7 Uhr gefrühstückt, um den langen, mühsamen Weg im Licht des Tages unterbringen zu können.

Als wir so dahintrabten, blieben neben uns zwei Autos hintereinander stehen. Fenster wurden hinuntergekurbelt, ein Mann steckte den Kopf heraus und applaudierte uns anerkennend. Wir wussten zunächst nicht, was das bedeuten sollte. Die Männer – es saßen mehrere in den beiden Fahrzeugen – stellten sich als Mitglieder der hiesigen Jakobusgesellschaft vor, die gerade zu einer Sitzung nach Chavanay fuhren. Sie fragten uns, woher wir kämen, wohin wir gingen, und waren natürlich beeindruckt von unserem Vorhaben. Sie luden uns herzlich zu ihrer in einer halben Stunde beginnenden Versammlung ein. Nach kurzem Nachdenken – wir hätten dort sicher viele nette Menschen kennengelernt und wären auch zum Essen und Schlafen eingeladen worden – lehnten wir mit bedauerndem Lächeln ab. Ob dies richtig war, wissen wir nachträglich nicht. Tatsache aber war ja, dass wir in Bourg Argental ein Zimmer bestellt hatten, dass der Weg dorthin noch sehr, sehr weit war, und dass Weg plus Sitzung sich am heutigen Tag nicht vereinbaren ließen. Unter Hupen und fröhlichem Winken ließen uns die Jakobusfreunde weiterziehen. In Chavanay besuchten wir also nicht die Versammlung des Jakobusvereins, sondern eine Bar, wo wir reichlich Cola tranken. Wir würden die belebende Flüssigkeit brauchen können.

Tatsächlich ging es sofort in einen Steilaufstieg hinein, der uns auf eine Hochfläche brachte, die mit Obstbaumkulturen in langen Spalierreihen bestanden war. Wie schön war das Bild der frischen Blüten im Sonnenglanz! Um 13 Uhr etwa, als wir schon mehr als fünf Stunden gegangen waren, machten wir am Wegrand Rast. Da wir von Anfang an ein recht scharfes Tempo angeschlagen, ja vielleicht sogar etwas „überpaced" hatten, fühlten wir uns beide abgekämpft. Vorsorglich hatte ich heute meine Feldflasche mit Nescafé gefüllt, um die mittägliche Schlappheit besser überwinden zu können. Obwohl wir am liebsten einen Siestaschlaf gehalten hätten, gelang es uns schon nach kurzer Zeit,

unseren müden Leib zu erheben und weiterzugehen, ohne Rücksicht auf das Ruhebedürfnis. Tatsächlich konnten wir relativ rasch unser Mittagstief überwinden und fanden wieder Freude an der wechselnden Landschaft, die uns weite Blicke über Mittelgebirge und waldige Täler verschaffte. Wenn wir hier und da einem arbeitenden Bauern begegneten, dann wurden wir mit den Worten „bonne route" oder „bon courage" aufgemuntert und angefeuert. Da liefen nun endlich mal Jakobspilger hier vorbei. Die hatten dann aber auch gefälligst ihr Ziel zu erreichen und nicht schlapp zu machen. Saint Jacques würde uns schon helfen, meinten die wohlwollenden Menschen.

Für uns ist es Luxus,
hier wandern zu dürfen,
auf einem Weg, der voll ist von
Überraschungen, der lebendig
macht
und auf dem das Leben –
meistens – ein Fest ist.
Sie aber, die Bauern mit den
schwieligen Händen,
dem schiefen Rücken,
der wettergegerbten Haut,
die Tag um Tag schwere Arbeit
verrichten,
sie wirken nicht depressiv
oder neidisch.
Ganz im Gegenteil! Sie wünschen
uns den Segen Gottes und sehen
uns mit zufriedenen Augen an.
Manchmal denke ich,
sie haben uns etwas voraus,
das wir Pilgerer aus Fulda
erst finden müssen.
Sind wir deshalb auf diesen
Weg geraten?

Ein markanter Wegpunkt, das „Croix Blandine", ein Wegkreuz auf einem Bergrücken, war erreicht. Nach etwa 30 Kilometern tauchte ein größerer Ort auf, Saint Julien. Zum Glück gab es da ein geöffnetes Kaffeehaus mit Sitzgarnituren im Freien. Wir ließen uns nieder und tranken in hastigen Zügen reichlich Mineralwasser. Belebt und erfrischt konnten wir nun unseren Schlussspurt von etwa sechs Kilometern antreten.

Beim Anschauen der Tour de France zu Hause hatten mich immer die Bergankünfte der Radfahrer beeindruckt, und wenn es dann hieß, dass einer den ultimativen Antritt wagte, um vorn zu bleiben oder nach vorn zu kommen, dann begann es in mir vor Aufregung zu kribbeln. Ich fand es unglaublich, dass nach großen Strapazen kurz vor dem Ziel doch noch einmal spezielle Energie mobilisiert werden konnte. Die Erfahrung machten wir im Kleinen auch. Witterten wir, dass das Etappenende nahe war, dann wuchsen uns noch einmal Kräfte zu, von denen wir gar nicht wussten, dass wir noch über sie verfügten. Irgendwelche Hormone, die sich unter den Anstrengungen verkrochen hatten, wurden durch die Gewissheit des Bald-alles-geschafft-Habens frei und verliehen dem Körper Flügel.

So kam es, dass wir das letzte Wegstück noch genießen konnten, das uns über Weiler schließlich auf einen Pfad leitete, der einen Bach entlangführte, leicht ansteigend, friedlich, schon von den ersten Schatten des hereinbrechenden Abends geprägt und gezeichnet. Wir merkten es kaum, dass wir uns recht rasch unserem Ziel näherten, so versponnen waren wir beide im Gehen in unsere Gedanken, so versunken im Betrachten des uns entgegenfließenden, immer wieder silbrig aufblitzenden Wassers.

Plötzlich standen wir in Bourg Argental mitten auf dem Hauptplatz, der sehr stattlich wirkte, vor allem durch seine romanische Kirche mit dem figuren- und symbolreichen Portal, das wie so oft ein Pantokrator in der Mandorla krönte. Das Hotel, in dem wir gebucht hatten, lachte uns ansehnlich entgegen. Ein Hochgefühl war es, unser Zimmer zu beziehen und Rucksack und Schuhe abzulegen. Seltsam allerdings schien es uns, in diesem von außen so schönen Hotel verschimmelte Tapeten und ein recht desolates Badezimmer vorzufinden. Nichtsdestoweniger fand ich im Badezimmer, auf dem Bord über dem Waschbecken säuberlich hingelegt, einige kleine Tuben mit Proben von guten Hautcremes vor, die ich freudigst an mich nahm, da ich in Ermangelung von etwas anderem nur mehr Sonnenmilch zur Pflege meiner Haut benützen konnte, die ja immerhin den ganzen Tag über Wind und Wetter ausgesetzt war. Die Ortschaften, durch die wir kamen, waren einfach zu klein, um besondere Pflegeprodukte zu bekommen. Meine Sport-Tagescreme mit Lichtschutzfaktor, Erzeugnis einer französischen

Firma, die ich in Fulda immer verwendete und die mittlerweile zur Neige gegangen war, konnte ich seltsamerweise in Frankreich, auch in größeren Orten, nicht nachkaufen. Ich habe auf dem weiteren Weg nur mehr Niveacreme zur Verfügung gehabt, die es praktisch in jedem Supermarkt eines Dorfes zu kaufen gab.

*Auch dies muss beim Pilgern
losgelassen werden:
sich in üblicher Weise
pflegen zu können.
Bodylotion, Bürste, Duschgel,
Haarfestiger, Haarkur
und noch einiges andere mehr
müssen von mir
verabschiedet werden.
Wer sollte auch all das Zeug in
Tuben, Sprühdosen und Tiegeln
in seinem Rucksack mitschleppen?
Ein wenig ist es für mich
wie eine Fastenkur,
wenn ich in den größeren Städten
elegante Touristen sehe,
schicke Frauen mit hübschem
Schmuck und stimmiger Garderobe.
Es gibt Augenblicke, in denen
ich – ehrlich gesagt – ein wenig
neidisch bin.
Meine schon zu weit gewordene
Hose schlottert an mir.
Am Abend trage ich
Plastiksandalen
und anthrazitfarbene Wollsocken,
Tag um Tag,
viereinhalb Monate lang.
Ja, es gibt Momente, in denen
ich mich wie das hässliche Entlein
unter lauter Schwänen fühle.
Aber es gibt auch Zeiten –
und das ist meistens –,
in denen ich alles genau so haben
möchte, wie es gerade ist.*

*Mein Mann lächelt milde, wenn er
sieht, wie ich mich eincreme.
Er selbst hat keinen Bedarf,
er fühlt sich auch „ohne" gut.
Manchmal mache ich mir Sorgen,
wenn er sich zu wenig oder
gar nicht vor der Sonne schützt,
und ich nötige ihn, wenigstens
einen Hut aufzusetzen.
Er tut es – aber widerwillig.
Ist Sonnenschutz unmännlich?*

Das Abendessen im Hotel schmeckte gut. Am Nebentisch saß ein uns sehr sympathischer Mann, hager, grauhaarig und interessiert, der sichtlich auch Pilger war. Wir grüßten einander mit freudig prüfenden Blicken und erzählten uns gegenseitig angelegentlich unsere weiteren Pläne. Auch er wollte bis Santiago gehen, auch er kam aus Deutschland. Das Essen unterbrach unsere Unterhaltung. Als wir danach wieder zu ihm hinsahen, war er verschwunden. Wahrscheinlich fühlte er sich genau so hundemüde wie wir.
In unseren Gesprächen kam er später noch manchmal vor, obwohl wir ihn nie wieder gesehen oder von ihm gehört haben. Wir nannten ihn den „Pseudomahr", weil er in der Statur und den Charakteristika seines Gesichtes einem Bekannten namens Mahr glich. Viel später, schon fast an den Pyrenäen, erzählten uns Mitpilger von einem Mann, der in Frankreich vor Le Puy schwer krank geworden war und wohl den Pilgerweg abbrechen musste. Keiner hat den „Pseudomahr" mehr gesehen. Hoffentlich ist er wieder ganz gesund geworden und konnte seinen Weg zu einem späteren Zeitpunkt beenden!

*Überall, wo Pilger zusammen-
kommen, gibt es Austausch.
Es ist wie auf einer Börse:
Wie hoch stehen wohl meine Aktien?
Wenn Ann und Peter die Etappe
kürzen mussten,
dann ist sie sicher auch
für mich zu lang.
Wenn Domingo diesen schweren
Sturz hatte bei dem Abstieg,
dann ist auch für mich
Vorsicht geboten.
Wenn die Kanadier dieses
Quartier genommen haben,
dann könnten wir das auch tun.
Erfahrungsaustausch, Information,
Kommunikation.*

Eine kurze Etappe

Nach sehr schlechter Nacht – ich hatte starke Kreuzschmerzen und schluckte wieder einmal Ibuprofen – beschlossen wir, heute nur ein kurzes Stück zu gehen. Diese Initiative ging von mir aus. Ich fühlte mich schlapp und mir war mulmig im Magen. Man hatte uns im Hotel gesagt, dass um 9 Uhr Messe in der romanischen Kirche sei. Dies war aber eine Fehlinformation, wie sich herausstellte. Wir warteten eine Zeit vor dem fotogenen Portal – aber die Kirchentür blieb verschlossen. So brachen wir erst um halb zehn zu unserer heutigen Etappe auf, die uns bis zu einem Berghotel auf der Passhöhe Tracol führen sollte.

Zunächst kam ein Aufstieg von etwa 500 Höhenmetern, der herrlich durch waldig gebirgiges Terrain nach oben führte. Es war recht kühl und frisch, aber die Sonnenstrahlen drangen klar und freundlich zwischen den Ästen der Kiefern hindurch, hin und wieder gab es Blicke hinunter ins friedliche, siedlungsarme Tal. Normalerweise hätten wir eine so kurze Etappe von 14 Kilometern in drei Stunden erledigt, ohne rasten zu müssen. Heute aber meinte ich, in meinen Beinen Blei zu haben, so als wäre mein Rucksack auf einmal doppelt so schwer. Meine Maschinerie funktionierte irgendwie gebremst.

*Sand im Getriebe, irgendwo hakt
es, irgendwas stimmt nicht.
Könnte ich mich doch in die
Horizontale legen, Kraft sammeln.*

*Schlafen – das wäre jetzt
was Feines.
Woher kommt die Müdigkeit?
Bin ich krank oder nur
überanstrengt?
Na, einmal gut schlafen und
alles ist wieder in Ordnung.
Nur weiter, weiter – wenn auch
heute ein wenig gequält.*

An einem wunderschönen Steilabsturz einer Felsenwand fanden wir eine einladende Bank zum Rasten und zum Beten der Laudes. Wir hüllten uns gegen den scharfen Wind in unsere Regencapes. Zu essen hatten wir nichts, aber ich verspürte auch keinerlei Appetit. Außerdem würden wir ja bald im Rasthaus Tracol sein, das an einer wenig befahrenen, schmalen Passstraße etwas abseits des Pilgerweges lag.

Dort angekommen – wir fanden ein steingemauertes, zünftiges, einfaches Haus vor – legte ich mich sofort ins Bett und schlief tief und fest eine Stunde. Sodann, da wir nun doch Hunger hatten, aßen wir unsere letzte Notration auf, einen Müsliriegel und ein kleines Päckchen mit einem Vitaminpulver, welches für stillende Mütter gedacht war, wie wir mit Staunen und Belustigung lasen. Eine von Reinhards OP-Schwestern hatte ihm dieses Päckchen als Jux neben anderen Utensilien in einem Beutel mitgegeben. Was allerdings Stillenden und deren Babies nicht schaden sollte, dürfte auch bei uns nichts Böses angerichtet haben.

Nach einem ganz kurzen Spaziergang ums Haus, bei dem ich die fast alpine Umgebung zwar registrierte, aber nicht wirklich mit dem Herzen wahrnahm, verkroch ich mich wieder ins Bett und wartete auf das Abendessen, derweil Reinhard Klopapier organisierte, das auf unserer Etage fehlte. Das Essen war so üppig wie noch nie. Vielleicht dachte sich der Wirt, er müsse uns aufpäppeln, möglicherweise sahen wir ihm schon zu asketisch aus. Jedenfalls gab es als Vorspeise ein großes Stück Schmalzfleisch und ein Stück Leberpastete, danach noch ein üppiges Kartoffelgratin und Fleisch. Ich aß alles auf, wenngleich heute unter gewissen Mühen. Aber als Pilger soll man nehmen, was man bekommt – vielleicht würde es ja in der nächsten Zeit wieder weniger zu essen geben.

*Nein, wir machen beim Essen
keine Sperenzchen, sind froh,
wenn wir abends warm
verköstigt werden.
Wir murren aber nicht, wenn
wir einmal untertags nichts
bekommen.
Essen ist nicht das Allerwichtigste.
Nicht nur das Brot ist es,
das Kraft gibt.
Worte können stärken, Anblicke,
Ausblicke, Blicke,
Inspirationen, Motivationen,
Stimmungen, Einsichten,
Erfahrungen, Erlebnisse,
Fügungen, Erkenntnisse.
So kommt es, dass man als Pilger
unterwegs selten wirklich
hungrig ist,
und wenn doch, dann weiß man,
dass man den Tag trotzdem
überleben wird.*

Tence wird erreicht

Dass wir heute schon um sieben Uhr frühstücken konnten, kam unseren Planungen sehr entgegen, wollten wir doch heute wieder eine größere Strecke wandern. Eigentlich fühlte ich mich am Morgen gar nicht so schlecht. Vielleicht hatte ich ja mein Tief überwunden – so hoffte ich jedenfalls.

Der erste Teil der Etappe war mühsam. In meinen Aufzeichnungen steht, dass wir 3–4-mal eine Differenz von 200–300 Höhenmetern überwinden mussten. Selbst wenn meine Einschätzung übertrieben sein sollte, so bleibt bestehen, dass es allein die fantastische Landschaft war, die uns zeitweise die Anstrengungen vergessen ließ. Eingebettet in Nadelwälder und Wiesen, die mit Krokussen und Narzissen übersät waren, lagen Weiler ganz aus Stein erbaut. Windschiefe Dächer, massive Holztore, bäuerliches Gerät. Kaum erblickten wir Menschen in den spärlichen Siedlungen. Nur ein allein dahinziehender Pilger, der von Genf nach Le Puy wanderte und tief in Gedanken versunken schien, überholte uns. Beinahe waren wir froh, dass es außer uns doch noch andere Leute auf dem Weg gab. Abends im Quartier sahen wir den Mann wieder. Er traf dort viel später ein als wir und wirkte recht strapaziert. Seinen Worten nach hatte er sich verirrt und so eine „Ehrenrunde" gedreht.

Für uns war der Tag gut gelaufen. In Montfaucon-en-Veley, also nach 21 Kilometern, fanden wir die erste Möglichkeit einzukehren. In dem Lokal saßen einige Männer, die recht muffig wirkten, aber das störte uns wenig. Uns konnte ja nicht immer nur Freundlichkeit begegnen. Diesmal gab es also keinen roten Teppich, das Coca Cola jedoch tat uns trotzdem gut und ließ uns die letzten 12 Kilometer, die nach Überwindung eines 1200 Meter hohen

Passes durch recht ebenes Gelände führten, im Eiltempo zurücklegen.

Warum sollen uns alle
Leute mögen?
Mag ich etwa alle Menschen?
Oder mag ich nicht etwa doch
nur die, von denen ich merke,
dass sie mich auch nett finden?
Das aber wiederum ist
kein großes Verdienst.
Warum aber sind wohl
diese Männer hier so mürrisch,
wirken so misstrauisch, verbittert
und enttäuscht?
Was ist ihnen zugestoßen,
wer hat sie gekränkt?

Endlich, endlich waren wir angekommen im Quartier von Tence. Direkt am Hauptplatz lag die kleine Pension – und welches Glück –, wir hatten ein eigenes Bad, sogar einen Fernseher –, und unsere gewaschene Wäsche schleudern durften wir auch in der hauseigenen Maschine. Im Zimmer stand ein richtiges Trockengestell. Reinhard musste also heute nicht unter halsbrecherischen Verrenkungen unsere mitgebrachte Wäscheleine zwischen möglichst stabilen Ankerpunkten am Zimmermobiliar befestigen. Der Abend war charakterisiert durch eine gute Nachricht – P. Max hatte uns wieder eine sehr nette und aufbauende SMS geschickt – und eine schlechte: Ich fühlte mich erstmals richtig krank. Ich fror plötzlich, es beutelte mich geradezu, und ich zog mein ganzes Hab und Gut an Kleidung über, bevor Reinhard und ich nach unten gingen, um etwas zu uns zu nehmen. Heute klappte es bei mir wirklich nicht mit dem Essen, obwohl es mir peinlich war, den Teller nur halb leeren zu können. Die Wirtin sah mich ein wenig vorwurfsvoll und traurig an. Sie hatte es doch so gut mit uns gemeint. „Je suis malade", sagte ich erklärend. Mir war schlecht im Magen – und Reinhard meinte nun auch, dass ihm ein bisschen übel sei. Womit hatten wir uns diesen Zustand eingebrockt? Mit dem Friedhofswasser, mit dem grauen, fetten Fleisch vor wenigen Tagen? Ich durfte gar nicht daran denken, sonst wurde mir kotzübel! Reinhard parlierte munter mit dem Pilgerkameraden am Nebentisch. Ich kriegte wenig davon mit – nicht nur der geringeren Sprachkenntnisse wegen.

Mein Mann fürchtet,
dass ich zusammenklappe,
dass ich schlappmache,
nicht mehr weiter kann.
Er versucht meine Übelkeit
wegzureden,
weil nicht sein kann,
was nicht sein darf.
Das hinwiederum reizt mich.
Ja, ich werde schon weitergehen,
nein, ich werde nicht krank werden.
Der Mund spricht es,
aber das Herz zweifelt.

Also doch

Wegen meines angeschlagenen Zustandes wollten wir heute wieder nur eine kurze Etappe gehen – bis Querière, der letzten Station vor Le Puy, der von mir herbeigesehnten Stadt, die für mich Symbolcharakter hatte. Wenn wir diese bedeutende Pilgerstadt, für Viele Ausgangspunkt zur Wallfahrt, erreicht hätten, dann wäre die Hälfte der Gesamtstrecke geschafft, dann würden wir den Weg bewältigen können, zumal dann vierzehn Tage auf einer einmalig schönen Strecke zu gehen waren, die wir in einem früheren Jahr schon kennengelernt hatten.

Mit neuem Mut zog ich los. Morgen in Le Puy ... Dort winkte ein Rasttag, an dem ich nur schlafen und mich auskurieren wollte. Nach unserem Aufbruch trabten wir munter und sehr flott über eine Stunde einem Pfad nach, der durch Narzissenwiesen führte und so früh am Morgen vom Rauhreif weiß glänzte. Violette Krokusse säumten den Weg als Hoffnungsbilder und Antidepressiva. Der Pfad mündete in einen herrlichen Waldweg, der uns stramm bergauf führte. Eine rote Markierung begleitete uns – „aha, der GR 65" dachten wir. Dieser ist ja in Frankreich identisch mit dem Jakobsweg. Nach einiger Zeit bemerkte Reinhard, dass wir ständig nach Osten gingen –

der Sonnenstand zeigte es eindeutig! Mit sorgenvoller Miene eröffnete mir mein Mann, dass wir wohl umkehren sollten. Wenn wir nun bis Tence zurückgehen mussten, dann würde das insgesamt einen Umweg von mindestens acht Kilometern bedeuten. Schrecklich! Ich hatte mich am Morgen mit Kohletabletten und Kreislauftropfen auf Vordermann gebracht, um auch diesen Pilgertag heil zu überstehen – und nun das! Wir machten also kehrt und kamen bald an ein paar Häusern vorbei. Wie mein Mann das gemanagt hat, weiß ich nicht, jedenfalls machte uns alsbald nach einem kurzen Gespräch mit Reinhard ein sehr freundlicher Mann das Angebot, uns mit dem Auto nach Tence zurückzubringen, von wo aus wir einen zweiten Versuch starten wollten. So blieb wohl das Kilometerplus des heutigen Tages auf etwa vier beschränkt.

Nun waren wir endlich auf dem richtigen Jakobsweg, der sofort hinter Tence mit einem Steilstück auf einer Straße begann. Wir trafen einen jungen französischen Mann, ebenfalls Pilger, der uns schon in Chavanay, von wo er stammte, auf der Straße gesehen hatte. Es war nett, mit ihm dahinzuwandern. Er war von Beruf Lastwagenfahrer und hatte sich für drei Monate unbezahlten Urlaub genommen, um den Weg bis Santiago zu gehen. Wie sich herausstellte, hatte er eine ältere, am Herzen operierte Dame, die sich zahlreiche Blasen gelaufen hatte, unter seine Fittiche genommen. Da er viel schneller ging als sie, rannte er immer vor und ging so sein eigenes Tempo, wartete aber an Kreuzungspunkten getreulich auf sie, weil sie mit dem Alleinsein wohl nicht so zurechtkam. Allerdings wollte er nur bis Le Puy auf diese Weise wandern, weil er sonst mit seinem knappen Zeitplan in Verzug kam.

Ein junger Mann der Wellnessgeneration,
ein junger Mann der Eventkultur.
Seine Events auf diesem Weg sind
es, eine ältere Frau zu treffen,
ihr Mut zu machen, ihr zu raten,
mit ihr zu plaudern, sie ernst
zu nehmen.
Zuzusehen, wie sie ihre Blasen
verklebt, anzuhören, was sie
für Beschwerden hat.
Füreinander – Wellness und
Event des Weges.

Heute würden wir den höchsten Punkt der Via Gebenensis, der Strecke zwischen Genf und Le Puy, erreichen. 1200 Meter stiegen wir hoch und fanden sogar, speziell zu Reinhards Entzücken, einen intensiv rosa blühenden Seidelbast am Rand des Pfades. Wie schön war doch dieser Weg! Im Moment fühlte ich mich zudem nicht schlecht, obwohl ich den ganzen Tag nur einen Bissen Weißbrot hinuntergewürgt hatte. Als wir an einem

Dorfbrunnen, aus dem Trinkwasser sprudelte, rasteten, kam die fußkranke Dame und fiel seufzend auf ein Bänkchen, das den Rastplatz komplettierte. Sie zog sofort die Wanderschuhe aus und zeigte uns ihr ganzes Elend. Nur jemand, der selbst schon Blasen an den Füßen gehabt hat, kann ermessen, was es heißt, bei jedem Schritt quasi auf glühenden Kohlen zu gehen, jeden einzelnen Schritt als schmerzendes Ereignis zu erfahren, von dessen Bewältigung alles abhängt. Die Frau tat mir herzlich leid. Reinhard gab ihr aus unserem Fundus – den wir bis jetzt noch kaum hatten antasten müssen – einige Blasenpflaster und half ihr, diese sinnvoll anzubringen. Dafür erhielt ich eine homöopathische Magentablette von ihr, von der ich mir zwei Stunden lang einbildete, sie hätte mir geholfen.

Der junge Mann wollte uns für einen Pilgerempfang in Le Puy morgen Abend anmelden. Er war Mitglied der französischen Jakobusgesellschaft und wollte selbst an dem Kennenlerntreff teilnehmen. Seltsam, dass ich mir heute überhaupt nicht vorstellen konnte, morgen mit einem Weinglas in der Hand unter vielen Menschen in einem abgeschlossenen Raum zu stehen, zu berichten, Erfahrungen auszutauschen, munter mit Pilgern und Pilgerinnen zu plaudern. Nein, wenn ich ehrlich bin, sah ich mich morgen Abend in einem Bett liegen, Kohlekompretten im Leib, neben mir eine Flasche mit Wasser, in mir die Ruhe, die man braucht, um gesund zu werden. Ja, einen Heilschlaf brauchte ich, sonst nichts. Würde er mir vergönnt sein?

Plötzlich kamen mir die Gedanken, dass mein schlechter Zustand vielleicht Ausdruck einer allgemeinen Krise war, die sich jetzt, in der Hälfte unseres Weges, manifestierte – vergleichbar einer Midlife-Crisis. Ich hatte in meinem Leben schon einige Male Einzelexerzitien im Schweigen erlebt. Der Beginn solcher Tage war immer sehr erhellend gewesen, dann, als mir verschiedene Schattenseiten meines Lebens bewusst wurden, bekam ich stets das heulende Elend, um am Ende wieder neu aufgebaut und gestärkt zu werden. Immer war bei diesen Prozessen etwas für mich Wichtiges passiert. Einsicht, Klärung, Durchblick, Wandlung ...

*Was wird mir auf
diesem Pilgerweg geschehen?
Was will der Weg überhaupt von
mir? Was möchte er mir sagen?
Wird sich mein bisheriges Leben
als Irrtum erweisen?
Werde ich meine Grundsätze
über Bord werfen?
Wird die Beziehung zu meinem
Mann leiden?
Zeigt mir mein Körper, was
meiner Seele fehlt?
Hätte ich zu Hause bleiben sollen?*

Schneereste, Steinmäuerchen, graubraunes hartes Wintergras, wenig Grün, geduckte, anheimelnde Dörfer mit Häusern aus Lehm oder Stein – wie mag es sich im Inneren dieser Häuser wohl anfühlen? Feuchte Ecken, säuerlicher Geruch, „wunschloses Unglück" – um mit Peter Handke zu sprechen? Wir gingen und gingen, und ich dachte: „Möchte doch endlich das Quartier in Sicht kommen!" Plötzlich wurde ich aus meiner Lethargie gerissen. Prächtige, pittoreske Kegel aus Säulenbasalt kamen

in Sicht, die dermaßen auffällig, so überraschend großartig waren, dass sie wirkten, als hätte sie ein Künstler eigens für die Documenta in Kassel geschaffen. Reinhard und ich blieben stehen, um erst einmal eine Weile zu schauen. In dem Ort, dessen niedrige, bäuerliche Häuser sich um die Kegel herumgruppierten, hatten wir unser Quartier vorbestellt. Glücklich erreichten wir das wunderschöne, aus Basaltsteinen gefügte Haus. Es war von einem Zaun umgeben und wurde von einem mittelgroßen, jedoch bellfaulen Hund verteidigt. Wir läuteten die Hausglocke, es kam aber keine Reaktion vom Inneren des Hauses. Wir versuchten einige Male, uns bemerkbar zu machen, jedoch ohne Erfolg. Etwas enttäuscht wurde uns klar, dass die Dame des Hauses nicht anwesend war. Was blieb uns anderes übrig, als uns vor dem Haus niederzulassen und zu hoffen, dass bald jemand auftauchte. Ich setzte mich auf eine Art von Meilenstein, der sich am Straßenrand erhob. Wenn ich mich doch endlich aufs Bett legen könnte! Mir war kalt, ich zog mir meinen Anorak an, klappte mit einem Mal innerlich zusammen und ließ Reinhard allein den Basaltkegel besteigen. Sollte er doch hochsteigen! Ich sah mir dieses Wunder der Natur von unten an, hatte keine Energie hochzulaufen. Das Dumme war nur, dass ich beim reglosen Sitzen stark auskühlte, auch das Gefühl im Magen war nach wie vor als flau zu bezeichnen. Ich merkte einerseits in Form einer gewissen Schwäche, dass ich den ganzen Tag nichts gegessen hatte, andrerseits verursachte der Gedanke an Speisen Übelkeit.

Nach einer knappen Stunde hielt ein Auto vor dem Haus. Die Madame, die der voiture entstieg, war recht erschrocken, dass wir schon da waren. Sie habe sich beim Einkaufen verspätet, schließlich müsse sie uns ja etwas zum Essen machen. Das Zimmer, das sie uns zeigte, war sehr hübsch. Überhaupt strahlte das ganze Haus moderne Gemütlichkeit aus, alles war aufs Feinste aufeinander abgestimmt. Wir bewohnten einen Raum mit einer hübschen Balkendecke und einem breiten, einladenden Bett, das von Frische und Sauberkeit strahlte.

Das Abendessen – es gab Lachs und funkelnden Weißwein, danach Mousse au chocolat – konnte ich leider nicht richtig genießen. Nach einigen Bissen musste ich passen und verzog mich ins Bett, wo ich mich, obwohl ich meine Fleecejacke überzog, nicht erwärmen konnte. Die Madame hatte uns noch erzählt, dass sie früher als Ärztin gearbeitet, sich aber dann mit ihrem Mann hierher zurückgezogen habe.

Anders als gedacht

Als ich nach wirren Träumen erwachte, kam ich kaum aus dem Bett. Meine Wangen glühten. Mir wurde beim Aufstehen schwindlig und schwarz vor den Augen. Spätestens jetzt wurde mir klar, dass ich krank war und Fieber hatte. Ich hatte meinen Infekt also nicht im Wandern übertauchen können, wie wir so sehr gehofft hatten. Am liebsten wären Reinhard und ich zusammen noch einen Tag hiergeblieben, aber das war unmöglich, weil unser Zimmer für heute schon anderweitig vermietet war. So hieß es also für mich, irgendwie nach Le Puy zu kommen – allerdings nicht zu Fuß, das sah ich jetzt ein. Wenn ich bald wieder fit sein wollte, dann durfte ich am heutigen Tag dem Körper keine weitere Strapaze zumuten. Die Madame machte mir den Vorschlag, mich nach Le Puy zu fahren – sie müsse sowieso dorthin zum Einkaufen. Außerdem gab sie mir einige Briefchen mit einer magenwirksamen Heilerde mit, von der sie mir versprach, dass sie in Kürze meinen Magen in Ordnung bringen werde. Den Inhalt des ersten Tütchens nahm ich sofort ein und war natürlich sehr dankbar dafür. Hauptsache, dass überhaupt etwas geschah. Meinem Mann redete ich zu, ganz normal nach Le Puy zu wandern, wir würden uns dann im Hotel treffen. Der schon lang geplante Rasttag morgen würde mir und ihm guttun.

Gesagt, getan. Die Madame fuhr vorsichtig an und war wohl zunächst etwas besorgt, dass ich mich möglicherweise in ihrem schönen Auto übergeben könnte, aber zum Glück geschah nichts dergleichen. Mit ungeheurer Erleichterung bezog ich unser hübsches Hotelzimmer in Le Puy, bedankte mich herzlich bei der zwar etwas unterkühlt wirkenden Hauswir-

tin, die mir aber letztlich zum Engel geworden war, und kroch frierend und schwach in mein Bett, wo ich kurz darauf in tiefen Schlaf sank.

Ich erwachte davon, dass Reinhard an mein Zimmer klopfte und sich, gut müde von der zurückgelegten Etappe von 27 Kilometern, besorgt über mich beugte. Es war schön, dass er bei mir angekommen war. Ich fühlte mich mit einem Mal sicher und geborgen und wusste – alles wird gut. Einen kleinen Dämpfer erhielt mein Optimismus, als Reinhard feststellte, dass sein Darm zur Zeit fürchterlich rebellierte, aber auch er versprach sich vom Rasttag Wiederherstellung der Gesundheit.

Eine kleine Komplikation bedeutete es, dass ich bei der Madame im Haus meine Walking-Stöcke vergessen hatte. Morgen würde sie dieselben aber über eine Freundin im Hotel abgeben lassen. Das zweite war, dass sich Reinhard im Termin des abendlichen Pilgerempfanges geirrt hatte und erst dort erschien, als dieser schon längst vorüber war. So beteten wir unsere Komplet, ich schluckte mein Medikament, Reinhard schluckte ebenfalls eine passende Medizin, und dann sanken wir entspannt und dankbar für das gute Quartier in unsere schneeweißen Kissen.

Himmel und Erde

Am nächsten Morgen ging es mir eindeutig besser, der Magen fühlte sich nicht mehr an, als seien drin schädliche Abfallstoffe gelagert, sondern irgendwie empfand ich ihn als reiner, klarer, hungriger. Reinhard hingegen kämpfte noch gegen seine Durchfall-Attacken. Trotz alledem machten wir uns auf den Weg, um die herrliche Kathedrale zu besuchen, deren Schutzpatronin die Madonna von Le Puy ist. Der Gang hinauf durch die Altstadt zum Gotteshaus gab uns ein feierliches Gefühl. Hier begann ein neuer Abschnitt unseres Pilgerweges. Das Präludium, der Introitus waren vorüber, nun erreichten wir den Hauptstrom des Lebens einer Wallfahrt. Ab jetzt würden wir im Zug der Pilger aus aller Welt mitgehen. Viele kleine Rinnsale aus ganz Europa hatten sich hier zu einem großen Strom gebündelt, der nach den Pyrenäen durch Vereinigung der Via Lemovicensis, Podiensis, Turonensis und Tolosana noch gewaltiger anschwellen würde. Wir waren nun am Beginn der Via Podiensis angelangt.

Der weihevolle Innenraum der Kathedrale lud zum Gebet ein. Im linken Seitenschiff entdeckten wir einen als wundertätig beschriebenen Stein, auf dem viele Menschen nacheinander zum Gebet niederknieten. Früher hätte ich ein wenig gelächelt. Jetzt dachten wir, dass ein alter Brauch gläubiger Menschen auf keinen Fall Unsinn sein konnte. Man kam hier mit Bitte und Dank zu dem, der uns ganz nahe ist, wenn wir uns öffnen. Offen waren wir – die Atmosphäre hatte uns, bedingt auch durch die vorhergehenden harten Tage, ergriffen und präpariert –, sodass auch wir niedersanken, das Heil für uns und unsere Lieben erhoffend. Eine gewisse Veränderung der Wertigkeiten war also schon in uns vorgegangen: Aus einem stark durch den Intellekt betonten Glauben – man darf den Verstand nicht an der Kirchentüre abgeben – war nach und nach ein etwas naiverer Glaube geworden, einfach deshalb, weil es bei uns mittlerweile die Erfahrung gab, dass der Intellekt

einige Postkarten zu erstehen. Eine bildhübsche, junge Ordensschwester saß hinter der Verkaufstheke. Als sie unseren zum Stempeln hingereichten Pilgerpass sah, meinte sie, für uns beten zu wollen. Sie wiederholte unsere Vornamen und sagte: „La prière faut être personelle". Man müsse die Personen nennen, für die man bete. Es ist interessant, dass wir die gleichen Worte vor vielen Jahren einmal aus dem Munde eines orthodoxen Einsiedlers in Serbien vernommen hatten.

Nicht „für alle Pilger unterwegs",
sondern für Ingrid und Reinhard,
für Anne und Joel,
für Wendy und Greg,
für Hannes und Regula,
für Susanne und Uli,
für Wolfgang, Maurice, Christian,
für Detlev, Michel, José
und Luisa ...

in Glaubensdingen nicht das Wichtigste ist, sondern dass konkret das, was uns erfasst, beschenkt, zum Staunen bringt, prägt, tröstet, weiterhilft, mitten hinein führt in ein Phänomen, das Glauben heißt.

Nicht zu benennen,
nicht auszudrücken,
nicht zu erwarten, zu ertrotzen,
zu berechnen, nicht zu erzwingen,
nicht zu verhandeln, nicht in
Worte zu kleiden, nicht zu erkaufen,
ertauschen, vorherzusagen,
schlecht zu beschreiben,
besser zu beschweigen.

Mit langsamen, auskostenden Schritten erlebten wir das Wunder des Stille spendenden, etwas maurisch anmutenden Kreuzganges und wandten uns danach der Sakristei zu, um im Kiosk

Die Ordensschwester, sie hieß Marie-Odile, begann von der uns ab Morgen bevorstehenden Wegstrecke zu schwärmen. „Im Aubrac berühren sich Himmel und Erde", sagte sie. Die Worte gingen mir nahe, waren wie eine Verheißung – wir glaubten dieser feurigen, strahlenden Schwester.
War es möglich, dass meine Lebensgeister wieder erwachten? Nach einem ganz kleinen Imbiss, vor dem mir immerhin überhaupt nicht grauste, erfuhr ich mich nach einer ausgiebigen Siesta als wieder neugierig auf den Weg, freute mich aufs Losziehen. Währenddem Reinhard nochmals zur Stadtbesichtigung aufbrach, besonders um die spektakuläre romanische Kirche St. Michel hoch oben auf einem Felssporn zu besichtigen, die

wir vor etlichen Jahren einmal mit einer kleinen Gruppe sehen durften, pflegte ich noch der Ruhe, um morgen fit zu sein. Dabei ließ ich den Gedanken, die aus mir aufsteigen wollten, freien Raum.

*Einige uns wichtige Menschen sind
in den letzten Jahren gestorben,
wir gehen den Weg jetzt
ohne sie, oder sind sie doch
irgendwie um uns?
Ich möchte es wünschen,
dass P. Leonard, der dreimal ein
Stück des Camino mit uns ging,
in seiner unvergleichlichen
Präsenz, seiner Menschen-
freundlichkeit, in seinem
Wohlwollen, seinem Humor,
seiner Schlagfertigkeit und
seiner Glaubenskraft,
die es ihm ermöglichte,
uns noch vor seinem Tod zu trösten
– dabei wäre.
Ich möchte es wünschen,
dass Reinhards Cousine Christel,
die gerade erst gestorben ist,
uns inspirierte mit ihrer
Anständigkeit, ihrer Nüchternheit,
ihrer Treue.
Ich möchte es wünschen,
dass meine Mutter,
jetzt bar aller Probleme und
Verletzungen, in ihrer Fantasie,
Naturliebe, in ihrem Drang
nach Freiheit, nun in hoffentlich
vollendeter Gelassenheit
das mitgenießen könnte,
was uns beflügelt.
Erfährt sie jetzt die unendliche
„Leichtigkeit des Seins"?*

Sinn

Um sieben Uhr in der Früh begann die Pilgermesse in der Kathedrale. Wir waren erwartungsvoll gestimmt, als wir die morgendlich dämmerige, von Lampen und Kerzen partiell erleuchtete Kathedrale betraten und auf einem der Stühle, die für die Pilger vorbereitet waren, vorn am Altar Platz nahmen. Es waren schon viele andere vor uns eingetroffen, einige mit angestrengten Gesichtern, andere frisch und ausgeruht – wohl Neueinsteiger. Eine Ordensschwester kam auf Reinhard und mich zu. Wir möchten doch im Gottesdienst die Opfergaben nach vorn bringen. Der Gottesdienst wurde für Johannes Paul II. gehalten, dessen Begräbnis heute in Rom stattfand. Das Evangelium handelte von der wunderbaren Brotvermehrung. Etwas zu essen bekommen, obwohl eigentlich nicht genug da ist. Teilen können, teilen wollen, Geteiltes annehmen können. Was wäre meine Rolle in dieser biblischen Szene? Wohl die einer Frau, die im Vertrauen und in der Hoffnung auf gute Worte irgendwo hinaus in die Einsamkeit geraten ist, die darüber vergessen hat, für sich zu sorgen, die aber erstaunlicherweise doch überlebt, weil da jemand ist, der Stärke gibt. Als es dazu kam, die Opfergaben zum Altar zu tragen, flüsterte ich Reinhard zu, dass er das auch allein tun könne, vielleicht habe die Schwester ja nur ihn gemeint. Ich fühlte mich auf einmal ziemlich unsicher und unnötig. Da trat die Schwester nochmals an uns heran und meinte leise: „Nein, ihr sollt beide zusammen nach vorn gehen!" Also taten wir das. Schon während dieses Geschehens, aber auch nachher erfüllte mich ein Gefühl, als hätte mich endlich eine wichtige Erkenntnis erreicht:

Wir beide, Reinhard und Ingrid, mein Mann und ich,

bislang weitgehend notgedrungen getrennte Wege gehend, nebeneinander agierend, uns wenig austauschend, die eigenen Welten bespiegelnd, ab nun Bürger einer einzigen Welt, ab jetzt nicht zu zweit einsam, nein, ab sofort in Kommunität, das heißt Gemeinschaft lebend, alles, nein, das meiste miteinander teilend.

Während es draußen heller wurde, der Tag sich schüchtern anmeldete, änderten die bislang dunklen, stumpfen Glasscheiben der Kathedrale ihren Farbton in ein helles Blau der Hoffnung und der Vorfreude. Als der Gottesdienst zu Ende war, ließ der sehr nette Priester „tous les pèlerins" im Halbkreis unter der Jakobusstatue versammeln. Jeder sollte seinen Namen nennen und sein Herkunftsland. Wo gestartet? Bis wohin? Es war bewegend, dass da Kanadier neben Neuseeländern, Franzosen neben Deutschen standen, Belgier neben Polen. Aus allen Kontinenten hatten sich Menschen jeglicher Altersklasse eingefunden, die den Weg gehen wollten, jeder auf seine Art, in unterschiedlicher Erwartung, mit spezieller Motivation und Biografie. Der Priester segnete uns schließlich und schenkte uns allen ein Medaillon der Madonna von Le Puy, das Reinhard und ich sofort an unsere Halskettchen hängten. Zum Schluss zog jeder von uns aus einem Körbchen einen Zettel, auf dem eine Fürbitte geschrieben stand. Mir war aufgetragen, für den 4-jährigen Grégoir zu beten, der nach einer Reanimation im Koma lag, Reinhard sollte sich für Benoit einsetzen, der um seine Berufung rang.

Gestärkt und ermutigt gingen wir ins Hotel zurück, wo wir frühstückten und dabei mit dem Wirt ins Gespräch kamen, in dem er sich als einstiger Jakobspilger zu Pferd zu erkennen gab und uns Fotos seiner Pilgerschaft zeigte. Natürlich entließ er uns nicht ohne ein „Bonne route" und „Priez pour nous a Compostelle".

Erst um halb zehn Uhr konnten wir aufbrechen, was aber heute kein Nachteil war, da die Etappe nur über 23 Kilometer führen sollte. Aus der Stadt heraus ging es bei bedecktem Wetter erstmals im Pulk mit mehreren Pilgern zusammen bergauf in Richtung Zentralmassiv. Schon nach kurzer Zeit waren wir aber wieder allein, jeder hatte seinen für ihn passenden Platz auf dem Weg gefunden. Wie bei einem Radrennen gab es immer Ausreißer, eine Spitzengruppe, das Hauptfeld und Leute, die wegen irgendwelcher Defekte und Schwächen zurückbleiben oder gar aufgeben mussten. Eine junge Frau aus Heidelberg, die recht korpulent war, rannte mit einem viel zu großen Rucksack los, was sie schon bald unter Keuchen und Pusten eine wesentlich langsamere Gangart einschlagen ließ. Der Weg und die eigene Kondition bestimmen das Tempo eines jeden Pilgers.

Schon bald blieb ein Auto, das uns entgegengekommen war, vor uns stehen. Eine nette, junge Frau steckte den Kopf aus dem heruntergekurbelten Fenster und warnte uns vor einem Mann, der Pilger in die falsche Richtung schickte. Wir sollten ja immer der vorgegebenen Markierung folgen! Recht verwundert über diese merkwürdige Aussage folgten wir aber kurz darauf ihrem Rat, als uns tatsächlich ein etwas unsortiert wirkender, hagerer Mann eindringlich aufforderte, einen anderen Weg einzuschlagen, der angeblich kürzer sei. Natürlich kam hierbei wieder meine Fantasie in Fahrt. Während mein Mann kurz überlegte, ob der düstere Patron nicht vielleicht dennoch recht haben könnte, stellte ich mir vor, dass wir in eine Falle gelockt werden sollten, wie das vielleicht im Mittelalter auf der Pilgerroute von Wegelagerern praktiziert wurde.

In dem hübschen, kleinen Ort Saint Christoph mit einem bildschönen rötlich wirkenden Kirchlein aus dem 12. Jh., das von zwei kleinen Glocken in einem Steinaufbau gekrönt wurde, befand sich auch eine Bar, in der wir uns erfrischen konnten und wo uns ein umgänglicher junger Wirt den großen Pilgerstempel in das schon etwas mitgenommen wirkende Credencial verpasste. Auf dem Hauptplatz riefen wir von einer Telefonzelle Maresi, unsere ältere Tochter, an, von der wir wussten, dass sie Probleme in der Schwangerschaft hatte. Das Gespräch war deprimierend. Die Ärztin hatte ihr geraten, sich ins Krankenhaus zu legen, um die Schwangerschaft zu erhalten – Geburtstermin war erst Anfang September. Maresi wollte lieber nicht stationär aufgenommen werden, vor allem wegen des kleinen Sohnes. Unsere Tochter war tieftraurig über die schlechten Chancen, ihre Schwangerschaft planmäßig zu Ende zu bringen, aber trotzdem war sie der Meinung, dass es nicht gut sei, in diesem frühen Stadium eine Schwangerschaft mit Gewalt zu halten. Da Maresi und ihr Mann Ärzte sind und über alle Risiken Bescheid wussten, stand nun zwar Schonung zu Hause auf dem Programm, aber nicht völlige Ruhig-

stellung. Hilfe im Haushalt konnte Maresi bekommen, sogar eine Familienhelferin wurde ihr von der Krankenkasse genehmigt. Es ist klar, dass von nun an häufige Telefonate nach Backnang gingen und dass es nun etwas ganz Wichtiges gab, worauf sich ab heute unsere Gedanken fokussierten. Wenn ich jetzt den kleinen Simon sehe, der letztlich nur 14 Tage zu früh auf die Welt kam, und der eben zu sprechen begonnen hat, dann geht mir das Herz auf vor Freude.

An jenem Tag damals jedoch versetzte uns das Telefonat einen argen Dämpfer, ein Gefühl des Schreckens in der Magengrube. Sollten wir unseren Weg abbrechen – was unsere Tochter vehement ablehnte –, sollten wir so weitermachen wie bisher? Eigenartigerweise kann ich sagen, dass bei uns nach und nach innerlich bald so etwas wie Ruhe aufkam und wir uns im Vertrauen auf ein gutes Ende – wie auch immer – wieder unserem Weg widmeten, der nun schon auf etwa 1500 Kilometer geschrumpft war, alle geplanten Umwege inbegriffen.

Der Himmel wurde nun kohlschwarz, der starke Wind frischte auf und einige Tropfen kamen von schräg oben angeweht. Hinter uns eilte im Sturmschritt ein fröhlich aussehender, sportlicher Mann mit grauem Haar daher. Er trug nur eine kurze Regenpelerine, die kaum den Rucksack bedeckte und sprach uns auf Englisch an: Ob wir ihm nicht behilflich sein könnten, sein windgepeitschtes Cape wieder über den Rucksack zu ziehen. Er komme aus Irland und wolle auch bis Santiago gehen. Wo wir denn heute übernachteten? Auch in Saint Privat d'Allier? Wobei er „Allier" ziemlich britisch aussprach, was so ähnlich wie „Älijeih" klang.

Wir freuten uns, als am frühen Nachmittag die Silhouette des kleinen Ortes auftauchte und liefen flott die letzten Meter über eine Brücke, auf der uns ein Trauerzug von hauptsächlich älteren Menschen entgegenwandelte. Den Schlüssel zu unserem Quartier sollten wir in der Bar gegenüber holen, so stand es auf einem Zettel geschrieben, der an der Außentür des kleinen Hotels befestigt war. Endlich im Zimmer, bemerkten wir mit Freude, dass seit unserem Aufenthalt vor fünf Jahren hier eine Renovierung stattgefunden hatte. Sogar eine Nasszelle gab es jetzt im Zimmer. Das einzige Problem war, dass eine Tür zum Badezimmer fehlte, sodass man praktisch mit Blickkontakt auf den anderen aufs Klo gehen musste. Dieses Maß an geforderter Vertraulichkeit ging uns dann doch zu weit. Entweder, der andere verließ das Zimmer oder man fand eine Lösung des Problems „fehlende Tür". Mein Mann blickte wachen Auges suchend im Zimmer umher. Sodann befestigte er unsere gelbe Wäscheleine über der türlosen Öffnung zum Bad und drapierte darauf vorhangmäßig unseren weißen, recht großen Bettüberwurf, der glücklicherweise das Doppelbett bedeckte. Natürlich hatten wir dabei unseren Spaß, den anderen wie hinter einem Theatervorhang heraustreten zu sehen, wenn er das Bad verließ. Mir fiel plötzlich ein, dass die kürzlich verstorbene Cousine meines Mannes ihre Kleinkinder immer, wenn diese auf den Topf gehen sollten, fragte: „Musst du Wursti?" Diese Ausdrucksweise hatte mich schon damals, vor mehr als 25 Jahren, ungeheuer belustigt und ich hatte sie, wenn ich meinen Mann ein wenig „pflanzen", also ihn liebevoll ärgern wollte, ihm gegenüber hin und wieder angewandt.

*Es sind immer wieder auch
diese kleinen komischen Dinge,
die uns zusammenschmieden,
die uns zeigen,
dass wir einander in unserem
Bedürfnis nach Spaß,
nach einer gewissen Leichtigkeit
und Blödelei, in nichts nachstehen
und dass wir uns freuen,
neben all der geforderten
Ernsthaftigkeit so tun zu dürfen,
als existierte nichts
als wir selbst und unsere Welt.*

Am Abend ging es ein Stockwerk tiefer über die enge Wendeltreppe hinunter in die Gaststube, wo wir am Nebentisch den irischen Pilger vorfanden. Er trug dicke Filzpantoffel, die so flauschig wirkten, dass man Lust bekommen konnte, hineinzusteigen. Ansonsten outete sich Walter als pensionierter Diplomat. Da er vieler Sprachen mächtig war, bemühte er sich, Deutsch zu sprechen, was mich ein wenig ärgerte, da Englisch die einzige Sprache ist, in der ich mich wirklich gut verständigen kann. Walter war sehr wissbegierig. Er nutzte die Gelegenheit, mit uns zu reden, dazu, seine deutschen Sprachkenntnisse zu vervollkommnen. Als er hörte, dass wir aus Wien stammten, wurden seine Gesichtszüge ernst. Seine Frau war vor noch nicht allzu langer Zeit in Wien gestorben. Als er die näheren Umstände berichtete, hatte ich den Eindruck, dass er in die damalige Zeit abtauchte. Seine Augen glänzten vor Trauer, als er sprach. Gewiss war es sein Hauptanliegen, sich mit diesem schweren Schicksalsschlag auf dem Weg auseinanderzusetzen, ihn von allen Seiten zu betrachten, die letzten Gespräche und Situationen zu rekapitulieren und zu analysieren. Aus

Angst, das Alleinsein könnte ihn überfordern, würde er demnächst einen Freund treffen, der ein Stück mit ihm ging, dann würde sein Sohn ihn begleiten, dann wieder Freunde ... Es schien, als hätten alle, die ihm wohlwollten, ein Netzwerk um ihn errichtet, damit er nicht abstürzen konnte in seiner Trauer. Wir begegneten Walter noch sehr oft, hatten etwa den gleichen Rhythmus, bis wir dann vor den Pyrenäen auf die Via Tolosana überwechselten, um über den Somport-Pass zu gelangen. In den diversen Pilgerbüchern, die in den meist geöffneten Kirchen Frankreichs auflagen, machte der Ire lange Eintragungen, die oft mit den Worten endeten: „Pray for my wife" – betet für meine Frau. Für morgen bestellten wir ein Quartier im Weiler Le Falzet, wollten also etwas weiter gehen, als im Wanderführer vorgeschlagen. Schon in Saugues hätten wir ein gutes Zimmer bekommen, aber im Moment beherrschte uns der Antrieb, flott weiterzugelangen.

Daran wird man sich erinnern

Um 7.30 Uhr stellten wir uns zum Frühstück ein. Auch der Ire war schon anwesend, er wollte jedoch später starten, brauchte wohl eine längere Anlaufzeit. Wir hingegen nutzten gern die Gunst der frühen Stunde, die unserem Biorhythmus sehr entgegenkam. Als wir aus dem Fenster sahen, trauten wir unseren Augen nicht. Heute, am 9.4.2005, lag auf der Straße matschiger Schnee, fielen wässerige Flocken vom tristen grauen Himmel. Wir überlegten, ob wir das erste Stück des Weges, das über felsige Pfade nach oben führte, nicht besser auf der bequemeren Straße umgehen sollten. Wer wusste schon, wie „le chemin" höher oben aussehen würde. Immerhin waren wir jetzt schon auf 890 Meter Höhe und würden auf dem Originalweg 970 Meter erreichen.

Wir beschlossen also, zunächst auf der wenig befahrenen Straße zu bleiben, die teilweise von Felswänden gesäumt war. So erreichten wir Monistrol d'Allier, wo auch wieder der Originalpfad einmündete. Von gestern auf heute hatte sich das Umfeld in eine Winterlandschaft verwandelt und es war trotz der warmen Kleidung und der gegen den scharfen Wind umgehängten Pelerinen empfindlich kalt. Danach folgte ein langer Aufstieg, bei dem wir ein österreichisches junges Paar trafen, das im Zelt übernachtet und sich heute Morgen als eingeschneit erlebt hatte. Die beiden hatten sich ihre Tour eigentlich anders vorgestellt.

Wir mussten schließlich steil bergauf gehen, kamen an einer hübschen Kapelle vorbei, die in den Fels rechts des Weges hineingehauen war. Zum Glück wurden wir rechtzeitig darauf aufmerksam, dass wir einen Irrweg eingeschlagen hatten, da die Route sich plötzlich bergab wandte, wir aber dem Wanderführer entnommen hatten, dass wir bis auf über 1000 Meter

Höhe hinaufmussten, bevor wir das nächste Tal anvisieren konnten. Beim Hochsteigen kam sogar einmal kurz die Sonne durch, die die felsige, einsame Landschaft in freundlich glitzerndes Weiß tauchte. Bald darauf erreichten wir das Plateau mit seinen beiden Weilern. Die Sonne hatte wirklich nur gezeigt, dass sie noch existierte, ansonsten begannen nun wüstes, dunkles Gewölk und eisiger Wind die Szene zu dominieren. Da die Route teilweise durch Hohlwege führte, denen wir aber wegen der Weidezäune rechts und links nicht ausweichen konnten, hatte der Wind, der sich in Böen bis zum Sturm steigerte, hohe Schneewechten zusammengeweht, die wir durchsteigen mussten. Es ist nicht übertrieben, wenn ich sage, dass wir uns auf diesem Teil der Strecke Meter für Meter vorankämpfen mussten. An einigen Stellen lag der Schnee hüfthoch. Die Umhänge knatterten im Wind, die Gesichter brannten von der Kälte.

Riesenanstrengung, unerwartet.
Lebensfeindliche Kälte,
die gegen uns anstürmt.
Ich spüre jeden Muskel,
meine Atmung, meinen Herzschlag.
Wie lang wird das noch so gehen?
Ist der Hohlweg nicht
bald zu Ende?
Schützender Wald, bergende
Häuser – nichts in Sicht.
Mühsam ist das, aber auch wieder
ein besonderes Erlebnis,
da wir es uns mutig zutrauen,
weiterzugehen.

Beim Weg ins Tal hinunter nach Saugues verdichtete sich das Schneetreiben, das in weißen Wirbeln, die über die Wege tanzten, seine wilden Formen fand, die uns in Bedrängnis brachten. Erleichtert atmeten wir auf, als wir den Ort erreichten. Wie gern hätten wir hier schon Quartier bezogen, wie so viele andere Pilger am heutigen Tag. Wir hätten dann scherzhaft Goethe zitiert: „Erreicht den Hof mit Müh und Not ..." und wären schnell ins warme Zimmer geschlüpft, um uns unter der heißen Dusche aufzuwärmen. Der Sturm war stärker geworden. Wir kehrten recht erschöpft in einer Gaststätte ein, um uns mit Tee und Kuchen für die immerhin noch 9 verbliebenen Kilometer bis zu unserem vorbestellten Quartier zu stärken. Sollten wir nicht einfach das Zimmer in Le Falzet absagen und uns hier einnisten? Nein, das ging eigentlich nicht. Denn die Leute dort hatten sicher für uns schon Essen vorbereitet und vielleicht unseretwegen anderen Pilgern abgesagt!

Nach etwa einer halben Stunde schulterten wir also wieder unsere Rucksäcke und steckten den Kopf zaghaft ins Freie. Das Wetter hatte sich noch verschlechtert. Der Wirt riet uns, der Straße entlang nach Le Falzet zu gehen, da der Originalpfad nun verweht sei und die Markierungen unkenntlich. Dadurch würde sich unsere Wegstrecke wohl ein wenig verlängern, aber das sichere Ankommen war heute unsere Parole und hatte Priorität. Wenn man Filme vom arktischen Winter sieht, dann gibt es meist waagrecht dahineilende Schneefahnen, mangelnde Sicht, Weglosigkeit und totale Einsamkeit zu erleben. Wir fühlten uns heute so, als hätte uns jemand in den hohen Norden gebeamt. Nur die Schlitten und Hunde fehlten. Wir hätten diese heute allerdings gern

dabeigehabt. Die Spuren, die wir auf der verschneiten Straße legten, waren im nächsten Moment schon verweht. Kein einziges Auto kam uns entgegen, da ein Durchkommen nicht mehr möglich war. Zu hoch hatte sich der Schnee an einzelnen Stellen der Landstraße angehäuft. Es gab ständig Schneeverschiebungen auf der Straße, die sich im Sturm, der uns manchmal Sicht und Atem nahm, ereigneten. Es war gewaltig. Wir waren zwei kleine Menschen unterwegs in ein Quartier, das wir nicht kannten, auf einem Weg, von dem wir seit einer Gabelung nicht wussten, ob er richtig war, in der Hoffnung auf ein glückliches Ankommen – irgendwann, wohl nicht allzubald. Schon wieder kam eine Straßengabelung. Die rechte führte unserer Meinung nach in Richtung Le Falzet, es gab aber keine Wegweiser. Plötzlich stand da ein großer Traktor neben uns. „Wohin wollt ihr gehen?", fragte der Bauer. „Nach Le Falzet." „Dann müsst ihr links gehen. Es ist nicht mehr weit. Bon courage." Unmittelbar nach dieser rettenden Begegnung klarte das Wetter überraschend auf und wir erlebten den Rest des späten Nachmittags in goldenem Licht, das von einem hellblauen Himmel kam, der mit weißen, harmlosen Wölkchen bedeckt war. Auch der Sturm hatte sich gelegt.

Le Falzet war erreicht, ein uriger Weiler. In einem ganz aus Stein gefügten Bauernhof wurden Zimmer vermietet. Wie froh waren wir, um 17 Uhr endlich angekommen zu sein. Leider war das Zimmer eiskalt, dafür gab es aber eine Dusche mit richtig heißem Wasser auf dem Gang. Trotzdem kostete das Ausziehen im Badezimmer viel Überwindung. Man musste es sofort nach dem Ankommen, quasi noch im durchwärmten Zustand tun, sonst hätte man die Energie dazu nicht mehr aufgebracht. In der Wohnstube stand ein schöner, großer Holztisch, an dem wir, zusammen mit einem jüngeren französischen Paar, gut und reichlich verköstigt wurden. Mit Freude merkte ich, dass ich wieder mit Appetit eine volle Portion essen konnte und mich dabei richtig wohlfühlte. Die französischen Mitpilger wollten nur ein kurzes Stück wandern, die Frau sogar morgen schon aus beruflichen Gründen den Weg abbrechen. Wir unterhielten uns mit den beiden sehr nett, wobei, wie schon öfter erwähnt, unser Hauptkommunikator auf Grund seiner Sprachkenntnisse Reinhard war. So nett es auch war, bei französischem Wein zu plaudern,

so strebten wir doch alle vier recht bald dem Bett zu, in dem ich mich lange nicht erwärmen konnte.

Albtraum, Eis und Dvořák

Als ich am Morgen, nicht ganz erholt, durch das Schnarren des Handyweckers erwachte, spürte ich noch eine Zeit meinen Träumen nach, die heute ziemlich aufregend gewesen waren. In meinen Aufzeichnungen steht: Jemand soll erschossen werden, wird aber von einer Dame in einem Auto begnadigt. Sodann begegnet mir der Teufel in Form eines dunklen Gesellen, den ich zur Rede stelle mit den Worten: „richtet nicht, damit ihr nicht gerichtet werdet". Dann sage ich ihm noch: „Auch ein Teufel will nicht sterben, nicht wahr? Aber du tötest dauernd Menschen!"

Starke Bilder, starke Worte,
seltsam eindringlich.
Aus welchen Tiefen kommt
dieser Traum, was bedeutet er,
was will er mir sagen?
Ich merke nur, dass viel
Ungereimtes und Unheimliches,
Gedanken an Schuld und Strafe
in mir sind.
Wem gelten die Worte?
Richte ich sie an jemanden
oder sind sie von irgendwo her
an mich gerichtet?
Von mir selbst an mich selbst?
Ein wenig Unbehaglichkeit,
doch bald schon freue ich mich
aufs Frühstück und die heute
etwas kürzere und leichtere Etappe.
„Der Mensch ist ein Abgrund",
sagt Büchners Woyzeck.
„Träume sind Schäume",
sagt der Volksmund.
Ich wähle die leichtere Variante –
für heute.

Nach dem Frühstück spülten wir noch schnell mit vereinten Kräften das Geschirr. Erik, der Franzose, brach zusammen mit uns auf. Im Gänsemarsch stapften wir alsbald in ein sumpfiges, jetzt vom Schnee verhülltes Gelände, in dem wir einmal, zum Glück nur kurz, die Orientierung verloren. Kleine Wasserläufe gluckten irgendwo in der Tiefe. Wir mussten aufpassen, nicht in das eisige Wasser zu treten. Bis zur Domaine du Sauvage gingen wir mit Erik im Verbund, unter immer wieder knappen, kleinen Gesprächen. Er wollte in der Domaine einkehren, wir hatten vor, gleich auf dem Hauptweg weiterzugehen. Wir kannten die Domaine, einen Gutshof aus dem Mittelalter, dessen Scheune von außen wie eine gotische Kirche wirkt, schon von früher.

Später, auf der Straße, kam uns ein sportlicher, braungebrannter Mann mit flottem Schritt entgegen. „Vous marchez bien!" – Sie marschieren flott –, sagte er mit aufmunterndem Blick und interessierte sich für unser Vorhaben. Seine anerkennenden Worte gaben mir, nach den Tagen meiner Unfitness durch das Magenproblem, starken Auftrieb und neue Motivation. Ja, ich fühlte mich wieder frisch, ja, ich würde den Weg schaffen, ja, ich hatte wieder Freude am Gehen.

Die Quelle Saint Roche war erreicht. Auch Rochus ist ein Pilgerheiliger. Man erkennt ihn an dem geschürzten Kittel, unter dem eine Pestwunde am Oberschenkel zum Vorschein kommt. Das obligate Hündchen, das den schwer an Pest Erkrankten einst versorgte, sitzt zu seinen Füßen. Von die-

ser Rochusquelle soll man trinken, heißt es. Ich tat dies, einerseits wegen des Fotos, das Reinhard von mir machen wollte, andrerseits, weil ich eine sich bietende Heilquelle niemals verschmähte. So viel ist jedenfalls sicher: Das eisig kalte Wasser hat mir nicht geschadet. „Nutzt's nix, so schadt's nix!", heißt ein Wiener Spruch.
Es war Mittagszeit. Der kühle Gänsewein war uns ja bereits beschert worden, jetzt fehlte nur noch das Essen. Reinhard zog für jeden von uns ein Stück Weißbrot aus dem Rucksack. Die Brotscheiben waren Oldtimer, und es gab keine Beilage. Wir konnten ja gestern nicht einkaufen, hätten zwar die Bäuerin in Le Falzet um etwas Käse bitten können, hatten es aber vergessen. So beschlossen wir nun, unsere trockene Weißbrotscheibe pur zu essen. Die Frage stellte sich, wo wir das tun konnten. Richtig, es stand ja eine Rochuskapelle neben der Quelle. Da wollten wir uns hineinsetzen, um ein wenig vor Wind, Wetter und etlichen Minusgraden geschützt zu sein. Es war deprimierend für uns beide, dass die Tür verschlossen war. Was blieb uns anderes übrig, als unter dem Vordach der Kapelle lehnend, das Brot Bissen für Bissen zu uns zu nehmen und uns danach einzubilden, wir wären satt.

Der Wert von Brot, auch wenn es trocken ist –
ohne Butter, ohne Wurst,
ohne Käse, ohne Marmelade –
der Wert von Brot ist rapide hochgeschnellt auf der Werteskala des Pilgerlebens.
Ja, man kann auch trockenes Brot essen, es ist möglich.
Der übersättigte Mitteleuropäer, der gegen Übergewicht mit viel Steaks und Salat in den Kampf zieht,
staunt nicht schlecht, wie gut das schmeckt – trockenes Brot.
Es ist alles relativ.

Schon nach wenigen Minuten zogen wir weiter. Mühselig kamen gerade zwei Radpilger über das vereiste Sträßchen dahergerutscht. Jetzt stiegen beide ab. Es war zu schwierig, das schlingernde, vollbepackte Fahrrad im Zaum zu halten. Ein kapitaler Sturz – und aus wäre der Traum von Santiago gewesen. Mahnend schoben sich wohl die Gedenktafeln für verunglückte Rad- und Fußpilger, die es dann und wann – zum Glück eher selten – am Camino zu sehen gab, ins Bewusstsein der beiden mutigen Radsportler. Voll Sympathie winkten wir einander zu und riefen „Buen camino!"
Wir hatten uns heute wegen der Kälte Wollsocken über die Hände gestülpt, da wir ja unsere Handschuhe unvorsichtigerweise schon in Genf neben anderen Winterutensilien in die Heimat zurückgeschickt hatten. Da auch die Mützen schon längst in Deutsch-

land waren, mussten wir, um den Kopf zu schützen, mit unseren Anorakkapuzen und einem Stirnstreifen gegen Wind und Kälte vorliebnehmen. So wie schon gestern mündete unser Pfad in einen beidseitig abgezäunten Hohlweg, der von Schneewechten durchzogen war. „Es ist nicht möglich", sagten wir beinahe gleichzeitig, als wir der Bescherung ansichtig wurden. Wir hatten gedacht, dass mit dem gestrigen Tag die Strapazen des Winters abgeschlossen seien. Mitnichten. Die Schneeansammlungen waren noch höher als gestern, noch schwieriger war es, sie zu überwinden. Zu allem Überfluss sank ich plötzlich mit einem Bein fast bis zur Hüfte in den Schnee ein und merkte sofort, dass ich in eine tiefe Wasserlache eingebrochen war. Von oben strömte das eiskalte Nass in den Schuh. Wie man sich vorstellen kann, trug dies nicht gerade zu meinem Wohlbehagen bei. Da das Ziel jedoch nahe war, brachte mich der Tatbestand nicht wirklich aus der Fassung.

St. Alban war erreicht. Wir konnten im „hôtel du centre" ein hübsches Zimmer mit Blick auf die kleine, romanische Kirche buchen. Reinhard rief unsere drei Kinder an. Von allen bekamen wir gute Nachrichten. Die Schwangerschaft Maresis war jetzt stabil. Unserer Schwiegertochter, die auch ein Kind erwartete, ging es blendend, Tochter Dorli schwärmte von den kreativen Fähigkeiten ihrer beiden Kleinen. Diese guten Nachrichten – wir wussten nicht, dass wir von einer intensiven Sorge verschont wurden, von der wir erst nach der Rückkehr erfuhren – versetzten mich, nachdem ich heiß geduscht und frisch gekleidet war, nahezu in Euphorie. Wie großartig war es, nach diesen anstrengenden Tagen gesund zu sein und für den Moment alles Belastende über Bord werfen zu können!

Während Reinhard einkaufen ging, lag ich entspannt auf dem Bett und hörte und sah im Fernsehen im Arte-Programm ein wunderschönes Kon-

zert, in dem Musik von Dvořák und Ravel gespielt wurde. Ich kann mich nicht erinnern, wann ich zum letzten Mal mit solchem Genuss, solcher Konzentration, Musik gehört habe. Mir erschien alles absolut überirdisch. Die Töne, das Wohlgefühl, die Stimmung!

Unsere Sinne sind geschärft,
unsere Aufnahmefähigkeit erhöht,
das Schöne ist noch schöner,
das Erhabene noch erhabener,
das Heilige wird greifbar,
die Farben werden intensiver.
Wir haben unterwegs viel Müll,
viel Ballast abgelegt,
der Smog hat klarer Luft
Raum gegeben.
Himmel und Erde treten
leuchtend hervor.
Wir haben Geschmack am Leben,
nicht nur an seiner Würze.

Kurzetappe wider Willen

Wieder war das Wetter trüb, als wir in den neuen Tag hineinstarteten, allerdings verhieß die etwas wärmere Temperatur ein komfortableres Gehen. Beim Frühstück trafen wir einen jungen Kanadier, der so wie wir die Pilgermesse in Le Puy besucht hatte. Unterwegs, als wir kurz rasteten, setzte er sich zu uns und zeigte uns seine nagelneue Ausrüstung samt Trinkschlauch, der von einer Flasche im Rucksackinneren aus, wenn gewünscht, während des Wanderns zum Mund geführt werden konnte. Wir waren erstaunt über diese Vorrichtung, die uns selbst nicht so besonders gefiel. Wenn wir später Pilger trafen, die während des Gehens in kurzen Abständen per Schlauch aus einer Flasche sogen, dann erinnerte mich das irgendwie an eine verspätete orale Phase der frühkindlichen Entwicklung. Uns lag es weit mehr, wenn wir durstig waren, kurz zu rasten und dann – ohne Schlauch – zu trinken. Den jungen Kanadier, einen ausgesprochen netten und „feschen" Kerl, trafen wir in den nächsten vierzehn Tagen noch einige Male. Zum Glück hatte er irgendwann einen etwa gleichaltrigen Gefährten gefunden, mit dem er den Weg gehen konnte und wollte.

Die einen ziehen es vor,
in einer Gruppe zu gehen.
In der Gruppe kann man
untertauchen, wenn man will,
wie in einem warmen Bad,
man muss nicht viel sagen –
das tun die anderen.
Man braucht keine
Entscheidungen treffen,
man wird bis zu einem
gewissen Grad gelebt.
So gut, wie die Gruppe und
der Leader, so gut ist das Feeling.
Eine Gruppe, in der
ein guter Geist herrscht,
kann das Paradies sein.

Andere möchten nur
zu zweit pilgern,
mit dem Partner, mit einem Freund,
einer verwandten Seele.
Sie haben Angst, allein zu gehen,
oder sie meinen es sich und
dem anderen schuldig zu sein.
Oder sie wollen den anderen
wirklich dabeihaben – Tag für Tag.
In der Zweisamkeit bekommen
Unstimmigkeiten scharfe Konturen,
Harmloses kann eskalieren
und ist auf einmal gar nicht
mehr harmlos. Es gibt viele
Trennungen auf dem Weg,

*Enttäuschungen, Animositäten.
Der eine, auf den ich alles gesetzt
habe, der hält nicht das,
was ich mir von ihm versprach.
Das Universum stürzt ein wie
ein Kartenhaus, Weltuntergang –
bis die nächste Zweisamkeit
ausprobiert wird.*

*Schließlich gibt es die Einzelgänger,
die Mutigen, die Kämpfer,
die Träumer, die, die etwas
über sich selbst erfahren wollen.
Meist tragen sie riesige Rucksäcke.
Wie David werfen sie sich dem
Goliath Einsamkeit entgegen.
Ihre Sehnsucht gilt dem
abendlichen Erreichen der
Herberge, wo man sich mit vielen
Menschen austauschen kann.
„Die große Pilgerfamilie",
nennen sie das.
Hin und wieder eilen sie in
ein Internetcafé
und hoffen auf Nachrichten.*

Auf dem Weg hatten wir einen langgezogenen Eseltrack mit zahlreichen Kindern überholt. Junge Erwachsene begleiteten diese ungewöhnliche Karawane. Die Esel waren reichlich bepackt. Je eines der größeren Kinder führte ein Tier am Halfter. Die Kinder stapften zufrieden, doch schon ein wenig müde dahin. Es handelte sich um eine von der Schule organisierte Freizeit, wie wir erfuhren. Ich dachte, dass es vielleicht auch in Deutschland in Schulen, in denen viel Gewalt herrscht und in denen Kinder unter Mangel an Sinn und Zuwendung von zu Hause leiden, eine prägende und fördernde Erfahrung sein könnte, sich mit Tieren, für die man natürlich auch sorgen muss, in Kameradschaft mit den Mitschülern und begleitenden Lehrern, auf einen Weg, zum Beispiel den Jakobsweg, zu machen.

Im Ort Aumont-Aubrac, den wir nach 15 Kilometern erreichten, besichtigten wir die hübsche romanische Kirche, in deren Inneren ich mich geborgen fühlte. Schützendes „Höhlengefühl" stellte sich ein. Die Schlichtheit des Gotteshauses, die massive Bauweise und die gute Atmosphäre luden zum Verweilen ein. Der Hunger meldete sich aber unerbittlich und wir beschlossen, in einer kleinen Wirtschaft etwas zu essen. Das Gasthaus war überfüllt mit Arbeitern, die hier gerade Pause machten. Wir bestellten einen wohlschmeckenden „gâteau basque" – einen baskischen Kuchen, und hatten das Erlebnis eines Aborts, der im Wesentlichen aus zwei Trittmulden und einem tiefen Loch bestand. Froh, dieses Abenteuer ohne Komplikationen überstanden zu haben, rief Reinhard unser für heute geplantes, noch 15,5 Kilometer entferntes Quartier in Finieyrols an. Gut, dass er es tat – vielleicht folgte er einem sechsten Sinn –, denn einen Anschluss unter der im Führer ausgedruckten Nummer gab es nicht, trotz mehrfachen Probierens. Da es weit und breit keine andere Übernachtungsmöglichkeit gab, weder vorher noch nachher, beschlossen wir, schon hier, in Aumont-Aubrac zu übernachten, wo es gute Zimmer in einer gîte gab.

Merkwürdig war, dass ich nun beinahe ein schlechtes Gewissen bekam, weil wir nicht so weit gewandert waren wie beabsichtigt. Ich ärgerte mich über mich selbst. Warum setzte ich mich unter Druck? War es mein Ehrgeiz, war es die Angst, nicht schnell genug vorwärts zu kommen, war es eine gewisse Unbeweglichkeit gegenüber einer notwendigen Änderung unseres Planes? Nein, ich hatte noch nicht die nötige Gelassenheit, die Dinge so zu nehmen, wie sie gerade liefen. Warum freute ich mich eigentlich nicht darüber, mich einen halben Tag entspannen zu können, mehr Zeit für besinnliches Ausruhen zu haben? Während ich das dachte, ging es mir schon etwas besser und ich lehnte mich im Bett wohlig in das Kissen zurück, während Reinhard eine Einkaufsrunde in den Ort machte.

Was hat mir der Weg bis jetzt gebracht?
Hat er mir überhaupt etwas gebracht?
Viele Gedanken jagen durch meinen Kopf,
einige werden deutlich,
formen sich zu Bildern.
Ich sehe Flüeli und den Ranft,
wo mir nichts zu meinem Glück fehlte, wo ich in einen klaren See tauchte, in dem ich gerne länger geblieben wäre.
Ich sehe uns in der Messe von Le Puy,
in der wir gemeinsam einen Auftrag bekamen.
Ich sehe den Schneesturm vor Le Falzet,
in dem plötzlich jemand da war, der uns half.
Meine Leistungsfähigkeit ist wieder ausgezeichnet,
die Natur ist eindrucksvoll,
die Begegnungen intensiv,
Kunst und Kultur sind hochinteressant für uns.
Trotzdem muss ich erst herausfinden,
warum ich mich Tag für Tag auf den anstrengenden Weg einlasse.

Bergfest

Als unser Sohn seinen Dienst bei der Bundeswehr machte, da wurde, als die Mitte der doch recht anstrengenden und anspruchsvollen Zeit erreicht war, dies von ihm und seinen Kameraden als „Bergfest" bezeichnet. Von nun an würde alles leichter werden, da man sich doch bis hierher durchgekämpft hatte und langsam Routine bekam, dem Anspruch des Dienstes nun lockerer nachkommen konnte.

Ähnlich ging es mir am 12. April, an dem wir über die sensationell schöne Hochfläche des Aubrac die 27 Kilometer nach Nasbinals gingen. Mir fiel unterwegs ein Pilgerbericht eines Priesters ein, nach dem auf der ersten Hälfte des Weges Probleme jeder Art nicht ungewöhnlich sind, der eigene

Schatten sich kräftig bemerkbar macht. Erst später, so der Autor, gerate man in den Sog des aufbauend Göttlichen. War ich vielleicht in so einem Prozess begriffen, der mir das Leben in letzter Zeit etwas erschwert hatte? Die Landschaft hatte Klasse. Die Hochfläche, die mit riesigen Steinen malerisch geziert war – ein besonders charakteristischer heißt „pierre de loupe", der Wolfsstein –, war nur schüchtern bewachsen mit Narzissen und Krokus, der noch nicht voll aufgeblüht war. Einzelne kleine Schneereste bedeckten spärlich gelbliches Gras vom Vorjahr. Der Himmel war heute freundlicher und die Temperatur angenehm. Auf diesem Wegstück begegneten wir zum ersten Mal einem pensionierten Lehrer aus der Schweiz, der mit schmalem Rucksack und Aquarellblock unterwegs war. Eine seiner Töchter, eine Kindergärtnerin, die sich eine Auszeit genommen hatte, begleitete ihn mit ihrem großen Schäferhund Miro. Hannes und seine Tochter, beide schlank und groß, zogen mit raumgreifenden Schritten, ruhig, doch schnell und effektiv dahin. Es war eine Freude, ihnen zuzusehen. Was uns mit ihnen verband, war neben Sympathie auch die Tatsache, dass beide so wie wir vom Heimatort, in ihrem Falle Kesswil bei Konstanz, zu Fuß losgezogen waren und dass sie ebenfalls bis Santiago gehen wollten. Wir hatten bis jetzt beinahe exakt die gleichen Etappen gemacht und sollten uns auf dem Weg auch noch ganz oft treffen, bis wir dann vor den Pyrenäen zum Puerto de Somport strebten und sie zum Ibañetapass. Wir sind mit ihnen noch jetzt in Verbindung. Hannes hat durch den Jakobsweg einen kreativen Schub erhalten und nach seiner Rückkehr wunderbar bebilderte Wanderführer erstellt. Es tut uns noch jetzt leid, dass wir zur Vernissage der Ausstellung seiner Aquarelle nicht nach Zürich fahren konnten.

Schließlich erreichten wir Nasbinals, ein touristisch erschlossenes und doch recht ursprüngliches Bergdorf des Aubrac, wo wir ein angenehmes Zimmer in einem kleinen, doch höchst properen Hotel buchen konnten. Ich hatte heute unterwegs gemerkt, als wir, in unsere Regencapes gehüllt, Rast auf einer Steinplatte am Wegrand machten, dass meine Lust am Essen nun

vollends zurückgekehrt war. Ich denke, dass zur Lebensfreude auch die Freude an den leiblichen Genüssen gehört. Erstmalig seit Tagen fühlte ich mich wieder topfit. Nach dem Duschen machte ich mit Reinhard einen Besuch in der Kirche, über die im Outdoorführer, der sonst nicht viel über Kunst am Wege schreibt, zu lesen steht: „Wunderschöne romanische Église Nôtre Dame de la Carce aus dem 11. Jh. mit perfekten Proportionen." Natürlich bestaunten wir am Außenportal das hochgerühmte Schützenkapitell, im Inneren die besondere Atmosphäre der schweren, zur Konzentration hinführenden Romanik.

Das Abendessen verbrachten wir unter heiteren und aufgeräumten Mitpilgern und Touristen – und wir selbst waren ebenfalls heiter und aufgeräumt und freuten uns jetzt schon auf den neuen Tag.

Zum Cosmas vom Lot

Da wir mit 33 Kilometern eine lange und auch mühsame Etappe vor uns hatten, frühstückten wir schon um sieben Uhr. Wir mussten zunächst auf den Aubrac-Pass hinauf, der auf etwa 1360 Metern liegt. Allerdings war die Höhendifferenz von Nasbinals aus gering. Wir stiegen über flach welliges Weideland einen Pfad empor, der von unvergleichlicher Schönheit war. Eigentlich gab es nichts Besonderes zu sehen außer graugrüne Wiesen, ganz vereinzelt einen durch Wind und Wetter geformten Baum, wir sahen kleine Schneereste in den Mulden, glucksende, klare Rinnsale, die wir oftmals überqueren mussten. Zwischendurch bildeten zwischen den Weidegründen hin und wieder Überstiege in Form von hölzernen Leitern Barrieren, über die wir uns und unseren Rucksack hieven mussten. Nach und nach wurde der Himmel leicht bläulich, Nebelschwaden senkten und hoben sich, auf den kahlen Viehweiden wechselten rasch die Schatten der Wolken. Schließlich kam klar die Sonne durch all den Dunst hindurch und verklärte den ersten Blick auf die Passhöhe mit seiner Kirche Nôtre Dame

des pauvres aus dem 12. Jh. Die ursprüngliche Anlage wurde von einem Grafen Adalard, der glücklich den Gefahren einer Santiago-Pilgerschaft entronnen war, als Hospiz und Klosteranlage gegründet.

*In den Abendstunden und bei Nebel
läuteten die Mönche des Klosters
im Mittelalter die Glocken,
um Pilgern die Orientierung
zu erleichtern.
Wie haben es die Menschen
damals nur geschafft,
ohne Markierungen, ohne Goretex,
ohne Traubenzucker,
ohne Schuhe von Meindl,
Lowa, Hanwag ...
Vieles hat sich geändert,
aber ich wette, dass die Pilger
früherer Zeiten genauso
ehrfürchtig wie wir diese
wetterfeste, Vertrauen einflößende
Kirche auf der Passhöhe betraten.*

Nach einem eindrucksvollen Besuch der Kirche gingen wir in die Gatsstätte, um etwas zu trinken, trafen dort die Schweizer und unterhielten uns angeregt über eine Stunde lang. Die Zeit war angenehm verflogen, aber wir mussten nun doch endlich aufbrechen, um heute noch Saint Côme d'Olt – was so viel heißt wie heiliger Cosmas vom Fluss Lot – zu erreichen. Wir würden in die Niederungen des Lot hinuntersteigen, der uns über die folgenden Tage immer wieder begleiten sollte.

Nach 500 Höhenmetern Abstieg erreichten wir den hübschen Ort Saint Chély d'Aubrac. Nach einem kurzen Cola- und Kuchenstop ging es nach einem Brücklein mit Pilgerkreuz in einen Steilanstieg auf eine Hügelkuppe, von der wir einen spektakulären Blick zurück in das Tal hatten. Es war befriedigend, nun die Hauptanstiege des heutigen Tages hinter uns gebracht zu haben. Allerdings folgten noch weitere 16 Kilometer über 400 Höhenmeter bergab. Die Route, die auf einsamen Waldpfaden und Sträßchen gelegt war, erwies sich als sehr abwechslungsreich und ließ uns Hundszahnlilien, alle Sorten von Frühlingsblumen und gelbe Liliengewächse finden. Hier, schon beinahe unten im Tal des Lot, hatte der Frühling längst Einzug gehalten. Das letzte Stück des Weges gab einen herrlichen Blick auf Saint Côme d'Olt mit seinem seltsam torquierten Kirchturm frei. Diese Kapriole des Architekten ist kein Einzelfall, wie wir im Ort erfuhren, sondern wurde im 16. Jh. auch bei etlichen zwanzig weiteren Kirchen verwirklicht.

Im kleinen und einzigen Hotel des Ortes gab es zunächst kein warmes Wasser. Die Wirtin war eher unfreundlich, auch das Essen schmeckte nicht „französisch". Wir waren übrigens froh, dass ein großer, nicht unsympathischer Hund, der uns gestern viele Kilometer bis nach Nasbinals begleitete, heute am Morgen vor dem Hotel auf

uns gewartet hatte und uns bis zum Aubrac-Pass folgte, sich nun doch entschieden hatte, andere Gesellschaft zu suchen.

Ein Hund, der uns folgt,
ohne uns zu kennen.
Hat er kein zu Hause
oder ist er ein Streuner?
Eigentlich sieht er ganz gepflegt
aus, trägt ein buntes Halsband.
Vielleicht will er seinen Besitzer
ein wenig ärgern,
ihm Angst machen oder bestrafen,
weil dieser ihn zu viel allein ließ?
Hunde denken sich was dabei,
wenn sie ausbüchsen.
Wahrscheinlich war ihm nur
langweilig und er ist jetzt längst
zu Hause bei seinem Herrn,
liegt vor dessen Füßen, nachdem
er gierig gefressen hat,
und leckt sich die Pfoten,
die ein wenig strapaziert sind.
Nein, dieser ist kein armer Hund –
glauben wir.

Der Weg bevölkert sich

Wir zogen wieder zeitig los, da die Etappe lang und anstrengend zu werden versprach. Bei Morgennebel, der über dem Tal des Lot lagerte, brachen wir auf. Der Himmel war wolkenlos. Die Sonne stieg blass hinter Nebelschwaden auf. Es gibt ein schönes, sentimentales Lied: „Morning has broken..." Beschwingt durch die Melodie, die in mir Raum gewann und zum Klingen kam, nahmen Reinhard und ich den Weg auf. Schon bald führte uns die Markierung links der kleinen Straße etwa 100 Höhenmeter bergan durch einen romantischen Laubwald, in dem es reichlich verwildertes Unterholz und viele dürre Äste gab. Der Weg war allerdings quatschig und matschig und ließ sich schlecht gehen. Bei jedem Schritt gab es quietschende und blubbernde Töne. Wir kamen dadurch langsamer voran als uns lieb war. Oben angekommen, eröffnete sich ein hinreißender Blick über das Lottal, über dem noch immer kompakte Nebelbänke festhingen. Friedliche Viehweiden und einige freundliche Bauern, die Grünfutter schnitten, vervollkommneten das zu Herzen gehende Bild. Meine Freude darüber war allerdings stark geschmälert durch die Erkenntnis, dass wir eine Wegvariante eingeschlagen hatten, die uns viel Zeit und Kraft gekostet hatte. Der kürzere Hauptweg wäre unten im Tal weitergegangen. Eine Stunde war somit verloren, die heutige Kilometerzahl wohl auf 36 bis 37 angewachsen. Wie wir später erfuhren, hatten alle anderen Pilger des heutigen Tages den Weg im Tal gewählt.

Die wunderschöne Église de Perse, die wir bald erreichten, entschädigte uns für die Mühen des Umweges und verwandelte unseren Ärger in Staunen. Dieses Juwel aus der Romanik beeindruckte uns besonders durch die nicht figuralen, intensiv leuchtenden Fresken und das herrliche Portal, ne-

ben dem die Heiligen Drei Könige, die Schutzpatrone der Pilger, als kleine Skulpturen zu sehen waren.

Auch wir folgen einem Stern.
Der Antrieb dazu heißt Sehnsucht.
Die Sehnsucht ist es,
die lebendig macht,
die nach neuen Ufern streben,
die Beschwerden, Gefahren
und Ängste ignorieren lässt.
Sie zieht und drängt, das Ziel
kennt sie, aber gibt es nicht preis.
Sie verlangt, dass wir ihr folgen –
nicht hinterfragen.
Der Lohn ist irgendwann – alles.

Das nächste Highlight war die Église Saint Pierre. Wir machten Halt, trafen im Turm der gedrungenen Kirche – über eine Treppe zu begehen – die Schweizer. Regula saß in einer Ecke, versunken, den Blick auf den ehrwürdigen Altar aus dem 8. Jh. gerichtet. Der Hund Miro lag mucksmäuschenstill, auf den kühlen Steinboden gedrückt, so bewegungslos, dass ich ihn anfangs gar nicht bemerkte. Vater Hannes kauerte vor der gegenüberliegenden Seite des Altares und malte. Geheimnisvoll präsentierten sich die westgotischen Ornamente auf dem sakralen Stein. Tiefe Stille herrschte in dem Gemäuer, das durch offene Fensterbögen genügend Licht und Luft erhielt. Reinhard und ich waren plötzlich in dieses Schweigen eingeschlossen. Kaum wagten wir, uns zu bewegen. Wie aus einem Traum erwachend, lächelten uns beide zu. Der Bann war gebrochen, es durfte wieder gesprochen werden.

Weiter führte uns der Weg, immer entlang des Flusses Lot. Estaing, das bezaubernde Städtchen mit den charakteristischen Türmen, kam in Sicht. Hier war etwa die Hälfte der Etappe erreicht. Da heute der erste heiße Tag war, der uns mit azurblauem Himmel und hohen Temperaturen verwöhnte, wollten wir vor dem nächsten Aufstieg noch reichlich trinken. Hinter der wunderhübschen Brücke, die den Eingang zum Städtchen darstellt, ließen wir uns in einem Straßencafé nieder, tranken Mineralwasser und Espresso. Es gab leider gar nichts zu essen hier, auch keine Kleinigkeit, nicht einmal Schokolade. Reinhard bekam zu allem Überfluss statt der Cola ein Bier vorgesetzt, welches er nicht reklamierte, wohl weil er gerade müde war und einfach seine Ruhe haben wollte. Er hatte starke Rückenschmerzen und heute schon zwei Ibuprofen geschluckt. So zogen wir wieder los, um nicht durch Suchen einer andern Einkehrmöglichkeit zu viel Zeit zu vergeuden.

Das kommende Wegstück begann flach und wurde plötzlich ganz steil. Der Pfad führte an einigen Stellen beinahe senkrecht in den Hang hinein, eine Straße abkürzend. Als wir schon kaum mehr schnaufen konnten, da wir bei dem recht flotten Aufstieg außer Atem kamen, war zum Glück die Hochfläche erreicht. Wir machten Rast. Wieder tauchten die Schweizer auf, schenkten uns Bonbons und einen Apfel zur Stärkung. Wir hatten Müsliriegel zu bieten. Während Vater und Tochter noch ein wenig besinnlich sitzen blieben, zog es uns schon weiter, nach Golinhac, wo wir in einer Herberge, die auch Doppelzimmer vermietete, vorbestellt hatten.

Die auberge „Bastille" war glücklich erreicht. Der Tag war heiß gewesen, wir hatten viel geschwitzt und wenig getrunken, aber die zurückgelegte Etappe war als herrlich, phantastisch zu bezeichnen! Die Städtchen am mächtigen Lot im Goldglanz des Frühlings, die romanischen Kirchen in ihrer Noblesse und Ausstrahlung, nette Pilgerkameraden, tiefe Eindrücke und Gedanken – ein wenig Ärger inbegriffen –, all dies vermittelte Pilgergefühl in Reinkultur. Niemand würde uns diesen Tag mehr wegnehmen können.

Am Abend empfingen wir liebe SMS von Familie, Freunden und Verwandten. Beim Abendessen saßen wir an einem Tisch mit Hannes und Regula, mit Wendy und Greg aus Australien und mit dem Franzosen Michel, einem in sich gekehrten, aber freundlichen und interessanten Pilger. Die Stimmung zwischen uns war animiert und hervorragend. Wir lachten und erzählten und tranken Wein und aßen das köstliche dreigängige Abendbrot, das wir alle uns heute redlich verdient hatten. Ein wunderbarer Pilgertag ging wunderbar zu Ende.

Conques

Heute war die Etappe recht kurz und das Ziel sehr spektakulär. Die Prämonstratenser-Abtei Conques sollte unser Quartier für zwei Nächte werden. Wenn wir einen Rasttag machten, dann, wenn möglich, an einem wichtigen und schönen Ort wie diesem. Am Morgen beim Aufbruch hatten wir erstaunt festgestellt, dass es in der Nacht geschneit hatte. Der Himmel war bedeckt, aus dem grauen Gewölk kamen wässerige Schneeflocken herabgetanzt. Mit einigen unserer Pilgerkameraden zogen wir los. Wir erfuhren, dass Wendy Krankenschwester und Greg Viehzüchter von Beruf war. Da Greg aber einen gravierenden Reitunfall mit Spätfolgen hinter sich hatte und auf dem Pilgerweg von Tag zu Tag mehr an Hüftschmerzen litt, hielten es die beiden Australier für möglich, dass sie den Weg demnächst abbrechen müssten. Sie sagten dies ohne Bitterkeit, ohne Neid auf die anderen, die in diesem Punkt glücklicher waren als sie.

*Richtige Pilger gönnen einander
all das Gute, das sie für sich
erstreben würden,
auch wenn es bei ihnen selbst
gerade nicht klappt.
Richtige Pilger sind aber auch
nicht eingebildet.
Sie wissen ja, dass alles
ein Geschenk ist.
Eine glückliche Wallfahrt kann
man nicht erzwingen.
Besondere Erfahrungen kann
man nicht herbeireden.
Ein Pilger kann nichts vortäuschen,
irgendwann fällt die Maske von
Selbstsicherheit und Coolness.
Er steht dann da ohne Titel,
ohne Beziehungen, ohne Lobby.
Ganz allein muss ein Pilger
den Weg gehen –
die eigene Reduzierung ertragen.*

Das letzte Stück des Weges war erreicht. Es führte steil hinunter nach Conques über nass glänzende Steine. Vor uns ging sehr aufrecht ein großer, schlanker Pilger mit riesigem Rucksack und breitkrempigem Hut auf dem Kopf. Er grüßte uns freundlich und stellte sich vor: „Ich bin der Jürgen aus Lübeck. Ich habe schon von euch gehört. Ihr seid den ganzen Weg zu Fuß gegangen?" Gemeinsam meldeten wir uns mit ihm und einigen anderen Pilgern bei den Patres im Kloster an. Da es auch Doppelzimmer gab, und wir ungern im großen Schlafsaal nächtigen wollten, hofften Reinhard und ich natürlich sehr, dass unser Wunsch nach Privatleben erfüllt werden könnte. Tatsächlich hatten wir Glück. Ja, ein Dreibettzimmer sei noch frei, aber möglicherweise müssten wir morgen ausziehen, da es eigentlich schon anderweitig vergeben war. Warum hätten wir uns eigentlich nicht vorangemeldet? Wir merkten aber, dass der junge Mann an der Klosterpforte uns sehr gewogen war und sein Möglichstes tat, um unseren Wunsch zu erfüllen. Natürlich verabsäumten

wir es nicht, wie ja ohnehin beim Einchecken in eine Herberge üblich, sogleich unseren schon mit so zahlreichen Stempeln versehenen Pilgerpass vorzulegen, um den Mann für uns einzunehmen.

Etwas Raffinesse kann nicht schaden, man darf auch nicht blöd sein. Der Mann ist beeindruckt über die Strecke, die wir schon zurückgelegt haben.
Allerdings hätte auch viel schiefgehen können.
Wir hatten oft ziemliches Glück.
Ist Glück gleichzusetzen mit Fügung?
Erleben wir Fügung dann, wenn alles passt, alles stimmt?
Wenn alles gerade so ist, wie es in unseren Augen sein soll und kein bisschen anders?
Kann vielleicht auch scheinbares Unglück Fügung sein, das sich im Gefüge unseres eigenen und des Lebens unserer Mitmenschen als sinnvoll erweist?

Unser nicht abschließbares Zimmer war gemütlich – ein Königreich für zwei lange Tage, eine Ewigkeit aus wichtigen, unvergänglichen Augenblicken. Conques ist ein außerordentliches Fachwerkdorf an der steilen grünen Flanke eines tief eingeschnittenen Tales. Wir schlenderten durch den von angeregten Touristen und Pilgern lebhaft bevölkerten Ort. Hauptanziehungspunkt war die romanische Kathedrale, die ihresgleichen sucht. Wir sahen etliche Menschen, die in Betrachtung des gewaltigen und kunstreichen Tympanons am Hauptportal versunken waren. Auch wir konnten uns diesem Eindruck nicht entziehen, obwohl wir eigentlich zunächst hatten unseren Hunger stillen wollen, war unser Magen doch seit dem Frühstück leer geblieben. Nein, wir wollten nicht zum Essen einkehren, bevor wir die Kirche besucht hatten. Sie umfing uns mit ihrer Würde, ihrem Geheimnis und ihrer klaren Schönheit. Hier war es gut sein. Ich bedauerte alle Menschen, die dies alles hier nicht sehen konnten. Die Schutzheilige des Ortes ist Sainte Foy, die heilige Fides.

Eine unbekannte Heilige aus dem 4. Jahrhundert, für den Glauben ist sie gestorben, noch als junges Mädchen.
Bekennerin, Märtyrerin.
Kraft und Mut steckten in ihr.
Wie sind sie ihr zugeflossen?
Der Künstler des Tympanons zeigt sie auf dem Boden ausgestreckt, vom Finger Gottes berührt.
Im kleinen Museum der Kathedrale gibt es eine goldene Statue von ihr mit vielen Edelsteinen und Gemmen besetzt.
Da sieht sie aus wie jemand, der Macht hat, wie eine Kaiserin.
Aber als sie auf Erden lebte, hat man ihr das Leben entrissen.
Sie hat darin eingewilligt, sich nicht gewehrt – oder vielleicht doch?
Hat sie geweint und gezittert, als sie merkte, dass sie um das Sterben nicht herumkommt?
Hat sie schluchzend oder in Panik ihre Seele Gott übergeben?
Er aber hat etwas aus ihrer Geschichte gemacht, viele sind durch sie gläubig geworden.
Jetzt kann man die Erinnerung

*an sie kaufen als kleines Medaillon
– in Silber oder in Blech.
Die meisten nehmen die
preisgünstigere Version.
Ist Fides bei uns Pilgern zugegen,
bittet sie für uns bei Gott?
Ich jedenfalls habe an ihrem Altar
eine Kerze für diverse Anliegen
angezündet.*

Wir gingen endlich Tee trinken. Dazu genehmigten wir uns einen gâteau noir, einen köstlichen, etwas schweren, jedoch sättigenden Kuchen, in dem mit Nüssen nicht gespart war. Wieder begegneten wir dem deutschen Pilger Jürgen, mit dem wir zum ersten Mal ein wenig plauderten. Es sollten noch viele Begegnungen folgen.

Wegen unserer in doch jetzt absehbarer Zeit bevorstehenden Überquerung der Pyrenäen via Somportpass waren wir ein wenig angespannt. Wir hatten für den Aufstieg zum Pass keine Wegbeschreibung gefunden und uns nur aus Landkarten und per Internet mögliche Etappen zusammengestellt. Nun versuchten wir, in der Klosterbuchhandlung einen kompetenten Führer zu erwerben. Tatsächlich gab es hier ein Buch über die gesamte Via Tolosana, in die unsere gewählte Route einmünden sollte. Die freundliche Buchhändlerin schlug uns vor, nur die von uns benötigten Seiten, die von Oloron Sainte Marie bis zum Somportpass Auskunft gaben – eine Spanne von drei Wandertagen –, für uns zu fotokopieren. Das ganze Buch zu erwerben, hätte uns nur unnötigen Ballast beschert. Froh und erleichtert begannen wir auf unserem Zimmer diesen Weg zu studieren. Was Reinhard aus dem Französischen übersetzte, klang nicht gerade ermutigend. Eigentlich war die Passüberquerung für Pilger ungeeignet, da einige Kilometer auf einer stark befahrenen Straße zu gehen waren, die schmal und ohne Randstreifen als „lebensgefährlich" und als etwas für Lebensmüde bezeichnet wurde. Es hatte wohl Unfälle mit Pilgern gegeben, man hatte daher die ursprüngliche Markierung nicht erneuert und fühlte sich nun bemüßigt, von der Route abzuraten. Reinhard hatte die Stirn in sorgenvolle Falten gelegt, als er mit konzentriertem Gesichtsausdruck die Zeilen studierte, mir immer wieder die bedenklichen Passagen vorlas. Ich sehe ihn jetzt noch vor mir, lang ausgestreckt auf der himbeerroten Überdecke seines Bettes. Hinter ihm war ein kleines Fenster, an dessen Scheiben gerade Regentropfen prasselten. Wie gut war es, unter Dach zu sein, wie konnten wir uns sicher fühlen in dieser Klosterherberge. Nach längerem Hin und Her beschlossen Reinhard und ich, trotz aller Bedenken den gesamten Weg zu Fuß über den Somportpass zu wagen. Angst vor dem Verkehr hatten wir nicht, waren uns doch solche Situationen, in denen wir stark befahrene Straßen entlanggehen mussten, nicht fremd. Auch der eigentliche Aufstieg zum Pass machte uns wenig Angst. Wir waren ja von Jugend an gewohnt, Bergpfade zu gehen und dabei nicht so leicht die Fassung zu verlieren. Das Kapitel Somportpass war nun also geklärt. Rückblickend wundere ich mich, woher wir die Sicherheit nahmen, dass diese Route für uns machbar sein würde.

*Bilder von Bergtouren
in den österreichischen Bergen
kommen mir in den Sinn,
die Sehnsucht nach dem Höher,
Weiter besetzt mein Herz.
Ich meine es zu spüren, wie das
damals war, in meiner Jugend,
als ich auf dem Hintersitz eines
Motorrades, einer „Maschine",
um fünf Uhr früh, als es gerade
rotbläulich zu dämmern begann,
sorglos und unbeschwert dem Ausgangspunkt der Tour entgegenbrauste, mit fliegenden Haaren und
kalten Händen, das Herz voll
von Vorfreude und Stolz.
„Auf den Berg muaß ma renna,
und oba genauso", belehrte
mich Egon, der Kunstschlosser
aus dem Dorf, der mich zum ersten
Mal mitnahm auf so eine Tour.*

*Er hatte immer ein Lächeln im
Gesicht, und in seinen hellen Augen
blitzte etwas Verrücktes. Es war
die Sehnsucht nach dem Berg.
„Bergnarrisch" nannten ihn
die anderen.
Ich hastete hinter ihm den Berg
hoch. Was für ihn ein Spaziergang
war, das brachte mich an den Rand
der Dekompensation.
Ich ließ mir nichts anmerken
und ich schaffte es.
Oben auf dem Gipfel sagten mir
einige Leute „Bergheil!"
Ich fühlte mich, als sei ich Ritterin
vom Goldenen Vlies geworden.
Ich wusste damals, dass sich mir
an diesem Tag ein Tor öffnete.*

Wir wohnten dem Vespergebet in der Kapelle bei, danach gab es um 19 Uhr Abendessen. Unvergesslich ist mir die große Tischgemeinschaft von vielleicht 50 Pilgern bzw. Touristen, die im warmen Refektorium an langen Tischen eng aneinandergerückt, heißhungrig auf das Essen warteten. Ein Prämonstratenser nahm sich unser an, erklärte uns Wissenswertes über seine Gemeinschaft und über Conques. Er betete mit uns und sang mit uns ge-

nun ein stimmungsvolles Orgelkonzert gab, zu dem es abwechselnde Beleuchtungen einzelner Kunstwerke des Kirchenraumes gab. Mir steht die erlesene romanische Skulptur „Maria Verkündigung" hoch oben im Kirchenschiff vor Augen, die plötzlich in warmem Licht erstrahlte. Teile der Gewölbe, der Kuppel, der Kapitelle wurden sanft ausgeleuchtet, das gab, zusammen mit dem Orgelspiel, besondere Effekte. Der Pater hatte vorher uns Pilgern geraten, beim Orgel- und Lichtspiel in Bewegung zu bleiben und im Kirchenraum umherzugehen.

meinsam das Pilgerlied, das uns durch ganz Frankreich begleiten sollte und uns sogar noch in Spanien einmal die Tränen in die Augen trieb, als wir es unvermittelt hörten. „Jour après jour nous prenons le chemin, jour après jour nous allons plus loin, jour après jour la route nous appelle, c'est le voix de Compostelle ..." – Tag für Tag nehmen wir den Weg auf, Tag für Tag gehen wir weiter, Tag für Tag ruft uns der Weg, es ist die Stimme von Compostela ... Das Lied schließt mit dem Ruf „Deus adjuva nos!" – Gott helfe uns.

Greg und Wendy, Michel, Jürgen, Hannes und Regula, Walter ..., alle waren sie da, alle waren hoch gestimmt und dankbar für diese Stunde. Rotwein leuchtete in den Gläsern und machte das bescheidene Essen zu einem Festmahl.

Nach dem Nachtgebet gab es in der durch Kerzen erleuchteten Kapelle die Pilgersegnung. Jeder bekam ein Heftchen mit einem Evangelium in Landessprache geschenkt. Mit den anderen Pilgern gingen wir hernach in die Kathedrale, wo der „Musikpater"

Ich habe das Bedürfnis allein zu sein, verkrieche mich hinter Säulen.
Zu gewaltig, zu emotional ist das, was jetzt auf mich einstürmt.
Mein Lebensweg, mein Pilgerweg, mein persönlicher Weg.
Langsam bewege ich mich im linken Seitenschiff vorwärts, spüre meine Füße, die noch müde sind vom Wandern.
Diese braven Füße gehören zu mir, ich bin dankbar für sie.
Mein tapferes Herz hat bis jetzt alle Anstrengungen mitgemacht.
Mein unermüdlicher Rücken schleppt das ungewohnte Gewicht nun schon über 1500 Kilometer.
Das ist nicht selbstverständlich.
Gut, dass wir hier unserem Körper Gelegenheit geben zu entspannen.
Ich fühle, wie ich müde werde, alles in mir ist schwer und doch auch wieder leicht, unkompliziert.
Der Pater improvisiert jetzt zum Abschluss temperamentvoll und freudig das soeben erlernte Pilgerlied. Die Töne perlen und fließen, treffen mitten ins Herz.

*Am Ende gehe ich an Reinhards
Seite schweigsam zu Bett.*

Verregneter Rasttag

Einige unserer Pilgerkameraden gingen heute schon weiter, andere nutzten diesen interessanten und eindrucksreichen Ort, um einen Tag zu ruhen. Am Morgen verließ Jürgen das Quartier. Er sah blass aus: „Seid froh, dass ihr heute nicht im Schlafsaal genächtigt habt, da waren einige Schnarcher, ich hab kaum geschlafen, hätte mir auch ein Zimmer nehmen sollen." Er war ein wenig übernächtigt und grantig, freute sich aber schon aufs Weitergehen.

Beim Mittagessen meinte Wendy zu mir, dass sie keine Lust habe, in eine Kirche zu gehen. „It is not dangerous" – „es ist nicht gefährlich" –, sagte ich zu ihr. Da musste sie heftig lachen, besonders Greg war sehr erheitert, warum auch immer. Am Nachmittag sah ich die beiden in der Kathedrale ein Lichtchen anzünden.

*Angst und Ablehnung bewegen
viele Pilger, die mit Kirche,
vielleicht seit langer Zeit
zum ersten Mal wieder,
in Berührung kommen.
Da gibt es alte Wunden,
Zurückweisungen, schwierige
familiäre Situationen, schuldhafte
Verstrickungen, in denen sich
Menschen von der Kirche nicht
verstanden, ausgegrenzt fühlen.
Sie meinen, dass es da „die Guten"
gibt, die erwünscht sind,
die schon alles wissen, die
in den Himmel kommen.
Und sie fühlen sich als
unerwünschte Außenseiter,
weil sie irgendwelchen Normen
nicht entsprechen.*

Wir führten manchmal unter Pilgern religiöse Gespräche. Beim Essen sagte mir ein Franzose, der eine tiefe Enttäuschung hinter sich hatte: „Ich habe zwar bis jetzt Gott nicht gefunden, aber den Glauben an die Menschen habe ich zurückbekommen." Bemerkenswert war, dass jeder die Einstellung des anderen respektierte. Keiner machte sich über die kirchentreuen Pilger lustig, aber umgekehrt wurden auch die anders Denkenden nicht niedergemacht oder verachtet. Wir waren einfach alle nur Menschen, die auf dem einen oder anderen Weg das Heil suchten, wie immer das im Einzelfall aussehen mochte.

Der zum Teil starke Regen an diesem Rasttag verleitete zum Faulenzen. Wir sanken beide in einen tiefen Siestaschlaf, in dem ich einen seltsamen Traum hatte, den ich in meinen täglichen Aufzeichnungen vermerkt habe: Eine Japanerin wird von den anderen ausgepfiffen und ausgeschlossen. Sie brüllt deshalb vor Wut.

*Ist die Japanerin ein Teil von mir,
ein exotischer,
nicht ganz stimmiger?
Wird dieser Teil vielleicht von mir
verdrängt und setzt sich zur Wehr?
Will etwas in mir leben,
das ich nicht zulasse?
Wann wird sich alles klären?*

Ein müder Tag

Nachdem wir noch am Morgengebet der Patres teilgenommen hatten, zogen wir bei trübem Wetter los. Die Schweizer und die Australier machten

den ersten Steilaufstieg mit uns gemeinsam. Schnell kamen wir hoch über das Tal hinaus und blickten zum Abschied auf das gastliche Conques mit seiner mächtigen Klosteranlage zurück. An einer Kapelle machten wir Halt. Da hing ein Glockenstrick, den Hannes zu ziehen begann. Das helle Glöckchen läutete weit über das Tal hin. Hannes erklärte, er habe mit einem Pater vereinbart, dass er zum Abschied die Glocke läuten wolle, und dass dieser Pater mit der großen Glocke der Kathedrale Antwort geben würde. Gespannt lauschten wir zum Tal hin. Und wirklich: nach kurzer Zeit begann es im Tal unten dunkel zu tönen. Man dachte an uns Pilger. Wir waren denen nicht gleichgültig. Wir waren es der Mühe wert, dass man wegen uns die Glocke läutete.

Nun trennten sich unsere Wege. Die Australier blieben hinten, um Gregs Hüfte zu schonen und die Schweizer nahmen die Variante über Noailhac, wir gingen den anderen Weg und wollten in Decazeville übernachten, was von uns eine Dummheit war, die wir erst später als solche realisierten. Wenn wir ohne nach Decazeville abzusteigen oben auf dem Berg geblieben und bis Livinhac, das wir sowieso am nächsten Tag wieder erklimmen mussten, weitergegangen wären, so hätten wir aufs Ganze gesehen 8 Kilometer gespart.

Um halb drei Uhr waren wir in Decazeville und gingen sogleich auf die Suche nach einem Quartier. Eine seltsame Müdigkeit lag über uns – und das nach dem Rasttag! Der Ort hatte mehrere Hotels, aber alle waren im Umbau oder geschlossen. Am Ende des langgestreckten Ortes fanden wir ein intaktes, aber ebenfalls geschlossenes Hotel. Hier sagte man uns jedoch auf telefonische Anfrage, dass wir ab 18 Uhr einchecken könnten. Vorher sei niemand anwesend, der uns unser Zimmer zuweisen könne. Das Städtchen erschien uns nach all dem Schönen, das wir vor Kurzem noch gesehen hatten, als nicht besonders attraktiv. Graue, moderne Häuser, wenige, einfallslose Schaufenster, keine Sehenswürdigkeiten. Die Kirche wollten wir aber natürlich besuchen. In ihr war ein für meine Begriffe ziemlich bunter Kreuzweg von Gustave Moreau zu besichtigen. Die Bilder gefielen uns nicht besonders, aber nach dem Motto „abgehakt" verließen wir zufrieden das unserer Meinung nach gesichtslose Gotteshaus. Dass wir hier wenig Atmosphäre spürten, mochte an uns selbst liegen.

Wir sind verwöhnt,
haben schon zu viel gesehen,
legen hohe Messlatten an,
sind dadurch vielleicht ungerecht.
An einem anderen Tag
hätten wir dem Städtchen sicher
mehr abgewonnen.
So aber, mit Conques im Herzen,
noch nicht ganz hier angekommen,
brauchen wir Zeit.
Außerdem fühlen wir eine

bleierne Müdigkeit. Wo können wir nur die Wartezeit verbringen?

Das einzige geöffnete Lokal, das wir erspähten, war ein sogenanntes Cyber-Café. Lauter junge Leute saßen drin und schauten verdutzt auf, als wir mit unseren Rucksäcken und Stöcken hineinpolterten und uns häuslich auf einer Sitzbank in der Ecke niederließen. Der Wirt war ein junger, magerer, etwas verhärmt dreinblickender Mann, der uns aber mit großer Freundlichkeit bediente. Zum Glück hatte er für uns kleine Quiche-Törtchen auf Lager, die er in der Mikrowelle aufwärmte. Da wir hier etwa drei Stunden auszuhalten hatten, bestellten wir uns nach einem Bier noch heißen Tee. Das Lokal war ungeheizt und die Kälte kroch an den verschwitzten Rücken hoch. Es fröstelte uns beide. Ich überbrückte die Zwischenzeit, indem ich Tagebuch schrieb und Fotos auf den Displays von Reinhard und mir betrachtete. Das, was augenscheinlich misslungen oder unbedeutend war, wurde gleich gelöscht. Als wir endlich zum Hotel gehen konnten, fiel mir jeder Schritt schwer. Die Muskeln und Gelenke waren wie eingerostet. Außer uns war kein einziger Pilger zu sehen. Da plötzlich sahen wir Walter, den Iren, von den australischen Mitpilgern „Wally" genannt, im Eilschritt vorbeirennen. Schon dachten wir, er sei der Einzige, der auch so dumm gewesen war wie wir, hier, abseits der Route zu übernachten. Aber Wally dachte gar nicht daran, in Decazeville zu bleiben. Wohl hatte er sich hierher verirrt, rannte aber bei der nächsten Kreuzung den Berg hoch nach Livinhac, wo auch die anderen schliefen, wie wir nachträglich erfuhren. Das, was Walter heute zusätzlich an Kilometern machte, mussten wir morgen leisten.

Als wir endlich in unserem Hotelzimmer angekommen waren, fehlte uns die Energie, noch einmal auf die Straße zu gehen, um ein Speiselokal zu suchen. Wir begnügten uns mit ein paar Bissen aus unserem Rucksackvorrat. Schon bald gingen wir zu Bett und versanken in einen fürstlichen Schlaf, der uns am nächsten Tag optimal gestärkt und erholt auf die Strecke schickte.

Brotvermehrung und Champollions Stadt

Als wir um halb acht Uhr aufbrachen, war der Himmel grau – so wie gestern. Ich musste an meine Mutter denken, die bei trübem oder schlechtem Wetter alle ihre Beschwerden auf ein drohendes Sturmtief oder ein „furchtbares" Tiefdruckgebiet schob, was wir damals ein wenig belächelten. Jetzt musste ich feststellen, dass es sich bei trockener und heiterer Witterung in der Tat besser und motivierter ging als an einem Tag wie heute. In Montredon, es hatte gerade zu regnen begonnen, lasen wir in der Kirche im „libre d'or" eine aufbauende und liebenswürdige Grußnachricht von Hannes und Regula an uns. Im nächsten Ort (Guirande) wollten wir das Kirchlein mit den laut Führer romanischen Fresken besichtigen. Der Schlüssel dazu sollte im Stromkasten am Friedhof liegen. Auch Wendy, Greg und Walter waren eingetroffen. Keine Schlüssel, so sehr wir auch stöberten. Hannes hatte einen Zettel deponiert, dass auch er den Schlüssel nicht ge-

funden habe. So gingen wir alle zusammen in munterem Geplauder weiter. Der einzige Wermutstropfen war, dass Gregs Hüftschmerzen trotz Einnahme von Analgetica so unerträglich wurden, dass die beiden in Figeac, unserem heutigen Etappenziel, länger pausieren, vielleicht sogar abbrechen wollten. Durchnässt kamen wir alle im kleinen Weiler Saint Felix an, wo eine hübsche romanische Dorfkirche mit eigenartigen Figuren im Tympanon, die Adam und Eva mit dem Apfelbaum darstellten, von uns allen kurz besichtigt wurde. Hernach strebten wir in das gemütliche und urige Dorfgasthaus, um uns ein wenig aufzuwärmen und zu stärken.

Die Wirtsstube war besetzt von durchnässten Pilgern, die mit triefenden Haaren und glühenden Wangen hier in der Wärme Platz gefunden hatten und nun wie die Sardinen geschlichtet, auf engstem Raum heiße Suppe löffelten. Überall hingen Regencapes, lehnten Wanderstöcke, lagen übereinandergetürmt die Rucksäcke. Alle rückten zusammen, als wir zu fünft eintraten und mit einem „Hallo" empfangen wurden. Nur kurz wurden die Gespräche unterbrochen, Grüße flogen hin und her, und dann ging das angeregte Geplauder weiter. Die im Gesicht vor Stress hochrote, aber dennoch freundliche Wirtin kämpfte sich zu uns durch, die wir neben den Schweizern ein Plätzchen gefunden hatten. Regula war so durchnässt, dass sie die Toilette aufsuchte, um sich trockene Klamotten anzuziehen.

Als wir der Wirtin signalisierten, dass wir auch gerne Gemüsesuppe hätten, sagte sie bedauernd, dass diese zu Ende gegangen sei, dass wir aber etwas anderes bestellen könnten. Noch ehe wir überlegten, was wir nun nehmen wollten, reichte uns ein Pilger eine Suppenterrine vom Nebentisch. „Nehmt von uns etwas, wir haben genug." Gleichzeitig schoben uns Hannes und einige andere Pilger ihre Suppenterrinen, die jeweils für zwei bis drei Personen gedacht waren, zu. So kam es, dass wir auf einmal mehr als genug Suppe in den Tellern hatten.

So etwas rührt an –
beinahe wie ein Wunder.
Eine Gemeinschaft, die solidarisch
ist, die miteinander teilt.
Es ist nicht egal, wie es
den anderen geht.
Und plötzlich, urplötzlich ist
da Gelächter und Hochstimmung,
Gestikulieren und Erzählen.
Schicksale werden offengelegt,
es herrscht Vertrautheit unter
den vielen – für eine gewisse Zeit.
Schließlich ziehen alle weiter,

jeder auf seine Art.
Aber da bleibt ein guter
Nachgeschmack.
So könnte es sein ...

In der Wirtsstube saß auch ein Paar, das auf dem Jakobusweg Hochzeitsreise machte. Die junge Frau war bildschön mit echt irisch feuerrotem Haar, er hatte ein feines und intelligentes Gesicht. Er habe Prämonstratenser werden wollen, da habe ihn in Conques sein Schicksal ereilt. Strahlend blickte er auf seine frisch Angetraute. Gute Wünsche und Scherze flogen den beiden von allen Seiten zu. Auf dem folgenden Wegstück regnete es reichlich. Zum Glück war aber Figeac, unser Etappenziel, nicht mehr allzu weit entfernt. Zweimal überholte uns Wally mit wehendem Cape, zweimal kam er etwas verlegen lächelnd von einer Abzweigung zurückgelaufen, weil er eine Markierung übersehen hatte und falsch abgebogen war. Mit gutmütigem Spott wurden ihm die Mehrkilometer der Umwege vorgerechnet, wozu er herzlich lachte. Dank seiner guten Kondition hatte er bald wieder alle überholt.

Figeac wird vom Namen „Champollion" dominiert, der an der Wende zum 19. Jahrhundert in dieser kleinen Stadt lebte und dessen bedeutendste Leistung es war, die Hieroglyphen entziffert zu haben. So konnte es auch nicht ausbleiben, dass wir in dem schönen Hotel namens „Champollion" im Zentrum des lebendigen, wunderhübschen Städtchens Einzug hielten. Eigentlich war die Unterkunft für Pilger zu komfortabel.

Wie wohltuend ist es,
die nassen Sachen auszuziehen,
heiß zu duschen mit einem
zart duftenden Duschgel,
das in kleinen Portionen,
in Beutelchen eingeschweißt,
zu unserer Verfügung steht.
In trockenen Sachen, in einem
warmen Zimmer entspannen wir
uns, strecken uns aus, haben
kaum schlechtes Gewissen.
Es wird noch anstrengende
Situationen genug geben,
denken wir.
Aber für heute sind wir dankbar,
unendlich dankbar.
Jeder Tag ist ein Kapitel für sich.

Nachdem wir gerade noch vor der Schließung der Kirche in den gotischen Kapitelsaal der Église Saint Sauveur hineingekommen waren und die friedliche und weihevolle Atmosphäre genießen konnten, bummelten wir durch die Stadt. Die hübschen, teils gotischen Bürgerhäuser mit ihren eigenartigen Loggien im Dachge-

schoss gaben uns einen Kick in Bezug auf Wachheit und Präsenz. Natürlich bestaunten wir auch eine Nachbildung des Steins von Rosette mit seiner griechischen, ägyptisch kursiven und Hieroglyphenschrift, anhand dessen der berühmteste Sohn der Stadt das Rätsel der Bilderschrift gelöst hatte. Den Abend beschlossen Reinhard und ich in einer Crêperie und genehmigten uns als Nachtisch eine crème marron.

Blitz und Donner

Steil war am Morgen der Aufstieg auf eine Hochfläche oberhalb von Figeac. Unten lag noch dicht der Bodennebel wie kompakte Watte, aber bei uns oben zeichnete sich ein herrlicher Morgen in goldenem Licht ab. Wir passierten einen interessanten Obelisken, Aiguille du Cingle, der früher so etwas wie eine Landmarke für die Gewährung von Asyl bedeutete. Laut Führer stammten die imposanten Zeichen aus dem 13. Jahrhundert. Wo waren heute nur all die Pilgerkameraden hingekommen, denen wir sonst täglich begegneten? Waren sie vor uns, waren sie hinter uns?

Nach etwa 16 Kilometern machten wir auf einem Steinmäuerchen Rast. Kaum hatten wir unseren heute etwas ungewöhnlichen Proviant in Form einer Rosinenschnecke gegessen und uns den Inhalt einer Coladose geteilt, die ich heute ausnahmsweise erworben hatte, da begann es zu regnen. Hastig packten wir unsere Sachen zusammen und waren nach einigen Handgriffen wieder startbereit. Lange ausgeruht hatten wir uns nicht auf dieser Mauer, deren unregelmäßige Steinbrocken mit ihren Kanten und Schrun-

den das Sitzen nicht gerade komfortabel gestalteten. So tat es ganz gut, weiterzulaufen. Wir hofften, in Gréalou eine Einkehrmöglichkeit zu finden. Da dies leider nicht der Fall war, marschierten wir weiter bis zu einem recht spektakulären Platz, an dem sich ein Dolmen befindet und in gehörigem Respektsabstand, aber deutlich sichtbar, ein altes, niedriges, recht plump wirkendes Steinkreuz.

Es heißt, der Jakobusweg
sei schon in vorchristlicher Zeit
ein Erfahrungsweg gewesen.
Was macht die Besonderheit
dieser Route aus?
Gibt es sie wirklich,
die heiligen Plätze?
Die Orte, die uns für Größeres
öffnen, an denen unser Herz
erschauert, wir ganz still werden?
Ich denke, dass es denkwürdige,
bemerkenswerte Orte und
Wege gibt.
Spüren wir hier die Nachwehen
von Heiligem und Heiligen?
Sind ihre Spuren unauslöschlich
eingegraben im Gedächtnis
der Welt?
Wird etwas von uns in Resonanz
gebracht durch dieses Intensive,
Unsagbare?

*Ich kenne keinen Pilger,
der nie gesagt hätte:
„Hier ist ein Ort, an dem ich
meine Hütte bauen möchte."
Pilgern aber heißt weiterziehen.*

Wir setzten uns nieder, um die Besonderheit dieses ebenen, runden, sakral wirkenden Platzes zu fühlen. Ein Blick zum Himmel ließ uns schon nach ein paar Minuten hastig die Sachen wieder zusammenpacken. Im Westen stiegen pechschwarze Wolken auf und ein kühler Windstoß gab ein erstes Warnsignal. Jetzt hieß es rennen! Kurz blieben wir bei einem Pilger mit Hund stehen, der Schuhe und Socken ausgezogen hatte und sich seine Blasen bedächtig verklebte. Auf unsere Anfrage gab er zu erkennen, dass er mit allen Pflastern eingedeckt war, die er in dieser Situation brauchte.

An einer Wegkreuzung stand eine Markierungstafel, die eine Caminovariante anzeigte. Wir entschlossen uns, den Normalweg weiterzugehen und taten gut daran, wie wir später dem Führer entnahmen. Starker Regen hatte eingesetzt und bedrohlicher Donner wurde plötzlich hörbar.

*Wir laufen auf einer Hochfläche
dahin – besser gesagt, wir hasten.
Hoffentlich trifft uns kein Blitz!
Der Weg ist zum Bächlein
geworden.
Unsere Pellerinen triefen und
die Regentropfen erzeugen darauf
ein prasselndes Geräusch.
Von meiner Nase rinnt das Wasser
auf die Oberlippe.
Ich lecke das Nasse ab,
es schmeckt ein wenig salzig.
Wieder ein Krachen –
diesmal ganz nah.*

*„Unter deinen Schutz und Schirm
... Maria breit den Mantel aus ...
Und wer dich anruft, wird erhört ..."
Ich kann mir vorstellen, in welchen
Situationen diese und
ähnliche Worte, die zum
christlichen Volksgut gehören,
gebetet wurden.
Vom Fischer an der Cuesta de
Muerte in den Wogen des Sturms,
vom orientierungslosen Wanderer
in den Pyrenäen bei Nebel und
Schnee, von mir, einer
ängstlichen Person, die sich nicht
wirklich in Gefahr befindet –
denn das Gewitter zieht schon ab.*

Trotz der 30 zurückgelegten Kilometer trafen wir am frühen Nachmittag in einem Hotel in Cajarc ein, das wir schon von früher kannten. Auch heute ließen wir es uns gut gehen. Ein Highlight bedeutete es für uns, unsere gesamten Kleidungsstücke wieder einmal in der Maschine waschen und trocknen zu können. Zu unserem Bedauern stellten wir fest, dass das Fernsehen nicht funktionierte – der Blitz hatte eingeschlagen. Der Ausgang der Papstwahl hätte uns schon interessiert.

Es wurde uns heute so richtig bewusst, dass wir durch die Anstrengungen schon etliche Kilos abgenommen hatten. Mit munteren Worten rief Reinhard plötzlich: „Schau doch einmal her, ich kann meine Hose ausziehen, ohne sie aufzumachen!" Tatsächlich versetzte es mich in ungeheure Heiterkeit, zu beobachten, wie Reinhard sich seine Wanderhose vom Leib beutelte. Bei entsprechenden Bewegungen rutschte sie einfach herunter, wenn der Gürtel geöffnet war. Wie eine Zirkusnummer ließ ich ihn dieses

Kunststück noch einmal vorführen und lachte mich dabei halbtot. Als ich selbst versuchte, diese Vorführung zu kopieren, stellte ich fest, dass mein Körper an einigen Stellen doch noch zu gut gepolstert war, um diesen Effekt zu erzielen. Allerdings stellte auch ich mit einiger Befriedigung fest, dass meine Anziehsachen an mir schlotterten. Einerseits freute ich mich darüber, andrerseits kamen auch Gedanken auf wie: „Hoffentlich sehe ich nicht bald wie eine Vogelscheuche aus, wie eine Ritterin von der traurigen Gestalt!"

Der Abend endete mit einer Nachricht, die bei uns wie eine Bombe einschlug. Der Deutsche Kardinal Ratzinger war Papst geworden, Benedikt XVI. sollte er heißen.

Den Lot entlang

Wir hatten beschlossen, heute eine Wegvariante einzuschlagen, also nicht über Varaire, sondern über das spektakuläre Städtchen Saint Cirq Lapopie am morgigen Tag nach Cahors zu gelangen. Es reizte uns, den Fluss Lot entlangzugehen und dieses wunderschöne Tal mit seinen unterschiedlichen Facetten zu erleben. An der Bushaltestelle in Cajarc trafen wir zwei Pilgerinnen, die sich per Bus nach Cahors bringen lassen wollten, da sie von starken Fuß- bzw. Knieschmerzen geplagt wurden. Beide waren niedergedrückt und ihre wehmütigen Blicke, als sie uns andere Pilger voll Spannkraft zum Ort hinausziehen sahen, sprachen Bände.

Schnell waren wir abseits der Hauptroute, und ich muss sagen, dass ich das entspannte Wandern auf dem unkomplizierten Sträßchen, das uns,

teilweise unter überhängenden Felsen, den mäandrierenden Fluss entlangführte, richtig genoss. Immer wieder gab es kleine Regenschauer aus blitzschnell aufgezogenem Gewölk, durch das plötzlich wieder verklärende Strahlen drangen, die die Landschaft in Licht und feuchte Frische tauchten. Wie belebend war dieser Morgen, wie mühelos war diese Route, die keinerlei Schikanen aufwies, zu bewältigen. Am Wegrand, quasi im Straßengraben, gab es immer wieder Orchideengewächse zu bestaunen, wie Ragwurzen und Stendel, und Reinhard geriet in Verzückung, wenn wieder einmal eine Nachtigall ihr volltönendes Lied sang. Allerdings war es vor allem der Nässe wegen schwierig, zwischen Felsen und Fluss einen Rastplatz zu finden. So legten wir unsere Alusitzkissen auf ein Steinmäuerchen, das im rechten Winkel von einem niedrigen Haus eines Weilers wegführte.

Kaum hatten wir uns häuslich niedergelassen, da tönten aus einem geöffneten Fenster Gitarrenklänge und die Rhythmik eines Schlagzeuges. Eine angenehme Männerstimme begann dazu Schlager zu singen. Gespannt und hingegeben lauschten wir dem

Konzert, das wir als eigens für uns dargeboten interpretierten.

*Reinhard liebt Richard Strauß
und Wagner,
mich erfassen beim Anhören von
Johann Sebastian Bach
Begeisterung und Freude und
ich meine dann,
in eine andere Sphäre einzutauchen.
Die Lieder, denen wir jetzt lauschen
– sie werden vom Froschgequake
des nahen, mit Wasserlinsen
übersäten Tümpels untermalt –
sind nichts für die Ewigkeit,
sie werden in keinem Musikarchiv
gespeichert sein für die Nachwelt.
Dennoch habe ich im Moment
das Gefühl, dass hier ein
Troubadour singt,
der es ehrlich meint.
Und in gewisser Weise
erreicht er unser Herz.
Und gestärkt stehen wir auf
und ziehen weiter.*

Ein Ehepaar kam uns entgegen. Auch sie wanderten mit Rucksäcken dahin, die allerdings mit unseren an Größe nicht konkurrieren konnten. Die beiden sprachen uns freundlich auf Englisch an. Sie interessierten sich für unseren Weg, kamen selbst aus Amerika und wollten hier im Tal des Lot so viel als möglich an alter Kultur entdecken. Sie machten uns auf das Schloss Cénevières aufmerksam, das hoch über uns auf einem Felsen thronte. Die Führung, die sie eben mitgemacht hatten, war erstklassig gewesen. Da wir heute nicht mehr allzu weit zu gehen hatten – bis jetzt lagen wir sehr gut in der Zeit – beschlossen Reinhard und ich, den kleinen Umweg in Kauf zu nehmen und den Schlossfelsen zu erklimmen. Oben angelangt, erfuhren wir, dass wegen der Mittagspause eine Stunde lang keine Führungen seien. Was blieb uns anderes übrig, als uns, durch Sitzkissen und Regencape einigermaßen geschützt, auf eine Parkbank zu hocken und zu warten. Es gab hier oben keine Möglichkeit, unter Dach Rast zu machen. Bleierne Müdigkeit befiel mich, als wir fröstelnd und unsere kärglichen Essvorräte erfolglos nach etwas Leckerem durchstöbernd, wie die Uhus, eingehüllt in blaues Plastik, den Rucksack als Wärmeisolierung hinter dem Rücken, nur wenige Worte wechselnd, die Zeit im Sitzen hinzubringen suchten, denn gegangen waren wir ja schließlich genug. Plötzlich öffnete sich eine schmale Tür im Pförtnerhäuschen. Eine junge Frau kam strahlend vor Gutmütigkeit heraus in unsere graufeuchte Tristesse. In der Hand hielt sie zwei Tassen mit heißem, dampfenden Kaffee. Wir seien doch sicher müde, wir hätten doch sicher Durst. Unsere Trinkflaschen könnten wir auch bei ihr auffüllen. Leider habe sie hier nichts zum Essen. Beinahe entschuldigte sie sich dafür.
Unsere Situation veränderte sich von einem Moment zum anderen. Die Aussicht auf den heißen Kaffee machte uns schlagartig munter, gesprächig und lebendig. Die Frau lachte auf, als sie unsere Erleichterung und Dankbarkeit bemerkte.

*Zu den Werken der Barmherzigkeit
gehört auch, Hungrige zu speisen
und Durstige zu tränken.
Früher war mir das alles abstrakt.
Ich wusste darum, hatte aber
keine Erfahrung damit.
Jetzt sind wir unversehens die,*

*die Barmherzigkeit empfangen.
Die Frau, die uns wohl durch
das Fenster erspäht hat,
könnte uns ignorieren.
Im umgekehrten Fall würde ich
das vielleicht so tun.
„Die haben doch sicher etwas
im Rucksack zu trinken dabei,
die sind doch Pilger, die halten
schon etwas aus.
Wenn die fünf Kilometer weiter
gehen, können sie im Gasthaus
einkehren."
Mit solchen Argumenten würde
ich möglicherweise mein leise
aufbegehrendes Gewissen
beruhigen.
Nein, diese Frau ist anders als ich,
sie quatscht nicht herum,
sie handelt.*

Die anschließende Führung durch das noch immer bewohnte Schloss war hochinteressant und ließ uns den Blick von der Terrasse in das liebliche Tal genießen. Sogar der alte Graf und seine Frau wurden uns gezeigt, als sie freundlich grüßend im Auto den Schlosshof verließen. Verschiedene Histörchen der Familie wurden uns aufgetischt, eine eindrucksvolle Schlosskapelle, ein bedrückendes Verließ, eine hochherrschaftliche Küche und erlesene Wohnräume wurden uns gezeigt. Da die Führung zwei volle Stunden dauerte, waren wir – inklusive der Wartezeit – nun ziemlich spät dran. Es war späterer Nachmittag und noch waren 9 Kilometer zu gehen. Eigentlich hatten wir schon früher am Ziel sein wollen, um noch Zeit zu Rekreation und Besichtigung zu haben. Insgeheim schob ich nun in meinen düster hochsteigenden Gedanken dem armen Reinhard die Schuld für diese Situation in die Schuhe.

*Er mit seinem Kulturfimmel
will immer alles haben.
Wenn es nach ihm ginge,
würden wir jedes unbedeutende
Drecksnest durchforschen
und wie die Schnecken
vorankommen. Oder wir würden
alles unter einen Hut bringen
wollen und wären jetzt total
überanstrengt. Ich finde,
man muss Prioritäten setzen!
Da fällt mir ein, dass ich ja dem
Plan, dieses Schloss zu besichtigen,*

*begeistert zugestimmt habe. Eigentlich bin ich genauso verantwortlich wie er für das, was ist. Warum brauche ich einen Sündenbock, wenn etwas nicht so läuft, wie ich mir das vorgestellt habe?
Reinhard sieht mich von der Seite an. Er merkt, dass ich wütend bin, geladen, grantig. Sein Blick entwaffnet mich und ich muss lachen – wenn auch grimmig.*

Immerhin hatte meine Verstimmung zur Folge, dass ich, wahrscheinlich unbewusst, ein viel zu scharfes Tempo einschlug, das uns die 9 Kilometer in einundeinhalb Stunden zurücklegen ließ, mir aber für die kommende Nacht und den nächsten Tag Kreuzschmerzen eintrug, was ich allerdings als gerechte Strafe für mein launisches und ungerechtes Jammern empfand. Es gibt ein Sprichwort: „Die kleinen Sünden straft Gott sofort." Demnach war mein Vergehen anscheinend nur mäßig schlimm.

Ziemlich kaputt erreichen wir unser zauberhaftes Quartier im Zentrum des fantastischen Städtchens hoch über dem Lot. Ein Belgier vermietete ein kultiviertes und anheimelndes Appartement an uns. Vermittelt hatte uns dieses Traumexemplar einer Chambre d'hôtes die Wirtin des Hotels von Cajarc – merci, Madame! Wir wurden freundlichst empfangen mit einem Drink, der nicht in Rechnung gestellt wurde. Offenes Feuer knisterte und flackerte im Kamin. Die Balkendecke, die gediegene Einrichtung und der Charme des Hauswirtes machten es uns leicht, uns wie im siebenten Himmel zu fühlen.

Es war allerdings ein Problem, irgendwo ein Abendessen zu bekommen. Etliche Lokale waren geschlossen – hier war noch Vorsaison. Endlich aber erreichten wir ein Restaurant, in dem wir nach längerer Wartezeit Platz nehmen konnten. Die Gaststätte war überfüllt und noch standen etliche Anwärter am Rande des gemütlichen Speisesaales, die mit gierigen Augen und wässerndem Mund die schon Speisenden betrachteten. Erst um 22 Uhr kamen wir ins Quartier zurück, wo wir noch kurz im Fernsehen die ersten Auftritte des neuen Papstes verfolgten, wenngleich uns beinahe schon die Augen zufielen.

*Merkwürdig, alles ist anders,
als ich dachte.
„Ratzinger ist zu alt",
hatte ich gedacht.
„Die Franzosen werden sich
ärgern, dass ein Deutscher
Papst geworden ist."
„Er ist gescheit, aber unterkühlt,
er wird nicht ankommen."
All dies hatte ich gedacht.
Nun sah ich auf dem Balkon des
Vatikans einen feinen und
dem Anschein nach gütigen Herrn,
bescheiden lächelnd, ein wenig
ungeschickt in den Bewegungen,
der die Menschenmenge
zu Beifallsstürmen anregte.
Auch unsere französischen
Mitpilger, ob katholisch oder nicht,
sprachen sich anerkennend
über diesen Benedetto aus.
Und ich, ich war zufrieden,
dass ich mich für ihn nicht
genieren musste, dass ich im
Gegenteil Stolz empfand auf
diesen geschliffenen Intellektuellen,
der zum Pontifex Maximus
geworden war.*

Keks, ein Hund und die Stadt mit der Brücke

Der belgische Hauswirt steckte uns belgische Keks und Schokolade zum Abschied zu. Auch zeichnete er uns auf einem Bierdeckel die wichtigsten Wegkreuzungen unserer heutigen Route ein – wozu er konzentriert eine Landkarte studierte. Am Abend würden wir Cahors erreichen und somit wieder Anschluss an die Via Podiensis bekommen. Auch erfuhren wir, dass der Name des gastlichen Hauses, in dem wir übernachtet hatten und der „Peire" lautete, aus dem Okzitanischen kam und so viel wie „Fels" bedeutete.

*pedra, pietra, petrus, peire, pierre,
pedro, piedro, peter ...
Alles ist eins und doch auch
wieder nicht.
So kleine Unterschiede sind es,
die uns auseinanderdividieren.*

Der Wecker hatte mich heute aus dem Tiefschlaf gerissen, also brauchte ich im Gehen erst ungefähr eine Stunde, bis Leib und Seele wirklich anwesend waren. So langsam kam der Kreislauf in optimale Funktion, ich begann mich frischer und unternehmungslustiger zu fühlen. Seele und Geist waren nicht mehr dem Gewitter von Cajarc oder dem Schlossbesuch vor Cirq Lapopie verhaftet, oder steckten in irgendwelchen Nachtfantasien fest, sondern jetzt waren sie wieder präsent und bereit, die mutige Reise in den Tag hinein aufzunehmen.

*Was ist eigentlich der Unterschied
zwischen Seele und Geist,
die wir immer so gedankenlos
in einem Atemzug nennen.
Vielleicht habe ich ja im
Philosophie- oder Religionsunterricht geschlafen?*

Wir trabten hoch über dem noch nebligen Tal des Lot dahin und genossen den Sonnenschein, der heute wieder überzeugend die einsame, eher karge Landschaft erstrahlen ließ. Teils auf der D 8, teils auf dem Wanderweg GR 36, gelang es uns, nach der Skizze des Hauswirtes die richtigen Abzweigungen zu finden. Durch schüttere, niedrige Wäldchen, die mehr einer Macchia glichen, führte unser Weg, sofern er sich von der höchst selten befahrenen Straße entfernte. Am Nachmittag schließlich stiegen wir hinab ins Tal des Lot, und als Vorboten von Cahors tauchten auch wieder Häuser, ja sogar eine Ortschaft auf – für uns ein freudiges Ereignis, hatten wir doch jetzt den unklaren Teil des Weges beendet. Cahors war, entlang des Flusses gehend, nun nicht mehr zu verfehlen.

Ein großer, prächtiger Golden Retriever folgte uns schon längere Zeit. Als wir uns zu einer kleinen Rast an den Rand des Uferweges setzten, ließ auch er sich an unserer Seite nieder. Seine Augen leuchteten unternehmungslustig und er schien zu grinsen. Er hechelte ein wenig und schob vorsichtig die Schnauze auf das Knie meines Mannes, der ein großer Hundefreund ist und daher von allen Hunden geliebt und umlagert wird. Reinhard gab dem Streuner ein Stück Käse, das dieser überhaupt nicht gierig, aber höflich annahm, so als wollte er uns einen Gefallen tun. Das Weißbrot hingegen schmeckte ihm nicht. Er drehte den Kopf entschieden weg. Es lag ihm also wirklich nur an unserer Gesellschaft, das rührte uns irgendwie. Anscheinend waren wir ihm sympathisch. Uns aber bewegte natürlich der Gedanke, dass wir diesen ohne Zweifel netten und anständigen Hund nicht mit nach Cahors nehmen konnten. Zum Glück trug er ein Halsband, auf dem eine Telefonnummer eingeritzt war. Doch wie sollten wir den Leuten erklären – wenn wir sie anriefen –, wo wir gerade steckten? Zum Glück kam ein zünftig aussehender französischer Pilger daher, der sofort zur Tat schritt. Mit seinem Handy verständigte er den Hundebesitzer und erklärte ihm in rasend schnellem Französisch, bis wohin dieser mit dem Auto fahren könnte, um uns dann in Kürze zu Fuß zu finden. Wir hielten derweil den Hund an seinem Halsband fest, damit er nicht im letzten Augenblick entwischen und sich uns vielleicht später wieder anschließen könnte. Der französische pèlerin und wir saßen zu dritt auf dem Boden, in unserer Mitte der aufmerksam lauschende Hund, und erzählten einander unsere Erlebnisse. Franccçois berichtete traurig, dass seine Frau den Weg habe abbrechen müssen und dass sie in Cahors auf ihn wartete. Sie sei eine Supersportlerin, habe sich aber ihr Knie verletzt. Nun überlegten sie beide, ob sie vielleicht auf einem Tandem den Weg nach Santiago schaffen könnten. Plötzlich kam eine etwas abgehetzt und schuldbewusst wirkende Frau daher, die mit vergrämtem Blick auf ihren Ausreißer diesen an die Strippe nahm und recht einsilbig entschwand. Wie oft hatte sie wohl schon den unternehmungslustigen Hund zurückholen müssen?

Nach Abschied und guten Wünschen trennten wir uns von François und verfolgten weiter den Uferweg, auf dem

es umgestürzte Bäume zu überklettern galt und Ranken und Buschwerk ein schnelles Vorankommen unmöglich machten. Wo sich das Buschwerk lichtete, sahen wir Uferwiesen, die voll waren von kleinen weißen Liliengewächsen. Dies war Grund genug, trotz allmählich schwerer Beine, den Fotoapparat zu zücken. Endlich war Cahors erreicht, die Stadt mit der hinreißenden Brücke, Pont Valentré, die wir aber erst morgen, beim Auszug sehen würden. Es war drückend heiß und wir freuten uns nicht, dass wir über zahlreiche Stufen und steile Sträßchen den Weg zu unserem vorgebuchten Hotel nehmen mussten. Ein freundlicher Mann war ein langes Stück mit uns gegangen, um uns den Weg zu weisen. Das Hotel war in einem historischen Gebäude untergebracht, von meinem Bett aus blickte ich auf das Maßwerk eines gotischen Fensters. Unsere beiden Betten waren auf unterschiedlichen Plateaus des einen Raumes aufgestellt.

Ich bin müde, möchte nachdenken, mich erholen.
Merkwürdig, wie lange auch der Weg ist, ob 20 oder 40 Kilometer, mein Körper hält durch bis zum Ankommen.
Aber danach sagt er jedesmal: „Gib mir meine Ruhe, hab Erbarmen mit mir, schikaniere mich nicht weiter, ich will nicht mehr ausgehen, nichts einkaufen."
Wenn ich dann nach der heißen Dusche auf dem Bett liege, in mein Tagebuch schreibe und den Tag überdenke, dann kehrt Zufriedenheit in mir ein, die mich ganz umfasst.
Ich fühle mich dann wie das glücklichste, privilegierteste und beschenkteste Wesen auf Gottes Erdboden.
Und wenn dann Reinhard vom Einkauf für morgen – heute muss er sich auch neue Socken kaufen – zurückkehrt, dann bin ich erholt und freue mich auf den Abend mit ihm und auf das Pilgermenü in dem Lokal um die Ecke.

Der Umweg nach Montcuq versüßt durch Orchideen

Der Pont Valentré in der Morgensonne war ein herausragender Eindruck. Begeistert bestaunten wir das erhabene Bauwerk aus dem 14. Jh., das mit acht Bögen und drei Brückentürmen elegant und wehrhaft den großen Fluss überspannt. Wir hatten die Kathedrale Saint Étienne mit ihren beiden extravaganten Kuppeln und dem Kreuzgang hinter uns gelassen und nun schritten wir sehr bewusst und höchst aufmerksam über die Brücke. Natürlich entdeckten wir auch die Figur eines Teufels auf einem der Türme, die einer Legende nach an die Überlistung des nach der Seele des gewitzten Baumeisters heischenden Teufels erinnern sollte.

Unmittelbar nach der Brücke begann ein ganz steiler Pfad, der jenseits der Straße in Form von Stufen ohne Geländer in eine Felswand hineingehauen war und uns ganz rasch auf eine Hochfläche führte, von der wir noch einmal einen abschiedlichen Blick auf die unter uns liegende Stadt und das sensationell schöne Bauwerk des Pont Valentré werfen konnten.

Schon bald ging es auf recht ebenen, aber unangenehm zu gehenden grob-

schotterigen Wegen dahin, als wir auf eine Jugendgruppe, die von zwei Lehrern geführt wurde, aufliefen. Es tat uns gut, dass die Schüler uns bewunderten, als sie auf Anfrage hörten, woher wir kamen und wohin wir gingen. Nun wollten sie zeigen, dass sie ebenfalls eine gute Kondition hatten. Während sie zuvor eher lustlos dahingetrottet waren, schlugen sie nun ein gewaltiges Tempo an, sodass wir mit Müh und Not mithalten konnten. Es machte uns aber Spaß, mit dieser Gruppe mitzurennen, die 22 Kilometer nach Lascabanes zur Jugendherberge gehen wollte. Wir hatten vor, danach noch 9 Kilometer weiter bis Montcuq zu wandern.

Im Eilzugstempo ging es dahin unter munteren Fragen und Bemerkungen. Plötzlich blieb der anführende Lehrer stehen und begann die Karte zu studieren. Er zog die Stirn in Falten, während die Jugendlichen die Pause nützten, um sich an den Straßenrand zu setzen. Etwas kleinlaut meinte der junge Lehrer, dass wir wohl die falsche Abzweigung genommen hatten und umkehren müssten. Mitgehangen, mitgefangen. Warum waren wir auch, ohne selbst auf Markierungen zu achten, mitgelaufen wie zwei Tiere einer Herde! Uns ging natürlich durch den Kopf, dass wir nun fünf Kilometer mehr zu gehen hatten, was für heute eine Gesamtstrecke von 36 Kilometern bedeutete.

Zum Glück machten die jungen Leute bald Rast, sodass wir nun in unserem eigenen Tempo, auf unsere Art weitergehen konnten. Um 16 Uhr erreichten wir, ziemlich ausgepowert durch den Gewaltmarsch am Vormittag, Lascabanes. An der Jugendherberge herrschte munteres Treiben. Viele Pilger wollten hier übernachten. Sie waren gerade dabei, Quartier zu beziehen oder hockten erschöpft an Tischen im Freien. Hannes, unser Schweizer Freund, saß an der Straße und malte. Seine Tochter hatte sich inzwischen ein wenig aufs Bett gelegt. Hannes sagte uns, dass in der Herberge ein Kaffeeautomat angebracht sei, wahrhaft eine gute Nachricht für uns, hatten wir doch noch ein großes Stück zu gehen. Soeben kam auch die Jugendgruppe an. Die Jungen und Mädchen waren glücklich, das Ziel erreicht zu haben und grüßten uns freudig. Der Lehrer meinte, es täte ihm leid, dass wir seinetwegen einen Umweg hätten machen müssen. Wir beruhigten ihn und sicherten ihm zu, dass er sich keine Gedanken darüber machen müsste, schließlich sei jeder für sich selbst verantwortlich.

Belebt durch den Kaffee machten wir uns nach kurzer Zeit wieder auf den Weg, der sofort in ein Steilstück führte, das uns aber schnell an Höhe gewinnen ließ. Die Johannes dem Täufer geweihte Kapelle mit ihrem Pilgerbuch war erreicht und wir verabsäumten es nicht, unsere Eintragung zu machen.

In jeder Kirche, in jeder Kapelle, an jedem Bildstock fallen uns unsere Kinder und deren Familien ein, Geschwister, Freunde, kranke Bekannte.
Eigentlich könnten wir den ganzen Tag in einer Klause sitzen, um für diesen und jenen und noch wen, und den auch zu bitten und zu betteln. Es gibt so viel Leid, so viele Probleme, und manchmal ist alles wie ein ungeheurer Berg, wie eine Lawine, die immer größer wird.

Eine karge Hochebene war erreicht. Sie war übersät mit blühenden Orchideen. Wahrhaftig, alle paar Schritte weit erstrahlte wieder eines dieser zauberhaften Gewächse. Wir zählten fünf verschiedene Orchideenarten. Ein bäuerlich aussehender Mann sprach uns an. Er war mit einem Pflanzenbestimmungsbuch unterwegs und betrachtete gebückt und interessiert die herrlichen Blumen, machte uns immer wieder auf einzelne aufmerksam und animierte uns, abseits des Weges ein wenig in die kargen Wiesen hineinzugehen. Reinhard strahlte über das ganze Gesicht und unterhielt sich angeregt mit dieser ihm verwandten Seele. Es war uns egal, dass es schon recht spät war. Der Botaniker zeigte uns eine Orchideenart, die wir noch nie gesehen hatten – er nannte sie Ophrys lutea. Wir standen nun zu dritt mitten zwischen Hunderten dieser edlen Pflanzen, es war unglaublich. Auf einmal waren wir beide hellwach und aufgekratzt. Am liebsten wären wir noch länger geblieben, aber schließlich siegte doch die Vernunft und wir trennten uns schweren Herzens von dieser Orchideenwiese mit ihren Kleinodien. Wirklich ärgerlich war, dass nach jeweils zwei Fotos sowohl mein als auch der Akku von Reinhards Fotoapparat entladen war. Noch erfüllt von den überraschenden,

schönen Eindrücken erledigten wir bald die letzten Kilometer vor dem langgezogenen Ort und erreichten abgekämpft unser Hotel, das uns mit schönen, aber recht kalten Zimmern empfing. Wir konnten im Comedor des Hauses Abendessen bekommen, was unserer Müdigkeit sehr entgegenkam.

Paul, Annie und eine Nachricht

Die Verproviantierung hatte lange gedauert, außerdem mussten wir eine halbe Stunde gehen, bis wir den offiziellen Weg wieder erreicht hatten. So spät wie heute, nämlich um 9 Uhr, waren wir selten aufgebrochen. Der Spruch „Morgenstund' hat Gold im Mund" bewahrheitete sich für uns täglich. Was wir am Vormittag nicht geschafft hatten, das wurde uns am Nachmittag, wenn wir ein biologisches Tief erreichten, zur Bürde. Der Weg heute war interessant, wie eigentlich täglich. Etwas abseits der Route – eine Holztafel wies darauf hin – besichtigten wir ein romanisches Kirchlein, das uns innen mit Fresken eines Abendmahles, des Pantokrators und der Evangelistensymbole überraschte. Freilich waren die Fresken nur fragmentarisch erhalten und wir wünschten uns, dass ein Mäzen dieses Schmuckstück von Dorfkirche sanieren und restaurieren lassen möge. Wasserflecken im Putz deuteten an, dass dringend notwendige Ausbesserungsarbeiten anstanden. Der sonnige Platz, an dem das Kirchlein stand, war höchst idyllisch. Etwas erhaben, in ein Ensemble weniger Häuschen eingebettet, war es von blühenden Sträuchern umgeben. Mehrere Nachtigallen schmetterten und rollten ihre unüberhörbaren Gesänge. Vom nahen Tümpel kam lautes Quaken unzähliger Frösche. Hier saßen wir nun also 300 Meter abseits des Chemin und waren schon außerhalb der Welt. Wir sahen Pilger vorüberziehen und spürten für kurze Zeit der Geborgenheit eines guten Platzes nach.

Der Weg heute hatte es in sich. Oft wechselten einander nicht unbeträchtliche Steigungen und steile Abstiege ab. Bei einem Halt kamen wir mit einem französischen Pilgerehepaar ins Gespräch. Die beiden sprachen uns an, ob wir die seien, die in Deutschland gestartet waren und noch bis Santiago gehen wollten. Wir nickten. „Vous êtes les vedettes du chemin", meinten die beiden. Das machte uns ein wenig verlegen und wir betonten, dass wir zwar Santiago erreichen wollten, aber dass wir es noch lange nicht erreicht hätten.

Wie entfernt ist noch unser Ziel.
Es ist nicht gut,
zu weit vorauszudenken.
Viele Wochen des Gehens
liegen noch vor uns,
was kann nicht alles passieren
in dieser Zeit.
Zu weit in die Zukunft zu denken,
kann lähmen, da eine ungeheure
Anzahl von Kilometern aufgetürmt
daliegt und darauf wartet,
abgearbeitet zu werden.
Nur immer für den nächsten Tag
planen, das ist unser Motto.
Dieser eine Tag ist überschaubar
mit seinen Schwierigkeiten,
mit seinem Anspruch,
seiner Eigenart.
Nur diesen einen Tag will ich
heute bestehen und genießen
in seiner Härte und in seinen

*unvergesslichen Erlebnissen,
seiner Glückseligkeit und
seiner Mühsal.
Das andere liegt in der Zukunft –
weit weg.*

Es gibt ein Foto von mir, auf dem ich mich an einem Seil festhalte, um einen erdig grasigen Hang mit mäßiger Steigung hinaufzukommen. Zunächst denkt der Betrachter: „Soll das ein Witz sein? Die zieht sich am Seil auf einen Hügel hinauf?" Was man nicht sehen kann oder doch erst auf den folgenden Fotos: der Hang kam einer einzigen, glibberigen Rutschbahn gleich. Der Lehm war von einem schwachen Wasserrinnsal so durchfeuchtet, dass es trotz der Profilsohlen kaum möglich war, die Kuppe ohne zurückzurutschen zu erklimmen. Ein barmherziger Pilgerfreund hatte also am Rand des Hanges ein Seil als Aufstiegshilfe gespannt.

Eine wunderbare Mittagspause zwischen Ginster- und Wacholderbüschen war der Lohn. Der Blick tat sich auf zu einem Städtchen uns gegenüber, das auf einem Hügel lag. Lauzerte musste das sein, unser nächstes Zwischenziel. Aber zunächst ließen wir uns auf unseren blauen Regenpellerinen nieder und streckten uns lang auf dem Boden aus. Die Sonne wärmte kräftig und ich hatte den Eindruck, dass sie meinen ganzen Körper heilsam durchflutete. Kaum konnte ich mich später von dem Platz losreißen. Lauzerte wollte erkämpft werden. Zuerst ging es steil bergab, dann wieder steil den Hügel hinauf. Natürlich hätten wir das Städtchen rechts liegen lassen können und uns dabei den Aufstieg erspart, um direkt den Jakobsweg weiter zu verfolgen. Bei uns siegte jedoch die Neugierde auf diesen im 12. Jh. gegründeten, wehrhaft wirkenden Ort. Oben auf dem Kirchenplatz angekommen, wollten wir uns zuerst mit einem Kaffee verwöhnen. Noch hatten wir 12 Kilometer zu gehen bis zum Weiler Saint Martin bei Durfort Lacapelette, wo wir gestern ein Chambres d'hôtes vorbestellt hatten.

Eine alte Frau – sie war 98 Jahre alt, wie sie stolz bemerkte – setzte sich zu

uns an das runde Tischchen, von wo wir Blick auf die schön restaurierten Häuser aus dem 13. Jh. und aus der Renaissance und auf die ansehnliche Kirche Saint Barthélemy hatten, der wir zuvor einen Kurzbesuch abgestattet hatten. Die Greisin, die keinesfalls greisenhaft wirkte, meinte seufzend, nachdem sie uns neugierig etliche Fragen gestellt hatte: „Oh Messieursdames! La viellesse!" Ich denke, dass sie mit ihrem Alter ein wenig kokettierte, da sie sich nach einiger Zeit behende vom Stuhl erhob und in das Café eilte.

Ein alter Mensch, der Mut macht.
Auch ohne Jakobsweg ist
diese Frau beweglich geblieben –
an Körper und Geist.
Wie hat sie das gemacht?
Interesse und Freude am Leben,
an den Menschen.
Es lohnt sich, hier zu sein,
auch mit 98.
Sie ist nicht abgeschrieben,
sie vegetiert nicht,
sie nützt jeden Tag, jede Stunde,
sie lebt jetzt, nicht in der
Vergangenheit.

Einige andere Pilger trafen ein, auch die Schweizer, die hier übernachten wollten. Vielleicht war das eine recht kluge Entscheidung, da uns der weitere Weg ziemlich sauer wurde mit seinen ständigen Auf- und Abstiegen. Knallgelbe Rapsfelder, grüne Wiesen, Froschgequake, die einsam gelegene offene Steinkirche Saint Sernin, in der schon so mancher Pilger übernachtet haben soll – die Kirche war nicht mehr als Sakralgebäude genutzt. Endlich tauchte Durfort auf, und wir dachten, nun bald das Ziel erreicht zu haben.

Der GR 65 führte uns von der Straße weg auf unserer Meinung nach sinnlose Umwege. Der Weg schlängelte sich und machte weite Bogen, bis wir endlich wieder die Straße erreichten. Schon befürchteten wir, den Weiler verpasst zu haben, da wies uns ein unscheinbares Schild auf das ersehnte Ziel hin. Selten waren wir so spät wie heute in einem Quartier eingetroffen – die Uhr zeigte halb sieben. Glücklich, aber ziemlich erschöpft bezogen wir unser schönes Zimmer im Oberstock. Auch Paul und Annie waren gerade angekommen, und so trafen wir uns zu viert nach dem Duschen und Umziehen zu einem feinen Essen bei der Madame im Speisezimmer. Sie setzte sich zu uns Pilgern und erzählte uns von ihrer schwer erkrankten zweijährigen Tochter, deren Nieren bald versagen würden.

Dunkles Leid schwingt im Raum,
eine Mutter klagt um ihr Kind,
mit dessen Schicksal sie sich
nie anfreunden wird.
Warum erzählt sie gerade uns
vier Pilgern diese Geschichte?
Vielleicht, weil wir beim Essen und
Trinken keine obergescheiten
Ratschläge geben können.
Wir kauen und schweigen,
geben hin und wieder zu verstehen,
dass wir zuhören, dass wir
mitfühlen.
Unsere Blicke sind bekümmert,
unsere Fragen scheu.
Annie und Paul, Reinhard und
Ingrid sind nur einfach da.

Zurück auf unserem Zimmer erwartete uns eine weitere traurige Nachricht. P. Claudius, unser treuer Weggefährte im Allgäu, der leistungsstarke

Wanderer, hatte eine Herzattacke erlitten, konnte deshalb nicht wie geplant mit seinem Bruder zu einer Langstreckenwanderung aufbrechen. Wir waren betroffen. Er lag im Krankenhaus, hatte auf unsere SMS geantwortet. Uns befiel beinahe etwas wie Verwirrung. Ausgerechnet er? Das konnte doch nicht sein! Ein weiteres Anliegen war zu den zahlreichen anderen dazugekommen. Unser Abendgebet war also konzentriert und intensiv – genauso wie unser Schlaf, der danach nicht auf sich warten ließ.

Moissac wird erreicht

Nur mehr 12 Kilometer waren uns heute zu gehen geblieben, eine Einteilung, die wir deshalb getroffen hatten, um in Moissac viel Zeit zur Besichtigung zu haben. Zusätzlich wollten wir morgen wieder einen Rasttag einlegen.

Es war ein trüber, regnerischer Tag, der uns den Camino besinnlich und zufrieden erleben ließ. Ab Moissac bis über die Pyrenäen hinab erwartete uns Neuland und wir merkten, wie der Reiz des Unbekannten von uns Besitz ergriff und uns in Spannung und Vorfreude versetzte. Viele Pilger legten heute den Weg nach Moissac auf der Straße zurück, um Zeit und Kraft zu sparen, wir wollten lieber auf dem einsameren Originalpfad bleiben, der uns in Moissac noch einmal auf einen Hügel führte, von dem aus wir geradeaus auf die Kathedrale zu hinabmarschierten.

Am Empfang unseres Hotels trafen wir die Sekretärin der Schweizer Jakobusgesellschaft, mit der wir in ein langes Gespräch gerieten. Sie war selbst zu Fuß unterwegs. Wir erzählten einander so manches Pilgergeschichtchen und sie bat uns hernach, ihr doch ein paar Päckchen Papiertaschentücher abzunehmen – so viele, wie sie in einer Großpackung erworben hatte, wolle sie nicht mittragen. Wir nahmen sie genauso dankbar an wie einen französischen Führer namens „Do-Do-Miam-Miam", bei dem es um Adressen für dormir und manger, also für Übernachtung und Essen ging. Dieses rosa broschürte Büchlein sollte uns für den Rest unseres französischen Weges noch gute Dienste leisten. – Danke, Ursula!

Es war gerade erst Mittag, und so genehmigten wir uns eine ausgedehnte Siesta. Wir waren total überrascht, als wir hernach auf die Uhr schauten. Wir hatten zwei Stunden tief geschlafen. Anscheinend nahm sich der Körper Erholung, wann immer er sie kriegen konnte – sozusagen auf Vorrat. Total entspannt gingen wir zur Kathedrale und besichtigten das Museum und den Kreuzgang. Besonders angetan hatte es mir aber eine edle Gestalt am Hauptportal der Abteikirche St. Pierre, der Prophet Jeremias, den ein Künstler des

12. Jh. aus dem Stein gehauen hatte. Ähnlich ansprechend habe ich vor einigen Jahren Flachreliefs im Kreuzgang von Santo Domingo de Silos erlebt: zum Beispiel Jesus als Pilger oder die Darstellung des ungläubigen Thomas, der Jesu Seitenwunde berührt. Die Gestalt des Jeremias hat mich schon immer fasziniert. Als ich vor vielen Jahren in unserer Pfarrei noch neben einigen anderen ehrenamtlichen Mitarbeitern des Pfarrers Kleingruppen von Jugendlichen an die Firmung heranführte, brachte ich einige Worte dieses Propheten ins Spiel: „Ach, mein Gott und Herr, ich kann doch nicht reden, ich bin ja noch so jung", Jeremias bekommt zur Antwort: „Sag nicht, ich bin zu jung. Wohin ich dich auch sende, dahin sollst du gehen ..." Später sagt Jeremias: „Du hast mich betört, oh Herr, und ich ließ mich betören. Du hast mich gepackt und mich überwältigt."

Da stehe ich nun bewundernd
vor dem Steinbildnis des Propheten.
Wie ist es möglich, so ein
ausdrucksstarkes Bild aus
leblosem Stein zu schaffen?
Der begnadete Künstler,
der dies meißelte, war gewiss
ein Mensch, der ganz von der
Beziehung Gottes zum Menschen
Jeremias ergriffen war:
eine leidenschaftliche Beziehung,
die zwingend ist, die unmöglich
übergangen, ausradiert,
ignoriert werden kann.
Manche Beziehungen hinterlassen
Spuren, lebenslang und
darüber hinaus.

Auch das Innere der Kirche war sehenswert mit seinem herrlichen romanischen Kreuz an der rechten Seitenwand, den seltsam farbig bemalten Wänden und einem Fensterchen in einer Seitenkapelle, das von Chagall stammt und in Honigtönen leuchtet. Elias unter dem Ginsterbusch ist das Motiv. Auch die Gestalt des Elias aus dem Buch der Könige hat mich stets beeindruckt.

Da ist ein Mensch, der um
Gnade fleht, der müde ist,
der einfach seine Ruhe haben will.
Doch ist er dazu bestimmt,
einen Auftrag zu erfüllen,
dem er nicht ausweichen darf.
Er bekommt zwar Stärkung,
damit er weitermachen kann,
doch der Anspruch an ihn
wird nicht reduziert.

Ein besonderer Verweilort war der Kreuzgang, in dem es von Besuchern nur so wimmelte. Dieser ursprünglich meditative Platz der Beschaulichkeit war dem touristischen Rummel zum Opfer gefallen. Ganze Busladungen mit Menschen hatten sich heute in den Kreuzgang entladen, weil man diesen gesehen haben „musste". Hektisches Umherrennen, oberflächliches Taxieren, belangloses, lautes Reden waren eingezogen. Auch uns fiel es schwer,

die Konzentration, die uns das lange, einsame Gehen beschert hatte, hier durchzuhalten. Die wunderschönen Kapitelle waren durch barbarische Schläge antikirchlicher Horden in der Französischen Revolution beschädigt, die Köpfe der Heiligen weggehauen worden. Man hatte die Steinfiguren einfach guillotiniert wie Menschen aus Fleisch und Blut. Die Kirche mit den sie prägenden Gestalten sollte ihr Antlitz verlieren. Ein zweiter Anlauf in dieser Intention wurde gemacht, als man vor nicht allzu langer Zeit vorschlug, dass der Kreuzgang einer Eisenbahntrasse weichen müsse, was ein Volksentscheid verhinderte.

Wir besuchten um 17.30 Uhr die Vesper in der Abteikirche, die von geistlichen Schwestern in weißen Gewändern gesungen wurde. Hier fanden wir die Stille, die wir im Kreuzgang vermisst hatten. Ein Abendessen mit Hannes beschloss diesen Tag.

Erledigungen und mehr

Ein Rasttag ist immer etwas Schönes. Wir frühstückten mit Hannes, Regula und Walter. Sie allerdings wollten heute weiterziehen. Würden wir sie noch einmal sehen? Zum Abschied sagte Hannes zu Reinhard: „Pass gut auf deine Prinzessin auf!" Ich wollte mir heute in dieser doch größeren Stadt von 13000 Einwohnern eine neue Hautcreme und Traubenzucker besorgen, außerdem hatten wir vor, unsere Schuhe neu besohlen zu lassen. Hannes Wort von der Prinzessin kam mir angesichts meiner ausgebleichten und scheckigen Haare beinahe wie Hohn vor.

Die Friseure haben heute geschlossen.
Es soll also nicht sein, dass ich mich verschönere.
Werde ich mich so noch länger aushalten können?
Ein Aschenputtel bin ich, kann mich zu wenig pflegen.
Meine Hautcreme ist seit einiger Zeit zu Ende gegangen, ich werde Falten bekommen, werde heimkehren wie ein Bratapfel, schrumpelig und sonnenverbrannt.
Ich bin so mager und eckig geworden, meine Arme sind zu dünn, man kann die einzelnen Muskelpartien erkennen.
Wir haben doch noch beinahe 1000 Kilometer zu gehen!
Auch der Schuster arbeitet heute nicht, also keine neuen Absätze.
Nur den Traubenzucker, den haben wir in einer Apotheke bekommen.

Als wir, wie schon so oft, unsere ältere Tochter angerufen hatten, schlug meine Stimmung abrupt um. Sie sagte uns mit heller Stimme, dass es ihr gut gehe. „Vielleicht bekommt ihr doch ein gesundes Enkelkind", meinte sie optimistisch. Die Rührung überfiel mich mit großer Macht, ich konnte ihr nicht Einhalt gebieten. Die Tränen flossen reichlich und ich wusste plötzlich wieder, warum ich auf dem Weg war. Der Gottesdienst am Abend in der Abteikirche wurde zum Erlebnis.

Schnecken, Erinnerungen und ein Fest

Die Wirtin hatte uns gestern ein Chambres d'hôtes im nur 20 Kilometer entfernten Auvillar vorbestellt. Der höchst einfach zu gehende, total ebene Weg führte entlang eines Seitenkanals der Garonne. Schon nach vier Stunden

hatten wir unser Ziel erreicht. Unterwegs stellten wir betrübt fest, dass wir einen von Reinhards Wanderstöcken in einem Mülleimer deponieren mussten, da er plötzlich bei einem Stockeinsatz entzweigebrochen war. Natürlich hofften wir, in einem der nächsten Orte neue Stöcke erstehen zu können, da Reinhard sich – so wie ich auch – sehr an sie gewöhnt hatte, und da ja die Pyrenäen immer näher rückten, die uns mit ihrem gebirgigen Gelände die Hilfe von Stöcken als nützlich und notwendig erscheinen ließen.

Auvillar bot sich uns im Sonnenschein als reizende Kleinstadt dar. Die spektakuläre runde Markthalle in Ziegelbauweise aus dem Anfang des 19. Jh. mit Aufschriften für die einzelnen Getreidearten begeisterte uns. Wir stapften auf eine Aussichtsterrasse, die einen weiten Blick auf die Garonne bot. Die alten Häuser, Arkaden und Denkmäler bildeten ein ansprechendes Ensemble. Durch den Bogen eines massiven Uhrturmes hindurch erreichten wir, nachdem wir in der gotischen Kirche Saint Pierre schöner Kirchenmusik vom Band gelauscht und unsere Eintragung im Pilgerbuch gemacht hatten, einen großen Platz, an dem das berühmte „Hôtel d'Horloge" lag.

Tische und Stühle waren im Freien aufgestellt und wir konnten noch Plätze zwischen all den lebhaft plaudernden und speisenden Menschen ergattern. Eine andere Gaststätte als diese war uns auf unserem Weg durch die Altstadt nicht aufgefallen. Etwas ratlos blickten wir auf die Speisekarte. Auch Reinhard konnte die Namen vieler Gerichte nicht ins Deutsche übersetzen. Wir waren hier in der Gascogne, die für ihre kulinarischen Spezialitäten berühmt ist. Was sollten wir nur essen? Als der Kellner kam, um unsere Bestellung aufzunehmen, fragte ich ihn, was das Wort, das mit weißer Kreide auf einer Schiefertafel geschrieben stand, wohl bedeutete. Freundlich warf er mir einen Schwall unbekannter Worte entgegen. Als er meine Hilflosigkeit bemerkte, deutete er auf den Nebentisch und meinte, das Wort auf der Tafel wäre genau das, was mein Nachbar auf dem Teller habe und was er gerade mit großem Appetit verzehrte. Da ich das Ding auf dem fremden Teller als eine Art von Krautroulade deutete, sagte ich: „Gut, das nehme ich auch!" Als das Gericht dann vor mir stand und ich die vermeintliche Roulade entzweischnitt, traute ich meinen Augen kaum. Die Füllung bestand aus lauter kleinen Kügelchen, die wie glasige Eier eines Amphibiums wirkten. Angeekelt blickte ich auf den Teller. Als Reinhard dann noch sagte, „Du, ich glaube fast, das sind Ovarien!" – also Eierstöcke –, gab mir das den Rest. Nein, schlitzige Eierstöcke, die so merkwürdig rochen, konnte ich nicht essen. Später forschten wir nach, worin diese Speise bestanden haben mochte. Man sagte uns, dass es wohl große, schwangere Schnecken gewesen sein mussten.

„Liebe ist, wenn ...", hieß es einmal in einer Serie des französischen Zeichners Eiffel. Ich möchte eine mögliche Antwort geben: Liebe zu mir war es, dass Reinhard kurzerhand unsere Teller tauschte und mit Todesverachtung die mutmaßlichen Schnecken verzehrte, mir aber seine Portion gefüllter Paprikas überließ, die er selbst in kluger Vorsicht gewählt hatte.

Vor dem Office de Tourisme hatten wir uns zusammen mit einem Tierarzt aus Albi eingefunden, um von unserer Hauswirtin mit dem Auto in das Quartier außerhalb der Jakobusroute abgeholt zu werden. Dort angekommen erinnerte mich das Haus an meine Urlaube in der Kindheit und Jugend bei einem Küfner in Oberösterreich. Der Bauernhof hier war idyllisch gelegen, umgeben von Wiesen und alten Obstbäumen. Allerhand abgenutzte Gerätschaften waren am Haus und vor dem Schuppen zu sehen, die von der Sonne in schönstes Nachmittagslicht getaucht waren. Wir wurden herzlich mit einem Getränk empfangen und bekamen alsbald die Schlafräume zugewiesen. Zwei Zimmerchen hatten einen gemeinsamen Vorraum, in dem für Jean aus Albi ein Lager aufgeschlagen war. Das zweite Zimmer bezog ein Ehepaar aus den Pyrenäen, das mit müden Schritten nach langem Marsch hier eintraf. Sie waren nicht nur die Etappe bis Auvillar, sondern auch noch den kilometerlangen Umweg in dieses abgelegene Quartier zu Fuß gegangen. Nach der Dusche waren wir alle wieder fit und setzten uns in die Sonne vor das Haus an einen kreisrunden Steintisch, um den herum Sitze ausgedienter Traktoren zum Verweilen einluden. Es lag tiefer Frieden über allem. Die schon ältere Frau des Hauses schälte geruhsam Spargel für das Abendessen, Hunde und Katzen strichen um die Beine von uns Fremden, die Wiese, auf der wir uns befanden, war übersät mit Gänseblümchen. Jean massierte sich seine schmerzenden Füße. Als ich meinen Blick nach oben richtete, schaute ich in eine Baumkrone, die durch violette, große Glockenblüten geschmückt war, hinter denen ein klar blauer Himmel strahlte.

Mich erinnert dieser Bauernhof an ein Dorf in der Herzegowina, wo wir einst zu Gast waren.

Auch dort herrschte nicht typisch westliche Perfektion, dafür gab es Gastfreundschaft in einem Ausmaß, wie wir das noch nie erlebt hatten.
Ja, ich muss wieder einmal an den denken, der dort zu Hause war und der uns mitnahm in seine Heimat, der selbst Pilger war und Priester und der uns auf so manchem Weg begleitete.
Jetzt lebt er nicht mehr, aber indem ich in die wunderschön leuchtende Baumkrone blicke, meine ich, ihn zu erkennen, der lächelt und uns all das Gute gönnt, ja, der vielleicht sogar bei unserem Weg mit dabei ist.

Die Wirte hatten angekündigt, dass die Dame des Hauses heute Geburtstag habe und wir alle zu einem schönen Abendessen eingeladen seien. Das, was nun folgte, übertraf alle unsere Erwartungen und machte diesen Abend zu einem der eindrucksvollsten der gesamten viereinhalb Monate unseres Weges.

Wir saßen zu neunt um einen massiven, langen Tisch herum. Auch die beiden erwachsenen Söhne der Hausleute nahmen an diesem Festmahl teil. Zunächst gab es Spargelkuchen und verschiedene selbstgemachte Liköre als Aperitif, sodann Fleischpastete mit herrlichem Weißbrot, Linsen mit Würstchen kamen danach auf die Teller, Apfelkuchen, Rotwein, Früchtekuchen. Als Krönung gab es echten Champagner und danach noch thé de Vervennes – die Blätter stammten von der Zitronenmelisse, wie wir feststellten. Es war unglaublich. Angekurbelt durch die angeregte Stimmung, die herzliche Atmosphäre und die netten und interessanten Gespräche stieg der Geräuschpegel auf beachtliche Höhe. Es wurde gescherzt und gesungen, Episoden aus dem Leben preisgegeben und so mancher nützliche Tipp empfangen. So erfuhren wir beispielsweise von dem Ehepaar aus den Pyrenäen, dass der Somportpass wohl zur Zeit überhaupt nicht gefährlich für Fußgänger sei, da wegen Bauarbeiten der Lastwagenverkehr eingestellt sei – für uns natürlich eine sehr gute Nachricht. Der Herr des Hauses war in seiner Kirchengemeinde sehr aktiv, hatte in St. Pierre in Auvillar eine eindrucksvolle Pilgerwand gestaltet, die uns heute schon bei der Besichtigung aufgefallen war.

Außerdem zeigte er uns ein Video des Festes zu Ehren von Saint Noe in Auvillar und einen von einem der Söhne gestalteten Film über den Chemin, den Jakobsweg. So ging dieser schöne Abend perfekt zu Ende. Wir alle bedankten uns bei den Wirtsleuten, dass sie uns die Ehre gegeben hatten, mit ihnen Geburtstag feiern zu dürfen. Mit strahlenden und erhitzten Gesichtern – mein Bauch tat ein wenig weh vom vielen Lachen oder vielleicht auch vom vielen Essen – krochen wir animiert in unsere Betten. Als ich in der Nacht hinausmusste, war es notwendig, über eine Bettecke von Jeans Lager zu steigen, aber er sägte friedlich weiter, auch als die Wasserspülung mit ohrenbetäubendem Lärm – hier wurde angeblich jedesmal ein Mixer zur Zerkleinerung der Exkremente in Gang gesetzt – ansprang.

Zum Relais Saint Jaques

Frühstück mit Ei – ein Traum – und das schon um sieben Uhr Früh, damit wir die uns bevorstehenden 33,5 Kilometer gut im zur Verfügung stehenden Tag bewältigen konnten. Hastig wurden noch mit den Mitpilgern E-Mail-Adressen ausgetauscht, um all das, was gestern nicht ausgesprochen worden war, vielleicht doch noch eines Tages sagen zu können. „C'était un plaisir!" Es war ein Vergnügen, in der Tat. Der Hauswirt führte uns wieder zurück auf die Route nach Auvillar, wo wir in den neuen, verheißungsvollen Tag starteten.

*Ich komme mir vor wie ein Kind
und freue mich auf jeden Tag,
egal, was er bringen mag.
Ich stelle keine Bedingungen mehr:
wenn das, das und das passiert,
dann wird es ein guter Tag,
so habe ich oft früher gesagt.
Jetzt ist das allmählich anders
geworden.
Auch wenn die Anstrengung
groß sein sollte – vielleicht
sogar sehr groß –,
auch wenn wir uns vielleicht
verirren sollten,
auch wenn es das Wetter nicht
gut mit uns meinte,
auch wenn das Quartier
schäbig wäre,
es würde trotzdem ein guter Tag
werden. Warum?
Weil jeder Tag ein Geschenk ist.*

Wir kamen gut voran und besichtigten den kleinen Ort Saint Antoine. Die Kirche – eine Gründung der Antoniter – erfreute uns durch ein mozarabisches Portal und schöne Deckenbemalung. Draußen war es schwülheiß, und so bot der Kirchenraum für einige Minuten Schutz und vermittelte Geborgenheit und einladende Stille, an der es sich lohnte teilzunehmen. Zum Glück gab es auch ein geöffnetes Stra-

ßencafé, in dem wir unseren heute extrem hohen Flüssigkeitsbedarf stillen konnten. Nach 18,5 Kilometern war Miradoux erreicht, ein kleiner Ort mit einer sehr großen, einschiffigen, spätromanischen Kirche, auf deren Vorplatz Bänke mit Rückenlehnen standen, die zur Rast aufforderten. Eine Bank war schon besetzt durch eine junge Frau mit extrem kleinem Rucksack, die uns schon im Quartier in Montcuq aufgefallen war. Sie saß damals allein an einem Tisch, war sehr schick, ja beinahe mondän gekleidet und gut zurechtgemacht. „Das kann keine Pilgerin sein", hatten wir damals gedacht. Aber nun erzählte sie uns, dass sie doch auf dem Jakobsweg, und zwar ganz allein, unterwegs sei. Sie habe den Fehler gemacht, sich das Gepäck jeden Tag transportieren zu lassen – alles war von Holland aus organisiert – und nun habe sie täglich Ärger mit verspätet oder gar nicht eintreffendem Gepäck. Außerdem habe sie sich das Alleingehen anders vorgestellt – nicht so einsam. Wir rieten ihr, das nächste Mal – und ein nächstes Mal würde es bei ihr geben – in Begleitung zu gehen und das Gepäck auf dem Rücken mitzutragen. Man brauchte ja nur wenig unterwegs. Mondän musste man jedenfalls nicht auftreten. Die Holländerin sagte, eine geeignete Weggefährtin sei ihr schon eingefallen und sie habe auch festgestellt, dass ihre Kondition gut genug sei, um mit Gepäck gehen zu können. Tatsache war, dass die Dame ausgezeichnet und flott unterwegs war, wie wir später bemerkten. Eine zerbrochene Beziehung hatte sie dazu bewegt, sich auf diesen Weg zu machen, um irgendetwas zu erfahren, das ihr weiterhelfen konnte.

In Castet-Arrouy, das praktisch nur aus einer kleinen gotischen Landkirche mit beachtlichem Portal und aus einer Jugendherberge bestand, trafen wir zu unserer großen Freude Jürgen, den wir in Conques kennengelernt hatten. Wir sahen natürlich auch jeden Tag einige neue Pilger, die entweder schon am nächsten Morgen wieder aus unserem Leben verschwunden waren, weil sie längere oder kürzere Etappen als wir machten, oder die uns eine Weile, über Stunden oder Tage, immer wieder kurzzeitig begleiteten.

Pilger sind in vieler Hinsicht gelassen.
Jeder lässt dem anderen seinen Rhythmus, seine Art zu gehen.
Niemand versteift sich darauf, den anderen für länger zu begleiten.
Auch wenn ich gerade ein sehr intensives und gutes Gespräch geführt habe, mich total verstanden fühlte, der andere mir sehr sympathisch war,
so wäre es falsch, diese Situation, die ein Geschenk war zu beider Nutzen, festhalten zu wollen.
Jeder hat seine Gründe, warum er unterwegs ist.
Lass mir bitte meine Freiheit und auch ich lasse dich ziehen.

Endlich, endlich wurde Lectoure sichtbar. Eine schöne, alte Stadt angeblich keltischen Ursprungs, deren mächtiger Kirchturm schon von weither sichtbar wurde. Das Städtchen lag auf einem steilen Hügel, der erklommen werden wollte. Wir fühlten uns schon ziemlich ausgelaugt, als wir schließlich das Zentrum erreichten. Sofort versuchten wir, ein Sportgeschäft zu finden, um Walking- oder Teleskopstöcke für Reinhard zu kaufen. Nach langem Fragen fanden wir zwar den Laden, Stöcke gab es hier aber nicht. Unser Quartier, das Relais Saint Jacques, war nicht so nahe, wie wir hofften. Die Höhenmeter, die wir erklommen hatten, mussten wir nun am anderen Ende der Stadt wieder über steile Sträßchen und Treppen bergab gehen. Endlich war unsere Unterkunft erreicht. Sie lag an einer größeren, an der Stadt vorbeiführenden Straße. Beim Abendessen im Haus trafen wir Teilnehmer einer Schweizer Pilgergruppe, denen wir begeistert von unseren Eindrücken in Flüeli erzählten, was sie befriedigt zur Kenntnis nahmen. Sie berichteten uns, dass sie jedes Jahr dorthin wanderten, um sich vom speziellen Fluidum dieses Ortes und von der Botschaft des Nikolaus von Flüe ergreifen zu lassen.

Hitze, Wasser und ein Wirt

Heute war Condom unser Ziel. Wir wollten es nicht per Umweg über Romieux erreichen, sondern den fünf Kilometer kürzeren, direkten Weg nehmen. Der Grund dafür war die brütende Hitze, die sich heute wie eine viel zu warme Wollhaube, die man nicht abstreifen kann, über uns legte. Unser Tempo war daher etwas niedriger als sonst, auch die meisten anderen Pilger wirkten nicht so unternehmungslustig wie üblich. Die Körpersprache verriet, dass manch einem diese recht plötzlich aufgetretenen hohen Temperaturen nicht gut bekamen. Schweißüberströmte Gesichter, an allen Ecken und Enden rastende Pilger, die gierig an ihren Wasservorräten schlabberten, phantasievolle

Kopfbedeckungen wie helle Shirts, die zu Kopf und Nacken bedeckendem Sonnenschutz geknotet und gewunden waren – all diese Bilder dominierten den heutigen Tag.

Als wir die schön restaurierte romanische Kapelle Sainte Germaine erreichten, die rundum in lockerem Abstand von einigen alten Bäumen mit ihren schattenspendenden Kronen umgeben war, wir zudem im Pilgerführer lasen, dass es einen Trinkwasserbrunnen an der Kapelle gab, da zögerten wir nicht lange und betraten das Außenareal der Kirche. Viele andere hatten vor uns dieselbe Idee gehabt. Wo kamen nur plötzlich all die Pilger her? Hatten sich alle ausgerechnet hier versammelt? Sämtliche schattigen Stellen waren schon besetzt von überhitzten, ruhebedürftigen Pilgern. So gingen wir zuerst in die Kirche hinein, in der ein Buch, wie in den meisten französischen Gotteshäusern, auflag, in dem Pilger für sich selbst – um Gedanken und Gefühlen Ausdruck zu verleihen –, aber auch für die anderen, die die Eintragungen später lasen, ihren Vermerk oder Text fabrizierten.

Hier steht es schwarz auf weiß, was Du, Mitpilger, zu sagen hast, wie es Dir geht, was Du ersehnst, was Du erhoffst, was Du erlitten hast auf dem schwierigen Weg, und warum der schwierige Weg doch wieder nicht gar so schwierig, sondern vielmehr phantastisch, beflügelnd ist.

Du bist hilfreichen Menschen begegnet, hast gutes Quartier gefunden, bist in einer Blumenwiese gelegen, hast eine bergende und fügende Hand gespürt.

Wenn ich das lese, fühle ich manchmal eine Resonanz in mir, einen Wiederhall, der mich bewegt.

So machen die Worte der Pilgerbücher Sinn.

Wir betrachteten die schönen Kapitelle der kleinen Kirche und gönnten uns ein paar Minuten der Ruhe und des Verweilens. Zwei Schweizerinnen betraten die Kapelle. „Spürst du die Kraft hier?", fragte die eine und suchte mit langsamen Schritten das Zentrum dieses sogenannten Kraftortes auszukosten. Dabei wirkte sie richtig ekstatisch, so als wäre sie an eine elektrische Steckdose angeschlossen. Ich selbst konnte mich im Moment keines solchen Zustandes rühmen. An diesem Kraftort spürte ich, dass mir im Moment wenig Kraft zu eigen war, dass mir die Sonne viel von meinem morgendlichen Elan geraubt hatte. Draußen am Brunnen standen die Pilger Schlange, um sich das kühle Nass zu verschaffen. Wieder war die Schweizerin da. „Wenn ich nichts zu trinken habe, kriege ich Panik. Man muss viel trinken", meinte sie. Im Stillen vollendete ich den Satz „... wenn man etwas zu trinken hat". Mir und Reinhard tat es so wie allen anderen richtig gut, reichlich von dem köstlichen Wasser in uns hineinzuschütten und uns zusätzlich den Kopf nass zu machen. Ich tauchte außerdem meine Sonnenkappe in das Wasser und tat das auch mit meinen Armen. Schlagartig ging es uns besser. Wir ruhten noch ein Weilchen und tranken etwas Nescafé, den ich in meiner Feldflasche in weiser Voraussicht angerichtet hatte. Schon bald machten wir uns wieder auf den Weg, denn unserer Beobachtung nach würde die Hitze bis fünf Uhr nachmittags eher noch schlimmer werden, sodass es geraten erschien, bald das Quartier zu erreichen.

Unser Plan ging auf. Schon um 14.30 Uhr erreichten wir Condom und bezogen unser heute sehr gutes Quartier. Ich war erleichtert, angekommen zu sein und Reinhard ging es ebenso. Er hüpfte bereits ein halbes Stündchen nach der Ankunft in den hauseigenen Pool. Ich ärgerte mich zum ersten Mal, dass ich keinen Badeanzug mitgenommen hatte und blieb nach einer erfrischenden Dusche flach auf dem Bett liegen, während Reinhard quicklebendig durch das Schwimmen im kühlen Wasser in den Ort zog, um nach einem Sportgeschäft Ausschau zu halten und unsere Schuhe endlich zum Schuster zu bringen. Nach einiger Zeit raffte ich mich auf, um die Wäsche zu waschen und sie auf dem glutheißen Balkon zum Trocknen aufzuhängen. Dabei merkte ich, dass mir schwindelig wurde. Die Sonne hatte mich also doch ein wenig erwischt.

Als wir des Abends bei noch immer heißen Temperaturen in die Stadt mit ihrer wunderschönen, spätgotischen Kathedrale schlenderten, verlockte uns eine Pizzeria zum Einkehren. Wie

wir sofort bemerkten, waren wir in einen exklusiven Nobelschuppen mit entsprechenden Gästen geraten. Seltsamerweise wurden wir hier besonders freundlich und aufmerksam behandelt und bedient. Man betrachtete uns wohl als zwei exotische, nicht uninteressante Vögel, die zwar nicht hierher passten, dennoch aber gerne beäugt wurden. Der Wirt war ein Typ, der in einem Film einen alternden Liebhaber glaubwürdig hätte spielen können – mit seinen grauen Schläfen, den feurigen Augen und der imposanten Gestalt. Er trug ein schickes, tomatenrotes Polohemd und schien die Seele dieses Betriebes zu sein. Er sah alles, bemerkte alles, war Stimulans und Katalysator der animierten, bestens gekleideten Klientel. Mit einem Wort – er hielt alle Fäden in der Hand. Er sah öfter zu uns herüber und lächelte aufmunternd, wobei er herrliche, wahrscheinlich sogar echte Zähne zeigte. Als wir dann am Ende zahlten, sagte er mit gedämpfter Stimme einen überraschenden Satz: „Denkt an mich in Compostelle!"

Die Hitze bleibt uns erhalten

Glücklicherweise bekamen wir schon um sieben Uhr das übliche, spartanische, aber durch den starken Kaffee äußerst belebende Frühstück und konnten kurz darauf starten. Wir betraten ja den Frühstücksraum immer schon mit fertig gepacktem Rucksack und aufbruchsbereit. Auch heute kam es auf jede halbe Stunde an, die wir noch bei relativ kühler Temperatur gehen konnten. Heute war der 29. April. Wie würde die Hitze im Mai zu ertragen sein? Ich dachte an die vor uns liegende, nahezu baumlose Meseta in Spanien. Tapfer versuchte ich, meine vorauseilenden Gedanken zu verscheuchen. Jetzt, jetzt waren wir unterwegs und nicht in einem Monat. Wer wusste schon, was bis dahin passieren konnte? Würden wir überhaupt die Pyrenäen wie geplant überschreiten? Würde einer von uns vielleicht nicht durchhalten können – seelisch oder körperlich? Vielleicht würde mir plötzlich meine Motivation, jeden Morgen wieder loszuziehen, abhandenkommen? Immerhin lagen noch sechs Wochen mit all ihren Mühen und Unwägbarkeiten vor uns.

Der Rhythmus des Gehens, der junge Morgen, das Gefühl von Aufgehobensein in der Natur taten aber wie immer ihren Dienst und brachten mich aus der seelischen Schieflage ins Lot. Was kümmert mich der morgige Tag – da es doch heute war?

Wir hatten Glück. Als hätte der Himmel ein Einsehen mit uns, blieb er etwa für eineinhalb Stunden neblig verhangen, sodass wir zügig ein weiteres Juwel auf dem Weg erreichten, Larressingle, einen kleinen Festungsort aus dem Mittelalter, dessen Verteidigungsanlagen mit Zugbrücke und dessen romanisch-gotische Kirche gut erhalten sind. Das Örtchen war menschenleer, nur eine unausgeschlafene Frau schlurfte kurz vor ihr Häuschen, um, als sie unser ansichtig wurde,

schnell wieder darin zu verschwinden. Ich fühle jetzt noch die schützende und beruhigende Dunkelheit der Kirche, die uns umfing, als wir sie betraten. Jedes kurze Verweilen spendete uns immer wieder Kraft und Entspannung. War die Kirchenbank auch noch so hart, wir spürten dankbar das Holz unter unserer Sitzfläche, das es uns gestattete, die Beine auszustrecken und den Rucksack für fünf Minuten vom Rücken gleiten zu lassen.

Am Bürgermeisteramt trafen wir eine professionell wirkende Person – vielleicht den Bürgermeister selbst –, der uns freundlichst einen pittoresken Pilgerstempel in unser Credencial verpasste und uns mit einem „Bon courage!" auf den Weg schickte.

Die romanische Friedhofskirche Routges besaß laut Führer im Vorgarten einen Wasserhahn, dem Trinkwasser entströmte. Wir genossen von dem schattigen Platz unter dem breiten Vordach aus den herrlichen Blick über Weinberge der Gascogne. Es störte uns nicht, dass neben uns eine Bahre, Seile und sonstige Utensilien für eine Beerdigung angebracht waren. Warum nicht? Auch das gehörte zum Leben. Als allerdings Reinhard trocken bemerkte, dass er Verwesungsgeruch spüre – den ich von meinem Sitz aus nicht wahrnehmen konnte –, da schulterten wir wieder unsere Rucksäcke. Die Sonne brannte mittlerweile heiß und unbarmherzig auf die Landstraße, sodass ich mit meinem listigen Vorschlag, den Weg durch Abschneiden einer Ecke des Chemin Zeit zu gewinnen, bei Reinhard auf offene Ohren stieß. Warum sollten wir uns nicht ein paar Kilometer ersparen, indem wir nicht den Weg über Montréal du Gers, eine potentielle Übernachtungsmög-

lichkeit, nahmen, sondern gleich die Direttissima in Richtung Eauze, unseres heutigen Zieles, einschlugen. Zwar mussten wir nun auf kleinen Sträßchen laufen, nicht auf Feld- und Wiesenwegen, aber Vernunft und Bequemlichkeit obsiegten.

*Die Straße flimmert vor meinen Augen, überall ist es hell.
Ich könnte jetzt einen Strohhut mit breiter Krempe brauchen.
Der Asphalt unter den Schuhen wird schon ein wenig weich,
rechterhand die Ruine einer romanischen Kirche,
deren Mauerfragmente friedlich und von Insekten umschwirrt in der Sonne ausharren.
Daneben ein Weingut, hinter dessen geschlossene Fenster ich mich hineinfantasiere.
Da sitzen sie um einen Tisch und essen und trinken –
Wasser mit Wein gemischt –,
das wäre schön.*

Wir waren schon viele Kilometer gegangen nach unserem letzten Halt in Routges und wollten nun unbedingt Rast machen. Doch wo sollte das passieren? Es gab weit und breit keine schattigen Plätze. Die Beine waren schon schwer und wir hatten Durst. Was blieb uns übrig, als in einem steilen Straßengraben zu lagern, wo wir durch anliegende Sträucher und die noch kühlen Erdwände einen halbwegs erfrischenden Platz vermuteten. Schon das Hineinsteigen, das Ausbreiten der Regencapes auf dem feuchten Boden waren mühsam. Wortkarg aßen wir unser Stück Brot und teilten geschwisterlich das restliche Wasser, das uns in Reinhards Flasche verblieben war. In meiner Flasche hatte ich wieder für uns Nescafé angerührt – und so wollte ich es auch weiterhin halten, falls die Tage so heiß blieben – was allerdings jetzt im April nicht zu erwarten war.

*Fragen steigen auf: da hocken wir in diesem Erdloch wie die wilden Schweine –
und werden nachher auch dementsprechend aussehen.
Warum tun wir das?
Unsere Finger sind geschwollen – trotz der dauernden Bewegung der Hände bei der Stockarbeit.
Ich trage das rabiate Verlangen in mir, mit meinem ganzen Körper in kaltes Wasser einzutauchen, den Schweiß und Straßenstaub und die Müdigkeit abzuschütteln.
Kein See, kein Teich, kein Bach, keine Fata Morgana, die hoffen lässt.
Nur das Wissen: Eauze ist noch weit.*

Die letzten sieben Kilometer ging es entlang einer aufgelassenen Bahntrasse, im Halbschatten von lichtem Gesträuch und Bäumen. Die Luft stand unbeweglich über dem Weg, es war sehr mühsam für uns, zügig weiterzugehen. Wir überholten ein älteres Ehepaar, das unter Aufbietung der Kräfte, schweißüberströmt, dem Tagesziel entgegenwanderte. Eigentlich waren Reinhard und ich auch ein älteres Ehepaar, aber diese beiden übertrafen uns wohl noch um etliche Jährchen. Sie wirkten harmonisch und aufeinander eingespielt, hatten aber einen tieftraurigen Ausdruck im Gesicht. Welcher Reif war auf ihre trauliche Zweisamkeit gefallen? Links des Weges ruhten sich auf einem Bänkchen einige Behinderte mit ihrem Betreuer aus. Sie winkten uns fröhlich und unbekümmert zu. Weiter ging es, immer geradeaus. Wir hatten nun unseren Tiefpunkt überwunden und bewegten uns in flottem Rhythmus trotz Hitze und Durst. In mir erwachte eine Art von Monotonie. Dauernd hörte ich es zu meinen Füßen rascheln und wir erblickten immer wieder flüchtende Eidechsen, die sich von der Sonne aufladen ließen. Dieses Rascheln war das einzige Geräusch neben dem Klicken unserer Stöcke. Ich merkte, wie ich plötzlich anfing, in meinem Inneren immer wieder den gleichen Satz zu rezitieren: „Das Rascheln der Eidechsen, das Klicken der Stöcke, das Rascheln der Eidechsen, das Klicken der Stöcke ..." Die Worte klangen in mir fast wie ein Gebet. Sie trugen mich vorwärts, und ich musste dabei an die monotonen Sprechgesänge marschierender Soldaten denken.

Louis und ein schwarzer Mann

Der Tag begann gut, nämlich mit dem Wissen, dass heute nur 20 Kilometer bis zu unserem Ziel Nogaro zu bewältigen waren – 10 Kilometer weniger als gestern. Schon nach 11 Kilometern erreichten wir den Ort Manciet, der zu unserer größten Freude ein geöffnetes Café bieten konnte. Welch himmlisches Gefühl, sich im Schatten im Freien an einem Tisch niederzulassen und Wasser und Kaffee zu ordern. Zahlreiche Pilger nutzten wie wir diese willkommene Tankstelle, die die Lebensgeister neu erwachen ließ – denn die Hitze war heute wieder beträchtlich.

Mich erheiterte der Gedanke, dass der Pilger mit großer Kniebandage, der sich an unserem Tisch niederließ, dem Schauspieler Louis de Funès ähnelte. Mit seinem etwas hintergründigen und bisweilen boshaften Lächeln, seiner hektischen Art zu reden und sich über alles und nichts zu ereifern, erinnerte uns der Franzose heftig an den unvergesslichen Komiker. Er war eigentlich nur zufällig und nur für ein kurzes Stück auf dem Weg, eigentlich sei er ja Tennisspieler. Ein T-Shirt mit dem Aufdruck „Roland Garros" untermauerte seine Aussage. Man merkte es ihm an, dass der Weg ihn noch nicht mit Beschlag belegte, durch seinen Kopf geisterten Termine und Matches und vieles, das er wohl würde entbehren können, wenn er erst länger auf dem Weg war.

Reinhard und ich sprachen es beim Weitergehen beinahe gleichzeitig aus, so als hätte eine Gedankenübertragung zwischen uns stattgefunden:

Eigentlich haben wir Sehnsucht nach mehr Einsamkeit, eigentlich freuen wir uns auf die Pyrenäen und den wenig begangenen Somportpass. Eigentlich wollen wir heute lieber den kleinen Umweg

zu der Église Hôpital Sainte
Christine machen,
um dort ein wenig allein zu sein,
allein mit uns und der Hitze.

Im Pilgerführer stand geschrieben: „Den Schlüssel zur Kapelle finden Sie hinter dem Holzpodest neben dem Eingang." Und so war es auch. Die Kühle des Innenraumes umhüllte uns wie ein belebender Umhang und aufatmend ließen wir uns auf einer der wackeligen Holzbänke nieder. Alles war ein wenig verstaubt und herabgekommen. Dies hier war ein Ort der Vergänglichkeit. Nicht Ewiges, nicht Auferstehung begegneten uns hier, sondern Moder und Hinfälligkeit. Der leise Luftzug, der sanft und fast unmerklich über unsere verschwitzten Stirnen glitt, wirkte auf mich wie ein Gruß aus einer anderen Welt. Interessiert lasen wir im Pilgerbuch, das hinten auf einem Holztischchen lag, dass auch unser Mitpilger Walter hier an diesem einsamen Ort, der ein paar hundert Meter abseits des Weges lag, eingekehrt war und eine Eintragung gemacht hatte. Sie betraf den Tod seiner Frau und rührte mich zutiefst an.

Vor dem Kirchlein an der Wand stand eine Bank zum Ausruhen. Zurzeit war sie von einem Ehepaar besetzt, das sein Auto unter schattigen Bäumen geparkt hatte. Schon wollten wir uns irgendwo auf dem Boden niederlassen, da sagte die Frau beinahe erschrocken: „Aber diese Bank ist doch für Pilger wie Sie da!" Sie wollte uns Platz machen, was wir natürlich nicht zuließen. Froh waren wir aber doch, als die Leute nach ein paar interessierten Rückfragen ihr Lunchpaket und die Getränke zusammenpackten und das Auto bestiegen. Ich muss zugeben, dass ich mich zu diesem Zeitpunkt recht strapaziert fühlte. Nachdem wir unseren letzten Schluck Wasser getrunken hatten, streckte ich die Beine weit von mir und betrachtete stumpfsinnig und schläfrig das Ambiente, das aus einigen wenigen verlotterten Gräbern bestand, denen übler Geruch zu entsteigen schien. Ich setzte mich auf und betrachtete aufmerksam die Namen, die auf die düsteren, schiefen Grabsteine gemalt oder eingemeißelt waren: „Roma" hieß eine Familie, „Taras" eine andere. Für mich war dies jedenfalls ein seltsamer Ort, zu dem die Namen zu passen schienen.

Es fiel mir trotz allem nicht leicht, diesen für mich leicht schaurigen Platz zu verlassen, da ich den Eindruck hatte, dass alles an mir vom Schweiß klebte, dass meine Beine schwer waren, dass ich verlangsamt reagierte. Nur der Gedanke, bald unter dem kühlen Strahl einer Brause zu stehen, gab uns die Motivation, einigermaßen flott weiterzugehen. Immer wieder zogen wir an Pilgern vorüber, die sich irgendwo im Schatten eine kurze oder längere Erholung gönnten.

Es ist schön, wenn du merkst,
dass jemand an dich denkt
auf diesem heißen Weg,
über dem die Luft flimmert,
die Helle wehtut und der weiße
Straßenstaub in der Nase brennt.
Da hat doch jemand mitten
auf den Pilgerweg die Worte
„Reinhard" und „Ingrid" mit
Orangenschalenstückchen gelegt.
Erstaunlich, dass alles noch
lesbar ist, eingepresst in
einen Fleck feuchten Bodens
an einem Bachübergang.
Es können nur die Schweizer

*gewesen sein, die sich
das ausdachten.
Wir lachen beide voll Freude,
weil jemand sich unseretwegen
solche Mühe machte.
Und schon sind unsere Schritte
leichter, die Perspektive dieses
Tages hat sich im Nu verändert
und heiter betreten wir den
herbeigesehnten Boden von Nogaro.*

Um 15 Uhr war also Nogaro erreicht. Wir hatten in einem Hotel vorgebucht und konnten es nicht fassen, dass das Hotel geschlossen war. Reinhard fragte in der zugehörigen Bar. Erst um 17 Uhr würde jemand kommen und das Hotel aufschließen. Wir tranken also erst einmal reichlich und beschlossen dann, in den Ort zu gehen, die Kirche zu besuchen und Sonnencreme zu kaufen sowie Marschverpflegung für morgen. Soeben trafen Paul und Annie, die netten Franzosen, ein – auch sie nicht gerade taufrisch. Obwohl sie noch drei Kilometer weiter bis zu einer gîte gehen wollten, besichtigten sie mit uns die hübsche und stimmungsvolle Kirche Saint Nicolas, ein ursprünglich romanisches Gotteshaus, von dem der Rest eines Kreuzganges an der seitlichen Kirchenfront noch zu sehen war.
Auf einem ungepflegten Wiesenstück hinter der Kirche begegneten wir einem jungen Mann, der ganz schwarz gekleidet war, einen kleinen Beutel auf dem Rücken trug und einen Hund mit sich führte. Er entleerte gerade ungeniert seine Blase an der Kirchenmauer, was mich sofort gegen ihn aufbrachte. Ich ärgerte mich über ihn, der so anders war als alle anderen Pilger, denen wir begegneten. Unsere Blicke kreuzten sich kurz, dann verließen Reinhard und ich fluchtartig diesen wenig einladenden Ort, um uns auf die Suche nach einem Lebensmittelgeschäft zu machen. Schließlich konnten wir Obst, Gebäck und Nescafé erwerben. Sonnencreme gab es in Nogaro keine.

Endlich durften wir unser Hotelzimmer beziehen. Wir wuschen lustvoll alles, was wir am Leib getragen hatten, zuallererst natürlich aber uns selbst – welch eine Wohltat. Reinhard war heute besonders zufrieden, hatte er doch eine seltene, blaurosa Stendelart, welche zu den Orchideengewächsen zählt, entdeckt.

*Er, mit dem ich mein Leben,
also auch diesen Weg teile,
kann sich so schön freuen.
Ich kann es noch immer nicht
begreifen,
dass er nach seinem so
andersartigen Berufsleben
so anspruchslos, so offen für
alles Neue, so positiv ist.
Alles macht für ihn Sinn,
nie gibt er auf.
Etwas Besseres als er hätte
mir nicht passieren können.*

Ein schmackhaftes Abendessen im Freien, in Gesellschaft eines Pilgerehepaares aus Lille, beendete den 30. April.

Wir begegnen Puck oder Raffael und haben Gewissensbisse

Da wir wegen der zu erwartenden Hitze dringlich um ein zeitiges Frühstück gebeten hatten, stellte man uns schon am Vorabend Kaffee in einer Warmhaltekanne aufs Zimmer, sodass wir um 6.30 Uhr das Haus verlassen konnten. Es war gar nicht leicht, die Markierung zu finden. So waren wir froh, eine Gruppe von Pilgern zu treffen, die sich mit uns zusammen auf die Suche nach dem richtigen Weg machte. Ein französischer Pilger, noch jünger als wir, schien durch die Hitze sehr mitgenommen. Schon jetzt am Morgen standen ihm die Schweißtropfen auf der Stirn, sein Gesicht war blass und er redete wenig und mit schwacher Stimme. Ich machte mir Sorgen um ihn.

Ich sehe Deine Angestrengtheit,
Deine Angst nicht durchzuhalten.
Vielleicht bist Du krank oder
rekonvaleszent, vielleicht ist
Dein Herz schwach und wünscht
sich mehr Ruhe?
Ich wünsche Dir, dass Du
das Ziel erreichen mögest –
wenigstens am heutigen Tag.
Ich wünsche Dir, dass das
Wetter kühler wird.
Auch ich selbst hätte da übrigens
gar nichts dagegen.

Plötzlich tauchte ein Mann an unserer Seite auf. Er kam mit schnellen, langen Schritten hinter uns her. Er hatte feuerrote Haare und trug einen kurzen Bart. Ein Lächeln war in sein Gesicht geschrieben. Unter die Rucksackgurte hatte er lange Farne eingeklemmt, die wie Flügel wirkten und aus den Schäften seiner Wanderschuhe schauten wippend ebenso Farnwedel nach hinten. Vorne im Brustgurt trug er eine rosa Rose. Er begleitete uns ein Stück und nahm wie selbstverständlich den schwachen Pilger ins Schlepptau. Dann hatten wir ihn aus den Augen verloren. Nach längerer Zeit sahen wir ihn an einer Wegkreuzung stehen. Er wartete hier auf alle Pilger, die diesen Weg gingen, um ihnen mitzuteilen, dass man den Weg um fünf Kilometer verkürzen könne, wenn man geradeaus ging, statt nach der Markierung zu wandern. Wir alle glaubten ihm und folgten seinem Rat.

Endlich war Aire sur l'Adour erreicht. Das letzte Stück dahin auf der Landstraße war unglaublich heiß, doch die ersten Häuser des Ortes verhießen uns ja baldige Kühlung. Da kam uns ein Radpilger entgegen und hielt neben uns an. Er war Deutscher und kam von Santiago, war also schon auf dem Rückweg. Er interessierte sich für unsere Route und sagte: „Wenn ich Sie nicht aufhalte, möchte ich Ihnen meinen Saint-Christoph-Führer zeigen." Eigentlich hielt der von der unbarmherzigen Sonne rotbraun gebrannte Mann uns schon auf, sehnten wir uns doch danach, Rucksack und Schuhe ablegen

219

zu können. Durch das viele Schwitzen in den letzten Tagen hatte die Haut meiner strapazierten Füße rote Flecken und Punkte entwickelt, denen auch durch tägliches Waschen der Socken nicht Einhalt zu gebieten war. Nur eine Cortisonsalbe, die Reinhard glücklicherweise im Gepäck führte, konnte immer wieder Abhilfe schaffen.

Vielleicht war er nicht begabt für Fremdsprachen und hatte sich mit niemandem unterhalten können? Vielleicht hatte er auf seinem Weg, der ihn jeden Tag 120 Kilometer radeln ließ, kaum menschliche Begegnungen gehabt? Er fragte uns jedenfalls ganz intensiv, beinahe inquisitorisch nach unseren Erfahrungen aus und meinte schließlich ein wenig wehmütig, dass man wohl beim langsameren Gehen mehr vom Geist dieses Weges mitbekommen könne als beim Vorüberfahren. Der Pilger selbst hatte recht karge Eindrücke vom Weg behalten, das machte ihn traurig. Vielleicht war aber auch das eine wichtige Erkenntnis für ihn, dass er, der dachte allein sein zu können, nach der Gesellschaft und Begleitung eines Menschen fieberte, dass er mehr Muße und Beschaulichkeit brauchte. Ich sah ihn vor meinem geistigen Auge schon im nächsten Jahr glücklich mit einem Wandergefährten unterwegs auf dem Camino. – „Bonne route, pèlerin!"

Wenn wir es genau betrachten,
kommt es auf eine halbe Stunde,
die wir später das Quartier
erreichen, auch nicht mehr an.
Wer oder was drängt uns denn,
haben wir etwa einen
wichtigen Termin zu erreichen?
Ruft die Arbeit oder eine
Verpflichtung?
Zeit ist gerade etwas,
das wir in reichem Maße
zur Verfügung haben.
Im Grunde haben wir
nicht viel zu bieten –
außer Zeit und Aufmerksamkeit.

Wir bemerkten, dass der Radpilger ausgehungert nach Gesprächen war.

Wir lernen uns selbst gut kennen
auf diesem Weg.
Der in Gruppe Gehende entdeckt
in sich vielleicht einen
verkappten Eremiten,
der allein Wandernde beginnt
zu erkennen, dass dieser oder jener,
den er zu Hause gelassen hat,
wichtiger für ihn ist, als er dachte.
Ein anderer erkennt im Gehen,
dass er eine bestimmte Beziehung
unbedingt lösen muss –
will er nicht untergehen.
So mancher sieht sich erstmals
eingebunden in ein großes,
sinnvolles Ganzes.
Auch ein Du kann im Pilgern
entdeckt werden, das außerhalb,

*aber auch innerhalb von uns wohnt
und das uns tiefste Geborgenheit
vermittelt, die jede Frage,
auch in fragwürdigen Situationen,
verstummen lässt.*

Das Etappenziel war erreicht. Unser Hotel öffnete erst in einer Stunde, also setzten wir uns auf den Marktplatz, um etwas zu trinken. Im Städtchen herrschte Hochstimmung. Überall schlenderten Gruppen von meist jungen Leuten, die teilweise Instrumente in ihren Händen trugen. Blasmusik hallte über den Platz, leicht oder stärker Angeheiterte bevölkerten das Städtchen. Wir waren froh, an einem Tisch im Freien noch Platz gefunden zu haben und ein kaltes Getränk serviert zu bekommen. Richtig, heute war der Festtag des ersten Mai!

Ein Mann setzte sich zu uns an den Tisch. Es war der schwarze Pilger mit schwarzem Hund von gestern, der sich an der Kirchmauer erleichtert hatte. Ein wenig erschraken wir. Warum setzte er sich ausgerechnet zu uns? Es waren doch auch noch andere Plätze frei. Der junge Mann, der kleine Zöpfchen trug und recht ungepflegt wirkte, sah uns mit sanften, blauen Augen an und fragte höflich, ob er in unserem Pilgerführer nachlesen dürfe. Er habe den Ausgang aus Aire sur l'Adour nicht gefunden und sei auf eine riesige Straße geraten und daher wieder umgekehrt. Natürlich ließen wir ihn unseren Wanderführer gründlich studieren. Der Schwarze machte sich einige Notizen auf einem Bierdeckel. Unterdessen musterte ich ihn gründlich. Er trug normale, total kaputte Straßenschuhe und ich fragte mich im Stillen, wie man damit wohl die Wege bewältigen konnte ohne fußkrank zu werden. Das einzig Bunte an ihm war ein rotes Halstüchlein, das er locker nach vorne geknotet trug. Bei Bewegungen verrutschte es immer ein wenig und plötzlich sah ich einen pflaumengroßen Knoten, der die Haut des Halses seitlich über dem Schlüsselbein vorwölbte. War das ein Tumor, war dieser Mann vielleicht schwer krank und konnte sich keinen Arzt leisten? War er auf den Weg gegangen, weil er etwas bewältigen wollte? In mir stieg Mitleid auf, doch anstatt den Mann zu fragen, was es mit ihm auf sich hatte, schwieg ich, und wir unterhielten uns mit ihm über belanglose Dinge des Weges. Schließlich bedankte er sich und brach mit seinem erbärmlichen Hund auf, der in seinem Fell viele kahle Stellen und schorfige Schäden auf der Haut hatte und eine seltsame Promenadenmischung darstellte. Zunächst waren wir erleichtert, da wir erwartet hatten, von dem Mann angebettelt oder sonst wie belästigt zu werden, was aber nicht passiert war. Kaum war er jedoch aus unseren Blicken geraten, fiel es mir siedendheiß ein: „Du hättest ihm zum Abschied die Hand geben müssen, warum hast du ihm nicht die Hand entgegengestreckt?" Ich hatte wohl zuvor einen Moment daran gedacht, aber beim Anblick der schwarzen Trauerränder unter seinen Fingernägeln davor letztlich zurückgeschreckt.

*Warum habe ich ihn nicht
nach seiner Krankheit gefragt?
Warum habe ich es nicht getan?
Ich weiß nun, dass das Erlebnis
mit dem schwarzen Pilger
eine Prüfung war,
die ich nicht bestanden habe.
Ich sagte doch vorhin:*

man kann sich selbst auf diesem Weg kennenlernen.

Auf dem Weg ins unbesternte Hotel begegneten uns im Stiegenhaus animierte, rotgesichtige Menschen, die durch reichlichen Alkoholkonsum kaum mehr sprechen konnten und sich am Stiegengeländer festhielten. Wir alle begaben uns nach diesem heißen Tag in eine ausgiebige Siesta.

Wir beschlossen, morgen hier den letzten Rasttag vor den Pyrenäen einzulegen. Wir hätten ihn eigentlich zu diesem Zeitpunkt nicht gebraucht, da wir uns durchaus nicht ausgepowert oder erschöpft fühlten. Dennoch sagte uns unsere Vernunft, dass es vor der Überquerung der Pyrenäen gut sein könnte, dem Körper etwas Muße zu gönnen.

Beim Abendessen „Chez Regina" trafen wir auf einige Weggefährten – Paul und Annie und noch zwei angenehme kanadische Ehepaare. Es wurde ein netter und gemütlicher Abend. Besonders freute uns zu erfahren, dass die schier unerträglichen Fußschmerzen Pauls sich durch die Intervention eines Apothekers, der ihm weiche Einlagesohlen empfahl, nahezu verschwunden waren. Auch von unseren Kindern hatten wir erfreuliche Nachrichten erhalten. Den beiden werdenden Müttern ging es gut, alles war stabil, und die Bronchitis unserer Jüngsten, die Gegenstand etlicher SMS-Botschaften gewesen war, hatte sich – Dank sei den Antibiotika – zurückgebildet.

Ein geschäftiger Rasttag

Wir begannen den Tag mit einer Messe und anschließender Pilgersegnung bei den Karmelitinnen, wo wir auch Ève und Joseph trafen. Oberhalb der Stadt lag die romanisch-gotische Kirche Sainte Quitterie, die wir als erstes besichtigten. Die Heilige war eine Märtyrerin des 4. Jahrhunderts. Ihr marmorner Sarkophag in der Krypta mutete in seiner Gestaltung griechisch-römisch an. Jesus war darauf als bartloser guter Hirte dargestellt. Noch hatte sich der Typus des Christusantlitzes, wie es auf den Ikonen zu sehen ist, nicht durchgesetzt.

Ich habe einmal gehört, dass erst nach dem vierten Jahrhundert, nachdem das Tuch mit dem „wahren Antlitz Jesu" in Edessa wiedergefunden wurde, Christus bildlich mit Bart dargestellt wurde. Sinnend stehe ich und denke darüber nach, ob es wohl möglich sein könnte, dass das Tuch von Edessa wirklich identisch ist – wie ich einmal gelesen habe – mit dem sogenannten Schweißtuch der Veronika, der vera Ikona?

Im Ort konnten wir endlich Sonnencreme erstehen. Außerdem ließ ich mir mein verbogenes Brillengestell von einer freundlichen Optikerin zurechtbiegen. Natürlich gönnten wir uns heute auch eine entspannte Siesta. Nach zwei Stunden rafften wir uns wieder auf und besuchten die Vesper der Karmelitinnen, danach die Kirche im Zentrum, wo es jetzt am späten Nachmittag einen Pilgerempfang der Ortsfrauen mit Getränken und Keksen gab und wo wir Jürgen wiedertrafen. Er machte uns darauf aufmerksam, dass in der gîte auf dem schwarzen Brett eine Nachricht für uns geschrie-

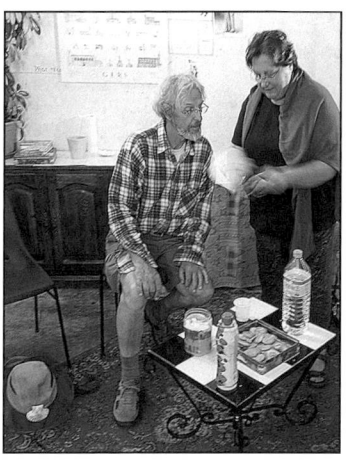

ben stand: „Bon voyage et salut pour Ingrid et Reinhard", so konnten wir lesen. Wieder hatten die Schweizer an uns gedacht. Uns wurde ein wenig wehmütig ums Herz, wenn wir daran dachten, dass sich unsere Wege nun bald endgültig trennen und uns neue Gesichter begleiten würden.

Auch Wasserhähne können Musik machen

Der Ort mit dem schier nicht zu merkenden Namen Arzacq-Arraziguet sollte unser nächstes Ziel sein. Da er 33 Kilometer weit entfernt lag, war es nicht gerade günstig, dass wir erst um 8 Uhr das Haus verlassen konnten. Da es jedoch nicht mehr ganz so heiß war wie an den vorausgegangenen Tagen, mochte das angehen. Trotzdem nahmen wir dankbar in Latrille die Pilgerstation wahr, die uns neben einem hübschen Stempel auch kostenlos Kaffee und Wasser bescherte.

Anhalten, trinken, Pilgerpass stempeln, wieder trinken, unter Dach sein, den Rucksack ablegen.

Gestärkt weitergehen, an einem Fest teilgenommen haben.

Nach ungefähr 20 Kilometern sahen wir auf ansteigendem Wiesenweg eine behäbige, in eine Mulde geduckte Kirche auftauchen, die Église de Sensacq. Wir hofften, sie nicht verschlossen vorzufinden und nahmen uns vor, dort eine Trinkrast einzulegen, da ein Wasserhahn signalisiert war. Die kleine romanische Kirche hatte Ausstrahlung und ein bemerkenswertes Taufbecken im Inneren. Hier war es gut sein. Wir ließen uns nach der Besichtigung auf dem Boden neben dem Weg nieder und sahen zu, wie von unten her Pilger mit hohen Rucksäcken emporstiegen. Unsere Unterkunft in Arzacq lag mitten auf dem Dorfplatz. Es war ein sehr einfaches Quartier, aber die Betten schienen gut zu sein und eine Dusche gab es auch. Mein Schlaf war dennoch schlecht. Beinahe ununterbrochen gingen irgendwelche Leute im Haus zur Toilette am Gang. Die Wasserspülung brachte jedesmal seltsame Nebengeräusche mit sich, Winseln und Pfeifen, manchmal auch quietschende Töne, die aus all den über Putz liegenden Rohrleitungen hervorkamen. Schließlich ertappte ich mich dabei, schon auf die nächsten Spülgeräusche zu warten, ja interessiert mit hoch erhobenem Kopf dem nächsten Event zu lauschen. Endlich schluckte ich eine halbe Valiumtablette, um meinem überwachen, angespannten Zustand ein Ende zu bereiten.

Erwartung, Vorfreude und eine Ankunft

Wohl fühlte ich mich beim Piepsen des Handyweckers nicht ganz ausgeschlafen, dennoch erfasste mich auch heute eine seltsame Unruhe, die ich schon gestern abends gespürt hatte. Schon übermorgen würden wir uns von der bisherigen Route der Via Podiensis verabschieden und auf die Via Tolosana überwechseln. Und dann würde der dreitägige Aufstieg zum Somportpass beginnen.

Ich bin voll Erwartung,
weiß nicht warum.
Ich habe das Gefühl, erwartet
zu werden – von wem nur?
Ich trage Sehnsucht in mir,
ungeheure Sehnsucht –
wonach nur?
Ich freue mich wahnsinnig,
die Freude macht mich durch
und durch wach.
Ich denke, ich bin in den Sog
von Compostela geraten.
Ein starker Strom von Erwartung
und Zuversicht trägt uns Pilger,
nein, wir sind nicht allein.

Der Himmel war heute grau verhangen und immer wieder gab es Nieselregen. Das stark und teilweise steil hügelige Land war üppig grün, das Gehen fiel in der Kühle leicht. Dominique vom Gotthardpass, der schlank und rank flott unterwegs war, machte uns auf einen Pilgerhalt aufmerksam. An einem Gartentor stand ein Schild zu lesen:

„*Pilger auf dem Weg nach Compostelle, tretet ein und rastet hier, nehmt Tee oder Kaffee. Bonne route!*"

Etwas schüchtern betraten wir den Privatbesitz und wurden freundlichst von einem Mann mittleren Alters empfangen, der eine Gartensitzgarnitur wegen des unsicheren Wetters unter das Dach der offenen Garage getragen hatte. Mit einer einladenden Bewegung ließ er uns Platz nehmen.

Was ist das für ein Mann,
der sein Grundstück für
wildfremde Menschen öffnet?
Was ist das für ein Mensch, der uns
Zwetschgenkuchen anbietet,
der mit uns freundlich plaudert,
der uns ernst nimmt, der zuhört?
Täglich macht er das,
wie er sachlich erzählt.
Er denkt nicht, dass er etwas
besonderes leistet,
er meint nur, dass er das Nötige tut.
Alles gibt er umsonst her –
und das täglich.
Nur in das Pilgerbuch mögen
wir uns doch schreiben, bittet er.

Wir hatten heute etliche Kirchlein besichtigt und uns in den Pilgerbüchern verewigt, hatten Nachrichten von

Mitpilgern gefunden und deren Gedanken mit Interesse in uns aufgenommen. Wie reich war auch dieser Tag wieder an Eindrücken, die sich tief und fest in das Gedächtnis eingruben, um nicht verloren zu gehen.

*Ich habe schon eine
große Sammlung von
„ewigen Momenten".
Ein solcher Moment ist unendlich,
nicht lang, nicht kurz,
nicht in Sekunden zu bemessen.
Wichtig, prägend für mein Leben,
zunichtemachend die Leere
vertaner Stunden – so stellen
sich diese Ewigkeiten dar.
Sie sind das Einzige, das zählt.*

Wir hatten ein Chambre d'Hôtes vorbestellt. Als wir das Städtchen erreichten, erwies sich die Zufahrt zum Ortsende, wo das Haus unserer Wirtin lag, als eine einzige große Baustelle. Da das Quartier angeblich schwer zu finden war, hatte man uns zugesagt, uns mit dem Auto nach Anruf vom Ortsanfang abzuholen. Nun wurden wir gebeten, doch zu Fuß bis zum Ende der etwa einen Kilometer langen Baustelle zu marschieren. Wenn man 29 Kilometer gegangen ist, kann man auch noch einen 30. Kilometer absolvieren.

Der erste Eindruck des Hauses war ein äußerst positiver. Wir wurden in dem gepflegten Haus freundlichst von der Hausfrau mit heißem Tee empfangen, denn – kaum zu glauben – es war wieder richtig kühl geworden. Unser Zimmer war phantastisch – gemütlich, sauber. Ich hatte es mir angewöhnt, nach dem Betreten des Zimmers, das für einen Abend und eine Nacht unsere Bleibe werden sollte, mit einem Blick die Situation zu erfassen und quasi innerlich ein Urteil zu fällen, dass von „Bruchbude" bis „Himmel auf Erden" reichte. Mit Reinhard verständigte ich mich dann immer mit einem Blick, der von belustigter Verzweiflung bis zu animierter Fröhlichkeit reichte. Später, in Spanien, würden wir uns kurz ansehen und „hay de todo" sagen, was frei übersetzt so viel heißt wie: „Alles Wichtige vorhanden" – falls dies der Fall war.

Später, nach dem einfachen, aber köstlichen Abendessen, das aus einem Omelett mit Salat und danach Schokoladenpudding bestand, das aber durch einen hervorragenden Rotwein komplettiert wurde, zeigte uns die Dame des Hauses verschiedene von ihr selbst gefertigte Kunstobjekte aus Holz. Auch der Ehemann erwies sich als sehr kommunikationsfreudig und am „Chemin" interessiert. Schließlich tauschten wir E-mail-Adressen aus und sanken entspannt und froh über den gelungenen Tag ins blütenweiße Bett.

Abschied, Nachrichten und ein Schloss

Die Madame hatte an alles gedacht. Der Frühstückstisch bog sich von wunderbaren Dingen wie Joghurts, Früchten und Käse zum Mitnehmen. Die Frau erklärte uns noch, wie wir von ihrem Haus wieder auf den markierten Weg gelangen konnten. Wir verabschiedeten uns von ihr wie alte Freunde – auch ein Geschenk des Weges.

*Wenn wir jemanden treffen,
mit dem die Kommunikation
gut funktioniert,*

*dessen Ausstrahlung uns
angenehm berührt,
wenn wir denken, dass uns eine
verwandte Seele gegenübersteht,
wenn uns wohlwollende,
interessierte Blicke treffen,
die uns selbst meinen,
uns ganz persönlich,
wenn da nichts Fremdes ist,
nichts Abwehrendes –
dann erleben wir Heimat,
Geborgenheit, Frieden,
wenn auch vielleicht nur
für einige Stunden,
aber das kann ganz viel sein.*

Unser Weg nach Navarrenx war durch etliche Regenschauer geprägt. Da ich unter dem Plastikcape ziemlich schwitzte, hatte ich mir angewöhnt, sofort nach Beendigung des Regens das Cape über den Kopf nach hinten zu streifen und über den Rucksack und die Schultern gehängt trocknen zu lassen. So hatte ich den Regenschutz jederzeit griffbereit und ersparte mir das mühsame An- und Ausziehen, wie Reinhard das praktizierte. Bei ihm hatte ich überhaupt den Eindruck, dass er über etwas mehr Kraftreserven verfügte als ich. In schwierigen Situationen konnte ich allerdings auch noch eine Menge an Energie freimachen, die ich mir im normalen Alltag nicht zugetraut hätte und die mir da auch nicht zur Verfügung stand.

Das stark hügelige Gelände forderte uns einige Anstrengungen ab. Plötzlich sahen wir eine schlanke, hohe Gestalt, mit Holzstab und großem Hut mit Muschel. Jürgen stand am Ufer eines Flüsschens, kam aber die Böschung herauf, als er uns erblickte. „Ich muss das Wasser spüren", sagte er und ging wieder hinunter, um sich an den Fluss zu setzen. Dieser Satz eines Pilgers hat sich mir tief eingeprägt.

*Was das Besondere an dem Weg ist?
Vielleicht, dass wir sehen,
was wir sonst nicht bemerken,
dass wir dem lauschen,
was wir sonst nicht beachten,
das wir etwas berühren,
das uns sonst nicht interessiert,
dass wir etwas vom anderen,
von der Natur, von Gott fühlen,
dem wir uns sonst nicht öffnen.
Der Pilger wird dünnhäutig,
er ist leicht gerührt,
er lässt sich berühren,
alle Sinne werden geschärft,
es spricht selbst die Stille –
diese ganz besonders.*

Wir machten einen kleinen Umweg über ein Marienheiligtum, das malerisch in einer Wiese lag, und trafen dort Paul und Annie, mit denen wir unter Gesprächen bis Sauvelade zusammen gingen. Gemeinsam besichtigten wir die ehemalige Abteikirche und ließen uns dann in der gîte zum Aufwärmen und Kaffee trinken nieder. Wieder trafen wir Jürgen. Als es

ans Verabschieden ging – alle Mitpilger, mit denen wir uns öfter unterhielten, wussten, dass sich ab morgen unsere Wege trennen würden –, meinte er: „Das war's dann wohl". Wir reichten einander feierlich die Hand. Plötzlich hörte ich mich sagen: „Willst Du unsere Mailadresse?" Schnell waren die Adressen ausgetauscht und ich kann vorausgreifend sagen, dass dieser Kontakt bis heute besteht.

Zum letzten Mal fanden wir, an den herunterhängenden Ast eines Baumes gespießt und auf Pappe geschrieben, eine Nachricht von Hannes und Regula vor, in der sie uns für unseren Sonderweg alles Gute wünschten. Paul und Annie begegneten wir noch einmal an diesem Tag in einer von Blumen übersäten Wiese, als sie ihre Rücken und Beine mit kleinen Übungen entspannten. Der Himmel über dieser Wiese, die das intensivste Grün hatte, das ich je gesehen habe, zeigte nun herrliche, golden geränderte Wölkchen, die dazwischen einige Sonnenstrahlen durchließen und kleine Flecke von blassblauem Himmel freigaben. „Heute ist Tiepolo-Himmel", pflegte ich bei solchen Verhältnissen zu sagen und musste an Fresken denken, deren Himmelsgestaltung mir früher immer als übertrieben oder überzeichnet vorkam. Jetzt sah ich mit Entzücken, dass Beleuchtungen und Schattierungen wirklich so sein konnten, wie der Maler sie dargestellt hatte.

*Manchmal denke ich, wenn
alles zufällig entstanden wäre,
so ganz ohne Schöpfer,
wenn ein Urknall, der,
warum auch immer, knallte,
wer soll diesen Urknall
denn bewirkt haben
und wodurch soll der Beginn
der Evolution erfolgt sein?
Wenn aber alles als Nebenprodukt
eines herz- und hirnlosen
Geschehens ohne Anfang
entstanden ist, warum empfinden
wir dann solche Andacht,
solche Rührung,
solche Freude, solche Geborgenheit
im Anblick der Natur?
Warum brennt uns das Herz,
wenn wir all dies erleben?*

Navarrenx war erreicht. Nach Besichtigung und Einkehr in der spätgotischen Kirche Saint Germain ließen wir uns zu unserem für heute vorgebuchten Quartier abseits der Route, einer gîte, abholen. Das Auto wirkte recht heruntergekommen. Der Inhaber schien im Inneren des Wagens Brennholz oder Ähnliches transportiert zu haben. Wie groß war daher unsere Überraschung, als wir nach etwa 10 Kilometern vor einem schön renovierten Schlösschen hielten. Der Hauswirt weidete sich an unserem Erstaunen und berichtete stolz, dass seine Familie das Schloss gekauft und selbst hergerichtet habe und nun Zimmer vermiete. Uns wurde ein herrlich

großer, herrschaftlicher Raum zugewiesen, der ausstaffiert war mit restauriertem altem Mobiliar und stolzem Kronleuchter, und – last, not least – mit tadellosem, komfortablen Badezimmer. Ich probierte es sofort aus und legte mich dann genussvoll unter die warme Bettdecke, waren wir doch durch den immer wieder einsetzenden, wenn auch leichten Regen durchfeuchtet und durch Besichtigung und Autofahrt ausgekühlt. Was mochte dieser Luxus wohl kosten? Wir machten Prognosen und stellten uns seelisch auf das Schlimmste ein. Tatsächlich bezahlten wir zu zweit für das Zimmer samt üppigem Abendessen und Frühstück, samt Abholung und Wasch- und Trockenservice für unsere Klamotten nicht mehr als 60 Euro – zu zweit wohlgemerkt. Angeblich war uns als Pilgern ein Sonderpreis gemacht worden – das kann auch gar nicht anders gewesen sein.

Wir verlassen die Route

Wie ein gutes Omen vor unserem Start erwartete uns strahlend heiterer Himmel bei angenehmen Temperaturen. Wir hatten uns wieder vom Schloss nach Navarrenx zurückbringen lassen und warfen einen Blick auf die Porta Augustea. Auch einige der uns bekannten Pilger rüsteten zum Aufbruch – allerdings nach Süden, währenddem wir heute 20 Kilometer nach Osten gehen mussten, um auf die Via Tolosana zu stoßen. Händeschütteln, Tränen in den Augen, bonne route!

Wir gingen auf einem lokalen Sträßchen dahin und genossen den frischen, sonnigen Tag und die malerischen, alten Dörfer, durch die uns unser Weg führte. Im Süden waren im Morgendunst Pyrenäengipfel und Bergrücken zu erkennen. Ein Auto hielt neben uns, eine Scheibe wurde hinuntergekurbelt. „Seid ihr Jakobspilger?", fragte eine junge Frau, und sagte dann: „Ich freue mich, euch zu sehen. Wenn ich könnte, würde ich euch zum Essen einladen, bei mir zu Hause, aber das geht nicht, ich muss zur Arbeit." Etwas verlegen kramte sie in einer Tasche, aus der sie zwei Müsliriegel hervorholte und uns als Stärkung für den Weg in die Hand drückte. „Betet für mich, auch ich werde für euch beten."

Bei einer Kurzrast auf einer Bank unter einem alten Baum verzehrten wir den Ziegenkäse, das Geschenk der Madame aus Arthez-de-Béarn, über das wir uns bis jetzt nicht hergemacht hatten, da besonders ich Vorurteile gegenüber Ziegenmilch und Ziegenkäse habe, seit ich auf einer österreichischen Alm Kaiserschmarrn, gemacht aus Ziegenmilch, aß. Nun, dieser Käse hier schmeckte gar nicht schlecht, ja er war sogar verhältnismäßig sehr gut, vor allem deshalb, weil wir nichts anderes zu essen dabei hatten. Wir sannen der Begegnung mit der jungen Autofahrerin nach und stellten uns innerlich auf das Unternehmen Somportpass ein.

In Oloron-Sainte-Marie angekommen, das wir über eine Brücke erreichten,

die die wild schäumende Gave d'Aspe überspannt, staunten wir, welch prächtiges Stadtbild sich uns bot vor der Kulisse der nun schon ziemlich nahe gerückten Pyrenäen. Zunächst bezogen wir Quartier, um die Rucksäcke loszuwerden und amüsierten uns über die Aussage des jungen Hauswirtes, der kein Abendessen anbieten konnte: „Sind Sie froh, dass ich Ihnen kein Essen koche – woanders schmeckt es sicher besser!"
Ein Päckchen mit den restlichen Wintersachen war aufzugeben – wir konnten keinen unnötigen Ballast brauchen. Als Beigabe legten wir schnell etwas für die beiden Kleinen unserer Jüngsten dazu, das wir spontan auf einem gerade stattfindenden Markt erworben hatten – ein Shirt und ein Blüschen. Liebevolle Gedanken gingen in die Heimat.
Nachdem im Touristenzentrum kein Mensch etwas über den Weg zum Somportpass wusste, auch nichts über Quartiere, begaben wir uns anschließend auf die Suche nach einem Sportgeschäft. Ein endloser Marsch begann nun, bei dem wir beinahe sämtliche Straßen Olorons durchwanderten und schließlich von einem Passanten den Hinweis bekamen, dass ein großes Intersport-Geschäft am Stadtrand zu finden sei. Tatsächlich konnte mein Mann hier Teleskopstöcke erwerben. Die Unternehmung kostete uns allerdings zwei Stunden, die angedachte Siestazeit war dahingeschmolzen. Auch gut. Nun wollten wir noch die beiden spektakulären Kirchen dieses Städtchens besuchen. Die eine, Sainte-Marie, zeigte ein wunderbares romanisches Portal mit dem Lamm Gottes und den für ein Tympanon üblichen Darstellungen, die zweite Kirche, Sainte-Croix, lag erhöht in der Stadt. Von hier bot sich ein phantastischer Blick über Stadt und Fluss, dessen klares und sicher eiskaltes Wasser wir bis hinauf zu uns meinten rauschen zu hören. Gepflegte, enge Gässchen boten ein anheimelndes Bild.

In der Kirche, in der es eine achteckige Vierung und bemalte Kapitelle anzuschauen gab, hatte ich ein seltsames Erlebnis. Im Seitenschiff war ein gläserner Sarg mit einer liegenden Heiligenfigur zu sehen. Wen mochte diese jugendlich wirkende Figur wohl darstellen? Als ich sie versonnen betrachtete, klimperte sie mit den Augen, so als wollte sie mir zuzwinkern. Ich zuckte zusammen. War ich so übermüdet, dass ich Halluzinationen hatte? Etwas erschreckt und mit flauem Gefühl, wie ich zugeben muss, ging ich zu Reinhard, der in der Betrachtung der wirklich sehenswerten Details dieses Gotteshauses versunken war.

Mit lässig abwehrender Handbewegung wollte sich nun Reinhard selbst von der Nichtexistenz des von mir Erblickten überzeugen und stellte sich vor den Sarg. Irritiert verließ er alsbald seinen Posten und gab zu, dass er Ähnliches wie ich gesehen hatte. Man hatte also dieser liegenden Figur, wie manchen Puppen, bewegliche Wimpern und Lider gegeben, die, wodurch auch immer – vielleicht durch irgendeinen Luftzug –, aktiviert werden konnten. Bei uns beiden gleichzeitig war sicher kein Wahn ausgebrochen. In diesem Bewusstsein verließen wir die schöne Kirche mit dem Überraschungseffekt und stiegen bergab, um uns den kulinarischen Genüssen eines frühen Abendessens in einer Crêperie zuzuwenden.

In der Crêperie erhielt unser Tatendrang bezüglich des Fußmarsches zum Somportpass einen argen Dämpfer. Das Wirtsehepaar riet uns wegen der engen Bergstraßen und des dichten LKW-Verkehrs ernsthaft davon ab, den Weg per pedes zu machen, da eben einige Kilometer des Weges auf der Passstraße zurückzulegen waren. Es seien schon Pilger zu Schaden gekommen. Vorsichtshalber fragten wir nicht, was denn mit diesen Pilgern passiert sei, um uns nicht die Laune zu verderben. Wir würden uns das alles vor Ort ansehen und entsprechend verfahren.

Manchmal ist es wichtig,
störende Gedanken und Eindrücke
abzuwehren,
die uns verunsichern wollen.
Es ist nötig, in der Klarheit und
bei Vernunft zu bleiben,
dem Verlässlichen zu trauen,
den eigenen Erfahrungen und
der Intuition.
Kann sein, dass der Weg über
den Somportpass ungangbar ist –
dann werden wir eben
mit dem Bus fahren.
Doch heute Abend soll uns
das nicht bekümmern.
Probieren geht über Studieren.

Der erste von drei Tagen

Ich erwachte hochgestimmt und in einer gewissen Präsenz und Konzen-

tration, wie sie sich vor besonderen Unternehmungen einzustellen pflegte. Der Weg war gut markiert, aber schon bald drohten wir auf einem Waldstück im Schlamm zu versinken. Jemand hatte vor dem Wegstück eine Tafel aufgestellt „Ce chemin est impassable" – dieser Weg ist unpassierbar. Wir überlegten kurz. Sollten wir hier schon aufgeben, oder sollten wir unserem österreichischen laissez faire folgen, das uns dazu riet, ohne Rücksicht auf Schuhe und Socken die Passage irgendwie zu erzwingen. Schritt für Schritt tasteten wir uns mit Hilfe der Stöcke vor, erspürten Steine auf dem Weg, auf denen wir festen Halt hatten, merkten, dass Nässe und dunkelbrauner, zäher Morast über den Schuhschaft schwappten und ein ekliges Gefühl im Schuh bewirkten.

Aber ist das wirklich so schlimm?
Kann man Schuhe und Socken
nicht wieder reinigen,
wird die Nässe im Schuh nicht
im Lauf des Tages trocknen?
Was haben denn die Pilger
früher gemacht,
die keine guten Schuhe hatten?

Ein wenig Müh' und Plage
müssen wir halt in Kauf nehmen.

Die kritische Stelle war schließlich gemeistert. Wir hätten sie nur unter ungeheurem Streckenzuwachs weiträumig umgehen können. Lurbe Saint Christeau war erreicht, ein wunderhübsches Dorf. Verzweifelt suchten wir einen Bäcker, hatten wir es doch leichtsinnigerweise verabsäumt, in Oloron einzukaufen – wir würden doch durch einige Orte kommen, so hatten wir gedacht. Zum Glück gab es hier ein geöffnetes Gasthaus. Wir fragten die Kellnerin, ob sie uns nicht Brot verkaufen könne. Wortlos verschwand die Kellnerin – oder war es die Wirtin – und überreichte uns ein schönes Baguette. Bezahlen durften wir nicht – „Ihr seid doch Pilger, bonne route!"

Uns war nicht nur Brot geschenkt worden, sondern auch eine besondere Information: Der Lastwagenverkehr war wegen Bauarbeiten bis auf Weiteres eingestellt. Vergnügt und erleichtert trabten wir in der kristallklaren Luft des heutigen Tages dahin.

Unsere Augen dürfen eine herrliche, frische Berglandschaft sehen.
Die Bilder dringen ein in das Gemüt und verzaubern.
Das Grün der Wiesen und Bäume, das mit steigendem Sonnenstand immer intensiver werdende Blau des wolkenlosen Himmels, der schäumende Wildbach, die Wände der Berge.
Die Welt ist beschienen und glänzt wie neu geschaffen.
All das ist nichts Besonderes – Luft, Berg, Himmel, Wiese, Baum, Blume, Kirchlein, Wasser, Weg und Steg –, alles nichts Besonderes.
Unser Leben besteht aus fast nur nichts Besonderem, jedoch in gewissen Stunden wird das Alltägliche, oft Geschaute zum Ereignis.
Eigentlich müsste ich jetzt niederknien – aber ich tue es doch nur im Geist.

Auf ein Sträßchen waren wir jetzt gelangt, auf dem immer wieder Pulks von Radrennfahrern mit Begleitfahrzeugen an uns vorbeisausten. Uns aber führte alsbald die Markierung auf einen Bergpfad, der ziemlich schmal zwischen 10 und 100 Metern oberhalb der sprudelnden und schäumenden Aspe dahinführte und in einen Steilhang eingeschnitten war. Der Weg war an einigen wenigen Stellen ein wenig ausgesetzt und abrutschgefährdet. Ich war froh, meine Stöcke als psychologische Hilfe und auch tatsächliche Stütze dabeizuhaben, überwand die Stellen aber zügig und ohne darüber Worte zu verlieren. Reinhard ging mit sicherem Schritt voraus, ich dicht hinter ihm. Der Weg war ein phantastischer Erlebnispfad mit seinem mit Buchs bewachsenen Hang, den kostbaren Blumen, von denen der gelbe Alpenmohn verführerisch leuchtete, auch eine große, blaugrüne iberische Eidechse erblickten wir direkt am Weg. Teilweise gingen wir wie unter einem grünen Baldachin zwischen hochgewachsenen Sträuchern, die sich über unseren Köpfen zusammenneigten, dahin. Von links unten kam das Gemurmel und Rauschen des quicklebendigen Baches.

Unser Pfad endete in Sarrance, dem Ziel des heutigen Tages. Der schmucke, behäbige kleine Bergort, der direkt an der Passstraße liegt, machte durch ein von außen hübsches Kloster mit zwiebelförmigem Kirchturm auf sich aufmerksam. In eben diesem Kloster sollte es eine Übernachtungsmöglichkeit geben – wir hatten uns telefonisch angemeldet. Ein recht alter Pater in ziviler Kleidung begrüßte uns. Da er allein die Stellung halten musste, kam er mir wie ein Schiffbrüchiger auf einer einsamen, vergessenen Insel vor. Als wir unseren Obolus bezahlten, kramte der Pater aus einer Schachtel vier Kekse für uns als Willkommensgruß hervor und zeigte uns im Oberstock unser Zimmer. Wir fanden ein Sechsbettzimmer vor, das aus den verschiedensten ganz dicht gereihten Bettgestellen und Matratzensorten bestand. Die dunklen Wände blätterten überall ab, aber der Blick durch das weit offen stehende Fenster ging in die grüne Natur. Es gab im Schlafraum keine Decken, aber wir hatten im Lauf der Jahre schon einige Nächte ohne Schlafsack und ohne sonstige wärmende Hüllen verbracht. Auch die heutige Nacht würde vorübergehen, obwohl ein ebenfalls

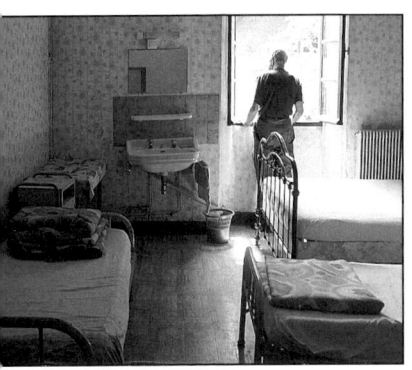

angemeldetes holländisches Paar mit uns im Zimmer übernachten würde – hoffentlich keine Schnarcher. Doch jetzt wollten wir nichts als ins Freie gehen, um den Tag noch etwas zu genießen. Der einfache Kreuzgang des Klosters war lichtdurchflutet und so von jedem Makel seines renovierungsbedürftigen Zustandes befreit. Wir legten uns nach einem kurzen Besuch der Kirche in die anliegende Wiese und erholten uns, wobei ich wieder einmal feststellte, dass eine flache Wiese weit weniger entspannend auf den Körper wirkt, als eine gute Matratze und ein weiches Kissen unter dem Kopf. Beim Abendessen in einem kleinen Lokal trafen wir unsere „Mitschläfer", die Holländer. Sie wollten ab morgen den Bus nehmen und so die Pyrenäen überwinden. Das Paar mittleren Alters erwies sich als gutmütig und angenehm. Auch die Nacht mit den beiden war störungsfrei. Sie schliefen ruhig in ihren Schlafsäcken, so als gäbe es sie gar nicht.

Der zweite Tag

Auch Reinhard und ich hatten herrlich geschlafen – eingehüllt und bedeckt mit unseren Klamotten und dem Regencape. Um 6.15 Uhr piepste der Wecker, aber wir wären auch ohne ihn aufgewacht. Wir versuchten, beim Aufstehen ganz leise zu sein, rafften bei anbrechender Dämmerung unsere Rucksäcke und die sonstigen herumliegenden Habe an uns und eilten treppab zu unseren Schuhen, die neben anderen auf einer Ablage standen. Das Schlimmste war nun geschafft. Auch ein nächtlicher Klobesuch im unteren Stockwerk war uns dank unseres Tiefschlafes erspart geblieben. Frühstück konnten wir keines bekommen, aber es gab eine mit dunklem Ölanstrich versehene Küche und somit heißes Wasser, mit dem wir unseren Nescafé anrühren und den Rest unseres Weißbrotes essen konnten. Nachdenklich blickten wir auf die unbeschreibliche Einfachheit der Küche, die aber immerhin einen festen Tisch aufzuweisen hatte.

*Uns wird klar,
wie verwöhnt wir sind.
Uns wird bewusst, dass es
Menschen gibt, die nichts
anderes kennen als das,
was wir hier bestaunen.
Man könnte hier viel reparieren,
lackieren, verspachteln, streichen.
Ein kleines Stück Stoff als Vorhang,
ein Kissen, vielleicht noch
ein Kalender an die Wand –
ja, sie würden den Raum
unzweifelhaft wohnlicher machen.
Warum soll es eigentlich wohnlich
sein, wo wir hier doch
nicht wohnen wollen?
Entspricht es dem Pilger nicht eher,
so zu übernachten wie wir heute,
als so, wie wir es bisher für
gewöhnlich vorfanden?
Hin und wieder ist es für uns*

*sicher heilsam und gut,
in einem kargen Quartier
zu schlafen – finde ich,
es muss bloß nicht immer sein!*

Bei anbrechendem Licht konnten wir das Haus verlassen. Wieder führte uns der Weg, der erstaunlich gut markiert war, auf einen traumhaft idyllischen Pfad, der uns hoch über dem Wildbach in ähnlicher Weise wie gestern beeindruckte. Immer wieder trieb es uns, stehenzubleiben und einander mitzuteilen, wie einmalig der Blick in die Tiefe war. Nie wurde das Panorama langweilig, immer war es interessant und anregend. Es war, als hätte die Dynamik des Wassers uns eine Droge ins Blut transportiert, mit der das Gehen jeglichen Touch von Anstrengung verlor und zu einer rein lustvollen Betätigung wurde, obwohl die Wege beinahe stetig leicht bergan führten. Morgen schon würden wir den ersehnten Pass, das Tor nach Spanien, erreichen.

Der Ort Bedous war in Sichtweite, allerdings trennten uns davon in dem nun weit gewordenen Tal eine riesige Baustelle und ein stabiler Metallzaun. Wir versuchten, einen Durchschlupf zu finden – vergeblich. Baugruben etc. verhinderten ein Durchkommen. Trübselig schickten wir uns an, auf einer Straße den großen Umweg zu machen, als uns ein Bauarbeiter ansprach: „Ihr seid sicher Pilger und seid müde. Ich öffne euch den Bauzaun, damit ihr euch Wege erspart. Aber sagt es niemandem. Und bitte betet für mich und meine Familie in Compostelle. Ich heiße Dominique." Wir versprachen ihm, seiner im Gebet zu gedenken, wofür er sich mit Handschlag herzlich bedankte.

*Haben wir das alles verdient?
Das Vertrauen, die Zuwendung?
Wie gut waren die Augen dieses
vom Leben gezeichneten,
hageren und verhärmten
Bauarbeiters!
Für uns ist dieser Mann im blauen
Overall ein Bote des Himmels,
der gerade jetzt an dieser Stelle ist,
wo doch kein anderer Mensch
heute am Sonntag hier am Werken
ist. Hat er auf uns gewartet?
Ach, ich darf nicht durchdrehen –
aber ich fühle, dass wir beschützt
sind.*

In Bedous wollten wir noch schnell einkehren, um unseren Durst zu stillen. Das einzige Lokal war geschlossen. Wir waren enttäuscht, da sich der Durst kräftig bemerkbar machte. Plötzlich öffnete sich die Tür doch noch. „Ich habe gesehen, dass ihr Pilger seid, also kommt herein. Eigentlich haben wir jetzt geschlossen." Dies

war die zweite Hilfe, die wir heute erfuhren.

Zunächst entfaltete sich uns ein traumhafter Tag. Es ging dahin über grasgrüne, noch feuchte Wiesenpfade, in der Sonne glänzten die Schieferdächer der steingefügten Häuser kleiner Dörfer und weißgekalkter Dorfkirchen. Nein, so schön hatten wir es uns nicht vorgestellt, das Gehen hin zum Somportpass. Noch waren wir keinem einzigen Pilger begegnet und das sollte auch bis zum Pass so bleiben. Im blauen Dunst ragten die Pyrenäengipfel verheißungsvoll vor uns empor. Wir kamen an eine Wegkreuzung, an der eine Variante angezeigt wurde. Ich war dafür, den Normalweg beizubehalten, Reinhard wollte den bergan führenden Pfad benützen. Ich ärgerte mich, hatte ich doch eine Frau, die vor ihrem Häuschen stand, gefragt, welcher Weg zu gehen sei. Sie hatte eindeutig den Normalweg angegeben. Aber Reinhard blieb stur. Er versprach sich wohl einen besonderen Naturgenuss, währenddem ich eigentlich nicht mehr als das, was uns ohnehin schon geboten wurde, benötigte. Die Variante wies verdächtig weit nach links, ging überdies steil bergan.

Wahrscheinlich führte sie über irgendeinen Gipfel oder Aussichtsberg oder zu einer Kapelle – wer weiß. Eigentlich wollte ich mich nicht unnötig mehr anstrengen, aber zähneknirschend gab ich nach und folgte stumm und wütend meinem Mann, der zielstrebig bergan eilte. Dies ging so etwa eine halbe Stunde lang, dann war kein Weg mehr zu erkennen, auch keine Markierung. Wohin sollten wir uns wenden? Umkehren hieß wohl die Parole, was uns natürlich einen bitteren Zeitverlust eintragen würde. Ich war recht deprimiert. Auch Reinhard wirkte besinnlich. Plötzlich war da ein Bauer, der auf einem Traktor saß. Er mochte aus dem unten gelegenen Dorf gekommen sein. Er war alt, hatte aber lustige, helle Augen und er sagte uns, wie wir am schnellsten wieder auf den Chemin kämen, ohne Zeit zu verlieren. „Tous droit, tous droit!", rief er und winkte uns nach. Ja, das war die dritte Hilfe, die wir gerade zur rechten Zeit erfuhren, bevor wir uns irgendwo in den Bergen versteigen konnten. Bald kamen ein paar der berüchtigten Passstraßenkilometer, die wir ohne Schwierigkeiten zurücklegen konnten, da es keinen Lastwagenverkehr gab. Natürlich waren wir trotzdem froh, als wir der Straße mit ihren vorbeirasenden, Auspuffgase verströmenden Autos wieder entronnen waren.

Borce, ein zauberhafter Pyrenäenort, war erreicht. Ich kann kaum ausdrücken, wie wunderbar dieses in ursprünglicher Bauart erhaltene Dorf, größtenteils aus Stein und Schiefer gebaut, in die Landschaft eingebettet lag. Auf dem Weg zum Dorf hin kam uns ein Esel entgegengelaufen. Seine Hufe erzeugten auf dem Asphalt ein Staccatogeräusch eigener Art. Dazu stieß er wilde Rufe aus. Mir kam es vor, als würde dieses muntere Tier jodeln oder Triumphgeschrei ausstoßen. „Juchhu! Ich bin weggelaufen, ich bin frei! Sollen mir doch alle den Buckel hinunterrutschen! Ich will auch meinen Spaß haben! Ob die mich oben vermissen?" Als der Esel uns sah, blieb er wie angewurzelt stehen und bekam anscheinend Gewissensbisse. Ja, er war weggelaufen. Das war wohl nicht ganz korrekt. Aber da waren Leute, die ins Dorf gingen. Wenn er sich denen anschloss und tat, als wäre alles in Ordnung, vielleicht kriegte er dann nicht geschimpft? Gesagt getan. Der Esel machte kehrt und zog mit uns zusammen in Borce ein. Dorfbewohner empfingen uns mit lautem Lachen und nahmen den Esel wortlos an die Leine, um diesen an einem Pflock zu befestigen. Schon heute am Morgen war uns ein großer weißer Hund über einige Kilometer gefolgt. Am Bauzaun aber hatte ihn der Mut verlassen und er war umgekehrt.

Vor einem der ersten Häuser des Dorfes stand eine recht alt wirkende Frau mit schütterem schlohweißem Haar und blauer Kittelschürze. Sie fragte uns, ob wir nicht zu ihr ins Haus kommen wollten. Wir hätten doch sicher Durst. Wir betraten das niedrige Häuschen und landeten alsbald in einer Wohnküche, in der eine helle Kredenz, so wie es sie früher gab, und ein Tisch mit Stühlen, die gegenüber

dem Herd und einer sauberen Abwäsche standen, den Hauptakzent setzten. Als Kind hätte ich mir eine ähnliche Puppenküche gewünscht. Alles passte zueinander. Auch die Herzlichkeit, das gütige Lächeln dieser mütterlichen Frau sprachen uns sofort an. Sie schenkte uns Kaffe ein und öffnete die Kredenz, in der säuberlich aufgereiht Kaffeetassen, Teller, Tüten und Dosen zu sehen waren. Einer Dose entnahm sie etliche süße Teilchen, die in der Form einer Muschel gebacken waren. Die Frau legte Reinhard von hinten liebevoll die Hand auf die Schulter und fragte, ob wir Kinder hätten. Merkwürdig, dass Reinhard, der sonst nicht gerade extrovertiert war, wenn es um das Erzählen von Familieninterna ging, ihr von allen drei Kindern und deren Familien berichtete. Als er von den Problemen unserer schwangeren Tochter erzählte, hatte die alte Madame, die ich mir gut hätte als Frau Holle vorstellen können, Tränen in den Augen. Als wir wieder aufbrachen, wünschte sie uns und unseren Kindern samt Anhang Gottes Segen. „Priez pour moi a Compostelle" – aber ich bin sicher, dass auch sie für uns gebetet hat. Wir baten sie um ihre Adresse, um ihr aus Santiago, falls wir dieses Ziel erreichten, schreiben zu können. Sie winkte uns noch lange nach und warf Kusshände, wie wir beim mehrfachen Blick zurück feststellen konnten.

Nun mussten wir bis Urdos, unserem Etappenziel, wenige Kilometer auf der Passstraße marschieren. Ich muss zugeben, dass mir dabei nicht ganz wohl war – trotz fehlender LKWs. Wir gingen so schnell wir konnten, um das Ganze bald hinter uns zu haben, an den linken Rand der Straße gedrückt. Da es aber links teilweise steil zum Fluss hinunterging, rechts eine Felswand aufragte, blieb nicht viel Spielraum, um einem nicht ganz korrekt fahrenden Auto auszuweichen. Zum Glück verhielten sich die Autofahrer alle anständig. Bald schon war der Ort Urdos vor dem Hintergrund schneebedeckter Gipfel erreicht.

Gestern hatten wir im einzigen Hotel des Ortes telefonisch ein Doppelzimmer reservieren können. Tatsächlich hatten wir es sehr gut getroffen. Das wunderhübsche, kleine Landgasthaus erwies sich für uns als einladende Bleibe. Wir wurden freundlichst empfangen, nach dem Weg ausgefragt und für 16.45 Uhr – nach der Dusche – wurde uns eine warme Suppe zugesichert. Eigentlich war heute für das Gasthaus Ruhetag, aber uns wurde auch für abends und für das Frühstück am nächsten Tag etwas hergerichtet, bevor die dreiköpfige Crew freundlicher Frauen das Haus verließ. Wir waren nun ganz allein in dem Hotel, sollten morgen früh einfach den Haus- und

Zimmerschlüssel nach dem Zusperren von außen auf ein Fensterbrett hinter den Blumenkasten – in dem zur Zeit noch keine Blumen waren – legen.

*Es ist unglaublich, was uns
da passiert,
wir finden keine Worte für das,
was uns da begegnet.
Es ist klar, diese Vorzugsbehandlung gilt nicht uns, sondern
unserer langen Pilgerschaft.
Hat sich der Weg schon in unseren
Gesichtern eingegraben,
erkennt man in ihnen Pilgermühsal
und Pilgerglück?
Kann es sein, dass wir in
irgendeiner Weise verändert sind,
dass man denkt, uns unterstützen
zu sollen?*

*Ungelöste Fragen. Es geschieht
etwas, das wir nicht begreifen.
Noch nie haben wir so viel Liebe
erfahren wie auf diesem Weg.
Nicht gegeben, um etwas
zurückzubekommen.
Werden wir alle einander,
dann, wenn es keine Zeit und
keinen Raum mehr für uns geben
wird, wiedersehen und wiedererkennen – ich hoffe so sehr.*

Vom Balkon unseres Zimmers, auf dem unsere Wäsche im frischen Wind lustig flatterte, blickten wir stumm über das Tal hin. Die Abendsonne lag leuchtend auf den Dächern unter uns. Die Schieferplatten wirkten wie Spiegel, die das Licht des hinter uns liegenden Tages multiplizierten.

Jedes Wort des Dankes musste platt wirken und so schwiegen wir lange, bevor wir unser Stundenbuch hervorzogen. „Gebete, die wie Weihrauch emporsteigen" – dieser Ausdruck erschien mir heute als genau passend.

Wir erreichen den Somportpass

Erwartungsvoll machten wir uns früh morgens auf den Weg. Der Himmel war graubläulich verhangen. Die ersten fünf Kilometer mussten wir auf der Straße marschieren, was wir bei minimalem Verkehr flott hinter uns brachten. Dann plötzlich wies die Markierung scharf nach links in den bewaldeten Hang hinein. Vor dem Aufstieg, der laut Führer 900 Höhenmeter betragen sollte, legten wir noch einen kurzen Trinkstop ein, der wirklich nur zwei, drei Minuten betrug. Ohne viel zu sprechen, machten wir uns nun konzentriert auf den Weg, der in Form eines manchmal schwer erkennbaren Pfades, aber doch ausreichend markiert, mehr oder weniger steil bergan führte. Zunächst ging es durch einen lockeren Wald auf weichem Boden lautlos dahin. Die Sanftheit eins Waldbodens unter den Füßen war ein unvergleichliches Gefühl. Ich meinte beinahe zu schweben. Rasch gewannen wir an Höhe, immer wieder gab eine Lichtung den Ausblick auf ein majestätisches Panorama teilweise noch verschneiter Pyrenäengipfel frei. Über schmale Felsbänder erreichten wir ein noch winterlich graues Hochtal, in dem kleine Schneereste verblieben waren. Eine Gämse querte ruhig, aber in gehöriger Distanz unseren Weg. Das Krächzen von Alpendohlen oder Krähen und ein kühler Bergwind hüllten uns ganz in das Erlebnis Gebirge ein.

Wie liebe ich dieses Gefühl
des vom Steigen heißen,
von frischer Luft immer wieder
gekühlten Gesichtes.
Wir gehen dahin – ganz still,
der Natur ausgeliefert.
Nicht wir sind hier Mittelpunkt,
sondern das, was sich
um uns herum begibt:
ein Sausen, ein Krächzen,
ein Schrei, ein Glucksen,
ein Knistern, ein Brechen,
ein Schwingen.
Die Symphonie des Lebens

*findet hier statt –
und wir dürfen Zeugen sein.*

Über ein kleines Sumpfgebiet, das aber genügend feste Steine und niedriges Beerenbuschwerk aufwies, um sicheren Fußes darüberzugelangen, erreichten wir nun eine felsige Steilrinne, in der sich noch Schnee befand. Mit einem Male wurde der Blick frei und weit und wir stellten mit Erstaunen fest, dass wir den Summus Portus, den Somport, den höchsten Übergang der Pyrenäen, somit 1650 Meter Seehöhe erreicht hatten. Reinhard und ich waren ergriffen von diesem für uns so bedeutungsvollen Moment. Wir umarmten und küssten und gratulierten einander.

*Da stehen wir nun,
überwältigt von der Tatsache,
dass der vielverpönte Aufstieg
zum Pass zu Fuß gelungen ist.
Ja, wir hatten Glück,
es hat sich alles gefügt.
Wir haben die Pforte, die nach
Spanien führt, erreicht.
Die Pforte steht weit offen und
wir schauen das gelobte Land.
Wir blicken auf ein Monument
mit Kreuzschwert, auf eine
Marienstatue, sehen eine
moderne Pilgerfigur dort oben
auf einem Felsblock.
Auch die Markierung ist klar
und deutlich zu erkennen,
die steil bergab in den Hang
hineinführt.*

Die breite Passstraße, das Restaurant und der Andenkenladen erinnerten uns an unsere leiblichen Bedürfnisse. Es war noch nicht Mittag, aber eine Rast unter Dach sollte uns jetzt gut tun. Gierig trank ich heißen Tee. Wir durften hier unser Mitgebrachtes verzehren. Ich erstand noch schnell eine Kappe mit der Aufschrift „Pirineos" – andere gab es nicht –, da ich meine Schirmmütze bei der Kurzrast vor dem Aufstieg wohl auf dem Steinblock liegen gelassen hatte.

UNSER WEG DURCH SPANIEN
9. Mai 2005 – 20. Juni 2005

Bergwiesen

Der Abstieg ging recht schnell vonstatten. Mit Blick auf Candachu, einen Skiort aus der Retorte, machten wir zwischen niedrigen Kiefern und Buchsbäumen eine längere Rast. Faul lagen wir auf dem Rücken, die Beine angewinkelt, blickten gegen den immer heller werdenden Himmel, dessen Wolken im Lauf der nächsten Stunde sich weitgehend verzogen und uns den Blick auf die sonnenumglänzten Berge rundherum ermöglichten. Der Zustand, in dem wir uns befanden, glich purer Entspannung. Einige Spanier, die hier oben einen kleinen Spaziergang machten und uns im Liegen aufstöberten, wollten uns dazu animieren, doch einen bestimmten Berggipfel zu besteigen. Als wir erklärten, dass wir heute schon genug gewandert wären und dass wir ja noch Canfranc Estación, das Etappenziel erreichen müssten, dass wir Jakobspilger seien, sagten sie nur: „Peregrinos? – Oh!" und die Frau gab mir „besitos", Küsschen auf beide Wangen. Die Spaziergänger entließen uns in Frieden, ohne uns zu weiteren Taten überreden zu wollen.

Was nun folgte, war so unerwartet, dass es uns beinahe in Ekstase geraten ließ. Über gebirgige Matten waren wir ein wenig tiefer gewandert. Die Wiesen waren nun frühlingshaft grün. Plötzlich entdeckte Reinhard eine Schachblume, die er umständlich von allen Seiten fotografierte. Ein paar Schritte weiter bemerkten wir, dass die ganze Wiese voll war von diesen seltenen und wunderbaren Blumen, deren Glocken ein grüngelbrötliches Schachbrettmuster zeigen. Da, ein Enzian! Noch einer und noch einer. Ganze Polster von Schusternagel- und stengellosen Enzianen und dort Orchideen in allen Farben und Formen – ganze Wiesen voll. Primeln, Veilchen, Leberblümchen rundeten das Bild ab. Die sanft geneigten Hänge glichen einem bunten Blütenmeer von edelsten und hübschesten Gewächsen. Reinhard, der Hobbybotaniker,

geriet aus dem Häuschen. Er rannte hin und her, kniete zum Fotografieren nieder, suchte Positionen und stieß immer wieder Rufe der Überraschung und des Entzückens aus. Außer einmal vor Jahren auf dem Monte Subasio bei Assisi in Italien, hatten wir so eine Pracht noch nie gesehen.

Irgenwann mussten wir dieses Paradies hinter uns lassen und weiter bergab steigen, um uns ein Nachtquartier zu sichern. Schließlich war Canfranc erreicht. Wir fanden in dem Ort mit der alten, verrottenden Eisenbahnstation im Jugendstil ein gutes Quartier, das uns mit der Täfelung aus Naturholz und dem zweckmäßigen und robusten Mobiliar irgendwie an die Hörnlihütte in der Schweiz erinnerte. Kaum hatten wir unser Zimmer bezogen, brach ein heftiges Gewitter los, das ganz plötzlich pechschwarz hinter den Bergen aufgezogen war. Zufrieden ruhten wir auf den Betten, lauschten dem prasselnden Regen und dem grollenden Donner, und tauschten Eindrücke aus. Mit unseren Regencapes angetan gingen wir abends auf die Suche nach einem geöffneten Esslokal. Da die Saison hier noch nicht begonnen hatte, waren alle Restaurants und Bars geschlossen – bis auf eine. Dort verzehrten wir mit Vergnügen die erste spanische Tortilla, tranken die erste Cerveza. Die Nacht war gut und erholsam.

Jaca in Sicht

Alles, was an diesem Tag passierte, rauschte an uns vorbei wie das Nebenprogramm eines Films. Zu voll waren wir noch mit dem Großereignis „Erreichen der Pyrenäen". Der Tag war heute grau, und hob sich schon deshalb von den vergangenen Tagen deutlich ab. Vielleicht war es ganz gut so, dass wir nun im relativ unspektakulären Gehen alles Vergangene in uns wirken lassen konnten, ohne dass gleich wieder aufregend Neues dazukam. Immerhin war der Weg, zumindest im ersten Teilstück, mit seinem leicht bergab geneigten Pfad über griffige felsige Platten, der Überschreitung des hier noch seichten Río Áragon, in dem zu diesem Zweck Trittsteine gelegt waren, als sehr schön zu bezeichnen. Blühende Ginsterbüsche säumten immer wieder wie leuchtende Fackeln unseren Weg. Vieles von dem, was es oben auf den Bergwiesen in paradiesischer Fülle gegeben hatte, fanden wir hier unten – wieder auf dem Teppich der Normalität – in Vereinzelung vor, Orchideen, Schachbrett- und Kugelblumen.

Unser Quartier, ein für Pilger empfohlenes Hostal mitten in der Stadt Jaca, erlebten wir als preisgünstig und ruhig – die Fenster unseres Zimmers gingen auf einen Hof hinaus.

*Es ist interessant, dass wir auch nach dem täglichen Ankommen darauf bedacht sind, nicht zu viel Medienkrach und Straßenlärm ausgesetzt zu sein.
Mancher wird sich vielleicht vorstellen, dass der einsam wandernde Pilger des Abends erpicht darauf ist, ein wenig munteres Treiben um sich zu haben.
Endlich wieder mal eine richtige Stadt, könnte man denken.
Aber das, was wir nun seit mehr als drei Monaten praktiziert haben, die leisen Töne, das Horchen und Nachsinnen, das Schauen und Schweigen, das können wir abends nicht einfach ablegen
wie ein altes Hemd.
Wir müssen auf uns gut aufpassen, um nicht zu viel zugemutet
zu bekommen
an Schrillem und Inkompatiblem.*

Regen hatte eingesetzt. Beruhigend schlugen die Tropfen an die Fensterscheiben und tief entspannt lagen wir auf den Betten. Morgen wollten wir Rasttag machen – Jaca war eine für Jakobspilger bedeutsame Stadt.

Von Geiern, Einsamkeit und dem Felsenkloster

Der Rasttag war erholsam gewesen und wie im Flug vergangen. Die großartige, romanische Kathedrale von Jaca, die allerdings von Baustellen umgeben war, hatte uns gestern am Rasttag die Pforten geöffnet und ihren edlen, hohen Innenraum gezeigt. Über dem Portal das herrliche Christusmonogramm, das Chrismon, die ausdrucksstarke Jakobusstatue in der Vorhalle ... Innerlich gesammelt hatten wir einem Gottesdienst in der Kathedrale beigewohnt, wo wir auch einen der schönsten, der sorgfältigst gestalteten Pilgerstempel des Weges entgegennehmen konnten. Ein Besuch bei der touristischen Information bezüglich der in den nächsten Tagen wichtigen Öffnungszeiten von Sehenswürdigkeiten, Quartiervorbestellungen für drei Tage – Pfingsten stand vor der Tür –, eine köstliche Siesta, d. h. Schlaf auf Vorrat, mehrere Barbesuche, bei denen ich zum ersten Mal in meinem Leben mit Heißhunger saure Fischbrötchen verzehrte, eine Pilgersegnung am Abend in der Santiagokirche – all das hatte das Programm dieses ausgefüllten Tages gestaltet, an dem wir natürlich auch kleine Essvorräte für unterwegs eingekauft und die großartigen Festungsanlagen besichtigt hatten.

Schließlich war noch ein Anruf eines lieben Nachbarn gekommen, der uns fragte, ob wir denn nicht endlich heimkämen. Wir seien doch schon genug gewandert.

Solchermaßen gestärkt und präpariert machten wir uns also am 12. Mai wieder auf den Weg, schieden im Nieselregen aus Jaca und waren froh, nach einiger Zeit die Fahrstraße verlassen zu können, um links hinauf in die Berge zu steigen, wo wir hofften, über eine Wegvariante das Felsenkloster San Juán de la Peña zu erreichen, um dann, nach einem Abstieg ins Tal, in Santa Cruz Quartier zu nehmen.

*Keiner Menschenseele begegnen
wir auf diesem Pfad,
der teilweise steil bergan führt.
Triefend nasses Gras, rutschige
Steine und schiefrige Platten,
aufragende Felswände,
die wie Theaterkulissen wirken.
Wo sind wir hingeraten?
Steile Bergkegel und Schwärme
von Geiern, die sich mal erheben,
mal auf Felszacken niederlassen,
abwartend, undurchsichtig.
Mit unseren blauen Capes
wandeln wir, beinahe ohne
ein Geräusch zu machen,
stetig auf unserem gut
markierten Weg bergan.*

Im Bergdorf Atarés hofften wir vergeblich auf ein geöffnetes Lokal, so nahmen wir kurzerhand den immer alpiner werdenden Pfad wieder auf, der bald herrliche Blicke auf Pyrenäengipfel freigab. Wir stiegen empor durch niedriges Buschwerk, das mit seiner tropfenden Feuchtigkeit Schuhe und Strümpfe durchnässte. Immer freier wurde die Sicht, immer leichter das Lebensgefühl. Schließlich erreichten wir nach einer kümmerlichen Rast zwischen rutschigen Felsplatten die Fahrstraße, die uns anzeigte, dass es nun nicht mehr höher hinaufging, sondern dass das Kloster ab sofort in relativ ebenem Wandern zu erreichen sein müsste. Die Markierung führte uns nochmals in das unübersichtliche Buschwerk hinein, das sich plötzlich zu einer baumbestandenen Lichtung öffnete. Schon meinten wir triumphierend dem Ziel nahe zu sein, als wir erkennen mussten, dass der Weg nun wieder leicht bergab führte und recht wenig begangen und schlecht markiert wirkte.

*Mit Zweifel im Herzen
gehen wir weiter.
Es kann doch nicht sein,
dass wir wieder so viel an Höhe
verlieren müssen.
Endlich, nach einer halben Stunde,
als wir schon umkehren wollen,
die erlösende Tafel,
die in Richtung San Juán weist.
Forsch und glücklich,
eigentlich gar nicht müde,
erreichen wir nach dieser
Bergetappe das Kloster.*

Da lag es also vor uns. Unfassbar eindrucksvoll gebaut unter dem Schutz einer durch Wasserrinnsale und Flechtenbewuchs blaurötlich gefärbten, überhängenden Felswand. Aufatmend ließen wir uns auf eine Sitzbank gegenüber dem Klostereingang fallen. Es blieb noch eine Stunde Zeit bis zur Öffnung der Kasse. Einstweilen

lag das imposante Areal wuchtig und menschenleer vor unseren Augen. Wie froh waren wir, diesen besonderen Ort nach der anstrengenden Tour durch die Berge glücklich erreicht zu haben. San Juán de la Peña war eines dieser Ziele, von denen wir lange geträumt hatten. Natur und kulturelles Erbe des frühen Mittelalters waren hier eine hinreißende Synthese eingegangen. Das eigentliche Juwel würde der hochberühmte Kreuzgang mit seinen ausdrucksstarken Kapitellen sein.

Ist es nicht wie ein Traum, dass
wir uns das alles ergangen haben,
erlaufen, erwandert, ersehnt,
erklettert, erstiegen, erkämpft.
Unser Geist hat heute
die Trägheit besiegt.
Die einfache Route im Tal wählend
und dann in Santa Cruz ein Taxi
zum Kloster nehmend,
hätten wir es viel einfacher
haben können.
Warum haben wir die Strapaze
auf uns genommen?
Wegen der Geier in Atarés?
Wegen der Einsamkeit?
Wegen des Blickes auf
die Pyrenäen,
in deren Felsnischen noch
der Schnee liegt?
Wegen der heißen Wangen beim
Aufstieg und der Frische der Luft?
Wegen der immer stärker
werdenden Konzentration und
Innerlichkeit, die doch das Äußere
staunend mit einschließt?
Ohne Fehl und Tadel,
ohne Makel war der Tag bisher –
und er ist noch nicht zu Ende.

Die Besichtigung führte uns in eine ganz besondere Welt. Staunend und ergriffen wandelten wir neben einigen Touristen durch die Reste des Klosters, in dem die Nachbildung eines Gralskelches aus Rubinglas und Perlen, einige Christusmonogramme – Chrismons –, frühromanische Gewölbe, Freskenreste und last, not least der

Kreuzgang zu sehen waren. Jedes einzelne der rötlichen Kapitele war der Betrachtung wert – so intensiv in der Wirkung und zugleich schlicht waren sie gestaltet. Josefs Traum, der Einzug in Jerusalem, der Fischfang ..., lange nahmen wir uns Zeit. Es drängte uns nichts, schnell weiterzuziehen, waren doch nur mehr sieben Kilometer bergab auf der gewundenen Fahrstraße zu bewältigen.

Am Straßenrand fanden wir an einigen Stellen eine wunderschöne Wolfsmilchart mit roten Ringen auf den grünen Blüten, ferner ins Auge fallende, seidig weiß leuchtende Blumen, die wie wilde Fresien aussahen. So erreichten wir rechtschaffen müde Santa Cruz de la Serós, einen urigen, aber bereits touristisch erschlossenen Ort, wo wir in einer Hosteleria ein nettes Zimmer bekamen. Das von uns irrtümlich vorgebuchte Zimmer in einem Hotel erwies sich nach einigem Fragen als weit neben der Wanderroute liegend und hätte uns viele Zusatzkilometer eingebracht. Zum Glück konnte Reinhard das Zimmer abbestellen, was am anderen Ende der Telefonverbindung nicht gerade mit Begeisterung aufgenommen, aber schließlich doch akzeptiert wurde.

In Santa Cruz gab es zwei schöne romanische Kirchen zu besichtigen, die wir gerade noch kurz vor 18 Uhr aufsuchen konnten. Besonders Santa Maria erwies sich als herrliches Gotteshaus mit seinem wertvollen Flügelaltar und der Statue der Virgen, den Alabasterfenstern, hinter denen sanft das späte Tageslicht schimmerte, dem begehbaren Vierungsturm, der in der Zeit der maurischen Besetzung den Nonnen als Rückzugsareal diente. Reinhard fotografierte, was das Zeug hielt und heimste sich deshalb schließlich einen Rüffel der anfangs diskret wegblickenden Kustodin ein, die uns aber letztlich ihre für Pilger geltende Grundsympathie nicht entzog.

Zum Rincón de Emilio

Wir sahen beim Aufbruch den Ort Santa Cruz mit seinen eigenartigen Schornsteinen, auf denen teilweise archaisch anmutende Steinvögel thronten, im strahlenden Licht eines neuen Morgens. Besonders die Kirche Santa Maria lag in ihrer reinen Romanik wie vergoldet vor dem Hintergrund grüner Hänge.

Zunächst führte uns ein Naturpfad, der sich zwischen Felsformationen, blühendem Ginster, Lein und Graslilien schlängelte und Reinhard überdies eine ihm bisher unbekannte, kleine Orchideenart entdecken ließ, über eine Hochfläche und sodann eine Straße entlang hinunter ins Tal des Áragon. Bis auf Weiteres hatten wir nun die einsamen, wilden Landschaften hinter uns gelassen. Was jetzt folgte, war ein weitgehend ebenes und müheloses Gehen. Natürlich registrierte aber der Körper auch in solchem Gelände mit Fortschreiten des Tages die wachsende Zahl von Kilometern. In Santa Cilia

begegnete uns ein stattlicher Hospedalero mit gewaltigem Schnauzbart, der uns unbedingt zur Übernachtung in seiner Herberge animieren wollte. Für uns aber stellte sich jetzt zur Mittagszeit diese Frage nicht. Wir hatten vor, noch ein ordentliches Stück weiter zu laufen. Berdún war das Ziel, das wir uns heute gesetzt hatten. Von dort aus hofften wir, in einem Tag das Kloster Leyre zu erreichen. Eine Frau, die in Santa Cilia mit dem Auto neben uns stehen blieb, meinte, dass unsere Etappeneinteilung undurchführbar sei, weil nämlich die Strecke Berdún–Leyre über 50 Kilometer lang sei. Nein, wir müssten von Berdún aus auf das südliche Ufer des Yesa-Stausees wechseln, um dort die nächste Herberge in Artieda nach etwa 40 Kilometern erreichen zu können.

Wir sind verunsichert.
Unsere schöne Planung scheint
nicht zu stimmen.
50 Kilometer, 40 Kilometer Tagesetappen – wir dachten eigentlich,
etwas billiger davonzukommen.
Was sollen wir nun tun?
Reinhard, der Pragmatiker,
greift zum Handy
und fragt an, ob in der Herberge
in Artieda für morgen zwei Plätze
reserviert werden können.
Nein, heißt es da, morgen sei
ein privates Fest, da könne niemand
aufgenommen werden.
Wir sind recht froh,
als wir das hören.
Wir brauchen unsere Pläne
also nicht ändern.
Irgenwie, irgendwie werden
wir Leyre schon erreichen.

Nach einer erfrischenden Barrast in Puente la Reina de Jaca setzten wir flott unseren Weg fort, auf dem Berdún, das ein Städtchen auf dem Berg ist, über weite Strecken hin sichtbar, wie eine Fata Morgana vor uns lag und kaum näherzurücken schien, da wir zunächst nicht darauf zugingen, sondern den vor uns liegenden Hügel im Respektsabstand zu umrunden schienen. Grün waren die ebenen Felder, rötlich braun ein Fuchs, der unseren Weg kreuzte und grauschwärzlich das Gewölk, das sich da am Horizont und bald auch über uns zusammenbraute. Als es leise zu donnern begann, verschärften wir unseren Schritt und erreichten schließlich rennend, den Hügel hinankeuchend, unser Quartier, welches ganz oben auf dem Hügel in einem schmalen Steinhaus der Altstadt lag. Kaum hatten wir das gastliche Haus betreten, ging ein prasselnder Regenguss los, den wir nur ungern im Freien erlebt hätten. Der Wirt Emilio und seine Tochter empfingen uns in ihrem Haus wie langerwartete Gäste. Unvorsichtigerweise fragte der wissbegierige Reinhard nach der in unmittelbarer Nachbarschaft befindlichen Pfarrkirche. Nein, dieselbe sei nicht geöffnet, aber da an der Bar sitze durch Zufall der Sakristan, der uns eine Führung halten könne. Auch ein spanisches Ehepaar sei daran interessiert und werde sich uns anschließen. So kam es, dass wir noch über eine Stunde in der hübschen Kirche mit gotischem Gewölbe, Flügelaltar, Renaissanceretabel, barocker Orgel und bei alten Messgewändern in der Sakristei verbrachten. Das spanische junge Ehepaar lachte oftmals beifällig über die lebhaft vorgetragenen Erzählungen des Führers. Auch wir versuchten, so viel wie möglich von dem rasant sprudelnden Spanisch aufzunehmen, Worte zu sinnvollen Inhalten zu kombinieren und gute Miene zu zeigen, auch wenn wir oft so gut wie gar nichts verstanden. Trotzdem richtete der eifrige Sakristan mit den lebhaften Augen das Wort meist an uns.

Ich bin richtig müde,
mag nicht mehr hier herumstehen.
Spricht der Mann Dialekt oder
einfach zu schnell?
Oder bin ich heute
nicht mehr aufnahmefähig?
Es ist schon nach zwanzig Uhr
und ich möchte mich hinsetzen.
Wie schön das Kirchlein doch ist
und wie freundlich der Mann!
Manche Geschenke jedoch kann
man nicht wirklich genießen,
wenn der Körper streikt.

Unmittelbar im Anschluss an die Kirchenführung gab es das langersehnte Abendessen. Das Pilgermenü beinhaltete Bohnensuppe und einen Kanincheneintopf, die beide sehr speziell, aber doch wirklich gut schmeckten. Nach dem Abendessen setzte sich der Wirt Emilio mit feierlicher Miene an unseren Tisch und kündigte an, mit uns einen Plan für das weitere Vorgehen zu machen. Zunächst meinte er, dass die morgige Strecke sehr weit sei, er uns daher vorschlage, zunächst einmal 15 Kilometer mit dem Bus zu fahren. „Oder", meinte er, unsere etwas unglücklichen Mienen studierend, „ihr könnt natürlich auch zu Fuß gehen – es sind genau 33 Kilometer bis Leyre – der Straße nach."

33 Kilometer? Nur 33 Kilometer?
Dies ist eine für uns durchaus
gut machbare Strecke,
die wir schon oft gegangen sind.
Wir werden also zu Fuß auch diese
Strecke zurücklegen können.
Danke, Emilio, danke für
Dein Interesse und Deine Hilfe.
Deine wachen Augen,
Dein verschwörerisches und
verschmitztes Lächeln
sagen uns, dass Du es gut findest,
dass wir Pilger pilgern wollen
und nicht Auto fahren.
Das Frühstück für morgen
wirst Du uns heute schon
aufs Zimmer stellen,
sodass einem frühen Aufbruch
nichts im Weg steht.

Und Pfingsten in Leyre

Um sieben Uhr brachen wir auf in einen Tag hinein, der abziehendes Gewittergewölk und regennasse Straßen

zeigte, sich aber in Kürze zu einem golden triumphierenden Sonnentag entwickelte, der die weißen, in Talsenken lagernden Nebelschwaden auffraß. Wir trabten die am frühen Morgen recht verkehrsarme Straße entlang, die wohl Pfingstverkehr von Einheimischen und Touristen aufwies, nicht aber die gefährlichen, Raum beanspruchenden LKWs. Heute war Pfingstsamstag, der Beginn des Hochfestes.

Heiliger Geist,
wer oder was bist Du?
Könntest Du mich nicht erleuchten,
mir Klarheit schaffen,
den bisherigen und zukünftigen
Lebensweg deuten?
Warum dies oder jenes so
und nicht anders passiert ist,
warum mir diese oder jene
Menschen über den Weg liefen.
Eins fügte sich zum anderen
in den letzten zwanzig Jahren.
Und jetzt bin ich hier auf dem Weg.
Meine Fragen sind nicht
weniger geworden,
trotzdem sind meine Schritte sicher
und mein Herz voll Freude.

Reinhard kostete mich heute einiges an Nervenkraft. Seine Augen waren wie immer auf den Straßenrand gerichtet, wo er hoffte, irgendwelche ausgefallenen Gewächse zu erspähen, was hin und wieder auch der Fall war und ihn zum abrupten Anhalten, sich zum Fotografieren auf den Boden Hocken oder Legen veranlasste – dies alles am Rand einer jetzt gegen Mittag doch gut frequentierten Straße. Einige Male mussten entgegenkommende Autos hupen, als Reinhard plötzlich gegen die Mitte der Straße hin ausscherte, um ein Motiv zu gustieren. Beinahe einen Herzinfarkt bekam ich allerdings, als er ekstatisch rief: „Hast du nicht den Wiedehopf da hinten gehört? – huup, hupp ..." Dabei machte er einige Schritte halb zurück, um mir die Richtung zu zeigen, wurde dabei beinahe von einem Autofahrer überfahren, der nur durch Verreißen des Steuers einen Unfall verhindern konnte.

Nach einer Gardinenpredigt, bei der ich mir wie Xanthippe vorkam und wohl auch so wirkte, wanderte Reinhard, noch den Schrecken in den Knochen, etwas kleinlaut dahin. Beide waren wir froh, als nach etwa dreißig Kilometern der Weg zum Kloster von der Straße abzweigte, und wir wieder in den Frieden ungestörter Landschaft eintauchen konnten.

Wie die Gralsburg lag das riesige Kloster Leyre hoch über uns vor dem Hintergrund pittoresker Felsen, umgeben von saftig grünen Weiden, auf denen mittelbraune Rinder mit langen Hörnern zufrieden grasten. Auch robuste Pferde mit dickem Fell konnten wir entdecken, deren eines als Leittier eine hell bimmelnde Glocke bei jedem Schritt zum Tönen brachte. Schnell gewannen wir an Höhe. Das Herz hüpfte vor Freude, war doch das Tagesziel zum Greifen nahe. Da wir eine Abzweigung zum Kloster wohl übersehen hatten, kamen wir auf einem kleinen Umweg, der uns immer wieder berauschende Blicke auf den Yesa-Stausee tief unten bot, an dessen Ufern wir heute so lange gewandert waren, schließlich zum Ziel.

Zum Kloster gehört ein schönes Hostal, in dem wir gerade noch ein Zimmer hatten vorbuchen können. Es war zwar sehr eng und klein, hatte eine ganz schmale cama matrimonial, die eher einem Einzelbett entsprach, aber natürlich waren wir in Anbetracht des durch Pilger und Touristen total ausgebuchten Hotels glücklich, eine Bleibe für zwei Nächte gefunden zu haben.

Erwartung der Vesper
der Mönche um 19 Uhr,
Erwartung und gleichzeitig
Angekommensein, Präsenz.
Die Stunden des heutigen Tages
haben sich zu dieser hier verdichtet,
haben sich auf das hier
hin entwickelt.
Der Abt in rotem Gewand,
der Chor der Mönche,
die ihre Gregorianik zum Gebet
werden lassen, das den Himmel
erreicht, ihn öffnet,
Leitern ausfahren lässt zwischen
dieser und jener Welt.
Zaghaft versuchen wir Pilger,
ein oder zwei Sprossen empor-
zuklimmen.
Die Musik trägt uns, stützt uns –
und auch der Blick auf die
wunderschöne, ernste Madonna
dort vorn, die eine Einheit mit
ihrem Kind bildet.

Beim Abendessen sprach uns eine Pilgerin aus Wien an – wohl wegen unserer österreichischen Klangfarbe beim Reden. Sie bat uns um eine Eintragung in ihr Pilgerbuch, fotografierte uns mit dem Versprechen, uns die Bilder zu schicken und wollte unsere Adresse. Dabei erzählte sie uns ihre Lebensgeschichte, in der der Begriff „Einsamkeit", wenn auch nicht direkt angesprochen, so doch sehr präsent war. Sie hatte wohl Sehnsucht nach menschlicher Nähe, verlegte aber ihre Zielrichtung in den nächsten Tagen, wie wir feststellen konnten, auf andere Pilger, da wir anscheinend ihren Erwartungen nicht ganz entsprachen. Wahrscheinlich waren wir ihr zu langweilig.

Premiere meines erfindungsreichen Mannes war es, mit seiner verdreckten Pelerine angetan, unter der heißen Dusche zu stehen und so den Regenschutz einer gründlichen Reinigung zu unterziehen.

Die Zeit des Virila

Nach schlechter Nacht – das französische Bett erwies sich wohl doch als zu schmal für uns beide und auch als sehr hart – erwachte ich dennoch munter nach einem schönen Traum. Ich hatte ein herrliches Haus mit Garten gesehen, das mir im Nachhinein als positive Verheißung erschien.

Heute war Pfingstsonntag und für uns Rasttag, also hatten wir Zeit und Muße, am Morgengebet der Mönche teilzunehmen. Die Eingangsorgelmusik war eine Improvisation über das bekannte Kirchenlied „Selig seid ihr ..."

Die Seligpreisungen aus der Bergpredigt klingen an auf der Orgelempore und schwingen sich sanft in den hohen Raum hinein, beanspruchen Platz, wollen gehört werden.
„Selig die Trauernden, selig die Friedfertigen, selig die reinen Herzens sind ..."
Scheint es dem schwer Trauernden nicht, als wolle ihn ein Abgrund verschlingen?
Bekommt der Friedfertige nicht eins aufs Dach und wird ausgetrickst?
Ist einer, der ein reines Herz hat, nicht unmodern, wird er nicht belächelt?
Und doch – der Text lässt sich nicht verdrängen und verleugnen, er gärt in den Herzen und gibt keine Ruhe.
Zumindest das eine bleibt: was wäre wenn ... oder auch: wann könnte es so sein ...

Ich nahm diese Gedanken mit auf einen kleinen Spaziergang, der uns auf einem Pfad ein Stück bergan führte auf eine Wiese, von der wir einen weiten Blick auf das Kloster und den langgezogenen, blassblauen See hatten. Reinhard wollte noch weiter zur Quelle des Virila gehen, ich hingegen blieb sitzen – wenn Rasttag, dann Rasttag. Die Geschichte des Abtes Virila hatte ich schon gehört und mir eine Postkarte mit dem Text der Legende gekauft.

Da ist ein Mensch, der in die Stille geht und der plötzlich vom Gesang einer Nachtigall berührt wird. Er kann auf nichts anderes mehr achten, ist wie verzaubert. Nur das Eine ist wichtig, eine Perle im Acker ist gefunden. Saiten sind angeklungen, die vorher so noch nie erfahren wurden. Irgendwann muss der Mensch wieder zurück in den Alltag und er fragt sich, ob er noch derselbe ist wie vorher. Vieles ist fremd geworden, so als wäre er 300 Jahre fort gewesen. Virila ist ein anderer geworden nach seiner Erfahrung.

Zu Mittag nahmen wir an einem prächtigen, sehr gut besuchten Festgottes-

dienst teil. Die Kernaussage der Predigt lautete, dass wir die Sprache der anderen lernen müssen, um dem Frieden und der Versöhnung zu dienen. Die Sprache des anderen zu lernen, scheint nicht sehr „in" zu sein, sonst sähe es wohl auf der Welt anders aus, so dachte ich mir beim Verlassen der Kirche. Der Organist spielte zum Auszug brausend und gewaltig das Thema von „Tochter Zion, freue dich".

Mittagessen, Siesta, Führung durch Kirche und die phantastische Krypta mit ihren kurzen, wuchtigen Säulen, Vesper, gemütliches Abendessen und das Gefühl, für den morgigen, mit 35 Kilometern nicht gerade kurzen Weg durch die Lumbierschlucht nach Monreal gut gerüstet zu sein.

Ein Tunnel, ein Pass und Schafe

Uns war ein sonniger Tag beschieden, als wir flott und in guter Stimmung unseren Weg antraten. Eine Asphaltstraße führte vom Kloster zunächst steil bergab. Ruckartig blieb Reinhard stehen. Er hatte den Zimmerschlüssel des Hotels in seiner Hosentasche vergessen. Gerade kam uns ein Bus, vom Tal her kommend, entgegen. Reinhard hielt ihn kurzerhand auf und bat den Fahrer, den Schlüssel an der Rezeption des Hotels abzugeben, was der Chauffeur bereitwillig zusagte. Ich bewunderte Reinhard für seine unkonventionellen und praktischen Lösungen mancher Situationen. Ich selbst hätte nie so spontan handeln können. Ich hätte erst überlegt, ob man einen Bus denn aufhalten darf – und der Bus wäre längst weg gewesen, bevor ich zu einer Entscheidung gekommen wäre.

Ein schönes Stück Natur, das wir schon vor einigen Jahren erlebt hatten, stand uns jetzt bevor: der Foz de Lumbier, die canyonartige Lumbierschlucht. In Liedena fragten wir nach der Markierung und fanden schnell den richtigen Weg, der uns bequem auf einer ehemaligen Bahntrasse bis zum Eingang eines Felsentunnels führte, der den Beginn dieses besonderen Naturerlebnisses markiert. Zuvor waren wir im Dorf zwei recht unfreundlichen Deutschen begegnet, die auch die Schlucht suchten. Als wir sie auf eine bestehende Markierung hinwiesen, meinten sie barsch, sie wüssten schon selbst, wo es langgehe – und machten sich auf einem komplett verkehrten Weg davon, der viel zu weit bergwärts führte und so mit Sicherheit die Schlucht aussparte, möglicherweise ganz in die Irre führte.

Reinhard besuchte noch rasch die Fragmente der sogenannten Teufelsbrücke, sodann traten wir von der gleißenden Helle des heutigen Tages ins Dunkel des Tunnels.

*Eigenartig ist es, den Weg mehr mit
den Füßen zu ertasten als zu sehen.
Was, wenn da plötzlich
ein Hindernis liegt, das wir
nicht erkennen?*

*Vielleicht gibt es hier Ratten,
die uns quiekend zwischen
die Beine laufen.
Langsam gewöhnt sich jedoch
das Auge an das Dunkel.
Einige Konturen sind doch
zu erkennen.
Eigentlich hätten wir ja die
Taschenlampe rausholen können,
waren aber zu faul dazu.
Dunkel macht Angst und
Unsicherheit, Dunkel ist
schwer zu ertragen.
Dunkel könnte aber auch Schutz
bedeuten, Geborgenheit.
Ich bin richtig froh, als vor uns
die Helligkeit immer größer wird
und uns schließlich mit offenen
Armen empfängt.*

Im Gehen durch die Schwärze war mir ein Text des Franziskus eingefallen: „Erleuchte die Finsternis meines Herzens...", ein Kanon: „Meines Herzens Dunkel wandle in dein Licht...", ein meditativer Gesang: „Im Dunkel unserer Nacht entzünde das Feuer, das nie mehr erlischt..." Besonders aber liebte ich den Text: „Im Dunkel wollen wir ziehen, lebendiges Wasser zu finden, nur der Durst wird uns leuchten."

War unser Wanderweg auch meist im Licht des Tages zu machen, so wussten wir doch, dass letztlich alles, sogar Sinn und Zweck, Ausblick und Folgen unserer Unternehmung im Dunkel lagen. Dies musste von uns ausgehalten werden – eine der Aufgaben, die uns unser Pilgerweg stellte.

Die Schlucht mit ihren steil aufragenden Wänden, vereinzelten Geiern hoch oben auf den Felsvorsprüngen, dem klar und lebhaft dahintanzenden Wasser des Flüsschens prägte sich uns tief ein. Ein knallblauer Himmel komplettierte das Bild.

Über wunderschöne Feldwege ging es nun leicht bergan bis zum Loitipass, wo wir uns eine erholsame Mittagsrast genehmigten. Einer der Höhepunkte des Tages war nach der Lumbierschlucht das Entdecken einer intensiv rosa Ragwurz, die von Gesundheit und Lebenskraft strotzte und noch einige ungeöffnete Blütentriebe aufwies. Ein weiteres Highlight war es, als uns eine riesige Schafherde hinter Izco wie eine wollweiße Woge entgegenströmte.

Das Bild kann ich nicht vergessen.
Da ist ein schnurgerader Weg,
der über Hügel und Senken dahinführt.
Irgendwo da vorn wird unser Tagesziel liegen, schon haben wir weit mehr als die Hälfte der heutigen Etappe bewältigt.
Da kommt uns ein Hirte
mit einem Stab entgegen.
Er geht mit ruhigem Schritt,
schaut nicht hinter sich,
weiß, dass seine Herde ihm folgt.
Ein mittelgroßer Hund umkreist unermüdlich die dicht aneinander gedrängten Schafe,
uns beide Pilger stets misstrauisch im Auge behaltend.
Die Herde nähert sich uns
in breiter Front.
Der Schäfer grüßt uns
mit musterndem Blick
und weicht in das Stoppelfeld aus.
Seine Tiere folgen ihm sofort
wie ein Strom,
der umgeleitet wird
von einem Bett in das andere.
Sprachlos verfolgen wir diese Demonstration des Gehorsams
und Vertrauens
und bemerken beim Umdrehen
und Nachschauen,
dass da mitten in all dem Weißen ein schwarzes Schaf hocherhobenen Hauptes mitläuft,
geborgen trotz seiner Besonderheit in der Mitte seiner Brüder.

Nach etwa 30 Kilometern begannen wir Müdigkeit zu spüren, was bei uns oft zur Folge hatte, dass wir versuchten, mit dummen Sprüchen die Zeit zu überbrücken. „Ich könnt' mich jetzt glatt hier auf den Weg legen und einschlafen." – „Wenn Monreal nicht bald kommt, dann beginn' ich zu brüllen ..."

Das letzte Wegstück führte uns über Trittsteine durch ein seichtes Ge-

wässer hindurch. Ein entgegenkommender Dorfbewohner meinte aufmunternd: „Os queda poco" – euch fehlt nur mehr wenig, ihr seid bald da. An der schönen alten Pilgerbrücke vorbei durchquerten wir den kleinen Ort mit seiner massiven Kirche, die aber geschlossen war, und bezogen an der Hauptstraße im Pilgerhostal „Unzue" Quartier, wo wir an der Bar mit zwei holländischen Radpilgern ins Gespräch kamen und nach guter Verpflegung in tiefen Schlaf versanken.

Dorthin, wo alle Wege sich vereinigen

30 Kilometer trennten uns von Puente la Reina, dem bedeutenden Pilgerort, an dem alle Pilgerstraßen Europas zu einer einzigen zusammenfließen. Ein weiterer Meilenstein unseres langen Weges würde heute abends erreicht sein. Beim Frühstück trafen wir ein brasilianisches, uns sehr sympathisches Ehepaar. Wir wollten den heutigen Tag so weit als möglich zusammen gehen. Das Wetter war scheußlich. Wind und Regen setzten uns zu. Der Asphalt, auf dem wir etliche Kilometer zurücklegten, glänzte nass, Böen trieben immer wieder den Regen unter die Umhänge, sodass wir froh waren, nach etwa 10 Kilometern in einer Bar einkehren zu können, quasi Unterschlupf zu finden. Heißer Tee und eine Tortilla, auch der durch etliche triefnasse Pilger gefüllte Raum gaben uns das Gefühl einer gewissen Geborgenheit.

Lange ging ich mit Susanne, der Brasilianerin deutscher Abstammung, dahin. Sie erzählte mir von ihrer bösartigen Erkrankung, die schon in drei Rezidiven mit radioaktiven Isotopen behandelt worden war. Knapp vor dem Aufbruch zum Jakobsweg seien die Tumormarker wieder angestiegen, aber sie wollte um jeden Preis diesen Weg gehen, auch für Mutter und Bruder, die sie erst kürzlich verloren hatte. Wehmütig lächelte die hübsche Frau, ihr Mann hatte Tränen in den Augen. Mich bewegte das Schicksal von Susanne sehr, auch die Art, wie sie damit offen umging.

Nach langem Marsch war Eunate, eines der absoluten Highlights des spanischen Pilgerweges, erreicht. Die romanische, oktogonale Begräbniskirche aus dem Mittelalter, die ganz frei in der Landschaft steht, musste jeden beeindrucken. Als wir den Raum mit der herrlichen Marienstatue vorn am Altar betraten, spielte leise sakrale Musik. Vorn am Tabernakel brannte das ewige Licht in seinem anheimelnden Rot, frische Blumen schmückten das Heiligtum. Susanne zog aus ihrem Rucksack einen kleinen Strauß mit Rosen, der ihr anlässlich ihres Geburtstages in Berdún vom Wirt verehrt worden war. Sie trug diesen Strauß nun nach vorne und legte ihn auf den Altar. Dann kniete sie vorn auf einer Betbank nieder und blieb lange Zeit in sich versunken. Es war interessant, dass die anderen Pilger, die auch gerade dieses Gotteshaus besuchten, ganz still wurden. Niemand redete oder marschierte unachtsam und lärmend umher, wie das sonst oft der Fall ist. Es war, als würde Susannes Gebet den Himmel stürmen und den Raum verändern.

Noch ein Erlebnis trieb mir heute die Tränen in die Augen. Als wir, in Puente la Reina angekommen, noch mit den Rucksäcken auf dem Rücken, die Pfarrkirche mit dem großen Pilgerkreuz aus dem Rheinland betraten, sahen wir vorn im Altarraum einige junge Pilgerinnen, die, einander zugewandt, in höchster Konzentration „unser" Pilgerlied sangen, das wir in Conques von den Prämonstratensern gelernt hatten. „Tous les matins nous prenons le chemin ..." Der ganze Jubel von Conques, die Freude, das Glück stiegen in mir auf und brachten meine Gefühle in Wallung.

Conques muss am Leben bleiben, Conques lebt.
Genauso wird es sein, wenn unser Weg zu Ende gegangen sein wird.
Einige Erlebnisse, Erfahrungen, Begegnungen werden sich als unsterblich erweisen –
bis in alle Ewigkeit.

An diesem Abend kamen wir uns recht privilegiert vor, da wir auf Anraten von Emilio, des Wirtes von Berdún, hier in Puente la Reina ein Hotel vorgebucht hatten. Die Stadt war plötzlich von Hunderten von Pilgern belagert, die die Gassen durchkämmten, um Quartier zu bekommen. Längst waren alle Unterkünfte belegt, von der Pilgerherberge bis zum Dreisternehotel. Schleunigst eröffnete die Stadt ein Notquartier in einer Schule, wo die restlichen Pilger auf Matratzen unterkommen konnten. Wie war es zu diesem plötzlichen Massenansturm gekommen? Anscheinend waren dieses Datum nach Pfingsten und dieser Ort besonders reizvoll für Neueinsteiger aus aller Herren Länder, unter denen sich plötzlich besonders viele Pilger aus Osteuropa befanden.

Im Pilgerstrom

Es war ein erhebendes Gefühl, am Morgen über die herrliche und berühmte Pilgerbrücke, die königliche „Puente la Reina" die Stadt zu verlassen. Das Spiegelbild der schön geschwungenen Brücke aus dem Mittelalter war klar auf dem ruhigen Gewässer darunter abgezeichnet. Vor uns stapfte eine Kolonne meist schwer beladener Pilger und hinter uns kamen ebenso viele nach. Unmittelbar nach der Stadt ging es in einen Aufstieg

hinein, der rechts und links von rot-weißen Bauabsperrungen gesäumt war. Beinahe bekamen wir die Platzangst. Fast auf Tuchfühlung zueinander wälzte sich die Pilgerschlange bergan. Eine junge Polin stöhnte, dass ihr der Rucksack zu schwer sei und sie versuchte seitlich auszuscheren. Zum Glück wurde der Weg bald breiter, da die Begrenzungen wegfielen, und – wir trauten unseren Augen nicht – nach kurzer Zeit wanderten wir nicht mehr im Pulk, sondern in gehörigem Respektsabstand zu den anderen Pilgern.

*Nein, wir möchten nicht
in Kolonne gehen,
nein, wir wollen uns
das Marschtempo nicht
aufzwingen lassen.
Zwar ist dies ein Weg, der allen
gehört – seit dem Mittelalter –,
aber ich kann mich nicht
konzentrieren in diesem Rummel.
Er führt dazu, dass ich mich
gegen außen abschotte,
aber gerade das ist ja
beim Pilgern nicht gewünscht,
da der Pilger doch offen sein soll
für alle Eindrücke.*

*Auch die anderen Pilger würden
sicher gern in kleinen Verbänden
marschieren und nicht
in Prozession.
Ja, auch sie sind betroffen.
Das Pilgern auf dem Jakobsweg
haben sie sich anders vorgestellt.*

Cirauqui, der reizende Ort mit dem gotischen Sternenportal seiner Kirche, war erreicht. Schon von Weitem war das hübsche Städtchen auf einer Anhöhe zu sehen gewesen. Ein Kaffeeautomat an einer Straßenecke versorgte uns mit seinem belebenden Elixier. Ja, ein café solo zur rechten Zeit kann Wunder wirken.
Die Landschaft zog an uns vorbei. Heute würden wir Estella erreichen, ein Quartier aber erst in Irache belegen können, weil alle Betten in und um Estella durch den Pilgeransturm ausgebucht waren. Doch zuvor machten wir noch einen kurzen Stopp in Villatuerta, wo wir eine geöffnete Kirche mit beeindruckenden Fresken vorfanden. Das in Augenhöhe befindliche Fresko zweier Frauen empfand ich als hinreißend schön und einprägsam. Es musste wohl in der Renaissance entstanden sein.

In Estella angekommen, suchten wir sofort nach einem Schuster, um unsere mittlerweile desolat abgetretenen Schuhsohlen wieder in Ordnung bringen zu lassen, erfolglos, da jetzt in der Siestazeit der Laden nicht geöffnet war. So nutzten wir die Zeit, um das ausdrucksstarke romanische Portal der Kirche San Miguel und die Capilla mit der alten Michaelsstatue zu besichtigen. Etwa 50 steile Stufen waren zu erklimmen, die uns gegen Ende der Etappe, mit unseren Rucksäcken auf dem Rücken, nicht mehr ganz leicht fielen.

Schließlich machten wir uns wieder auf, um die paar Kilometer bis zu unserem Quartier in Irache zurückzulegen. Der Weg auf der Hauptstraße, die immer leicht bergan führte, war langweilig und mühsam und ich war froh, als wir nach längerem Suchen unser Quartier, ein Appartement mit Kochecke, die wir allerdings nicht zu benützen vorhatten, erreichten. Kurz hatten wir auf der anderen Straßenseite das imposante Kloster Irache liegen sehen. Wir nahmen uns vor, morgen vor dem Aufbruch hinzugehen. Knapp vor Erreichen des Zieles trafen wir eine drahtige, ungeheuer sportlich aussehende Französin, die mit schnellen, kurzen Schritten – sie war eine kleine Person – dahinflog. Sie erzählte uns, dass sie ihren Wandergefährten auf dem Weg verloren habe. Ihre Augendeckel mit den blonden Wimpern klimperten nervös. Wir versuchten sie zu beruhigen. Der Kamerad würde sicher wieder auftauchen. Auf diesem Weg ging keiner verloren. Wir sollten der sportlichen Anne aus Marseille noch oft begegnen und mit ihr bis heute in Kontakt bleiben.

*Wie schön ist es,
angekommen zu sein,
ein zu Hause für jetzt und
eine Nacht zu beziehen.
Sich häuslich einzurichten
für ein paar Stunden,
den Augenblick zu genießen und
eigene vier Wände zu haben.
Trotzdem sich zu freuen auf morgen,
da es weitergeht, immer weiter.*

Reinhard besorgte sich einen Busfahrplan und fuhr mit unseren Wanderschuhen zurück nach Estella, um die Sohlen reparieren zu lassen. Während

der Wartezeit wollte er die berühmte Kirche San Pedro de la Rua mit dem schönen Kreuzgang besichtigen, die wir vor einigen Jahren mit Freunden zusammen schon besucht hatten. So war ich nun mehr als zwei Stunden allein und machte es mir bequem. Neugierig schaute ich aus dem Fenster, von wo ich leise, rhythmische Trommelklänge hörte. Da unten stand ein schon alter Mann mit einem Tamburin in der Hand. Er bewegte sich elegant und flott zu dem Getrommel, was einige Leute einer Reisegruppe zu Beifallsstürmen hinriss.

Nein, es ist nicht ein Privileg
der Jugend, Lebensfreude
zu empfinden,
Rhythmus und Feuer im Blut
zu spüren, sich gut zu unterhalten,
den Körper zu spüren und das
Geschenk besonderer Stunden.

Beim gemütlichen Abendessen saßen wir mit den Brasilianern zusammen und beschlossen, einander „du" zu sagen, was ohnehin auf dem Pilgerweg generell üblich ist.

Weinbrunnen, Farben und ein Pilgergebet

Es gibt Märchen, in denen aus einer Quelle plötzlich nicht Wasser, sondern Milch oder Honig fließt. In Irache, in unmittelbarer Nachbarschaft zum Kloster, herrschten solche märchenhaften Zustände. Da gab es eine Bodega, die es sich zur Aufgabe gemacht hat, durstige Pilger mit Wein und Wasser zu versorgen. Es waren doch tatsächlich in die Wand zwei Hähne eingelassen, über denen die Aufschriften „Agua" einerseits und „Vino" andererseits zu lesen waren. Die Jakobspilger wurden ausdrücklich aufgefordert, von dem Rotwein zu trinken und sich für den Weg zu stärken. Also drehten auch wir erwartungsvoll an dem entsprechenden Hahn und kosteten von dem ausgezeichneten Rotwein, mehr, um das halt auch gemacht zu haben als einem echten Bedürfnis folgend, ist es doch nicht jedermanns Sache, am Morgen bei anbrechender Hitze eines sonnigen Tages, vor Beginn einer Wanderung, Rotwein zu trinken. Da das Kloster seine Pforten erst um neun Uhr öffnete, wir andrerseits vor Jahren einen Besuch im Inneren gemacht hatten, beschlossen wir, nicht zu warten, sondern gleich weiterzuziehen, um uns möglichst kurz in der großen Hitze bewegen zu müssen, die sich heute ankündigte.

Unser Ziel Los Arcos war gar nicht weit weg – nur 20 Kilometer. Der Weg war recht kurzweilig. Zunächst kamen wir an dem sogenannten Maurenbrunnen vorbei, der überdacht, aus alter Zeit stammend, aber restauriert, gut mit Wasser gefüllt war, von dem man allerdings nicht trinken konnte, was durch grünliche Schlieren an der Oberfläche und mancherlei kleines Getier in und am Wasser signalisiert wurde.

Die Landschaft war traumhaft schön. Die frisch grünen Weinfelder der Rioja glänzten unter blitzblauem Azurhimmel. Das Erdreich zwischen den Weinstöcken war lehmig gelb und ich wünschte mir in diesen Stunden, ein Gemälde in Blau-Gelb-Grün mit kräftigen Pinselstrichen anzufertigen. Ganz einfach sollte es sein, das Bild sollte nur durch die Farben wirken und durch einige Linien, die den Horizont, die Reihen der Weinstöcke und schließlich unseren Weg andeuteten.

*So schwelge ich hier im Anblick
der intensiven Farben,
die sicher nicht an jedem Tag so
eindrucksvoll zur Geltung kommen.
Heute sind sie uns geschenkt
worden, auf dem Tablett
präsentiert, nicht zu übersehen,
nicht zu ignorieren in ihrer
bombastischen Pracht.
Wer oder was kann sich heute
mit dieser Landschaft messen?
Nein, Malutensilien habe ich keine,
aber ich habe ein Herz,
in dem das alles Platz hat,
wie in einem Tresor, aus dem
nichts verloren geht.*

Im dünnen Schatten stacheliger Wacholderbüsche, etwas abseits des Weges, ließen wir uns zu einer Kurzrast nieder. Wir sahen viele Pilger an uns vorüberziehen. Unter ihren schattenspendenden Hutkrempen und Schirmkappen – sogar ein bunter Regenschirm war von einer Pilgerin zum Schutz gegen die intensive Sonneneinstrahlung aufgespannt worden – merkten die Vorbeiziehenden uns nicht.

In Los Arcos hatten wir in einem netten kleinen Hostal Quartier bekommen. Wie schön war es, der Hitze entronnen zu sein und das überraschend kühle Zimmer zu betreten. Es war erst 14 Uhr und so stand uns heute noch eine Menge Zeit zur Verfügung. Natürlich machten wir uns, wie beinahe täglich, ans Wäschewaschen. Praktischerweise gab es einen kleinen Innenhof, in dem Wäscheleinen gespannt waren und in dem die Sonnenhitze brütete. Als ich unsere Unterhosen, T-Shirts und Socken auf die Leine hängte, steckte ein junger Japaner den Kopf aus einem Fenster und fragte lachend, mit Respekt in der Stimme: „Tu Camino Santrango?" Als ich bejahte, ein wenig amüsiert über die exotische Aussprache des Wortes „Santiago", da klatschte er Beifall.

Beim Duschen setzte ich irrtümlich das Badezimmer und einen Teil des Zimmers unter Wasser, weil ich den Duschvorhang nicht richtig geschlossen hatte. Reinhard erwies sich wieder einmal als phantastischer Kamerad. Hurtig saugte er mit Badetüchern das Nass auf, und als ich verärgert über meine Unachtsamkeit sagte: „Ich bin wirklich ein dummer Scheißkerl", antwortete er nur milde: „Aber wo!"

Diese Antwort werde ich ihm nie vergessen. Er hätte auch sagen können: „Kannst du nicht aufpassen?" „Bist

du wahnsinnig?" „Das ist ja furchtbar!" und Ähnliches. Nein, er ist sogar leicht belustigt und überhaupt nicht gereizt. „Sowas passiert halt," meint er.

Um 20 Uhr wurde in der frisch restaurierten Pfarrkirche ein Pilgergottesdienst angeboten. Es war ein gutes Gefühl, in der internationalen Gesellschaft der vielen braungebrannten alten und jungen Pilger Platz zu nehmen und die sorgfältig und feierlich gehaltene Messe zu erleben. Mit Blick auf den hellerleuchteten gotischen Flügelaltar und die liebliche Madonna von Los Arcos, durften wir Gefühle des Friedens, der Übereinstimmung und der Ergriffenheit erleben. Hauptträger dieser Atmosphäre war der noch junge, unpathetische, jedoch auf eindringliche Weise glaubwürdige Pfarrer, der das Pilgern sehr ernst nahm und den Bemühungen und Gebeten der peregrinos große Bedeutung beimaß. Am Ende mussten wir uns alle vor dem Hauptaltar versammeln, wo der junge Priester Zettel mit einem Pilgergebet aus dem 17. Jahrhundert in den wichtigsten Landessprachen der Pilger verteilte.

Dazu sagte der Pfarrer mit ernster Stimme, dass wir uns diesen Text jeden Tag vornehmen, außerdem für den Frieden der Welt, für geistliche Berufungen, für die Pfarrei Los Arcos und für die Kranken beten sollten. Nach der Segnung war der Kreuzgang zur Besichtigung geöffnet und freundliche Frauen aus der Pfarrei, die hinten in der Kirche an langen Tischen saßen, gaben uns Stempel in unsere Pilgerpässe.

*Warum macht er das alles,
dieser junge Pfarrer?
Jeden Tag widmet er am Abend
zwei Stunden den Pilgern,
die er nicht kennt,
die ihn nicht kennen.
Nein, er hat nach menschlichen
Maßstäben nichts von seinem
Einsatz, außer vielleicht hier und
da ein „muchas gracias" und einen
dankbaren Blick.
Viele von denen, die heute dabei
waren, werden das Gebet niemals
beten, vielleicht sogar den Zettel
als unnötigen Ballast wegwerfen.
Nur einige wenige Pilger werden*

die Worte täglich wiederholen
und werden des Priesters gedenken,
der ein großes Geschenk machte,
der seine Zeit spendierte
von 20 bis 22 Uhr.

Ein Verdacht und doch kein Diebstahl

Im Nebenraum der Rezeption stand für uns das Frühstück mit Kaffee in der Thermoskanne bereit. So konnten wir schon kurz vor sieben Uhr aufbrechen, um den größten Teil der anstehenden 28 Kilometer bis Logroño, der Hauptstadt der Rioja, bis Mittag hinter uns gebracht zu haben.

Wieder schoss uns am Morgen der Schreck über die großen Pilgerscharen in die Knochen, wieder aber war es so, dass sich nach kaum einer Stunde die Situation entspannt und entkrampft hatte, jeder sein Tempo und seinen Respektsabstand zu den anderen gefunden hatte – was genauso erstaunlich wie erfreulich war.

Von Pilgern, die nur in den Pilgerherbergen übernachteten, hörten wir zeitweise großes Lamento, da regelrecht ein Wettlauf zu den Refugios eingesetzt hatte, die angekommenen Pilger sich bis zur Öffnung der Herbergen am Nachmittag oft vor die verschlossene Tür auf den Boden setzten, um ihren Schlafplatz auf diese Weise bis zur Vergabe zu sichern, um nicht von anderen ausgebootet zu werden. Eine sensible finnische Pilgerin hatte uns gestern diesbezüglich ihr Leid geklagt und angedeutet, dass sie unter diesen Umständen den Weg abbrechen müsse, um bei ihrer im Moment durch Blasen angeschlagenen Kondition nicht psychisch und physisch unter die Räder zu geraten.

Torres del Rio, eines der kunsthistorisch eindrucksvollsten Baudenkmäler des Weges war erreicht. Wie so oft war es Reinhard, der sich darum kümmerte, in einem der umliegenden Häuser den Kirchenschlüssel zu ergattern. Einige der Mitpilger folgten uns in den eiskalten, achteckigen Innenraum, dem die Romanik eine bemerkenswerte Architektur aufgeprägt hat. Andere Pilger suchten jetzt schon die Pilgerherberge des Städtchens, einige waren auf der dringenden Suche nach einem belebenden Kaffee, denn der Tag war heiß.

Viana war erreicht, ein hübsches Städtchen, das nicht nur eine beachtliche Kathedrale mit einem schönen Renaissanceportal aufweist, sondern auch vor der Kirche in den Boden eingelassen das Grab des navarresischen Feldherrn italienischer Abstammung, Cesare Borgia, dessen Lebenswandel seinerzeit so viel Anstoß erregte, dass man ihn nicht für würdig hielt, in einem sakralen Raum bestattet zu sein. Er hatte sich in den Augen der damaligen Menschen wie ein Schwein verhalten, und war demgemäß wie ein Hund begraben worden.

Viana hatte einen hübschen Hauptplatz unmittelbar an der Kathedrale, der mit einigen anliegenden Bars bestückt war, die verführerisch zur Stärkung einluden. Die Bar, die wir uns aussuchten, war gerammelt voll, fast ständig waren wir auf Tuchfühlung mit anderen Menschen, meist Pilgern. Knapp vor Logroño rasteten wir nochmals am Wegrand an einer Área de Descanso, wo für die Pilger Steintische und Bänke errichtet worden waren. Der Platz war hübsch gelegen an dem Kirchlein Nuestra Señora de la Cueva. Spanische Straßenarbeiter

hatten es sich hier bequem gemacht, aber auch ein Ehepaar aus Augsburg, mit dem wir ins Gespräch kamen.

Ein Ehepaar, das sich schwer tut.
Die Frau leidet an Asthma,
bekommt zeitweise zu wenig Luft.
Wie soll das alles weitergehen,
wie zu Ende gebracht werden?
Die beiden lechzen nach
pilgergemäßer Geruhsamkeit.
Der Wettlauf der zahlreichen Pilger
macht sie hektisch und nervös.
Sie wollen das alles
dennoch durchstehen,
denn für sie ist der Weg
eine Wallfahrt.
Sie wollen Dank sagen und Bitte,
und sie tragen Holzkreuze an einer
Schnur um den Hals.

Endlich waren wir bei heißen Temperaturen in der ansehnlichen Stadt Logroño angekommen und hatten die vorgebuchte Pension im dritten Stockwerk eines alten Mietshauses mit schweren Schritten Stufe für Stufe erreicht. Die erste Überraschung war, dass Reinhard seine Brieftasche mit Personalausweis, Kreditkarte sowie etwas Bargeld vermisste. Die zweite Überraschung war, dass sich die Señora am Empfang nicht mit meinem Personalausweis zufriedengab, sondern auch auf der Kontrolle von Reinhards Ausweis bestand. So etwas war uns eigentlich noch nie passiert. Entweder mussten wir nur einen oder oft auch gar keinen Ausweis vorlegen. Der Pilgerstatus genügte. Als es nach einigem Überlegen für uns feststand, dass die Brieftasche in der dicht frequentierten Bar von Viana gestohlen worden war – ein Taschendieb hatte dort sicher leichtes Spiel gehabt –, baten wir die Señora, doch wenigstens mich und die Rucksäcke in das vorgebuchte Zimmer hineinzulassen, währenddem Reinhard zur Polizeistation gehen musste, um seinen Verlust zu melden und den Zugriff auf unser Konto zu sperren. Die Fuldaer Sparkasse war schnell erreicht und alles Nötige rasch abgewickelt. Mit unfreundlichem Blick und seufzend ließ mich schließlich die junge Señora doch das Zimmer beziehen, wo ich wie auf glühenden Kohlen unter negativen Gefühlen die Sache mit der Brieftasche durchdachte, bzw. meinen Gedanken freien Lauf ließ.

Plötzlich habe ich einen
Sündenbock gefunden.
Ja, die dunkle, seltsame Südamerikanerin muss es gewesen sein,
die sich gestern in Los Arcos so
unfreundlich benahm,
als Reinhard von einer
offenen Zelle aus telefonierte.

Sie redete ihm dauernd drein
während des Telefonates
und rückte ihm dicht auf den Leib,
bis er sie ungeduldig bat,
doch endlich wegzugehen.
Die sehr düster wirkende Frau
überschüttete ihn daraufhin
mit Unfreundlichkeiten
und wüsten Gesten.
Genau verstanden haben wir nicht,
was sie eigentlich meinte.
Susanne aus Brasilien hat erzählt,
dass viele Brasilianer etwas mit
Voodoo zu tun haben.
Ich gestehe, dass meine Fantasie
zu arbeiten beginnt.
Vielleicht hat die dunkle Frau
mit den Aknenarben die
Brieftasche gestohlen oder uns
Schlechtes an den Leib gewünscht.
Ich bin unzufrieden mit mir,
möchte nicht so denken,
aber die Pfeile des Misstrauens
haben mich getroffen.
Mein Herz ist in dieser Stunde
abergläubisch und finster –
wer hätte das gedacht
nach all der Pilgerei.

Da stehe ich nun mit meinem
Verdacht – so froh und erleichtert
ich jetzt auch bin.
Ich habe zu Unrecht jemanden
beschuldigt – wenn auch
nur in Gedanken.
Aber so fängt es an, mit einem
kleinen Gedanken, der größer
und immer größer wird
und sich schließlich in
einem Wort Raum schafft.
Das Wort wird gehört und
kann Kreise ziehen,
Worte aber können Taten
zur Folge haben,
Taten, die nicht wieder
gut zu machen sind.

Ich war froh, als Reinhard an die Tür klopfte. Die Polizisten seien sehr freundlich gewesen, wollten erst einmal in der Bar in Viana nachfragen. Um 19 Uhr sollte Reinhard wieder vorsprechen. Das Unglaubliche passierte. Der Wirt in der Bar hatte die Brieftasche gefunden, die Polizei von Viana brachte sie per Auto nach Logroño. Am Abend hatte Reinhard wieder seine inhaltlich komplette Brieftasche in Händen. Die ganze Polizeiaktion kostete keinen Groschen. „Buen Camino", wünschten die Polizisten.

Natürlich hatten wir jetzt allen Grund, diesen Abend entspannt und fröhlich zu verbringen. Doch bevor wir irgendwo einkehrten, wollte Reinhard unbedingt in ein Sportgeschäft gehen und für uns beide Schlafsäcke kaufen, da er Angst hatte, es könnte in der nächsten Zeit notwendig sein, wegen des Pilgeransturmes im Freien zu übernachten. Ich hatte zwar diese Befürchtungen nicht, da ich der Meinung war, dass man in Notsituationen auf ein Quartier abseits der Route ausweichen konnte, aber Reinhard drängte doch stark zu diesem Kauf, und so stimmte ich schließlich zu, obwohl ein Schlafsack natürlich auch Mehrgewicht bedeutete, wovor ich mich fürchtete. Der Körper hatte sich im Laufe der vielen Wochen perfekt an den Rucksack gewöhnt, dieser bildete praktisch eine selbstverständliche Last, so wie sie der Buckel für ein Kamel darstellt. Zwei Schlafsäcke zu je 650 Gramm waren schnell gekauft. Nun konnten wir uns der abendlichen Entspannung hingeben.

In der Jakobuskirche fand gerade eine große Hochzeit statt, die durch den schönen Zusammenklang einiger Streichinstrumente einen würdigen Rahmen bekam. Der goldene Altar, die festliche Beleuchtung, die Braut in luxuriösem weißem Kleid und eine elegante Hochzeitsgesellschaft führten uns vor Augen, wie schäbig und reduziert wir selbst bereits aussahen, aber da man in dieser Stadt den Anblick von Jakobspilgern gewohnt war, ernteten wir neutrale bis respektvolle Blicke. Nachdem wir auch die Kathedrale mit ihrer gotischen Madonna besucht hatten, wählten wir uns ein Plätzchen unter den Arkaden vor der Kathedrale aus.

Dort, an den Tischchen der diversen Bars und Restaurants, saßen schon viele Logroñer Bürger, aber auch Touristen und natürlich Pilger. Sie beobachteten mit einem Glas Bier in der Hand die dicht gedrängte Menschenmenge, die sich auf dem allabendlichen Paseo, d. h. Spaziergang, über den Hauptplatz bewegte. Es galt zu betrachten und sich dabei selbst den anderen Betrachtern als Schauobjekt anzubieten. So war für Unterhaltung gesorgt. Schick gestylte Damen in Markenkleidung in ebenbürtiger Begleitung mischten sich mit Touristen in kurzen Hosen und Turnschuhen, die sich auch jetzt am Abend noch immer nicht hatten entschließen können, ihre Schirmkappen abzulegen. Die Pilger hatten sich heute hingegen alle bemüht, schick aufzutreten, soweit das möglich war. Susanne beispielsweise hatte aus ihrem Rucksack ein hübsches, leichtes geblümtes Blüschen hervorgezaubert, das ihr blendend zu Gesichte stand. Ich selbst hatte meine „Abendgarderobe", ein schwarzes, langärmeliges T-Shirt, angelegt. Ein Engländer, der mit seiner Partnerin ebenfalls an unserem Tisch saß, blickte auf meine Füße und sagte lachend: „I suppose, you are a pilgrim too?" – Ich nehme an, Sie sind auch Pilger? Er spielte auf meine Sportsandalen an, die beinahe von allen Pilgern als Reserveschuhwerk benützt werden, da man mit ihnen wegen ihres phantastischen Fußbettes und des guten Haltes zur Not auch weite Strecken gehen kann, falls die Wanderschuhe unerträglich drücken, oder exzessive Blasen und andere Läsionen am Fuß dies verlangen.

Der Abend war schön und friedlich, das späte Licht fiel allmählich sehr schräg ein und es begann ein wenig frisch zu werden. Ein kühler Lufthauch strich unter den Arkadenbogen durch. Susanne holte aus einem Täschchen ein Achatkreuz und überreichte es mir. Sie habe das Kreuzchen aus Brasilien mitgebracht und wolle es mir zum Andenken geben. Unsere Wege würden sich wohl nicht mehr so oft berühren, da sie und ihr Mann die Strecken ein wenig kürzen wollten – vielleicht mit öffentlichen Verkehrsmitteln – und wir ab León ja einer Alternativroute folgen würden. Ich war bewegt und wünschte Susanne von Herzen alles Gute für ihre Gesundheit und hängte mir das weißlichblau schimmernde kleine Kreuz sofort an meine Halskette. Wir tauschten Adressen aus und versprachen, füreinander zu beten.

*Es ist ein feierlicher Moment,
wenn Menschen, die sich gut
verstehen, die einander etwas
zu sagen haben, unterschiedliche
Wege einschlagen, sich trennen.
Einer entlässt den anderen in eine
ungewisse Zukunft.
Jetzt und hier sind wir sicher,
jetzt und hier geht es uns gut.
Was wird morgen sein oder
übermorgen?
Was wir heute noch nicht wissen
können, ist, dass wir einander
nochmals begegnen werden.*

Kirschen, Gräber und eine ärztliche Handlung

Die Straßenlaternen brannten noch, als wir um Viertel vor sieben in den neuen Tag hineingingen. Wir begegneten einem deutschen Pilger, der auf der Suche nach einer Bar war, da er ohne Frühstück hatte losziehen müssen. Als wir schon eine Weile weitergegangen waren, fiel mir ein, dass ich ja dem Pilger etwas von dem Kaffee in meiner Feldflasche hätte anbieten können. Warum war ich nur so wenig spontan? Die guten Gedanken kamen alle immer erst hinterher. Genauso ärgerte es mich, dass ich Susanne nicht auch etwas geschenkt hatte. Ich wusste jetzt auch, was es hätte sein können. In meinem Inneren bat ich in meiner Hilflosigkeit Gott, mir doch die Gelegenheit zu geben, Susanne noch einmal zu treffen.

Knapp hinter Logroño sprach uns ein französischer Pilger an. „Wir haben exakt den gleichen Schritt, ihr seid genauso schnell wie wir." Mit Christian und seinem Freund Maurice entspann sich ein nettes und recht persönliches Gespräch, das wegen der guten Sprachkenntnisse hauptsächlich von Reinhard bestritten wurde, das ich aber größtenteils doch verstand.

Ein alter, hagerer Mann kam uns entgegengeradelt. Er blieb neben uns stehen, griff nach hinten zum Gepäckträger und holte aus einer Tasche zwei doppelte Hände voll mit rot leuchtenden Kirschen. „Pilger brauchen Kraft", meinte er lächelnd und wünschte uns eine gute Pilgerschaft.

*Es ist nicht nur der Geschmack der
frischen, ausgezeichneten Früchte,
es ist nicht nur die Freundlichkeit
und Freigebigkeit eines Mannes,
den wir eigentlich nichts angehen.*

*Nein, es ist auch das Zeichen
an und für sich,
das uns Freude und Mut macht,
uns ein gutes Gefühl gibt.
In Österreich werden Tomaten
„Paradeiser" genannt,
Paradiesfrüchte, im Moment sind
für mich aber diese glänzenden
Kirschen die Paradeiser.*

Da die Etappe heute etwa 30 Kilometer bis Nájera betragen sollte, hatten wir uns am Morgen mit frischen Kräften beeilt, und so Navarrete nach 13 Kilometern schon gegen halb zehn Uhr bei bedecktem Himmel erreicht. Dafür belohnten wir uns mit einem geruhsamen Kaffeestop in einer Bar. Es war seltsam, dass ich das Mehrgewicht des Schlafsackes doch stark spürte und deshalb ziemlich einsilbig war, was Reinhard dazu veranlasste, sich für ein paar Stunden auch noch meinen Schlafsack aufzubürden. Nach einiger Zeit ließ mein Stolz aber diesen Umstand nicht mehr zu und ich nahm die 650 Gramm wieder an mich und bemerkte erstaunt, dass sie nun nicht mehr so schwer auf dem Rücken lasteten, ja letztlich kaum ins Gewicht fielen. Man musste nur dem Körper Zeit geben, sich daran zu gewöhnen und man musste vor allem sich selbst die Motivation abringen, das Mehrgewicht zu tragen. Ja, vieles hat eben mit Psychologie zu tun.

In der Bar trafen wir auch Anne, die französische Pilgerin von Irache, die jetzt wieder mit ihrem Begleiter unterwegs war. Anne war vor einigen Tagen schwer gestürzt und hatte im Gesicht, das unter einem Auge einen großen, grünblauen Fleck aufwies, genäht werden müssen. Nun bat sie Reinhard, der ja Arzt war, ihr doch am Abend in Nájera die Nähte zu entfernen, damit sie keine Arztpraxis aufsuchen müsste. So vereinbarten wir, dass die beiden um 20 Uhr in Nájera in unser Hostal kommen würden.

Der weitere Weg war interessant. Er führte uns auf rotgelben, trockenen Lößwegen zwischen grünen Weingärten dahin. Ein Stück des Weges war gesäumt mit von Pilgern aufgeschichteten Steintürmchen, die teilweise künstlerisch gestaltet und mit Sprüchen und Wünschen, mit Bitten und Gebeten beschrieben waren. Rasch hatten wir diese „Pilgerkulturmeile" durchwandert und genossen den plötzlich auftauchenden Blick auf das gepflegte Städtchen Nájera, das dort in der Tiefe unter uns lag. Bald war das Quartier erreicht.

Nájera war eine Stadt – muy preciosa – sehr erlesen. Nach kurzer Rekreation brachen wir zur Besichtigung auf und konnten nicht nur im Kloster Santa Maria la Real die in rötlichen Stein gehauene Grablege von Königen und Königskindern aus Navarra bewun-

dern, die in Form eindrucksvoller Sarkophage gestaltet waren, auch die Marienstatue in der Grabkammer war sehenswert, genauso wie eine gerade stattfindende Ausstellung von romanischen und gotischen Madonnenskulpturen. Im Kreuzgang gab es Computeranimationen zu besonderen Kunstwerken und Legenden zu bestaunen. In Erinnerung geblieben ist mir ein Königskind, das mit Wölfen spielt.

Das Lamm, das mit dem Wolf spielt,
die Giftschlange, die das nach ihr
greifende Kleinkind nicht beißt.
Das tödliche Eis, das vom Feuer
der Liebe geschmolzen,
der Feuerring, der vom unversehrten Helden durchschritten wird.
Der Tod, der nicht Tod bleibt,
sondern der zum Leben wird.

Mit einem fröhlichen Abendessen in der Gesellschaft der Franzosen und mit der Entfernung von Annes Nähten ging der Tag zu Ende.

Seltsame Gespräche, eine verschlossene Kathedrale und eine Minitortilla

Wir kamen relativ spät von Nájera weg, hatten wir doch noch nach dem Frühstück um acht Uhr mit unseren Kindern telefoniert, was wir in größeren Abständen taten, abgesehen von den so praktischen Kurznachrichten, den SMS.
Zwischen roten Sandsteinfelsen, die wohl das Material zu den Königsgräbern gestellt hatten, ging es in lockerem Schritt eine Anhöhe hinunter. Immer wieder trafen wir auf spanische Pilgergruppen, die hauptsächlich aus jungen Leuten bestanden. Sie befanden sich auf einer dreitägigen Wallfahrt, die heute in Santo Domingo de la Calzada enden sollte. Unter munterem Geschnattere, teilweise mit Wimpeln und Fahnen ausgestattet, gingen die Wallfahrer fröhlich dahin und genossen sichtlich ihre Weggemeinschaft. Wir selbst wollten noch sieben Kilometer weiter bis Grañón gehen, um etwas mehr an Strecke hinter uns zu bringen.

Als wir uns gerade auf einem eher langweiligen Wegstück befanden, das über eine Asphaltstraße geführt wurde, schloss ein Grüppchen von Leuten mit Minirucksäcken zu uns auf. Eine noch junge Frau sprach mich an. Sie fragte nach unserem Weg und berichtete, dass sie mit einer Gruppe von Österreichern unterwegs sei. Das Gepäck würde transportiert, einige Strecken per Bus zurückgelegt. Der Ausgangspunkt war Pamplona gewesen, das Ziel sollte Santiago sein. Die Frau wirkte sehr adrett und schien in ihrer Aufmachung und mit ihrem Make-up einem Wanderjournal entstiegen. Mit einem Mal sagte sie, dass sie es gut fände, dass so Leute wie wir zu Fuß unterwegs und somit beschäftigt seien, anstatt zu Hause vor dem Fernseher zu sitzen und nichts zu tun. Sie spielte dabei wenig dezent auf unser in ihren Augen wohl hohes Alter an. Bei diesem zweifelhaften Kompliment verschlug es mir beinahe den Atem, so auch bei den weiteren Ausführungen der Dame, die beispielsweise in Puente la Reina nichts besonders Interessantes hatte entdecken können. „Nur das Hotel war recht sauber", wie sie anerkennend sagte. Als sie dann noch meinen Mann fünf Jahre älter einschätzte – was spielte überhaupt das

Alter auf diesem Weg für eine Rolle –, stieg in mir die Wut hoch und ich entzog mich elegant ihrer im Moment für mich so gar nicht angenehmen Gesellschaft.

Ich merke doch, dass ich recht empfindlich und eitel bin.
Ich will nicht in die Kategorie „altes Eisen" eingestuft werden.
Ja, wir sind 65 Jahre alt.
Bis jetzt hat das keinen gekümmert.
Nie sind wir nach dem Alter gefragt worden und nie haben wir selbst jemanden danach gefragt.
Auf diesem Weg sind einfach alle nur Pilger.
Vielleicht aber ist auch das eine Lehre des Camino de Santiago – gelassen zu werden sich und den anderen gegenüber.
Ich bin es jedenfalls noch nicht, wie man sieht.

Zu Mittag trafen wir in Santo Domingo de la Calzada ein. Die Kathedrale ist ja bekannt durch einen Käfig mit lebenden Hühnern an der Hinterwand im Kircheninneren, was, wie ich an anderer Stelle erwähnte, auf eine Legende zurückgeht, in der Santiago einen zu Unrecht Verurteilten rettet und Brathähnchen zur Bestätigung des Wunders wieder lebendig werden lässt. Gut, dass wir die schöne Kathedrale mit dem Grab des Santo Domingo schon vor Jahren hatten besuchen können, so traf es uns nicht ganz so hart, dass sie jetzt, am Sonntag zu Mittag, geschlossen war.
Im strahlenden Sonnenschein vor der Kirche stehend, palaverten wir mit Anne und Joel, der übrigens unter sehr heftigen Fußschmerzen litt, die nur durch Schmerzmittel einigermaßen zu beherrschen waren. Pausieren wollte er allerdings nicht, vielleicht um Anne nicht den Weg zu verderben. Zu uns gesellte sich Wolfgang, ein Pilger, mit dem wir schon öfter Kontakt gehabt hatten. Er strahlte über das ganze Gesicht, war heute schon am Ziel seiner Träume angelangt, da er sich eine Nacht in dem Dreisterneparador gegenüber der Kathedrale vergönnen wollte.

Meine Gedanken gehen in die Vergangenheit.
Auch wir haben einmal vor Jahren als Pilger in diesem Hotel übernachtet, um das Parador-Feeling auch einmal kennenzulernen.
Ich sehe uns in triefend nasser Regenkleidung, mit lehmbeschmierten Schuhen den Parador betreten.
Ich bin schüchtern und unsicher – wird man uns hinausschmeißen?
Die Halle ist edel unter gotischem Gewölbe, alles signalisiert Luxus, guten Geschmack und gediegene Schönheit.
Ich streiche mir die nassen Haare zurück.
Der Mann an der Rezeption nimmt uns so selbstverständlich auf, dass wir erstaunt sind.
Ja er geleitet uns sogar persönlich zu unserem Zimmer.
Pilger gelten auf dem Camino als Edelleute – so scheint es.

Ein kanadischer Pilger, der gehört hatte, dass wir von Deutschland aus den ganzen Weg zu Fuß gegangen waren, bat, uns fotografieren zu dürfen. Es war wie in einer Pressekonferenz. Etliche Fotoapparate wurden gezückt und wir von allen Seiten abgelichtet – die Kathedrale unter tiefblauem Himmel bot auch gerade einen ausnehmend schönen Hintergrund. Nun war es aber genug. Die letzten Kilometer bis Grañón entlang der Straße waren einfach zu bewältigen.

Anne, Joel und wir wollten, obwohl es in diesem Ort eine interessante Pilgerherberge in einem alten Kirchturm geben sollte, in einer Casa Rural übernachten, die wir uns aus Wolfgangs Verzeichnis herausgeschrieben hatten. Die Hauswirtin empfing uns riesig freundlich, war erbaut über die Vermietung von zwei Zimmern. Da es allerdings in dem kleinen Ort kein Speiselokal oder heute am Sonntag auch keinen geöffneten Laden gab, erweichten wir das Herz unserer Señora, sodass sie sich bereiterklärte, bevor sie mit ihrem Mann zu einem Kartenabend für Jubilados, also für Rentner enteilte, für uns eine Tortilla zu fabrizieren.

Als die Tortilla auf den Tisch kam, dachten wir, hungrig wie wir waren, dies sei die erste Portion von drei anderen. Schnell stellte sich heraus, dass die fleischtellergroße, flache und runde Kartoffelspeise für uns alle reichen sollte. Wir nahmen es von der komischen Seite und lachten viel an diesem Abend. Anne holte noch etwas Maisbrot aus ihrem Rucksack und wir hatten ein Stück Käse zu bieten. Als Nachtisch hatte die Señora Orangen und ein Schüsselchen mit Oliven bereitgestellt. So wurden wir doch einigermaßen satt. Eine Flasche Roséwein komplettierte das Menü. Joel allerdings trank keinen einzigen Schluck davon, da er früher Alkoholiker gewesen sei, wie er freimütig erzählte. Er hatte sich wohl eine so starke Frau wie Anne als Wegbegleitung auserkoren, weil er hoffte, in ihr den nötigen Rückhalt zu finden. Als Abschluss unseres Mahles, bei dem mir dauernd Sätze einfielen wie: „Zwei Brote und drei Fische, was ist das für so viele ..." oder aus der Apokalypse „Ein Maß Gerste für euch alle ...", kochte Anne noch einen Pfefferminztee aus ihren eigenen Beständen, der uns köstlich von innen her erwärmte. Nachdem wir gemeinsam das Geschirr gespült hatten, gingen wir animiert und zufrieden ins Bett.

Ein Wachtraum

Auch das Frühstück war äußerst spartanisch, was sich im Preis, den wir bezahlen mussten, nicht niederschlug. Dafür aber waren Joels Schmerzen über Nacht deutlich besser geworden, sodass er hoffen durfte, die 28 Kilometer bis Villafranca Montes de Oca unbeschadet zu überstehen.

Mit starken Schmerzen zu gehen,
ist eigentlich unzumutbar,
weil während des Gehens
die starken Schmerzen sich
zu beinahe unerträglichen
Schmerzen steigern können.
Langsam beginnt eine gewisse
Übelkeit sich im ganzen Körper
auszubreiten,
wenn das aushaltbare Maß
überschritten wird.
Man mag nichts mehr essen
und trinken, nur noch eine weitere
Tablette in der unrealistischen
Hoffnung schlucken,
dass jetzt alles besser wird.
Man möchte nichts anderes
als am Ziel sein,
sich verkriechen wie ein krankes

Tier, in Ruhe gelassen werden. Aber da ist doch der Partner, dem man die Planung der Etappen nicht durcheinanderbringen will.

Reinhard und ich erreichten Redecilla del Camino. Die Kirche mit dem berühmten Taufbecken war verschlossen, kein Schlüssel auftreibbar. Gut, dass wir auch dieses steinerne Kleinod aus der Romanik, das ein Flachrelief des himmlischen Jerusalem aufweist, schon vor Jahren gesehen hatten. Um elf Uhr waren die ersten 16 Kilometer zurückgelegt und das Städtchen Belorado erreicht, wo wir uns, besonders in Anbetracht des gestrigen Fasttages, mit gehaltvollen, scharfen patatas bravas stärkten, die durch ihre kräftige Würze die Lebensgeister weckten. Getränke und ein café solo machten uns fit für den zweiten Teil des Weges.

Heute wurde uns wieder die ganze Schönheit der Gegend bewusst. Die Landschaft hatte sich sachte und Schritt für Schritt verändert, war wieder hügeliger, ländlicher geworden. Wenn wir den Blick hoben, erblickten wir eine Ermita an einen Felsen geklebt. Welcher Einsiedler dort wohl gelebt haben mochte? Die Wolken bildeten hochgetürmte Haufen auf intensiv blauem Himmel. Die Weizenfelder wogten in sattem Grün und über allem schwebte der Geruch von Aufbruch der Natur, von Entwicklung und Wachstum. Wenn ich ein wenig schnupperte, konnte ich den Duft von Erde und Wiesenblumen spüren.

*Trotz alledem ist mir heute ein wenig bang zu Mute.
Die Tage werden heißer, schon schreiben wir den 23. Mai.
Morgen geht es in die Ocaberge und dann, dann beginnt ab Burgos die Meseta, die so hart mit Pilgern umgehen kann.
Eine der Etappen wird 37 Kilometer betragen, eine andere 40.
Und dann, in León, wird sich unser Weg nach Norden wenden, um abseits des Pilgerstromes auf dem Camino San Salvador über die Berge nach Asturien zu gelangen – auf mühsamen, kaum begangenen, vielleicht schlecht markierten Wegen.
Auch der einsame Camiño primitivo mit seinen langen Bergetappen wird uns Einiges abverlangen.*

*Ach, wie weit ist doch Santiago,
das ich vermessen auf schwierigen
Wegen zu erreichen suche.
Reinhard wird das schaffen –
aber ich?*

Das Dorf Villafranca Montes de Oca war erreicht. Wir waren noch vor der österreichischen Gruppe hier und konnten daher im Quartier ungehindert als erste die Gangdusche benützen. Anne und Joel kamen uns besuchen, sie hatten nebenan in einer Casa Rural Quartier gefunden. Die beiden machten uns den Vorschlag, mit ihnen im Supermarkt etwas für das Abendessen zu besorgen und dann gemeinsam in ihrem Quartier zu essen, wo ihnen ein großer Tisch zur Verfügung stand. Gesagt getan. Das Abendessen war delikat, wir hatten Weißbrot, Schinken, Käse, Joghurt, Oliven und Tomaten eingekauft. Alles lag in Ermangelung von Tellern und Platten malerisch in Tüten und Papieren auf der Tischplatte. Das Witzigste an unserem Dinner war, dass uns zu viert nur ein einziger Löffel für den Joghurt zur Verfügung stand – Anne hatte ihn im Gepäck gehabt. Mir fiel die Ehre zu, als Erste einen Joghurtbecher leeren zu dürfen. Als ich fertig war, ging ich hurtig in das Badezimmer und wusch den Löffel unter dem heißen Wasserstrahl, sodann bekam ihn der Nächste in die Hand gedrückt usw. Ein Gefühl der Kameradschaft und Nähe verband uns und wir waren ausgelassen fröhlich.

In der Nacht meinte ich plötzlich aus tiefem Schlaf zu erwachen. Mir war, als hätte mich jemand berührt. Als ich zu Reinhards Bett an der anderen Zimmerseite hinüberschaute, sah ich, wie sich jemand zu ihm hinunterbeugte. Es war eine dunkle Gestalt mit Umhang, Hut und Stab. Das Gesicht hielt er abgewendet. Dann ging er durch das Zimmer bis zur Türe und durch diese hindurch, ohne sie zu öffnen. Eine Zeit lang saß ich aufrecht im Bett, seltsamerweise nicht beunruhigt, sondern beruhigt. Ja, es würde doch alles gut gehen.

Über Hans von der Brennnessel bis Burgos

Der intensive Wachtraum wirkte noch lange nach. Ich sah allem Kommenden nun mit mehr Gelassenheit entgegen und freute mich, als wir am frühen Morgen den Aufstieg bis auf eine Höhe von 1150 Metern in die Ocaberge starteten. Es war noch kühl, so konnten wir das Gehen und die Vegetation rundum richtig genießen. Ginsterbüsche leuchteten gelb und mannshohe Heide stand in rot-rosa Blüte. Weidenkätzchen, Veilchen, blaue Hyazinthen signalisierten uns neben noch wenig entwickelten grünen Blättchen, dass hier oben gerade erst der Frühling eingezogen war, der unten im Tal schon beinahe dem Sommer Platz gemacht hatte.

Das Kloster San Juan de Ortega war ein ganz besonderer Ort. Einsam stand es mit seinem markanten Glockenturm in der grünen Wiesenlandschaft, die wir nun im Abstieg erreichten. Der schöne, weißmarmorne, gotische Sarkophag des heiligen Juan zeigte in einigen Reliefs die Lebensleistung dieses Mannes. Er hatte im Mittelalter seine Kräfte der Unterstützung von Jakobspilgern zur Verfügung gestellt und sich besonders für die Bahnung und Trockenlegung der Wege eingesetzt. Ortega bedeutet so viel wie Urtica – Brennessel. Der Beiname von Juan – de Ortega – kennzeichnet also seine Bemühung um gangbare Pilgerwege. Übrigens gibt es auch heute noch Menschen, die überwucherte Pilgerpfade von Brombeerranken, Brennnesseln und lästigen Stauden befreien. Wir haben dies einige Male auf unserem Weg erlebt.

Am 21. März und am 22. September ereignet sich in der Kirche von San Juan de Ortega das Wunder des Lichtes.
Um 17 Uhr jeweils beleuchtet ein Sonnenstrahl die Verkündigungsszene auf einem bestimmten Kapitell, wandert über die Geburt Christi bis zu den Heiligen Drei Königen und ist nach 10 Minuten wieder für ein halbes Jahr verschwunden.
Wunder der Architektur, Wunder der Berechnung, Wunder des Glaubens, der so stark ist, dass er sich unbedingt ausdrücken will, ad maiorem Dei gloriam und zum Heil des Nächsten.

Es lag Erwartung in der Luft, da wir von der Hochfläche aus, die wir nach längerem flachen Anstieg erreicht hatten, den ersten Blick auf Burgos, das Tor zur Meseta, werfen konnten. Der Tag war ziemlich heiß geworden und wir genossen es, zwischen den hohen Stauden des blühenden weißen Affodils, eines Liliengewächses, in der Wiese zu liegen und zu entspannen. Eine Steineiche gab uns den jetzt zur Mittagszeit nötigen Schatten. Beim Bergabgehen trafen wir Anne und Joel, mit denen wir bis Villafria, einem Vorort von Burgos, zusammen marschierten. Erstaunlicherweise gelang es mir doch, mit Anne ein Gespräch auf französisch zu führen, beziehungsweise das zu verstehen, was sie mir, Seite an Seite gehend, erzählte. Ihr Freund war vor einem Jahr gestorben und ihre Mutter vor zwei Jahren, beide unter tragischen Umständen. Diese beiden Verluste hatten sie schwer getroffen. Die herbe, supersportliche Anne hatte plötzlich Tränen in den Augen und musste sich schneuzen.

Der Jakobsweg ist auch oft ein Trauerweg, auf dem das beweint und ausgedrückt wird,
was noch in der Tiefe ruht, was sich noch nicht richtig zeigen konnte.
Das Gegenüber, der Mitpilger,

*wird zum Zeugen der Trauer
und erfährt vom Wert
des Verlorenen.
So wird einer natürlichen
Notwendigkeit Genüge getan.*

Reinhard und ich wollten in Villafria im Hostal bleiben, Anne und Joel noch bis ins Zentrum von Burgos weitergehen. Alle hatten wir für morgen den Plan, untertags Burgos zu besichtigen und dann gegen Abend noch ein paar Kilometer zu gehen, um die 37 Kilometer des darauf folgenden Tages etwas zu verkürzen.

Burgos und Frau Stille

Um neun Uhr waren wir im Zentrum der wunderschönen Stadt, und eröffneten den Tag mit dem Besuch einer Messe in San Lesmes. Unser nächster Weg galt der weltberühmten Kathedrale, die so eindrucksvoll mit ihren maurisch anmutenden Türmchen, die Minaretten gleichen, und natürlich auch mit ihren Kuppeln und Portalen, ihren Treppenaufgängen und Eingängen mit eindrucksvollen Tympana ein großartiges Denkmal der Christenheit darstellt.

Die Stadt lag schon jetzt am Vormittag in heißes Sonnenlicht getaucht. Unzählige Touristen bevölkerten den Vorplatz der Kathedrale. Reisegruppen aus Europa und Übersee drängten, von Stadtführern angeleitet und informiert, zum Haupteingang der Kirche. Schon wollten auch wir uns dem Strom anschließen, als wir ein Hinweisschild mit dem Wort „Tickets" bemerkten. War es denn notwendig, zum Besuch einer Kirche Eintrittskarten zu erwerben? Tatsächlich kam man ohne Billettes nicht in die Kathedrale hinein, unsere Rucksäcke mussten wir in Schließfächern verstauen.

*Eine Kirche ist eine Kirche,
ein Gotteshaus eben,
in dem man beten kann oder
schweigen, oder betrachten.
Oder auch einfach irgendwo
in einer Bank ausruhen
oder hinter einer Säule sitzen
und sich erholen
von Lärm und Hektik, von Hitze,
Kälte, Stress.
Im Gotteshaus will niemand
etwas von mir,
ich muss keine Leistung erbringen,
darf mich mittragen lassen
von dem, was schon da ist und
mich aufnimmt.
Hier aber werde ich mit Hunderten
Touristen zusammen nach
Vorzeigen des Tickets zwischen
Holzschranken durch die Kirche
geschleust, darf nicht vom
rechten Wege abweichen.
Kaum bleibt mir Zeit
zum Verweilen und Staunen.
Nicht einmal das herrlich
geschnitzte dunkle Chorgestühl
oder die kunstvoll durchbrochenen
Kuppeln, die eine kleine Verheißung
des Himmels durchscheinen lassen,
können in Ruhe in mir
zu wirken beginnen.
Nur weiter, weiter, damit alle
rechtzeitig durchkommen.*

Ein wenig frustriert suchten wir uns ein Taxi, um die Cartuja de Miraflores und danach das Frauenkloster Huelgas aufzusuchen. Die Cartuja, das Kloster der Karthäuser, war in der Tat ein Ort der Stille, gewährte uns etwas von dem, was die Mönche in Schweigen und Einsamkeit zu leben versu-

chen. Frieden umfing uns wie ein schützender Mantel, kaum dass wir das Areal, den Kreuzgang und von dort aus die vornehme Kirche betreten hatten.

In Assisi gibt es in der Grabeskirche des Franziskus ein wunderbares Deckenfresko, das Frau Armut als Geliebte des Heiligen personifiziert darstellt. Hier aber war Frau Stille zugegen, die sich die Karthäusermönche zu ihrer anregenden Gesellschafterin erkoren hatten, und die auch bereit war, anderen suchenden Menschen ihre Freundschaft anzubieten, man musste nur ihre Hand ergreifen. Abgesehen von der erlesenen und filigranen Gotik, den Königsgrabmälern und dem Altar, war das Hauptgeschenk des Ortes doch diese Dichte des Lebens, die uns unvermittelt entgegenströmte, und ich dankte Gott von ganzem Herzen für diese Zeit, die ich zusammen mit meinem Mann hier erleben durfte. Untermauert wurde die Erfahrung durch den auf uns wartenden Taxifahrer, der in seinem Auto einen Aufkleber mit der Aufschrift „Gott gibt einen Frieden, den die Welt nicht geben kann" angebracht hatte. Er erzählte uns, dass er jeden Tag in der Cartuja die Messe besuche, um sich von dort Kraft zu holen.

Das königliche Frauenkloster Huelgas war in seiner Ausstattung und den Räumlichkeiten äußerst prächtig. Die Stille allerdings war dahin, da hier wieder riesige Gruppen von Touristen und ganze Schulklassen durchgeführt wurden. Es war ein dauerndes Kommen und Gehen, trotzdem möchte ich diese Besichtigung nicht missen, da sie uns deutlich die ganze vom Herrscherhaus getragene Macht monastischen Lebens vor Augen führte. Hervorragende Kunstschätze und Reichtümer aus Schenkungen bekamen wir zu sehen in Gold, Marmor, Alabaster und jeglichem wertvollen Material, und etwas benommen traten wir in die Hitze des Mittags hinaus, warfen einen letzten Blick auf den riesigen, herrschaftlichen Gebäudekomplex und ließen uns wieder in der Altstadt von Burgos absetzen, wo wir halb verschmachtet ein schattiges Plätzchen für einen kleinen Mittagsimbiss suchten.

Nur wenige Kilometer waren es bis zum kleinen Ort Villabilla, wohin wir gegen Abend in brütender Hitze marschierten. Wir beschlossen, morgen so früh als möglich zu starten.

Die Meseta mit Romeo und Julia

Kurz nach sechs Uhr gelang es uns, das Haus zu verlassen, als es gerade erst dämmerte. Die Luft war lau, es fehlte die Frische eines jungen Morgens. Wir wanderten in den sich rötenden Tag hinein, der durch den Gesang der Lerchen seinen festlichen Beginn fand. Dieser Morgen war wie ein Gebet, bedurfte keiner Worte.

Ab Tardajos ging es hinauf auf die Hochfläche der Meseta. Der Karrenweg führte zwischen grünen Feldern hindurch, kaum gab es Dörfer oder Einzelgebäude. Vor uns lief ein junger, hübscher Pilger mit südländischem Aussehen. Immer wieder rief er einen Mädchennamen, nämlich „Rosina". Ob wir denn Rosina nicht gesehen hätten?

In Hornillos sahen wir den Jungen aus Italien mitten auf dem Weg stehen. Er hielt ein dunkellockiges Mädchen fest in seinen Armen und stieß immer wieder hervor, wie glücklich er sei, sie wiedergefunden zu haben. Er habe die Madonna angerufen, sogar mitten auf dem Weg niedergekniet, um für ihre Auffindung zu beten. Die beiden taten, als wären sie allein auf dieser Erde, und in gewissem Sinne waren sie das auch – zumindest von ihrer Warte aus. Die Welt mochte rundherum einstürzen – sie hatten einander gefunden. Die beiden schauten nicht auf, als wir an ihnen vorbeistapften. Ob sie die gerade jubilierenden Lerchen wohl wahrnehmen konnten?

Noch ein zweites junges Paar erregte auf dem heutigen Weg unsere Aufmerksamkeit. Vor uns gingen er und sie schwer bepackt eher langsam dahin. An den Rucksäcken baumelten die klobigen Wanderschuhe, beide trugen leichte, nicht allzu stabile Sandalen. Sie hielten sich – was mir für zwei Wandernde als nicht gerade bequem erschien – an den kleinen Fingern eingehakt, so als wollten sie einander niemals loslassen. Plötzlich blieben die beiden stehen und der Junge holte eine Tube Sonnencreme hervor, mit der er seine Freundin sorgfältig und liebevoll eincremte. Er nahm sich dafür ganz viel Zeit. Und auch diese beiden waren in ihrer Welt versunken, hatten alles andere vergessen und beachteten das sie Umgebende nicht.

Im steingefügten, armen Mesetadorf Hontanas blieben viele Pilger hängen, um dort die Nacht zu verbringen. So mancher hatte ein bandagiertes Knie oder lädierte Knöchel. Auch gab es zahlreiche, teils üble Blasen zu betrachten, die die Peregrinos, der Schuhe entledigt, neu verpflasterten oder der Sonne darboten. Wir selbst wollten heute noch bis Castrojeriz kommen,

was immerhin insgesamt 34 Kilometer bedeutete. Die allerletzte Strecke fiel recht schwer, da besonders mir die große Hitze, wie üblich, zu schaffen machte. Doch schon war der spektakuläre gotische Bogen der Ruine von San Antón erreicht, durch den hindurch wandernd sich die letzten Kilometer bis zum Ziel erschlossen. Da tauchte das Gebiet von Castrojeriz mit seiner Vorhut auf, der schönen Kirche Santa Maria del Manzano, die allerdings wegen Restaurierung geschlossen war. Schade, denn die Virgen mit Apfel in der Hand hätten wir gern gesehen. Auf dem Hügel wurde die Burg von Castrojeriz sichtbar und endlich hatten wir auch wirklich den Ortsanfang erreicht. Bis zu unserem Quartier mussten wir in dem langgezogenen Ort noch etwa zwei Kilometer gehen. Überall trafen wir auf schweißüberströmte Radpilger und erschöpfte Wanderer.

Wir waren überglücklich, angekommen zu sein und schon bald umfing uns lässige spanische Atmosphäre, als wir durch das weit geöffnete Fenster unseres bequemen und hübschen Zimmers vom Straßencafé her das angeregte Diskutieren, Lachen und Tellerklappern hörten. In unser dankbares Vespergebet floss auch, wie jetzt täglich, das Pilgergebet von Los Arcos ein, das uns der junge Pfarrer so ans Herz gelegt hatte.

Ein Rollstuhl, Störche und Flötenmusik in San Martín

Kurz nach sechs Uhr gingen wir in der Dämmerung aus dem Städtchen hinaus. Neben uns marschierten die Freunde Christian und Maurice, beide ein wenig melancholisch. Maurice musste heute nach Hause fahren – die Geschäfte verlangten es. Sehr gerne wäre er noch bis Santiago weitergegangen. So aber begleitete er noch seinen Freund und Schwager etwa zwei Kilometer aus dem Ort hinaus, dessen Rucksack tragend – wie es einem alten Pilgerbrauch in solchen Situationen entspricht. Schließlich nahm Maurice den Rucksack ab, überreichte ihn feierlich seinem Schwager, und nach kurzer, wortloser Umarmung drehte er sich um und ging zurück nach Castrojeriz. Der wesentlich ältere Christian musste jetzt den Weg allein gehen, hatte nun keinen Gesprächspartner mehr, keinen verlässlichen Kameraden. Aber bei seiner Energie und Disziplin und mit seiner hohen Motivation bin ich sicher, dass er Santiago erreicht hat.

Ein heftiger Aufstieg über ein gewundenes Sträßchen ließ uns schnell an Höhe gewinnen. Rötlich begann ein Lichtschein am Horizont aufzugehen, und als wir die Anhöhe erreicht hatten, erschien die baumlose Landschaft von erster Sonne verklärt. Auf der einen Seite lag unten im Tal Castrojeriz mit seiner charakteristischen Silhouette, in Richtung des gelben Pfeils jedoch breiteten sich die Felder der Meseta vor uns aus. Rot schimmernd erschienen immer wieder Landstriche, die über und über mit roten Mohnblüten bedeckt waren. Weit und breit gab es kein Dorf, kein Haus, keinen Baum.

Ich drehte mich um. Eine ganze Kolonne von Pilgern war unterwegs. Auch vor uns war der Camino dicht bevölkert. Wir schlossen zu einem Ehepaar auf. Der nicht mehr junge Mann trug einen überdimensionalen Rucksack auf dem Rücken. Sein Ge-

sicht war schweißüberströmt. Seine Ehefrau schob unter Aufbietung ihrer Kräfte einen Rollstuhl mit einem spastisch gelähmten Jugendlichen den Weg entlang, der gerade leicht bergauf führte. Die Frau blickte auf, als ich grüßte und sagte mit abgehärmter und angestrengter Miene: „Buen Camino!" Ich werde den Blick nicht vergessen.

*Als ich schon ein Stück weiter bin,
merke ich, dass mir Tränen
über die Wangen rinnen,
die ich nicht stoppen kann.
Hoffentlich merkt niemand etwas.
Warum bin ich denn so dünnhäutig?
Habe doch schon oft
Behinderte gesehen.*

Vor Boadillo del Camino, dem kleinen Dorf mit der gotischen Gerichtssäule, gab es eine Möglichkeit, auf originelle Weise Trinkwasser zu fördern. An der „fuente vieja" konnte man an einem Rad drehen und bekam im Gegenzug reichlich frisches Wasser, das aus einem Metallrohr sprudelte. Das Flachland, das „tierra de campos" heißt, war charakterisiert durch die Palomares, Taubenhäuser, die ganz aus Lehm gebaut, einer schnellen Verwitterung preisgegeben waren. Aus dem 18. Jahrhundert stammte eine spektakuläre Schleusenanlage des Kanals von Kastilien, die heute der Bewässerung dient.

Im Schatten einer der wenigen Bäume machten wir an einem Wasserlauf Mittagsrast. Die Böschung war mit gelben Schwertlilien bewachsen. Vor uns, auf gestapelten Strohballen, saßen einige Störche, wie überhaupt das Land ganz reich an diesen herrlichen großen Vögeln war, die mit ihrem Geklapper sogar in großen Städten wie Logroño auf sich aufmerksam machten. Manchmal war jeder Schornstein eines Dorfes, jeder Kirchturm mit Storchennestern belegt. Die Begleitmusik zu unserer geruhsamen Mahlzeit bildete außerdem das Gequake der Frösche.

Ganz überhitzt, mit rotem Gesicht, ließ sich plötzlich Anne neben uns in den Schatten fallen. Sie war wohl recht schnell gerannt und hatte die Hitze etwas unterschätzt. Wir konnten ihr einen Becher Nescafé anbieten und zogen hernach einträchtig ins nahe gelegene Frómista, einen Ort von nur etwa 1000 Einwohnern, der aber durch ein frühromanisches Meisterwerk, die Kirche San Martín, auf dem Pilgerweg große Bedeutung erhält.

Nach einer herrlichen Siesta, die den angestrengten Körper aufleben ließ, begaben wir uns um 16.30 Uhr nach San Martín, um die Kirche zu besuchen. Leider gibt es dort nur mehr am Patronatsfest einen Gottesdienst, wie wir von der Kustodin erfuhren, ansonsten wird San Martín als Museum genützt. Schon die Betrachtung der Kirche von außen war ein Erlebnis gewesen. Die architektonische Gliederung, die Apsiden, Leisten und Zierrate, der Skulpturenschmuck, alles schien mir vollendet. Ja, so und nicht anders musste diese Kirche dastehen und ihre Wirkung entfalten. Innen gab es hoch interessante Kapitele mit teilweise profanen Darstellungen.

Ein französischer pelerin kniete inbrünstig betend unter dem herrlichen Kruzifix im Hauptschiff. Plötzlich begann ein junger Pilger vom rückwärtigen Teil des Raumes aus zunächst zaghaft, dann immer sicherer, auf einer Flöte zu blasen. Wir erkannten eine bekannte Melodie, eine schottische Volksweise, die in ihrem deutschen Text mit der Zeile endet: „Wir ruhen all in Gottes Hand, lebt wohl, auf Wiedersehen ..." Ein Pilgerehepaar begann das Lied zweistimmig auf Englisch mitzusingen. Der Flötist sagte uns nachher, er habe dieses Lied für seinen kürzlich verstorbenen Freund gespielt, der auch gerne den Camino gegangen wäre.

Das Abendessen, platos combinados, nahmen wir zusammen mit Wolfgang ein, der sich jetzt schon darauf freute, in Santiago seine Frau zu treffen, der er dann in einem Leihwagen die schönsten Plätze des zurückgelegten Weges zeigen wollte, um sie auch irgendwie an seiner Erfahrung teilhaben zu lassen. Den Tag ließen wir mit einem Gottesdienst in San Pedro ausklingen.

Die Virgen blanca, eine Segnung und Krawall vor Corpus Christi

Nur 20 Kilometer mussten wir heute bis nach Carrión de los Condes zurücklegen, trotz alledem nutzten wir wieder die Gunst der frühen Stunde und starteten bei frischer Luft um 6 Uhr. Das hatte zur Folge, dass wir, auf schnurgeradem Weg neben der Straße gehend, schon um 9 Uhr im Ort

Villalcázar de Sirga eintrafen, dessen gotische Kirche aber erst um 10.30 Uhr geöffnet werden sollte. So blieb Zeit für ein Laudesgebet, für Telefonate nach Hause und einen Rundgang durch den interessanten Ort, in dem auch einst eine Templerniederlassung gewesen war. Vor dem bekannten Pilgerlokal „El Mesonero" stand ein originelles Pilgerdenkmal aus Metall: ein Tisch mit Krug und Teller darauf, davor auf einer Bank sitzend ein Pilger mit Hut und Stab. Natürlich ließen wir es uns nicht nehmen, vor diesem Denkmal zu posieren und uns mit dem Metallpilger zusammen fotografieren zu lassen.

Die Kirche selbst, als sie endlich zu besichtigen war, entschädigte uns für das lange Warten. Gregorianik vom Tonband stimmte uns ein. Das Gnadenbild, die „Virgen blanca", die weiße Jungfrau, thronte mit unergründlichem Ausdruck ihres weißen Gesichtes vor dem kostbaren gotischen Altar mit seinen eindrucksvollen Bildtafeln. Die Holzskulptur war nicht eigentlich schön zu nennen, trotzdem zog sie alle anwesenden Pilger in ihren Bann. Interessante, bunt bemalte Steinsarkophage eines spanischen Prinzen und seiner Gattin aus dem 13. Jahrhundert waren ein zusätzlicher Blickfang in dieser hochkarätigen Kirche mit dem schon etwas verwitterten, aber dennoch prächtigen Portal, das über eine Reihe von Stufen erreicht werden konnte. Schön war der Anblick der die Treppe hinauf- oder hinabstapfenden Pilger.

Nur mehr sechs Kilometer waren es bis nach Carrión de los Condes, wo wir so früh eintrafen, dass unser Zimmer im Hostal noch nicht fertig geputzt war. Die Wartezeit füllten wir bestens durch die Besichtigung der Kirche Santa Maria aus, wo uns eine freundliche Frau die Einzelheiten erklärte. Besonders interessant war die spätromanische Fassade, wo es Szenen wie die „Reyes Magos" – die Heiligen Drei Könige oder auch den bethlehemitischen Kindermord – zu betrachten gab. Die Frau gab uns auch die Information, dass um 20 Uhr Messe mit Pilgersegnung sei.

Obwohl ja die heutige Strecke so kurz gewesen war, schliefen wir nach Genuss einer Tortilla noch vor dem Duschen über eine Stunde lang wie Murmeltiere im Winterschlaf.

Die Santiagokirche war nur mehr als Museum genützt, hatte aber im Tympanon einen äußerst ausdrucksvollen und einprägsamen Christus als Pantokrator, also als Weltenrichter in der Mandorla.

So möchte ich empfangen werden
von einem Richter,

*mit diesem leichten Lächeln, dieser
Offenheit in dem edlen Gesicht.
Ich wüsste dann gleich, dass dieser
mich nicht niedermachen,
mir keinen Strick drehen will,
dass er nicht gleich all das
von mir so unvollkommen Geübte
mit schneller Bewegung
dem Müll übergäbe.
Nein, ich wüsste, dass ein solcher
mich aufbauen würde, aufrichten,
mein Weniges im goldenen Licht
seiner Güte verwandeln
und seine geöffneten Arme mir
nicht verschließen würde.
Ich würde ihn bitten, mir
so manches zu erklären,
denn ich habe so vieles nicht
verstanden von dem,
was ich sagte und tat und was
andere sagten und taten.*

Im Museum lagen Poster für die morgen stattfindende Corpus-Christi-Feier, das Fronleichnamsfest, auf. Man konnte darauf Blumenteppiche sehen, die uns neugierig machten. Sollten wir morgen vielleicht einen weiteren Rasttag einlegen, um dieses Kirchenfest mit seiner sicher prächtigen Prozession zu erleben? Andrerseits hatten wir uns für morgen die „Superetappe" der Meseta, nämlich die Wanderung nach Sahagún, vorgenommen und uns mental auf diese 40 Kilometer eingestellt. Vielleicht war es ja möglich, morgen Abend in Sahagún einen Gottesdienst zu besuchen.

Am Rande von Carrión liegt das Renaissancekloster San Zoilo, dem wir einen Besuch abstatteten, um den Kreuzgang und einige museale Kapitelle zu betrachten. Auf dem Weg dorthin trafen wir Anne und Joel. Als hätten wir gewusst, dass wir uns auf dem Camino nicht mehr wiedersehen würden, tauschten wir E-Mail-Adressen und Handy-Telefonnummern aus. Auch die mir so problematisch erscheinende Österreicherin lief uns über den Weg. Sie war heute ausnehmend freundlich und ich machte sie auf die Pilgersegnung am Abend aufmerksam, wofür sie sich beinahe überschwänglich bedankte. Fakt ist, dass sie am Abend auch wirklich zur Pilgermesse kam und dass man ihr große Ergriffenheit anmerken konnte.

Der Pfarrer wirkte überzeugend und machte sich die Mühe, uns doch recht zahlreich erschienenen Pilgern die Kommunion in beiderlei Gestalten anzubieten. Anschließend spielte nach Ankündigung durch den Pfarrer der Pilger Michel auf seiner Flöte genau so wie in Frómista das Lied für seinen verstorbenen Freund und schloss „Ultreya", das Pilgerlied von Conques, an. Zur anschließenden Pilgersegnung in der Sakristei fanden sich außer uns nur noch vier Pilger ein, die anderen hatten wohl aus sprachlichen Gründen nicht mitgekriegt, dass da eine benedicción in einem Nebenraum der Kirche stattfand. Der Pfarrer ließ uns, im Kreis an den Händen gefasst, das Vaterunser in der jeweiligen Landessprache beten.

Babylonische Sprachverwirrung –
könnte man denken.
Aber das Gegenteil ist der Fall –
wir verstehen einander,
weil wir wissen,
was die englischen, französischen,
spanischen, portugiesischen Worte
bedeuten. Wir können vertrauen,
dass jeder wirklich das Vaterunser
betet.
So fühlen wir uns von den anderen,
obwohl jeder unterschiedlich
klingende Worte murmelt,
total verstanden. Man muss nicht
die gleiche Sprache sprechen,
um sich verbunden zu fühlen.

Als wir auf die Straße traten, erblickten wir auf dem Boden mit Kreide skizzierte Zeichnungen von Tauben, Ornamenten, Kreuzen etc., die morgen in aller Herrgottsfrühe mit Blütenblättern und unterschiedlich eingefärbtem Kaffeesatz ausgefüllt werden und sich zu Blumenteppichen entwickeln sollten, auf denen der Priester, das Sanctissimum hochhaltend, seinen Rundgang durch die Stadt machen würde. Allerdings war der Wetterbericht für morgen schlecht und bei Regen sollte die Prozession nicht stattfinden.

Ich konnte lange nicht einschlafen, da am späteren Abend unten auf der Straße plötzlich ein Geschrei und Geheule losging, das ich so noch nicht gehört hatte und das mehr als eine Stunde lang dauerte. Ich konnte mir vorstellen, dass zottelige Gestalten mit Tiermasken, wie dies im Alpenraum Österreichs teilweise in den dunklen Raunächten üblich ist, randalierten, um Menschen zu erschrecken und die Macht der Finsternis zu demonstrieren. War dies eine Demonstration gegen die Feier des Fronleichnamsfestes oder sogar ein üblicher Brauch, um am nächsten Tag noch intensiver das Fest begehen zu können? Wahrscheinlich ging meine Fantasie mit mir durch, und das Ganze war reiner Zufall – einfach wüstes Treiben von ein paar Jugendlichen.

Ein harter Tag und ein guter Abend

Ich fühlte mich nicht besonders gut, als wir um sechs Uhr früh nach einem spärlichen Eigenfrühstück, das aus mit heißem Wasser aus dem Badezimmer angerührtem Nescafé und einer Scheibe Weißbrot bestand, nach miserabler Nacht bei Regenwetter und Dunkelheit starteten, mit der Aussicht, 40 Kilometer gehen zu müssen.

Es gibt Momente beim Pilgern,
da fällt es schwer,
sich wieder auf den Weg zu machen.
Mein Körper signalisiert:
„Eigentlich bin ich noch müde,
warum hast du mir nicht
mehr Schlaf gegönnt?"
Mein Spiegelbild beim Zähneputzen
zeigt unbarmherzig Ringe unter
den Augen und überhaupt
ein erbärmliches Aussehen.
Ich sehe aus wie ein Wasserspeier
an der Dachrinne eines

*Renaissanceschlosses.
Ein Rasttag wäre doch auch
wieder einmal nett gewesen,
man hätte an der Fronleichnams-
prozession teilnehmen können ...
Und warum müssen es gleich
40 Kilometer sein?
Was will ich mir beweisen,
wem nützt das?
Nur ruhig Blut! Jetzt geh'
erst einmal los,
alles andere findet sich –
wie an jedem Tag.*

Es war ein Erlebnis eigener Art, bei heute wegen des grau verhangenen Himmels ganz langsam einbrechender Dämmerung plötzlich in ein Morgengewitter zu geraten. Blitze zuckten quer über den Himmel und der Donner klang scheppernd und blechern mit langem Nachhall. Zum Glück schlug es in ziemlich weiter Entfernung ein, sodass wir für uns nichts zu fürchten brauchten, sondern uns, im Gegenteil, am Himmelsspektakel erfreuten. War nicht auch das grandios, was über uns an Szenerie auf- und abgebaut wurde? Die jagenden Wolken in allen Grautönen bis zum bedrohlichen Schwarz entließen reichlich Regen, sodass trotz Regenkleidung die Hosenbeine nass am Körper klebten – ein wahrhaft ungemütliches Gefühl. Nach 17,5 Kilometern war Calzadilla de la Cueza, die erste Einkehrmöglichkeit, wo man zur Not auch hätte übernachten können, erreicht. Nach ausgiebiger Stärkung, bei der wir von zwei Mitpilgerinnen erfuhren, dass in dieser Nacht in der Herberge von Carrión Wanderstöcke und ein Beutel Funktionswäsche gestohlen worden waren, zogen wir weiter, besser gesagt, wir eilten durch die Ebene auf guten Wegen dahin. Was mir am heutigen Tag sehr entgegenkam, war das schlechte Wetter. Die Luft war dementsprechend frisch und kühl und so mussten wir uns nicht so sehr anstrengen wie bei starker Hitze.

*Gehen, gehen, gehen,
bis das Gehirn leer gebrannt ist,
bis gar nichts mehr Platz hat
im Kopf und das Denken versagt.
Leise beginnt sich dann etwas anzumelden aus dem eigenen Inneren.
Aus der Tiefe steigt es hoch und
beginnt mich zu erfüllen.
Ich nehme es mit auf meinem Weg,
ohne zu hinterfragen,
zu deuten oder ändern zu wollen.
So kann es wachsen,
sich verwandeln, entfalten.
Nicht ich tue etwas, nein,
es arbeitet in mir.
Irgendwann merke ich,
dass es mir besser geht,
dass etwas Wichtiges endlich
die Möglichkeit bekam,
in das Licht des Tages zu treten.*

Über Ledigos hatten wir endlich Terradillos de los Templarios erreicht, und es gelang uns, in der Pilgerherberge etwas zu trinken zu erstehen, obwohl wir dort nicht übernachten wollten. Die letzten 10 Kilometer zogen sich entsetzlich in die Länge. Mit einem Mal war die Energie nahezu verbraucht, es war mir, als hätte mein Tank auf Reserve geschaltet. Im Prinzip gab es jetzt zwar noch Treibstoff genug, nur durfte der Weg nicht mehr allzu lange dauern – sonst konnte es Probleme geben. Schon von weitem war Sahagún, das Städtchen mit den schönen romanischen Backsteinkirchen San Lorenzo und San Tirso im Mudéjarstil, also maurisch beeinflusst, zu sehen und unsere Herzen machten Luftsprünge. Land in Sicht! Von da an hatten wir nach einem knappen Stündchen unser Quartier erreicht, das Hostal Alfonso VI. Als wir abgekämpft und mit schwerem Schritt das Haus betraten, kam uns der Wirt freudig entgegen. „Bienvenido" – willkommen –, sagte er mit ausgebreiteten Armen. Nur dieses eine Wort fiel, aber es tat uns so gut, als hätte er eine ganze Ansprache zu unserer Begrüßung gehalten.

Jemand heißt uns willkommen
und nimmt uns auf.
Die letzten Schritte über
die Stufen bin ich mehr
gestolpert als gegangen.
Der Wirt sieht es uns an,
dass wir lang, sehr lang unterwegs
gewesen sind, seine liebevolle
Art ist Balsam für uns
geschundene Pilger, die nach
diesem Ankommen lechzten.
Es tut gut, herzlich empfangen
zu sein an so einem Tag,
der für uns endet mit einer
schmackhaften Mahlzeit,
dem Nachtgebet und
einem weichen Bett.

Ein Lehmdorf, ein alter Mann und viel Ruhe

Nach zehnstündigem Tiefschlaf gönnten wir uns ein normales Frühstück im Hostal und starteten ausgeruht und entspannt zu einer heute kurzen Etappe. Auch morgen und übermorgen wollten wir nicht über 20 Kilometer gehen, um dann in León für unseren Sonderweg des Camino San Salvador durch die Berge mit seinen relativ großen Etappen ausgeruht zu sein. Der Weg heute war unkompliziert. Bei frischem Wind und Sonnenschein ging es mit Elan entlang des von frisch gepflanzten Platanen – deren Bewässerungssystem glucksende Geräusche machten, die uns über längere Strecken begleiteten – gesäumten Weges. Für die im Sommer bei großer Hitze wandernden Pilger würden diese Bäume einmal einen wahren Schatz darstellen, spendeten die schmalen Kronen doch selbst heute schon etwas Schatten. Die Gegend war reizvoll, ein grünes Bauernland, in dessen leicht welliges Gelände einzelne Häuser und Weiler gesetzt waren. Das Baumaterial war der gelbrote Lehm, der an den unbepflanzten Stellen zum Vorschein kam. Ein frischer Wind trieb uns unter dem heute wieder makellos blauen Himmel mit Blick auf die rechter Hand im Norden aufragende Sierra cantábrica nach Westen.

Am Ortseingang von El Burgo Ranero, unserem Etappenziel, blieb ein Auto neben uns stehen. Ein junger Spanier fragte uns nach unserer Muttersprache, um uns danach in beinahe akzentfreiem Deutsch über das Woher, Wohin, das Wie, Warum und Wie lange zu interviewen. Er hatte eine Zeit als Gastarbeiter in Deutschland ge-

lebt, wo er sich offensichtlich wohl gefühlt hatte. Er freute sich, mit uns ein wenig plaudern zu können und bedankte sich hernach höflich für das Gespräch. Auch für uns war diese spontane Freundlichkeit eines fremden Menschen wie schon so oft eine Erfahrung, die uns weitertrug.

Wir kamen, durch ein Gässchen mit niedrigen Lehmhäusern gehend, an der Dorfkirche vorbei. Die Tür war verschlossen. An die Wand gelehnt stand ein alter Mann, der rasch auf uns zueilte. „Wollt ihr in die Kirche gehen? Ich kann euch den Schlüssel holen." Im Nu hatte er uns Eingang in das Gotteshaus verschafft. Mit Stolz wies er uns auf die neu gelegten Steinböden und die frische, helle Holzdecke hin. Überhaupt war die Kirche erst kürzlich restauriert worden, was sicher auf die immer kräftiger sprudelnden Einnahmen aus der Jakobspilgerschaft zurückzuführen war. Man machte sich wieder die Mühe, da das idyllische Lehmdorf so viel Anklang fand, den Ort möglichst authentisch zu renovieren. Der Dorfbewohner wies uns darauf hin, dass der Patron der Kirche Isidoro von Madrid sei, der Schutzheilige der Arbeiter. Als wir uns mit Dank verabschiedeten – wir wollten jetzt in unser Quartier gehen –, umarmte und küsste uns der alte Mann heftigst. Nicht nur einmal, sondern gleich drei- viermal oder mehr, wobei er immer versuchte, meinen Mund zu treffen, was ich aber verhindern konnte. Da der Mann stark nach Alkohol roch, verzieh ich ihm diese Aufdringlichkeit – besonders angesichts seines gewiss ereignisarmen und vielleicht tristen Lebens.

Im Pilgerhostal machte die Wirtin uns das Angebot, unsere Klamotten in der Waschmaschine waschen und hernach in der Sonne trocknen zu lassen. Da wir ohnehin das Gefühl hatten, dass unsere gesamte Kleidung stank, ergriffen wir diese Gelegenheit mit höchster Freude. Auf der Wäscheleine flatternd waren sogar die Fleecejacken in Kürze trocken, flauschig weich und sauber.

Am Nachmittag machten wir einen ausgedehnten Fotospaziergang durch das Dorf, dessen braunrote Lehmhäuschen durch das Licht des Nachmittags noch intensiver leuchteten als zuvor. Am Rand des Dorfes lag eine sogenannte Lagune – wir würden sagen ein Dorfteich. Das Wasser spiegelte tiefblau den Himmel, manchmal fiel eine scharfe Windbö ein, die die Oberfläche des stehenden Gewässers schwärzlich kräuselte. Am Rand des Teiches stelzten zahlreiche Wasservögel umher. Enten und Gänse belebten lärmend das Biotop. Von überall her tönten Vogelstimmen. Es zwitscherte, schnatterte und klapperte, pfiff und schrie, tirilierte und sang, was uns dazu bewegte, auf einem Bänkchen Platz zu nehmen und dem Konzert zuzuhören. Oben auf dem spitzen Kirchturm nisteten Störche mit ihren Jungen. Die eleganten Ab- und Anflüge der fütternden Eltern konnten wir beobachten.

*Das, was wir jetzt erleben,
ist perfekte Beschaulichkeit.
Wie weit weg ist alles andere:
der Gewaltmarsch gestern,
der uns unsere Grenzen aufzeigte,
das entspannte Wandern heute
und jegliche Spekulation über
das Morgen.
Eigentlich gibt es nur das Jetzt –
dieses Ruhen auf der Bank,
die Lagune, in der einige Vögel
gerade Tauchgänge machen,
die Sonnenwärme im Gesicht und
das helle Lehmbraun der Häuser.
Dort winkt uns gerade eine Frau
zu, die Wäsche aufhängt.
Wir umarmen das Jetzt und
sind ewig.*

Tapas, bestehend aus Mayonnaiseeiern und Thunfisch, dazu eine köstliche cerveza, eine SMS von Anne, die heute weiter gegangen war als wir, die Nachricht von einer knieverletzten Pilgerin und ein Blick aus der Dachluke unseres Zimmerchens, der uns das friedliche Dorf überblicken ließ, bestimmten den Rest des geruhsamen Tages.

Ein Pilgerdenkmal und San Miguel

Der Weg nach Mansilla de las Mulas – wieder eine typische, ebene und unkomplizierte Mesetaetappe – war für mich durch einprägsame Bilder bestimmt. Bei klarer Sicht konnten wir die Gipfel der Picos de Europa im Norden ausnehmen, die teilweise mit ihren über 2500 Meter hohen Gipfeln noch mit Schnee bedeckt waren, auch die Sierra von León zeichnete sich am Horizont ab. Es war wie ein Traum. Mir kam es vor, als ob nicht wir wanderten, sondern sich die Landschaft langsam an uns vorbeibewegte. Im Laufe eines Tages änderten sich Perspektiven, Silhouetten, die Vegetation und Besiedlung in erstaunlicher Weise.

In Reliegos bestimmten Erdhäuser das Bild. Wie mochte man wohl in solchen Behausungen leben? Kam man sich da drin nicht wie halb begraben vor? Waren Kühle und Feuchtigkeit nicht ungesund? Freilich, im Hochsommer konnte so ein in die Erde hineingebautes Domizil eine erlösende Oase der Erfrischung bedeuten. In Andalusien hatten wir einmal ein Erdhaus besuchen dürfen, aber ich muss sagen, dass mir nicht ganz wohl war bei der Vorstellung, dies wäre unser Domizil.

Am Ortsbeginn von Mansilla de las Mulas erwartete uns ein originelles Pilgerdenkmal. Es bestand aus einem großen Steinkreuz, und rundherum gruppiert waren lebensgroße Darstellungen von erschöpften Pilgern, die teils auf dem Boden lagen, teils den Kopf müde in ihre Hände stützten. Natürlich reizte uns das Denkmal, uns

auf seine Stufen zu setzen und den Steinpilgern Gesellschaft zu leisten. Ein spanischer peregrino machte die entsprechende Aufnahme mit unserem Apparat.

Mit dem deutschen Pilger Wolfgang, dem wir schon einige Male begegnet waren und der auch in unserem Quartier logierte, wollten wir uns nach der Siesta zusammentun, um in einem Taxi zur Besichtigung von San Miguel de Escalada zu fahren. Zunächst saßen wir mit Wolfgang zusammen an einem Tischchen im Freien. Er erzählte uns, dass er den Pilgerweg aus einer Krisensituation heraus auf sich genommen habe. Er war seinen Worten nach schon etwa zehn Kilo leichter geworden, obwohl man ihn noch immer nicht als superschlank bezeichnen konnte. Mit Freude stellte er fest, dass er sich rasend auf das Wiedersehen mit seiner Frau freute. Gerührt zeigte er uns einen liebevollen Brief von ihr, den er unterwegs irgendwo postlagernd anlässlich seines Geburtstags bekommen hatte.

San Miguel de Escalada, ein präromanisches, frisch restauriertes Bauwerk, lag etwa 20 Kilometer entfernt von Mansilla spektakulär in der grünen Landschaft. Westgotische Hufeisenbögen, korinthische Kapitelle, eine Altarschranke in der ehemaligen Klosterkirche – der Eindruck war überwältigend. Wir waren die einzigen Besucher, mussten aber wegen unseres Pilgerstatus keinen Eintritt bezahlen. Beim Anblick von San Miguel fielen mir andere präromanische Kirchen in Asturien ein, die ja zum Weltkulturerbe zählen und die wir, wenigstens zum Teil, in Kürze erblicken würden. Beim langsamen Wandeln in San Miguel meinte ich, die Mönche früherer Zeiten zu spüren, die sich schweigsam und innerlich doch höchst lebendig ihrem Gebet hingaben.

*Der Camino trennt,
oder er schweißt zusammen,
er bringt ans Licht, was verdeckt,
verdunkelt, verborgen,
getarnt in uns steckt.
Auch macht er uns klar,
was im Leben für uns wirklich
wichtig ist, verlässlich, tragfähig.
Er legt den Keim für eine Sehnsucht
nach dem, was für uns stimmt,
was uns entspricht, uns fördert,
uns weiterbringt.
Er ist wahrhaftig, duldet keine
Halbheiten, zwingt zu
Entscheidungen.
Der Camino ist manchmal
ein unbequemer Freund.*

*Ich denke, dass nichts an Heiligem,
Bedeutungsvollem und Starkem
im Laufe der Zeiten verlorengeht.
Hier weht der Hauch des Ewigen,
immer und ewig wird hier der
Sinn des Lebens erfahren.
Was ist der Sinn des Lebens
eigentlich? – Vielleicht das Leben
selbst?*

Die Art von Leben, die Spuren hinterlässt, die nicht verloren geht?

Nach der Rückkehr nach Mansilla de las Mulas schlenderten wir mit Wolfgang die großartige Stadtmauer entlang, die aus vom Wasser gerundeten Flusssteinen besteht und aus der Römerzeit stammt. Mit ihren etwas windschiefen, vom Zahn der Zeit angenagten Zinnen stellt diese Mauer ein großartiges Kulturdenkmal dar. Das vielfache Farbenspiel der kieselartigen Steine kam im warmen Abendlicht voll zur Geltung.

Ein Irrtum, ein Wiedersehen und Aufbruchsstimmung

Als nach etwas weniger als vier Stunden Marsch auf teilweise verkehrsreichen Straßen León auftauchte, waren wir hocherfreut. Vor uns und hinter uns stapften Pilger. Rechter Hand rasten Autos vorbei, aber dort unten erhoben sich die Türme der Kathedrale, der „Pulchra Leonina". So schnell wie möglich wollten wir unser vorgebuchtes Quartier erreichen, um nach dieser kurzen Etappe noch viel Zeit zur Besichtigung zu haben, wieder einmal einen Schuster aufzusuchen und um schließlich auch

in einem Informationsbüro eine Liste mit Unterkünften für die Alternativstrecken, die wir ab jetzt zu gehen beabsichtigten, sowie Wegbeschreibungen dafür zu bekommen.

In der Calle Cervantes, die wir in der Innenstadt fanden, sollte das Hostal „Julio Cesar" liegen. Es war eigenartig, dass niemand etwas davon wusste. Ein Mann wurde sogar ein wenig ärgerlich, als wir meinten, das Hostal müsse es aber geben. So standen wir nun mit unseren Rucksäcken völlig ratlos in der Calle Cervantes und konnten uns das alles nicht erklären. Schließlich kam Reinhard auf die glorreiche Idee, den Wirt des Hostals anzurufen. Nach einigem Hin und Her löste sich das Rätsel urplötzlich, nämlich in dem Moment, als der Wirt so nebenbei sagte, dass er ja in Virgen del Camino, nicht in León sein Haus habe. Nun wurde uns klar, dass wir schlampig im Pilgerführer recherchiert hatten. Reinhard entschuldigte sich und wir machten uns auf die Suche nach einem anderen Quartier, das wir kurzerhand im Zentrum wählten. Es war ein schönes Hotel, das aber für uns Pilger einen erschwinglichen Preis machte und ein Pilgermenü um 10 Euro anbot, was in Anbetracht der Nobelstadt León noch tragbar war.

Unser erster Gang in dieser wunderbaren Stadt führte uns zur romanischen Kirche aus dem 11. Jahrhundert, San Isidoro, die mit ihrer „Puerta del Cordero" – der Pforte des Lammes – und der „Puerta del Perdón" – der Pforte der Vergebung – mit den entsprechend gestalteten Tympana einen Schatz darstellt. Pilger, die zu erschöpft zum Weitergehen waren, konnten in früheren Zeiten an der

Pforte der Vergebung all das erlangen, was in der Regel erst nach dem Erreichen von Santiago gegeben wird, nämlich die Loslösung von allem Belastenden, das als Bürde mitgetragen wird und das Leben behindert.

Vor der Kirchentür trafen wir plötzlich Uli und Susanne aus Brasilien. Die Freude war auf beiden Seiten riesig groß. Es war wirklich ein großer Zufall, dass wir uns hier in dieser großen Stadt nochmals begegneten. Nun hatte ich meine Gelegenheit zu einem Gegengeschenk für Susannes Achatkreuz. Ich nahm mein Medaillon der Madonna von Le Puy, das wir ja vom dortigen Pfarrer nach der Pilgermesse bekommen hatten, von meiner Halskette ab und überreichte es Susanne. Susanne brach in Tränen aus und wir umarmten einander mit guten Wünschen für die Zukunft. Da Uli und Susanne ja nicht durch Frankreich gegangen waren, war das Medaillon ein Geschenk, das sie zu schätzen wussten. Wenn ich ganz ehrlich bin, war es mir nicht ganz leicht, es aus der Hand zu geben, aber an Susannes Reaktion merkte ich doch, dass meine Entscheidung richtig war. Einen Augenblick stieg in mir der abergläubische Gedanke hoch, die Madonna würde nun mich selbst nicht mehr beschützen, es gelang mir aber, diesen Gedanken zu verwerfen.

Was bedeutet schon ein gesegnetes Medaillon?
Es bedeutet so wenig und so viel.
Es bedeutet ein rundes Stückchen Metall, in das ein Madonnenbild eingeprägt ist, es bedeutet ein schmückendes Beiwerk auf dem Halsausschnitt,
es bedeutet etwas, das man in Le Puy um wenige Groschen kaufen kann.
Ganze Berge von Medaillons liegen in einem Körbchen im Kathedralshop.
Außerdem aber bedeutet es etwas, das ich über 1000 Kilometer auf meinem Leib getragen und nie abgelegt habe –
weder am Tag noch in der Nacht.
Im Medaillon stecken ferner gute Erinnerungen an eine Pilgersegnung, an einen präsenten Pfarrer, an einen glückseligen Aufbruch, an einen Glauben, der alles erwarten darf – auch Heil und Heilung.

Mit Uli und Susanne zusammen besichtigten wir in San Isidoro das grandiose Panteón Real, die mit farblich unversehrten, hochkarätigen romanischen Fresken geschmückte Krypta mit Königsgräbern, die auch die „sixtinische Kapelle der Romanik" genannt wird. Bei der Besichtigung waren wir in einen Pulk von Besuchern eingebunden. Wie mein listiger Mann es schaffte, trotz des strengen Fotografierverbotes und der Überwachung durch die Kustoden einige Bilder zu machen, bleibt mir ein Rätsel. Jedoch sah ich es seinem unverschämt zufriedenen Schmunzeln beim Hinausgehen sofort an, dass er mit seiner Kamera erfolgreich tätig geworden war.

Unseren Rundgang durch León beendeten wir in der gotischen Kathedrale. Gerade war ein Gottesdienst im Gange, an dem wir beschlossen, teilzunehmen. In einer Bank sitzend, erlebten wir, wie die späte Sonne die kunstreichen, alten Glasfenster zum

Ein Wirt, wenig Markierungen und Einsamkeit

Strahlen brachte, die ganze Wand des linken Seitenschiffes schien aus leuchtendem Glas in Rot- und Blautönen zu bestehen, so als wäre das Glas dabei, sich in heiße Schmelze aufzulösen. Kaum konnte ich auf die Worte der Messe achten, da die intensiven Farben das Geschehen im Raum so dominierten. Schließlich verblasste das Spektakel, und die Pulchra Leonina mit ihrer bezaubernd lächelnden, lebensgroßen Madonna am Hauptportal entließ uns in den lauen Abend der von pulsierendem Leben erfüllten Stadt León. Nun konnten wir unsere Schuhe, die hatten komplett besohlt werden müssen, vom Schuster abholen. Dieser trug ein riesiges schwarzes Muttermal im Gesicht, und ich wünschte dem Mann im Stillen, dass die Hautveränderung ungefährlich wäre.

An der Information hatten wir eine Telefonnummer für unser erstes Quartier auf dem Camino San Salvador bekommen. La Robla lag mit 28 Kilometern in angemessener Entfernung. Die Reservierung eines Zimmers klappte. Voll Erwartung und Vorfreude legten wir uns ins Bett. Morgen begann unser „Sonderweg".

Als wir des Morgens beim Auszug aus der Stadt das gewaltige Paradorhotel San Marcos erreicht hatten, das im Morgenlicht unnahbar und beinahe abweisend in langer, nobler Front vor uns lag, da stiegen etwas Anspannung und Aufregung in uns hoch, bei dem Gedanken, nun quasi die Zivilisation und den seit Puente la Reina gewaltigen Pilgerstrom zu verlassen, nicht dem Hauptweg über den Rio Bernesga zu folgen, sondern uns, scharf nach Norden abbiegend, dem ersten gelben Pfeil in Richtung Oviedo, der Hauptstadt Asturiens, anzuvertrauen. Schon frohlockten wir und nahmen an, dass die Markierungspfeile uns weiterhin sicher und verlässlich führen könnten. Doch bereits nach dem ersten Kilometer des Weges, der der Beschreibung nach immer geradeaus, entlang einer Straße führen sollte, kamen uns die ersten Bedenken, da an einer Weggabelung nicht zu erkennen war, wohin wir uns nun wenden sollten. Allerdings hatten wohl

auch einige Baustellen das Terrain verändert. So gingen wir einfach immer geradeaus über Sträßchen, Wege und Wiesenstücke, bis wir den Ort Carbajal erreichten, der, wie wir der Beschreibung unseres Outdoorführers entnahmen, auf unserem Weg lag. Die Hitze war schon am Morgen groß und ich fühlte, wie Schweißtropfen meine Stirn bedeckten, sich unter den Augen hinter der Brille ansammelten und den Rücken entlangliefen. Mit einem Wort, es herrschte zwar sonniges, aber schwüles, belastendes Wetter.

Wir steuerten eine kleine Bar an, die eben links an der Straße aufgetaucht war. Die Bar war verschlossen, also war es nichts mit einem erfrischenden Getränk und vielleicht noch einem café solo. Noch bevor wir unserer Enttäuschung Ausdruck geben konnten, steckte ein schwarzhaariger Mann den Kopf aus der Tür. Er habe zwar heute geschlossen, aber selbstverständlich könnten wir als Pilger von ihm Getränke bekommen. Er hieß uns vor der Bar im Freien an einem Tischchen Platz nehmen und schleppte einen Sonnenschirm herbei. Die Sonne sei heute stark, meinte er besorgt, und unser Weg noch weit. Nein, hier käme kaum je ein Pilger vorbei, wir seien die ersten nach langer Zeit. Der Wirt beschrieb uns die Strecke als schlecht markiert und anspruchsvoll und wünschte uns Gottes Segen. Der Preis für die Getränke war so lächerlich gering, dass wir annahmen, Pilgerrabatt bekommen zu haben. Als wir losgingen, reichte der Wirt uns feierlich die Hand, so als zögen wir in den Krieg.

Der Weg entwickelte sich so, wie wir uns das vorgestellt hatten. Auf schmalen Pfaden ging es einsam, ohne einem einzigen Menschen zu begegnen, zwischen blühenden Schopflavendelhängen bergan. Die Stauden wuchsen in hohen, üppigen Polstern und verliehen der Landschaft ein unwirkliches Blau. Bunte Schmetterlinge und Insekten bevölkerten die Blüten. Ein Summen und Schwirren lag in der Luft. Langsam kamen wir höher auf jetzt kargen, steinbesäten, graugrünen Hängen. Die Hitze war gewaltig. Auf dem höchsten Punkt eines Hügels beschlossen wir, im Schatten einer Steineiche ein wenig zu ruhen, wo ein leichter Wind wehte, der uns eine erholsame Rast mit Blick in die dunstige, sonnenflirrende Weite bescherte.

Schauen ohne viel zu reden,
ohne viel zu denken,
die unglaubliche Hitze
macht uns träge und verleitet,
dem Kreisen des Raubvogels dort
oben in Ewigkeit folgen zu wollen.
Aber was ist es, das uns schon
nach einer halben Stunde
packen und aufbrechen lässt –
auch wenn das heute schwerfällt.

Die Wegzeichen waren nicht einfach zu finden, aber wir hatten doch immer wieder das Glück, dass Reinhard oder ich nach ein wenig Suchen und Umherschauen an den markanten Stellen, auf die es bei der Wegfindung ankam, irgendwo an einem Baum oder an einem großen Stein den gelben Pfeil erspähten. Eine klare Quelle, die als „Fuente del Pelayo" bezeichnet war und an einem idyllischen, beinahe geheimnisvollen Ort sprudelte, verschaffte uns köstliche, dringend notwendige Erfrischung. Im kräftigen, kalten Wasserstrahl konnten wir uns nicht nur Arme, Nacken, das über-

hitze Gesicht und den dumpfen Kopf erfrischen, sondern wir tranken natürlich auch so viel wir konnten, denn so eine Gelegenheit würde sich nicht so bald wieder ergeben. Zweimal fanden wir auch Pilgerbücher in Kassetten, die an Pfählen angebracht waren. Mit beiliegendem Stift konnten wir unsere Eintragung machen und entdeckten, dass dieses Jahr hier doch schon einige wenige Spanier vorbeigekommen waren. In einem der Gehäuse steckten auch eine Erste-Hilfe-Packung und Landkarten, die uns allerdings im Notfall wohl auch nicht weitergeholfen hätten. Wir waren jedenfalls auf dem richtigen Weg, der uns nach und nach durch drei Dörfer führte. Jeder der seltenen gelben Pfeile entlockte uns begeisterte Ausrufe. Einmal, als der Wiesenpfad uns in eine weite Kuhweide hineinführte und kein Weiterweg zu erkennen war, wollten wir schon umkehren, um woanders zu suchen – aber auch diese Exkursion endete mit der Auffindung eines dezenten, halb verblichenen Pfeiles an einem Baum, dem wir einfach geradeaus folgten, um in absehbarer Zeit wieder einen richtigen Weg zu erreichen.

Die Silhouette des Kohlekraftwerkes von La Robla war endlich erreicht. Nein, dies war kein besonders ansprechender Ort. Es war, als kämen wir aus einem verträumten, beinahe vergessenen Naturparadies in eine lebensfeindliche Station des menschlichen Fortschrittes. Eine Starkstromleitung surrte giftig über unseren Köpfen, und wir mussten, um das grau wirkende Ortszentrum zu erreichen, über eine Stahlkonstruktion, die die Industrieanlagen überspannte, Stufe für Stufe zu einer Brücke emporsteigen, um hernach erleichtert endlich nach dem Abstieg im Ort zu landen. In der vorgebuchten Pension erklärte uns die Wirtin, die wie dieser ganze Industrieort ein wenig düster erschien, dass der Camino wohl durch Erdarbeiten gestört und schwierig zu finden sei. Das war eine für uns wenig erfreuliche Auskunft, aber zunächst wollten wir uns dadurch nicht stören lassen, sondern nach der vergeblichen Bemühung, in einem Geschäft eine Wanderkarte aufzutreiben und nach einem Abendessen, das es angenehmerweise in der Pension selbst gab, gut ausschlafen. Die Bilder von blühendem Lavendel und einer klaren Quelle, die immerzu strömte, nahm ich mit in den Schlaf.

Es wird doch noch schön

Der neue Tag begann für uns in der Dämmerung. Wieder einmal hatten wir uns selbst verpflegt, um rechtzeitig aus dem Haus zu kommen. Die Straßenlaternen brannten noch, als wir recht schlaftrunken – mich hatte der Wecker aus intensiven Träumen gerissen – der Hauptstraße entlang das Dorf verließen. Bis Pola de

Gordón war der Weg wenig ansprechend.

Straßen, Straßen, Straßen,
Bauarbeiten, gefährlicher Verkehr
ohne Randstreifen.
Der Somportpass war
harmlos dagegen.
Das Marschieren auf hartem
Untergrund macht müde,
außerdem muss ich aufs Klo.
Doch daraus wird erst
einmal nichts.
Gut, dass Reinhard jetzt bei mir ist,
das hilft mir in meinem Tief.
So habe ich mir den
Camino San Salvador,
den Pfad des Erlösers,
nicht vorgestellt.
Aber wir haben uns das
selbst ausgewählt
und müssen es bewältigen.

Mit einem Mal verließ der Weg die Straßen und führte uns in ein idyllisches Bergdorf namens Buiza. Von hier aus mussten wir in irgendeinen Sattel der vor uns hoch aufragenden Berge gelangen, um von dort nach Villamanín, dem nächsten Etappenziel, zu gelangen. Es war Mittag. Den letzten Markierungspfeil hatten wir an einem Steinmäuerchen im Dorf erblickt, doch wie ging es weiter? Das Dorf schien menschenleer, kein Geräusch war zu hören, kein Rufen, keine Stimmen. Ratlos standen wir da und überlegten unser weiteres Vorgehen. Da kam ein Mann auf uns zu. Freilich, die Markierung sei durch Erdarbeiten kaputt gemacht worden, aber wir sollten der Richtung seines ausgestreckten Armes folgen. Dort oben auf dem Hang sei eine große, braune Stelle, dorthin müssten wir aufsteigen, ab dann sei der Weg über die Berge wieder gut markiert.

Ob der Mann ein Engel war –
wir denken schon.
Selbst mein mit solchen
Behauptungen sehr sparsamer
Mann sagt:
„Das war Hilfe zur rechten Zeit,
das sollte so sein."
Im Vertrauen auf die Worte
des Fremden steigen wir
ohne Pfad und Markierung hoch
bis zu der uns gezeigten Stelle.
Und siehe da – da ist er wieder –
ein dicker gelber Pfeil.

Über wüste Erdhaufen und zerstörte Wiesenhänge – es sollten Erdgasleitungen gelegt werden – waren wir steil bergan gestapft, als wir plötzlich unseren Bergpfad erreichten. Mit einem Mal umfing uns eine grandiose Felsenlandschaft. Links des Pfades ragten Steinzacken, Blöcke und Säulen em-

por, überall aber, zwischen dem Fels, wuchsen und blühten die schönsten Gewächse, wie hoher Affodil, Ginster, Heidekraut, Lein und Hunderte von rotviolett blühenden Blumen, deren Blüten wie Vogelköpfe mit Schnäbeln aussahen – eine Art von Löwenmäulchen. Das intensive, dicht ineinander verwobene Farbengemisch war einfach unglaublich schön, dazu der freie Blick, die klare Luft und die Stille dieser wenig begangenen Bergwelt. Es war, als wären wir von dem durch Verkehrsbauten zerstörten Tal in eine andere Ebene der Existenz gehoben worden.

Wie weggeblasen sind
Müdigkeit und Unlust.
So könnten wir noch ewig
dahingehen,
hier umfängt und umarmt uns
eine heilende Welt
mit ihren würzigen Gerüchen,
dem weichen Erdboden,
dem sanften Bergwind und
den lebendigen Farben.
Bald ist der Sattel erreicht,
die Hauptanstrengung beendet.
Rast ist angesagt – und es gibt
Schinkenbaguettes aus La Robla.

Der Abstieg war nicht minder spektakulär. Er führte uns durch eine malerische, canyonartige Schlucht bis zu einem markanten Kreuz vor dem Ort Rodiezmo. Das Eisenkreuz war auf einem Felsen mit seinem weißen Sockel einbetoniert und signalisierte den Wanderern Orientierung und Sicherheit. Wir wollten etwas abseits des Weges in Villamanín übernachten, wo es ein Hostal geben sollte.

Dort angekommen, wurde uns bedauernd erklärt, dass das Hostal durch Bauarbeiter komplett belegt war, zum Glück führte uns aber ein als Kellner arbeitender Pakistani zu einer anderen Unterkunft, die allerdings mehr als einfach war. Die Scheiben unseres Zimmers waren teilweise mit Klebestreifen befestigt, was bewirkte, dass es unglaublich zog, sodass wir uns wie in einem Vogelkäfig fühlten. Die Klotür war demoliert, die Klobrille stand abmontiert neben der Schüssel. Noch so manches war beschädigt und funktionsunfähig, aber trotzdem waren wir riesig froh, überhaupt ein schützendes Dach und Verpflegung gefunden zu haben. Bei unserem Rundgang durch das kleine Dorf wurden wir am Bürgermeisteramt besorgt angesprochen.

Wenn wir eine Unterkunft brauchten, könne man uns in die Bibliothek zwei Matratzen legen, auch eine Duschmöglichkeit gäbe es im Haus. Wir fanden das sehr nett, aber ein Bett hatten wir ja schon für diese Nacht.

Die Monstertour

Der Wirt war unseretwegen schon um sechs Uhr aufgestanden, musste er uns doch so früh am Morgen die Haustüre aufsperren. Unvollständig bekleidet und mit total abwesendem Blick tat er seine Pflicht und entließ uns in die Kälte eines noch dunklen Morgens. Hinter den Berggipfeln wurde es gerade ein wenig heller, die letzten Sterne verblassten am Himmel und weiße Nebelbänke verhüllten und entblößten in unregelmäßigem Wechsel die Gipfel der Berge.

Frohgemut und voll Erwartung auf das Neue erreichten wir das Dorf Poladura de la Tercía. Gerade erst ging hier der Tag los, die Hähne krähten. Da sich ein sonniger Morgen ankündigte bei gleichzeitig sich senkenden Nebelschwaden, hielten wir das Wetter für ideal, um auf der markierten Route die Berge zu queren, sodann nach dem Abstieg den Pajares-Pass, die Grenze zum Principado de Asturias, dem Fürstentum Asturien, zu erreichen, wo wir hofften, in einem Hotel unterzukommen.

Der gelbe Pfeil zeigte eindeutig vom Dorf weg steil in eine Bergwiese hinein, die wir mit leichten Schritten überwanden.

Es gibt kaum etwas Schöneres,
als des Morgens
bei Sonnenschein und
frischer Temperatur,
einen Berg hinaufzugehen,
wohl wissend, dass da oben
eine verzauberte Welt ist,
dass da ein Mysterienspiel
stattfindet, das sich dem
Aufmerkenden darbietet.
Das Geheimnis des Lebens ist es,
das sich eröffnet,
Werden und Vergehen sind auf
einer Blumenwiese demonstriert,
Sonne und Regen innerhalb
von Minuten im Wechsel.
Alles ist Umwandlung, Wandlung,
es gibt nichts Sicheres –
nicht einmal die Felsen, deren
Geröllhalden zu ihren Füßen
vom Sieg des Sanften über

das Starke künden.
Sonne und Regen, Hitze und Kälte
können Stein und Eis, Verhärtetes
und Verkrustetes bezwingen.
Selbst ich kann dort oben
verändert werden.

Nach einer Serie von gelben Pfeilen, die uns rasch auf eine Hochfläche führten, war plötzlich die Markierung zu Ende. Noch machten wir uns keine Gedanken deswegen, sondern betrachteten und fotografierten das von Sonnenstrahlen immer wieder glorios durchbrochene Gewoge des Nebels

zwischen pittoresken Felsen. An jedem einzelnen Grashalm hingen Tautropfen, gelb blühende Stachelginsterbüsche erhellten das Bild. Als wir uns für das Erste sattgesehen hatten, begannen wir, die Umgebung abzugehen und intensiv und aufmerksam nach flechas amarillas zu suchen. Es blieb dabei, wir hatten die Markierung verloren. Nun war uns zu Ohren gekommen, dass man den gelben Stangen, die den Verlauf von Gasleitungen an der Oberfläche markierten, folgen könne, um sicher den Sattel, der nach Arbás hinunterführte, zu erreichen. In flottem Tempo stiegen wir nun von einer Stange zur anderen, teilweise über sehr unwegsames Gelände und große Höhendifferenzen – es war ein ständiges Auf und Ab. Unwillkürlich hatten wir ein recht hohes Tempo angeschlagen, um etwaige Umwege zeitlich zu kompensieren. Plötzlich waren aber auch keine Gasleitungsmarker mehr zu sehen. Nun war guter Rat teuer. Wir befanden uns auf keinem Weg, sondern stiegen mühsam zwischen knorrigen Beerensträuchern und scharfkantigen Steinbrocken umher, der Nebel aber hatte sich ein wenig gesenkt und nahm uns nun die Sicht auf die Umgebung. Wir beschlossen, bis auf den nächsten Rücken oder Gipfel hochzugehen, um von dort oben her eventuell Orientierung zu bekommen. Nicht ungefährlich war dieses Hochsteigen zwischen wackeligen Felsbrocken. Wenn sich einer von uns hier das Bein bräche – lieber nicht daran denken. Beide sprachen wir unsere Gedanken nicht aus, um den anderen nicht zu beunruhigen. Schließlich erreichten wir einen Gipfelgrat und blickten vor uns in das Tal hinunter, das gerade nebelfrei war. Was wir sa-

hen, gefiel uns gar nicht. Da unten lag ein schluchtiges, unbewohntes Tal, in das wir keineswegs hinunterkommen durften.

Wortkarg gingen wir den ganzen Hang wieder hinunter und bemühten uns, sicheren Fußes aus der Geröllhalde herauszukommen. Der Nebel hob sich plötzlich ein wenig und wir sahen linker Hand ein Stück der Passstraße tief unten im Tal aufblitzen und einen Ort, der Busdongo sein konnte. Jetzt wussten wir also wenigstens, in welche Richtung wir unsere Schritte zu wenden hatten. Da tauchte unter uns ein Weidezaun auf, dem wir ein Stück bergab folgten und – welches Hochgefühl – wir fanden den ersten gelben Pfeil seit zwei bis drei Stunden wieder. Von da ab gelangten wir sicher ins Tal. Allerdings war der Abstieg keinesfalls einfach, da die Pfade teilweise komplett verwildert waren. Dennoch war der Weg wenigstens noch als solcher zu erkennen. Beinahe schon unten im Tal kippte ich mit dem Fuß von einem wackeligen Stein in eine eiskalte, tiefe Lache. Schuhe und Socken waren durchnässt, aber was machte das in diesem Moment noch aus. Schon beinahe an der Passstraße, mussten wir ein paar Meter entlang eines Pfades auf einem abbröckelnden, erdiggrasigen Steilhang zurücklegen, doch standen wir schließlich heil und aufatmend ganz unten auf festem Boden.

Bevor wir uns im Passhotel einquartieren wollten, überquerten wir die Straße, um die mittelalterliche Pilgerkirche Santa Maria de Arbás aufzusuchen. Leider war die Kirche jetzt in der Mittagszeit nicht geöffnet, aber eine Station dort konnten wir ja wohl im Laufe des heutigen Nachmittags oder Abends nachholen. Wir stapften noch die paar Schritte bis zur Passhöhe, die auf 1378 Metern gelegen ist, und da sahen wir auch schon das Hotel linker Hand der Straße liegen – groß und stattlich. Eigenartig war nur bei näherem Hinsehen, dass die Fassade recht schäbig wirkte und die Fensterscheiben ungeputzt waren. Uns schwante nichts Gutes. Tatsächlich hatte das Hotel geschlossen und es sah nicht so aus, als sollte es jemals wieder geöffnet werden.

Enttäuscht setzten wir uns auf die Stufen des Hotels und begannen erst einmal, unser Mitgebrachtes zu essen, um uns nach der unerwarteten Strapaze ein wenig zu stärken. Gegenüber gab es eine kleine Bude, wo man Espresso kaufen konnte, wovon viele Autofahrer, die über den Pass fuhren, und natürlich auch wir, Gebrauch machten. Wir fragten, ob es hier in der Nähe eine Übernachtungsmöglichkeit gäbe, was von allen Seiten verneint wurde. Wir konnten höchstens die Passstraße zurückmarschieren und in Busdongo Quartier finden. Sollten wir jetzt fast vier Kilometer zurückgehen, um morgen nochmals vier Kilometer an die Etappenlänge dranhängen zu müssen? Diese Möglichkeit widerstrebte uns heftig und so begannen wir, unseren Pilgerführer zu studieren, um nach dem nächsten Ort mit Übernachtungsmöglichkeit zu forschen. Eine gab es in Campomanes, welches allerdings der Straße nach noch 18 Kilometer entfernt lag. Über die viel anstrengendere Originalroute mit ihren vielen Auf- und Abstiegen würden wir das heute sowieso nicht mehr schaffen. Durch den Irrweg in den Bergen waren wir zeitlich in Verzug und hatten einiges an Strapazen in den Beinen. Wir beschlossen also, den Weg ins Tal am Rande der Passstraße unverzüglich anzutreten. Sollten wir mit den Kräften am Ende sein, würde es wohl möglich sein, ein Stück Autostopp zu fahren.

Glücklicherweise hatte die Straße ordentliche Randstreifen, sodass wir wenigstens nicht um unsere Sicherheit fürchten mussten. Die ersten Kilometer ging es eigentlich recht flott bergab. Ich bewältigte den Weg ohne viel nachzudenken, die Müdigkeit und die vom harten Straßenbelag brennenden Füße ignorierend. Rechts der verkehrsreichen Straße stiegen steil die asturischen grünen Berge mit ihren charakteristischen scharfen Gipfelkämmen auf, links ging der Blick tief hinunter ins Tal. Wir bewegten uns immer der Leitplanke entlang auf der kurvenreichen Straße bergab. An einer Kehre erspähten wir eine sogenannte Mesón, die noch dazu geöffnet hatte, wo wir Cas limón und Kaffee trinken konnten. Reinhard tat etwas sehr Gescheites, er tauschte seine durchnässten Socken gegen trockene aus dem Rucksack aus. Ich war leider zu träge, um diese Aktion bei mir ebenfalls durchzuführen, was mir im weiteren Verlauf die erste und einzige Blase auf unserem langen Weg einbrachte. Die letzten Kilometer fielen mir unendlich schwer, und als wir durch ein Dorf kamen, sagte ich Reinhard, dass ich ein wenig ausruhen müsste.

Wir machen Rast auf einem
Holzbänkchen an einer Mauer,
meine Beine sind bleiern,
ich fühle mich kraftlos,
mir ist jetzt eigentlich alles egal,
ich muss nur ein wenig entspannen,
den Rücken entlasten,
der mir heute weh tut.
Die Nackenmuskeln brennen
und stechen.
Reinhard gibt mir den Rest
aus seiner Flasche zu trinken,
dann esse ich ein Eckchen
Traubenzucker als Energiespender.
Da mir im Moment ein wenig
mulmig zu Mute ist,
nehme ich sogar ein paar
Kreislauftropfen.
Unsicher frage ich Reinhard:
„Mache ich jetzt Doping?"
Mit lässiger Geste wischt mein
Mann die Bedenken fort
und packt meinen Schlafsack und
die Sandalen in sein Gepäck.

Nach etwa einer Viertelstunde hatte ich mich wieder erholt und wir erreichten ohne größere Probleme Campomanes. Am Ortseingang gab es eine

Bar, die Habitaciones, also Zimmer vermietete. Leider waren diese komplett durch Straßenarbeiter ausgebucht. Die Wirtin sagte uns aber, dass es wohl im Ortszentrum noch eine Übernachtungsmöglichkeit geben müsse. Da wir jedoch dort keine Pension erblicken konnten, wollten wir schon weitergehen bzw. ein Taxi rufen, als aus einem Haus ein junger Mann freundlich heraustrat und fragte, ob wir bei ihm übernachten wollten. Dieses Wochenende habe er ein Zimmer frei, weil der Dauermieter nach Hause gefahren sei.

Der Mann überzog uns zwei Betten, gab uns Adressen mit Unterkünften für den Weiterweg und versorgte uns mit Prospektmaterial. Er nahm sich für uns lange Zeit, ließ sich unseren Weg schildern und schien begeistert über unser Vorhaben und unseren bereits zurückgelegten Weg. Hier wurde uns zum ersten Mal deutlich bewusst, dass uns nur noch etwa vierzehn Tage von Santiago trennten. Es war beinahe wie ein Schock. Es schien, als sollten wir den Weg bis dorthin tatsächlich schaffen.

So nahe schon dem Ziel? –
Unglaublich.
Bis hierher sind wir jedenfalls
gekommen.
Zwar haben wir nach Oviedo noch
einige Bergetappen vor uns,
aber der Camiño primitivo ist gut
markiert, das wissen wir.
So manches hätte uns gerade
heute noch einen Strich durch die
Rechnung machen können,
aber durch unseren jungen Wirt,
diesen Engel, ist der Tag zu
einem guten, einem glücklichen
Ende gekommen.

Die Wirtin einer kleinen Bar kochte uns nach einem Telefonat unseres Vermieters ein gutes, sehr preisgünstiges Essen. Wir waren die einzigen Gäste im Oberstock eines schmalen Hauses und genossen die persönliche Ansprache, das warme Essen, die Atmosphäre der Geborgenheit restlos. Zwar waren wir beide nach den etwa 38 Kilometern mit riesigen Höhendifferenzen über anfangs sehr schwieriges Gelände und später dann über die harte Betonstraße ziemlich kaputt, trotzdem fühlten wir uns wie Menschen, die mit keinem anderen hätten tauschen wollen.

Ein einmaliges Kulturdenkmal und eine Industriestadt

Schon um 8 Uhr war die Luft heiß wie im Hochsommer. Zum Glück sollte uns die Etappe heute nur bis Mieres führen, also 19 Kilometer weit. Dieses Wissen gab uns ein Gefühl der Gelassenheit und Entspannung. Wenn wir den Weg gestern geschafft hatten, dann konnte es heute heiß werden wie es wollte – das würde uns nicht umwerfen, zumal die Route durchwegs in der Zivilisation verlief und es kaum Höhendifferenzen zu überwinden gab. Unser erster Gang führte uns ein wenig abseits der Route zur präromanischen Kirche Santa Cristina Pola de Lena.

Es verschlägt mir den Atem,
als ich sie auf einem grünen Hügel
vor der Kulisse hoher Berge liegen
sehe, wie ein unverwechselbares
Zeichen, das nur so und nicht
anders sein kann.
Hier ist etwas Meisterliches
entstanden, das keiner Ergänzung
bedarf, keiner Veränderung.

So fest wie dieses robuste und gleichzeitig erlesene Kirchlein war der Glaube des Baumeisters an etwas, das nie vergeht.

Da die Kirche erst um 11 Uhr öffnete, machten wir es uns auf der grünen Wiese unter einem Kirschbaum, der uns reife Früchte spendierte, bequem. Mein Mann fand es faszinierend, dass wir Ende Februar am Bodensee Obstbaumplantagen kahl in Schnee und Eis hatten liegen sehen, und dass wir jetzt, am 5. Juni, reife Früchte ernten konnten. Wir waren vom Winter über den Frühling in den Frühsommer gewandert und hatten die Übergänge kaum bemerkt.

Als endlich die Kustodin kam, verrechnete sie uns Pilgern keinen Eintritt und eröffnete uns den Zutritt zu dem Innenraum mit seiner besonderen Atmosphäre, die wir aufmerksam und schweigsam inhalierten. Eine Art von steinerner Ikonostase teilte den Altarraum vom Kirchenschiff ab und betonte so das Geheimnis, das in der Messe zelebriert wird. Eigenartige, nicht figurale Kapitele und westgotische Ornamentik dominierten den kleinen Raum, in den durch kleine Fenster schräg das helle Sonnenlicht einfiel. Wir verließen diesen Platz in dem Wissen, dass dem Menschen ähnlich starke Eindrücke nicht gar so oft zuteil werden.

Geblendet von der Helle im Freien machten wir uns wieder auf den Weg, der uns über das Städtchen Pola de Lena, dann entlang des linken Ufers des Rio Caudal zu der recht gesichtslosen Industriestadt Mieres del Camino führte. Eigentlich wäre es schöner gewesen, an der Stadt vorbeigehend direkt nach Oviedo zu marschieren, dies hätte für uns aber wiederum beinahe 40 Kilometer bedeutet, die wir unserem von der gestrigen Etappe ausgebeuteten Körper nicht zumuten wollten.

Wir gehen auf ebenem Weg den trägen, breiten Fluss entlang. Eigentlich bewegen wir uns auf einer bequemen Promenade und könnten ganz zufrieden sein, aber da ist die große Hitze, die hier in der Niederung unbarmherzig auf uns herunterbrennt. Außerdem denke ich, dass meine Seele irgendwo anders ist. Noch bin ich oben in den stillen Bergen zwischen Felsen und Heidekraut, noch spüre ich den kühlen Lufthauch und sehe weiße Nebel wogen, noch sehe ich, dass helle Strahlen diese Schwaden, Klärung schaffend, durchbrechen. Noch sehe ich das Bergkirchlein trotzig vor den steilen Bergkämmen sich behauptend mit weit geöffnetem Tor. Alabaster und Marmor sehe ich und Steinstufen, und ich atme den Geruch, der eine Mischung ist aus Lilienduft, Weihrauch und abgetretenem Stein. Doch jetzt, jetzt will und muss ich

*zurück in die Gegenwart,
in der mich die Überquerung
einer Brücke erwartet, dichter
Straßenverkehr und der Bezug
eines ordentlichen Hotelzimmers.*

Zum San Salvador

Wir irrten ungefähr eine Stunde am frühen Morgen zwischen Industrieanlagen umher und fanden nicht aus der Stadt Mieres hinaus. Mit einem Mal befanden wir uns nämlich zwischen dicken Rohrleitungen, die ein großes Areal in mehreren Ebenen unter Richtungsänderungen durchliefen und uns das unangenehme Gefühl gaben, uns in einem Käfig zu befinden. Ein schmaler, mit Steinplatten ausgelegter Weg führte uns schließlich an einer hohen Mauer entlang auf eine Straße, die von lebhaftem Morgenverkehr durchpulst war. Hatte auf dem Werksgelände beängstigende Stille geherrscht, so waren wir plötzlich von hektischem Treiben und Gehupe umgeben. Die Menschen fuhren jetzt in die Fabriken, viele wohl eher unausgeschlafen und mit wenig innerem Antrieb.

An einem der Häuser entdeckten wir endlich den gelben Pfeil, und wir atmeten auf, als nach einer kräftigen Steigung auf einer kleineren Straße Mieres plötzlich hinter und unter uns lag. Es war kühl und das Wandern ging uns leicht und zügig vonstatten, trotzdem fühlte ich mich heute nicht besonders wohl. Die Nacht in Mieres hatte mich nicht ganz entspannt und regeneriert. Zudem ärgerte ich mich ein wenig, dass Reinhard es nicht der Mühe wert gefunden hatte, für diese Etappe Wasser in seine Flasche zu füllen – meine kleinere Flasche war bald von uns beiden leer getrunken. „Wieso", meinte er, „sollen wir mehr Wasser mitschleppen, wir sind doch ohnehin bald in Oviedo – oder wir kriegen unterwegs etwas." Nun, auch die 20 Kilometer wollten gegangen sein. Aber in einem hatte Reinhard recht: wir verdursteten keineswegs, konnten in einer Bar auftanken und an einem Haus die Wasserflasche nachfüllen.

Oviedo, die Hauptstadt Asturiens, lag in hellem Sonnenschein, als wir ihren Boden betraten. In ihrer Noblesse und Lebendigkeit erinnerte sie mich ein wenig an León, aber Oviedo war eine Stadt, die uns noch ein wenig mehr zu Herzen ging, noch persönlicher berührte. Es war ein überwältigendes Gefühl, vor der eintürmigen, gotischen Kathedrale auf dem geräumigen Platz zu stehen. Um uns herum brandete das urbane Leben. Wortfetzen lebhafter Gespräche, rasche Gangart geschäftiger Leute, elegante Menschen, gepflegtes Gehabe – so waren unsere ersten Eindrücke, bevor wir das Innere der Kathedrale betraten, die uns mit dichter, weihevoller Atmosphäre umfing.

Wir suchten zuerst die berühmte Erlöserstatue auf, eine romanische Figur an einer Säule rechts vom Hauptaltar. So standen wir also vor dem San Salvador, der ohne Heiligenschein, menschlich, uns zugewandt, in Blaurot gekleidet, zu uns niedersah.

*Wir lassen uns auf der Betbank
nieder, die zur Schonung der Knie
eine mit rotem Samt verkleidete
Polsterung aufweist.
Unser Blick fällt auf ein Pilgergebet
zum San Salvador.
Ein weiteres Schriftstück ist hinter*

*Glas neben der Statue angebracht, darauf zu lesen ist, dass es besser sei, zuerst zum Herrn, dem Erlöser, und dann erst zum Diener, dem Santiago, zu pilgern.
Auf unserem Weg halten wir die hier gewünschte Reihenfolge ein, und die Bedeutung dessen, hier zu sein, Oviedo erreicht zu haben, wird uns bewusst, erfüllt uns mit Hochgefühl und Andacht.
Bis hierher ist unser Vorhaben geglückt.
Sollte uns wirklich noch etwas in den verbleibenden vierzehn Tagen an der Vollendung unserer Pilgerschaft hindern?
Nur nicht zu weit vorausdenken – alles ist möglich.
Doch jetzt wenden wir uns in stummem Gebet dem Salvador zu.*

Wir deponierten unsere Rucksäcke an der Kasse – mussten als Pilger gegen Vorweis der Credenciales keinen Eintritt zahlen –, um die Cámara Santa, die Schatzkammer der Kathedrale zu besuchen. Der recht kleine Raum ist mit hohen, schmalen Steinaposteln des Maestro Mateo ausgestaltet, der ja auch hinter der platteresken Fassade die hochberühmte Puerta de la Gloria in Santiago geschaffen hat. Diese Figuren, unter denen sich natürlich auch ein schöner Jakobus befindet, strahlen eine unglaubliche Leichtigkeit und Vergeistigung aus.

Wir standen also bewundernd mit hochgereckten Köpfen vor den Skulpturen, die schon an und für sich einen bedeutenden Schatz darstellen. In einer hell erleuchteten Vitrine waren ungeheuer wertvolle Exponate zur Schau

gestellt, nämlich das Cruz de la Victoria – das Kreuz des Sieges – und das Cruz de los Ángeles – das Kreuz der Engel, Identifikationsobjekte für die Asturianer, deren Territorium nie von den Mauren erobert wurde, da, wie die Legende erzählt, der Sieg über die Moslems mit Hilfe des Himmels erzielt wurde, was die beiden ehrwürdigen, mit Edelsteinen besetzten Kreuze erzählen wollen. Selbstverständlich wurden die Besucher der Cámara Santa, so auch wir, dauernd von Kustoden überwacht und am Fotografieren gehindert. Zum ersten Mal hörten wir, dass in der Schatzkammer auch das Schweißtuch Jesu verwahrt wird. Wissenschaftler hätten festgestellt, so der Kustode, dass dieses Tuch und das berühmte Turiner Grabtuch Abdrücke desselben Menschen aufwiesen.

Nun war es aber wirklich an der Zeit, unser Quartier zu beziehen, um uns ein wenig auszuruhen. In und um Oviedo gibt es von der UNESCO zum Weltkuturerbe erklärte präromanische Kirchen, die wir vor etwa fünf Jahren im Rahmen einer kleinen Wanderung mit Freunden besichtigt hatten. Santullano, Naranco, San Miguel de Lillo und Valdedios sind wahrhaft sehenswert und hatten uns damals begeistert. Heute war leider gerade der Tag, an dem Santullano, im Zentrum von Oviedo gelegen, geschlossen hatte. Trotzdem besprachen wir, nicht noch einen Rasttag einzulegen, sondern morgen, wie geplant, nach Grado weiterzuziehen und uns mit der Erinnerung an Santa Cristina Pola de Lena als edelster Repräsentantin präromanischer Bauwerke für dieses Mal zu begnügen.

Wir nahmen an Vesper und Messe bei Benediktinerinnen unweit der Kathedrale teil und erlebten dort herrliche Frauenstimmen in einer sensiblen und emotionalen Form des Gesangs, der so etwas wie Leidenschaft für Gott durchscheinen ließ. So konnte es nicht ausbleiben, dass wir uns beide nach dem Gottesdienst gestärkt und quicklebendig fühlten.

Die erste Etappe auf dem Camiño primitivo

Kurz nach sechs Uhr machten wir uns auf den Weg nach dem Städtchen Grado, das wir nach etwa 26 Kilometern erreichen würden. Zwischen León und Oviedo waren wir auf dem Camino San Salvador nur einem einzigen Ehepaar begegnet, das dann aber beschlossen hatte, die weitere Strecke per Bus zurückzulegen. Auch heute trafen wir bis zum Nachmittag keinen Pilger, dafür gab es aber umso mehr Berührungspunkte mit Dorfbewohnern.

*Die Menschen hier in Asturien
haben etwas für Pilger übrig,
sie fühlen sich für uns
verantwortlich auf „ihrem" Weg.
„Ist es nicht zu heiß heute? –
¡Mucho calor!"
Mitfühlende Blicke streifen uns
des Öfteren.
„Peregrinar es un sacrificio" –
Pilgern ist ein Opfer, sagen sie.
„¿Quieren bever?" – wollt ihr
etwas trinken, fragen sie.
„¡Dios os bendiga!" – Gott segne
euch, wünschen sie uns
und „¡Buen camino, buen viaje!"
immer und immer wieder.
So fühlen wir uns getragen und
von Hand zu Hand,
von Dorf zu Dorf weitergereicht.
Viele bitten uns, für sie und ihre
Familie in Santiago zu beten.
Und so bewältigen wir unseren Weg
durch dieses grüne Bauernland
vorbei an quadratischen Hórreos,
den urtümlichen Lagerhäusern,
die auf vier Steinstelzen Mäusen
und Ratten trotzen wollen,
beinahe spielerisch trotz der
drückenden Hitze.*

Wenige Kilometer vor Grado setzten wir uns in den Schatten eines Baumes und hielten geruhsame Mittagsrast, waren heute auch noch gut ausgerüstet mit Wasser und Weißbrot und mit Chorizo, einer zwar fetten, aber recht scharfen und daher belebenden Paprikawurst. Da kamen zwei Pilger in sehr schnellem Schritt näher und blieben bei uns stehen. Der eine sprach uns auf Deutsch an. Ob wir denn das Ehepaar seien, das aus Deutschland bis hierher gepilgert sei. Sie hätten von uns durch Uli und Susanne, die Brasilianer, erfahren. Auch sie wären vor dem gewaltigen Pilgerstrom auf dem Hauptweg hierher geflüchtet. Es stellte sich heraus, dass der jüngere Mann ein deutscher Arzt war, der sich einige Monate Auszeit genommen und deren größeren Teil in Neuseeland verbracht hatte. Die beiden erzählten uns von riesigen Etappen, die sie zurückgelegt hatten – einmal sogar 50 Kilometer. So schnell wie die beiden bei uns aufgetaucht waren, so schnell waren sie auch unseren Blicken wieder entschwunden – sie mussten über eine enorm gute Kondition verfügen, hatten einen sehr schnellen, langen und leichten Schritt, wie wir ihn in dieser Effizienz bislang noch bei niemandem erblickt hatten.

Die Hitze war drückend, als wir Grado erreichten. Das Hostal Autobar aber lag am Ende des langgezogenen Ortes, den wir mühsam, immer leicht bergauf gehend, durchwanderten. Es war ein psychologisches Phänomen, dass ich bei mir am Ende jeder Etappe, ob sie nun 20 oder 40 Kilometer lang war, kurz vor Erreichen des Zieles ein Aufleben der Kräfte beobachtete, wenn sich der Weg aber viel länger dahinzog als erwartet, ein plötzlicher

Spannungsabfall eintrat, ich mich plötzlich müde und abgekämpft fühlte, obwohl kurze Zeit davor noch keine Rede davon gewesen war.

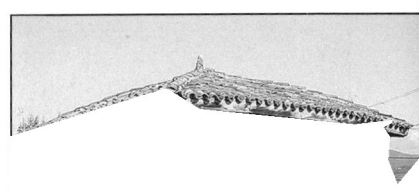

*Am Ziel angekommen, tritt heute ein seltsames Gefühl auf.
Haben wir uns bis jetzt immer unbändig über jede absolvierte Etappe gefreut,
quasi jeden Tag abgehakt wie einen persönlichen Sieg,
so sind wir heute Abend leicht wehmütig gestimmt.
Was wird aus uns, wenn das alles vorbei ist,
wie werden wir weiterleben, wie überleben können?
Hier auf dem Camino macht alles Sinn, jeden Tag prägen sich Bilder ein,
werden gespeichert auf einer Festplatte, die nie gelöscht werden kann.
Müssen wir wieder zurück in das Land der flüchtigen, austauschbaren Eindrücke,
oder wird unsere Welt eine andere sein, wenn wir den Camino beendet haben?*

Mutmacher und ein Castillo

Schon kurz nach sechs Uhr bekamen wir an der Bar Frühstück. Der zeitliche Bonus wurde von uns allerdings dadurch verspielt, dass wir in Grado wohl eine Markierung übersahen und mindestens eine halbe Stunde auf der Hauptstraße dahinwanderten bevor wir merkten, dass wir uns verirrt hatten. So schlugen wir einen Weg ein, der links der Straße hoch nach San Juán Villapeñada führte, zu einem Ort, der in unserer Wegbeschreibung vorkam. Tatsächlich fanden wir dort die Markierung an einer Pilgerherberge mit großen Fenstern. Durch das eine Fenster erblickten wir im Schlafraum unseren jungen Arzt von gestern gemütlich in seinem Schlafsack auf einem Bett liegend. Er war wohl gerade aufgewacht und reckte und streckte sich. Auch er hatte uns beim Vorübergehen erblickt und winkte uns heftig hinter der Glasscheibe zu. Wie wir ihn einschätzten – wir nannten ihn im Stillen den Roadrunner – würden er und sein Kamerad uns wohl bald einholen. Und so war es auch. Einige Kilometer gingen die beiden dann mit uns bis in den kleinen Ort Doriga, der eine interessante Kirche und einen Palast aufweisen kann. Zum Glück gab es in dem Ort eine geöffnete Bar, vor der einladende Tischchen und Stühle im Freien platziert waren. Zu viert nahmen wir Platz und genossen Café, Getränke und nette Gespräche untereinander. Als ich die Besitzerin nach einer Toilette fragte, wies sie mich in den Oberstock ihrer Wohnung, weil das allgemeine Klo angeblich zu schlecht für eine Frau sei. Ich nahm natürlich das großzügige Angebot gerne an und genoss besonders das saubere Waschbecken und die Seife zum Händewaschen. Die Männer mussten um die Ecke hinter das Haus gehen.

Sie haben mir nicht erzählt, wie es dort war, kamen aber etwas betreten zurück.

Danach erklärte sich die freundliche Frau noch bereit, uns die romanische Kirche Santa Eulalia aufzusperren. Mit einem riesigen Schlüssel öffnete sie uns das schwere, knarrende Tor. Die Architektur der Kirche war sehr interessant mit ihrem weit vorgezogenen Dach, aber die Frau klagte verärgert, dass vor einiger Zeit etliche romanische Figuren und die wertvollen Beichtstühle an Antiquitätenhändler und Private verkauft worden waren. So hatte man die Ausstattung dieses Sakralraumes, an der die Dorfbewohner wohl gehangen hatten, gewaltig reduziert, vielleicht allerdings, so dachten wir, um ein wenig Geld für notwendige Renovierungen herbeizuschaffen.

Reinhard und ich machten uns früher auf den Weg als die beiden anderen, aber immerhin hatten auch wir eine Stunde in Doriga zugebracht. Da die Hitze immer größer wurde, bedauerten wir es nicht, dass das Kloster Cornellana, in dem keine Mönche mehr leben, nicht zu besichtigen war, da es sich in Restaurierung befand. Die Eingangstür zur Kirche war mit großen Plastikplanen verhängt, und so machten wir auf dem Platz davor eine kurze Rast auf Holzbänken unter Bäumen mit schütteren Kronen und freuten uns über einen Brunnen mit Trinkwasser.

Nach einem Steilaufstieg in ein hübsches asturisches Dorf erreichten wir ein ebenes Plateau, auf das die Sonne unbarmherzig niederbrannte.

*Meine Beine sind so schwer,
der Schweiß läuft in Strömen,
wenn es nur ein wenig kühler wäre,
nur ein paar Grade.
Mein Kopf ist so heiß, der Rucksack
hängt an meinen Schultern,
als hätte er plötzlich doppeltes
Gewicht, sogar die Gurte
schneiden ein und erzeugen fast
unerträglichen Druck.
Ich gehe automatisch über
den Schotterweg dahin,
manchmal stoßen meine müden
Füße in den derben Schuhen
an einen Stein und schleudern
ihn ein Stück weiter, oder ich
knicke ein wenig weg,
weil ich nicht achtsam genug war.*

Wir mussten das Gelände eines Kalkwerkes queren, was uns nicht besonders gefiel. Überall lag trockener, weißlicher Staub, das Gehen war recht mühsam auf der sandartigen Unterlage, außerdem haben Industrieanlagen immer etwas Irritierendes für den Fußgänger. Mochte alles noch so wichtig und modern sein – wir sahen im Moment die Welt mit den Augen der Natur, die immer wieder schwere Verletzungen einstecken und verkraften muss. Tröstlich war es für uns allerdings auch zu sehen, dass die Natur unglaublich regenerationsfähig ist – das gab uns für heute und für spätere Generationen Hoffnung. Drei Männer kamen uns auf dem Werksgelände entgegen. Sie trugen Arbeitskleidung und Helme. Auf unser Fragen, wie weit es noch bis Salas sei, meinte der eine: „Está muy cerca, cuatro kilómetros" – das ist sehr nahe, vier Kilometer. Als wir ungläubig und erstaunt dreinblickten, weil unserer Berechnung nach die Distanz noch mehr als das Doppelte betrug, setzte der Sprecher etwas unsicher hinzu: „Cuat-

Ich gebärde mich an diesem Brunnen, als wäre ich nahe am Hitzschlag, ich trinke, trinke, trinke, bis ich das Gefühl habe, dass ich beinahe platze. Die Arme werden in das eiskalte Wasser gehalten, immer und immer wieder. Mit meiner Kappe schöpfe ich das kühle Nass und gieße es mir über den Kopf, einige Male. Ein Schwall wird noch oben in den Ausschnitt geschüttet und die Flasche bis oben gefüllt, obwohl das Ziel ja nicht mehr allzu weit sein kann.

ro kilómetros – mas o menos" – vier Kilometer, mehr oder weniger. Dass es in Wirklichkeit noch neun Kilometer bis zum Ziel waren, überraschte uns nicht, hatten wir doch festgestellt, dass die Spanier beinahe immer sehr galant waren und uns unterwegs nicht den Mut nehmen wollten, also oft die Zahl der Kilometer abrundeten, um uns Freude zu machen. Hellhörig wurden wir immer, wenn einer Längenangabe beigefügt wurde: mas o menos. Wir ahnten dann, dass es eher „mas", also mehr sein würde.

Wir setzten unsere Schritte nun am Rand einer Wiese fort, auf der gerade ein junger Bauer auf dem Traktor seiner Arbeit nachging. Er hielt das Fahrzeug an, musterte uns mitleidig und meinte, dass uns nach einem Kilometer ein Pilgerbrunnen mit kühlem Wasser wieder fit machen würde. Wir sollten nur durchhalten. Das Erreichen der großen Brunnenanlage war für mich wie das Erblicken des gelobten Landes. So muss es Moses ergangen sein, als er, aus der Wüste kommend, ein fruchtbares Tal erblickte.

Als wir uns für die letzten Kilometer fertig machten, fühlten wir uns wie neugeboren – leistungsfähig und antriebsstark. Flott überquerten wir eine Hauptstraße und waren nach einem kurzen Stück auf einem schattigen Pfad plötzlich in Salas, einem kleinen vornehmen Städtchen, dessen stattlichen, von alten hohen Häusern mit gusseisernen Balkonen umgebenen

Hauptplatz wir querten, um zielstrebig zu einem schönen Hotel zu gehen, das in einem „Castillo rural" eingerichtet war. Nach 24 Etappen ohne Rasttag wollten wir uns hier, vor den ab übermorgen anstehenden langen Bergstrecken, noch einmal einen Tag der Rekreation gönnen und uns verwöhnen. Das kleine Renaissanceschlösschen war zauberhaft mit seinem Innenhof, dem Patio, von dessen hölzernen Galerien, die den Hof umschlossen, die Gästezimmer abgingen. Wunderschöne Pflanzen, zum Beispiel eine rot blühende Bougainvillea, schmückten den jetzt am Nachmittag schattigen Bereich des Patio.

Unser Zimmer entlockte mir Ausrufe des Entzückens. Hier sollten wir für zwei Nächte bleiben dürfen – für zwei Nächte. Die Einrichtung war freundlich und tadellos, eine Überdecke war aus dem gleichen geblümten Stoff gefertigt wie die Polsterung der Stühle. Auch sonst war jeder Komfort vorhanden. Als wunderbar empfand ich auch die dicken hölzernen Fensterläden, die im Moment geschlossen und daher imstande waren, die unglaubliche Hitze abzuhalten.

Gegen Abend machten wir einen kurzen Rundgang und besuchten die sehr schöne Collegiata-Kirche mit gotischem Gewölbe und edlem Renaissancealtar.

Gerade beginnt eine Messe.
Wir sitzen vor einem Altar
im Seitenschiff zusammen mit
acht alten Frauen.
Der Pfarrer ist noch ganz jung
und er hat einen Sprachfehler,
aber seine Augen leuchten,
als er zelebriert.
Er hier, der Unscheinbare,
der Behinderte, er lässt Liebe
glaubwürdig werden durch seine
Begrenztheit hindurch.

Das Abendessen im Hotel war ein Erlebnis. Im Pilgermenü, das uns offeriert wurde, gab es delikaten Fisch – obwohl ich Fisch sonst nicht mag –, dazu einen herrlichen Weißwein. Der Nachtisch hieß dulcinella de cielo – Süßigkeit vom Himmel. Animiert gingen wir hoch in unser Zimmer und erfuhren durch ein SMS, dass eine kleine Nichte eines Schwiegersohnes an Leukämie erkrankt ist.

Das trifft uns wie eine Bombe.
Gerade war alles noch so schön,
alles war so leicht, und dazu
dieses schönste Quartier
des ganzen Weges.
Da sitzen wir in unserem
Wohlbehagen und haben nicht
geahnt, dass zu Hause uns
nahestehende Menschen in einen
Abgrund gestürzt wurden.
Das kleine süße Mädchen – das
kann doch nicht sein.
Zwar sei die Prognose gut –
aber trotzdem.
Verstört und mitleidend
gehen wir zu Bett.

Man kann mit Holzschuhen tanzen

Der Rasttag gestern war wie im Flug vergangen. Nach einem Verwöhnfrühstück hatte Reinhard darauf bestanden, zu der romanischen Kirche San Martín einen Berg hochzugehen, was bei der wieder herrschenden Hitze für mich kein Vergnügen gewesen war, da mir die Motivation für diese Exkursion fehlte. Ich hatte einen kleinen

Ehekrach provoziert, indem ich über diese Aktion meckerte, mich darüber beklagte, dass die Kirche geschlossen und die westgotischen Steinfenster nur Repliken waren – die Originale gab es bei uns unten im Castillo in einem kleinen Museum. Dass Reinhard mir beim Frühstück einen Pfirsich aus der Hand genommen hatte, um ihn seiner Meinung nach lege artis zu zerteilen, hatte die Sache nicht besser gemacht. Kurzum, am Vormittag des Rasttages hatte dicke Luft geherrscht, die sich allerdings im Laufe eines geruhsamen und interessanten Nachmittages mit diversen Besichtigungen wieder normalisierte und sogar einer Atmosphäre schönster Harmonie Platz machte.

Heute also war die Luft wieder geklärt, die Gewitterwolken hatten sich aufgelöst. So konnten wir unbeschwert unseren Weg nach Tineo, unserem nächsten Etappenziel, antreten. Da wir ganz früh starteten – uns wieder selbst mit Frühstück versorgten –, kamen wir in den Genuss eines unerwartet frischen und kühlen Morgens. Ich hätte jubeln können vor Freude über diesen herrlichen Tagesbeginn, der

uns einen Weg, der mit rot blühenden Fingerhüten dekorativ gesäumt war, durch einen Wald über 300 Höhenmeter emporführte. Die Sonnenstrahlen fielen schräg durch die Bäume, es war, als bestände die ganze Welt nur aus lauter Schönheit und Frieden.

In einem der freundlichen Dörfer, durch die wir gelangten, war ein Mann mit grauem Schnurrbart dabei, Holz zu hacken. Er trug die in Asturien zur Bauernarbeit üblichen madreñas, klobige Schuhe aus Holz, die auf der Sohle drei Stoppel haben, um durch Stallmist und Wiesenquatsch unbekleckert hindurchschreiten zu können. Wie beinahe jeder in den Dörfern fragte auch er uns nach unserem Weg. Als sich Reinhard für seine Holzschuhe interessierte, meinte er plötzlich vergnügt, dass man damit auch tanzen könne, ja dass es eigene Wettbewerbe für Tänzer mit madreñas gäbe. Wie zur Bestätigung machte er plötzlich, in einer Hand die Axt haltend, einen grazilen Schritt und drehte danach so etwas wie eine Pirouette. Es war eindrucksvoll, mit welcher Grandezza und Unbekümmertheit dieser stattliche Mann uns etwas vortanzte. Er strahlte über das ganze Gesicht, als er uns eine gute Pilgerschaft wünschte. Dass Reinhard ihn beim Tanzen fotografierte, darüber freute er sich unverhohlen.

Schon um 13 Uhr kam Tineo in Sicht. Wir schauten auf die kleine Stadt hinunter, die sich vor herrlicher Bergkulisse einladend im Sonnenschein erstreckte. Bevor wir im Ort Quartier suchten, wollten wir noch den Platz ein wenig genießen, auf dem wir uns gerade befanden. Es war eine schattige Wiese, auf der, locker verstreut, einige üppige, große Bäume wuchsen. Eine dem hl. Rochus geweihte Kapelle und ein paar Bänke ermutigten uns, hier unsere Mittagsrast einzulegen. Im Moment wehte sogar ein kühles Lüftchen, was wir bewusst und intensiv genossen.

> *Es ist eigenartig, dass wir hier auf dem Camino immer mehr Ereignisse, Zustände, Gegebenheiten, Vorkommnisse persönlich nehmen.*
> *Was ist schon ein Lufthauch?*
> *Nichts Besonderes an und für sich und doch kann er im richtigen Moment zum Zeichen werden für etwas, in das wir eingebunden sind, wie in ein Gewebe.*
> *Der Windhauch gehört zu mir, steht zu mir in Beziehung, ich kann seine Freundschaft annehmen oder auch nicht.*

Wir fanden ein gutes Zimmer bei einem netten Wirt, bemerkten, dass Tineo ein reizvoller Fremdenverkehrsort mit mittelalterlichem Ortskern war, in dem es sogar ein Sportgeschäft gab und begannen uns auf die erste der drei nun anstehenden langen Bergetappen einzustellen.

Gastfreundschaft und Pilgeressen

Schon beim Morgengrauen machten wir uns auf, stapften durch den langgezogenen Ort und zogen aus ihm hinaus bergauf in herrlicher Landschaft, die durch malerische Nebelschleier im Tal in ein grauweißes Meer verwandelt war, aus dem die höheren Berge hervorragten. Keine Menschenseele war auf dem Weg. Als wir uns nach etwa 14 Kilometern so richtig warm gelaufen hatten, kehrten wir in Campiello in einer Bar ein, in der uns die Wirtin vor fünf Jahren, als wir mit einem Freund hier Rast machten, vorgeführt hatte, wie man die asturische Sidra, den Apfelwein, in hohem Bogen über Kopf einschenkt. Reinhard hatte damals der kleinen Tochter bei der Englisch-Hausaufgabe geholfen und die Wirtin hatte uns ein Getränk spendiert.

Dass die junge Wirtin mit dem langen, gesund glänzenden Haar, das sie hinten zusammengebunden trug und das bei jeder Bewegung hin und her wippte, uns noch erkannte, schien mir beinahe wundersam, hatte ich mich doch, sowohl was die Haarfarbe anbelangte als auch durch die Brille, die ich seit einiger Zeit immer trug, einigermaßen verändert. Aber vielleicht konnte die Frau ja auch hinter den Äußerlichkeiten das erblicken, was einen Menschen wirklich ausmacht. Jedenfalls zog sie sofort hinter der Theke einige Fotos hervor, die wir ihr damals zugesandt hatten und die sie mit ihrer Tochter und Sidraflasche zeigten. Sie redete uns mit den Vornamen an wie alte Vertraute, nachdem sie in unsere Pilgerpässe für jeden von uns beiden einen Spruch geschrieben hatte. „Dass der Wind zu deinen Gunsten wehen möge und Gott dich in seiner Hand halte" und „Dass das Licht des Heiligen auf deinem Lebensweg leuchte". Nachher schüttete sie in unseren Café noch einen ordentlichen Schuss Whisky hinein und schenkte uns hausgemachten Kuchen. Wir müssten doch stark bleiben auf unserem Weg. Beim Abschied umarmte und küsste sie uns auf beide Wangen und sagte: „Ich weiß, dass wir uns wiedersehen".

*Ob wir uns wirklich noch
einmal wiedersehen?
Noch einmal in unserem Leben
den Camiño primitivo gehen?
Ich kann mir das nicht vorstellen,
da wir ja nicht mehr
gar so jung sind.
Vielleicht aber hat die junge,
lebensfrohe Wirtin,
die für jeden ein gutes Wort hat –
auch für ihren behinderten Bruder,
der hinter der Theke kleine
Handreichungen macht –, gemeint,
dass wir einander ohne Grenzen
von Zeit und Ort wiedersehen
werden.
Das bin auch ich geneigt
zu glauben.
Dann, wenn unser Erdenweg
von Alpha nach Omega,
von Sonnenaufgang nach
Sonnenuntergang zu Ende
gegangen sein wird,
dann werden hoffentlich alle
diejenigen wichtig sein,
mit denen wir eine echte
Begegnung hatten.*

Es galt, zwei niedrige Pässe zu überqueren, den Alto de Porciles und den Alto de Labadoiro, die etwa auf 800 Höhenmetern liegen. An einem Haus fragte uns eine junge Frau, ob wir nicht frisches Wasser haben wollten. Da unsere Flaschen gerade leer geworden waren, bedankten wir uns herzlich für die Freundlichkeit. Sie sei „encantada", entzückt, dass sie einen „servicio", einen Dienst habe tun können. Die Krankenschwester, auf Heimaturlaub hier in dem kleinen Dorf, erzählte uns ein wenig von ihrem Leben und stattete uns mit kristallklarem, kühlem Wasser aus.

Immer wieder wurden unsere Augen neu geöffnet für die Schönheiten dieses grünen Landes. Bauern waren gerade damit beschäftigt Gras zu mähen und Heu zu machen – meistens noch händisch – und jedesmal, wenn einer von der Arbeit aufsah und uns erblickte, rief er uns seine Segenswünsche zu und winkte.

Die letzten vier Kilometer nach Pola de Allande ging es nur mehr bergab, auf herrlichen, geschlängelten Wegen zwischen niedrigen Koniferen, Heidekraut und Ginster. Als die Häuser unten im Tal auftauchten, zog sich ein Gewitter zusammen und wir erreichten mit den ersten Tropfen und unter Donnergrollen den kleinen Ort, wo wir in dem sehr pilgerfreundlichen Hostal „La Nueva Allandesa" zum

Glück noch Quartier fanden, obwohl es wegen seines guten Rufes von spanischen Touristen beinahe ausgebucht war. Als wir mit unseren Rucksäcken den Gastraum betraten, kam der Wirt hinter der Theke hervor und begrüßte uns mit Handschlag.

Abends erlebten wir eine Messe in einer trotz des Wochentages vollbesetzten Kirche und erfuhren danach im Hostal, wie man hier Pilger verwöhnt. Bei jedem Gang, der uns als Teil des „menu de peregrinos" serviert wurde, erklärte uns der Kellner mit lebhafter Gestik und Mimik, was er uns da vorsetzte: Gemüsesuppe mit Speck, Blutwurst mit Zwieback, Gemüsepudding, Kohlknödel mit Fleisch und last, not least eine vielfältige Dessertplatte. Dieses Speisen dauerte natürlich recht lang, wohlgefällig beobachtet von Wirt und Kellner, und so kamen wir spät ins Bett, konnten also das gute Quartier nicht allzu lang genießen. Auch der Schlaf war nicht besonders intensiv. Wahrscheinlich hatten wir zu viel gegessen.

Nebel, Berge und ein langer, langer Marsch

Wir hatten die wenig begangene Alternativroute über die Berge gewählt und starteten unsere Etappe von 36 Kilometern um 6.30 Uhr, nachdem wir uns für das Frühstück am Vorabend mit Kaffee in der Thermoskanne hatten versorgen lassen. Noch nie hatten wir vor dem Aufbruch gebetet, waren bis jetzt dazu, quasi in den Startlöchern stehend, einfach immer zu hektisch gewesen, hatten uns unter Zeitdruck gefühlt oder einfach gar nicht daran gedacht. Heute aber schlug mein Mann vor, das Pilgergebet von Los Arcos zu beten. Mit besonderer Aufmerksamkeit sprachen wir den Teil des Textes, in dem es heißt:

Sei für uns Weggefährte auf
der Pilgerfahrt,
Wegweiser an Kreuzwegen,
Kraftquelle bei Erschöpfung,
Schutz in der Gefahr, Herberge
auf dem Wege,
Schatten in der Hitze, Licht
in der Dunkelheit,
Trost in der Mutlosigkeit
und die Kraft
für die Durchsetzung unserer
guten Vorsätze.

So gerüstet begannen wir einen Aufstieg von 700 Höhenmetern, der auf einem kaum erkennbaren Bergpfad begann. Was uns etwas Sorgen machte, war der sich verdichtende Nebel. Doch hatten wir in unserem Führer gelesen, dass im Prinzip immer unter der Hochspannungsleitung zu gehen war. Irgendwo oben sollte es dann eine alleinstehende Almhütte aus Stein geben, und von da an sei der Weg wieder leicht zu finden.

So stapften wir nun steil bergan zwischen stacheligen Büschen und über Steinplatten hinweg. Immer wieder hatten wir einen zwar schon recht verblichenen, aber immerhin sichtbaren Pfeil gefunden, der irgendwo auf einen größeren Stein gepinselt war. Plötzlich war der Trampelpfad verschwunden. Überall gab es zwischen Pflanzenbüscheln schmale von hellem, schotterigem Gestein ausgefüllte Pfade, die sich nach allen Seiten hin verzweigten – welcher aber war die richtige für uns? Als wir nach der Hochspannungsleitung Ausschau hielten, mussten wir realisieren, dass der

Nebel so dicht geworden war, dass kein Mast, geschweige denn Drähte erkennbar waren. Wir blieben stehen, um zu beraten. Noch wollten wir nicht umkehren, sondern erst einmal versuchen, ohne Markierung ein Stück bergauf zu gehen, um vielleicht doch noch einen Anhaltspunkt für den Verlauf des Weges zu erspähen.

Wir sind auf das Äußerste angespannt.
Eigentlich müsste jetzt der sogenannte sechste Sinn zum Einsatz kommen.
Erahnen, erspüren, erfühlen, wo es weitergeht.
Gut ist, dass die Nebel ein wenig in Bewegung sind,
allerdings müssen wir unbedingt zusammenbleiben, da die Sicht keine fünfzehn Meter beträgt.
Nur einander nicht verlieren in dieser unwirtlichen Waschküche, auf diesem unwegsamen Berg.

Unsicher stapfen wir bergan, unsere Augen versuchen, die feuchten, dichten Schwaden zu durchdringen.
Reinhard hat einen Mast erspäht und über uns die Drähte.
Zunächst große Erleichterung.
Auch ein zweiter und dritter Mast wird von uns erreicht, allerdings scheint uns, dass die Richtung sich geändert hat.
Wir müssten mehr links gehen, um den Palopass zu erreichen, meinen wir.
Das Herz klopft spürbar, macht sich bemerkbar – Aufregung.
Mehr links gehend erreichen wir einen Weidezaun.
Ein Gefühl rät uns, diesem nicht bergauf zu folgen, sondern an der Ecke uns weiterhin nach links zu wenden.
Und plötzlich ist da ein richtiger Weg, der zum beschriebenen Steinhaus führt, an dem wir eine Markierung finden.
Alle Not hat ein Ende.

Wir waren noch ganz erfüllt von dem Gefühl, einer heiklen Situation entkommen zu sein, als wir zügig den Puerto de Palo erreichten. Hatten wir gedacht, oben auf der Passhöhe vielleicht an der Straße eine Bar vorzufinden, so war dies ein sich nicht bewahrheitender Zweckoptimismus gewesen. Hingegen gab es hier oben eine Quelle mit klarem, eiskaltem Wasser, wonach wir in der feuchten Nebelluft, die uns bei bedecktem Himmel umwehte, kein großes Verlangen hatten. Wir fröstelten nach dem schweißtreibenden Aufstieg, der uns von 500 auf eine Höhe von 1140 Metern gebracht hatte. Obwohl wir nun an der

Passstraße standen, war es ganz ruhig. Kein Fahrzeuglärm war zu hören. Nur der Wind erzeugte ein Sausen und Brausen, zerrte an unseren Haaren und kühlte die glühenden Wangen. Schnell überquerten wir die Straße, um gleich wieder mit Hilfe der Markierung in ein felsiges, alpines Terrain geführt zu werden. Noch immer war es ein wenig neblig, aber hier auf dieser Seite des Passes fanden wir doch ausreichende Sichtverhältnisse vor, die sich im Laufe des Tages immer mehr verbesserten.

Traumhaft war der Pfad zum Bergdorf Montefurado hin, das wie ein Relikt aus der Keltenzeit auf einem grünen schmalen Hügelkamm lag. Als wir entspannt und gespannt zugleich darauf zuwanderten, hatte ich das Gefühl, eine Stätte aus einem Märchen zu erreichen, mit verwandelten Menschen, klugen Tieren und einer unerlösten Prinzessin. Mitten durch den Weiler hindurch führte unser Weg. Die Häuser waren bis auf eines oder zwei, an denen Wäsche zum Trocknen hing, augenscheinlich verwaist und verlassen. Die niedrigen, aus unregelmäßigen Steinen gefügten Bauten waren mit Schieferplatten gedeckt, die in ungleichen Größen gebrochen, in der feuchten Luft grau schimmerten. An einer Ecke erhob sich ein kleines Häuschen mit einer Rundung, die wie eine Apsis aussah, wohl eine Kapelle, die aber unzugänglich war. Ein großer, weißer Hund hatte uns in dem Dorf zunächst mit Bellen empfangen und war uns dann, als würde er „bei Fuß" gehen, dicht gefolgt, was in mir das Gefühl eines gewissen Unbehagens aufkommen ließ. Am Ende des Dorfes aber blieb er zurück, er hatte also nur unsere Schritte bewachen wollen, um sicher zu sein, dass wir das Dorf auch wirklich wieder verließen.

Ein wundersames Dorf,
unvergesslich.
Bilder wie eingebrannt in der Seele,
ein Hauch aus längst
vergangenen Tagen.
Wer lebt hier in dieser Welt,
wer möchte hier bleiben?
Der Hund ist jedenfalls treu.

Nach einmalig schönem Blick auf dicht bewaldete Täler gelangten wir nach Lago, dem ersten größeren Dorf nach etwa 13 Kilometern. Vier Stunden hatten wir bis hierher gebraucht

und kaum mehr als ein Drittel des Weges bewältigt. Es gab eine Bar im Dorf, die aber leider geschlossen war – eine herbe Enttäuschung. Eine Frau blickte aus dem Fenster und meinte, dass die Wirtin zwar nicht anwesend, dass aber unten der Zugang zur Toilette geöffnet sei und wir uns im Waschraum erfrischen könnten. Außerdem durften wir die weißen Plastikstühle im Vorgarten benutzen, um uns ein wenig auszuruhen. Nachdem wir eine Stunde weiter, in Berducedo, wider Erwarten eine Einkehrmöglichkeit gefunden hatten und einen pilgerfreundlichen Wirt vorfanden, der uns zu Spottpreisen mit einer frisch gemachten Tortilla verwöhnte und uns viele gute und aufbauende Worte schenkte, schafften wir einen langen, bald darauf folgenden Steilaufstieg auf der Straße mit Leichtigkeit und erreichten noch recht frisch den Bauernhof Buspol, an welchem eine sehenswerte, urige Hauskapelle, niedrig und schiefergedeckt wie die alten Häuser und ausgestattet mit grob geschnitzten Heiligenfiguren, zum Halt auf dem Pilgerweg einlud. Die bunten Statuen wirkten auf uns in ihrer Ungeschlachtheit und ohne erkennbare Attribute von Heiligen wie Kultfiguren einer anderen Religion.

Nun kam ein endlos scheinender Abstieg von etwa zwei Stunden über serpentinenreiche Pfade, die herrliche Blicke auf einen riesigen Stausee, den der Fluss Navia aufgefüllt hat, boten. Das Panorama war wirklich fantastisch: die steilen grünen Berge um uns herum, jetzt von der Sonne beschienen, und unten das blaue Wasser des Sees. Wir genossen, dass es jetzt nur mehr bergab ging, hieß das doch, dass wir unserem Etappenziel nahe waren. Wir wollten ja in einem Hotel am Stausee übernachten. Knapp vor dem Stausee begannen Reinhard und ich einander aufzumuntern. Unsere Füße waren vom langen, mühsamen Weg sehr schwer geworden und wir ermahnten einander, uns auf die Schritte zu konzentrieren, um nicht durch Unachtsamkeit auf dem schotterigen Untergrund auszurutschen. Endlich war die Staumauer erreicht und wurde von uns nach 32 Kilometern mit sehr müden Schritten überquert. Was mich zuversichtlich und aufrecht hielt, war die Unterkunft, die wir schon von weither, ein wenig oberhalb des Stausees, an der Straße liegen sahen.

*Es ist wirklich ein Schock –
wir können es nicht glauben.
Das Hotel ist geschlossen,
unsere Hoffnung zerschlägt sich.
Wieder und wieder lesen wir
den Anschlag, so als könnten wir
uns geirrt haben, als würde
die Unterkunft heute doch noch
geöffnet werden.
Es dauert etliche Minuten, bis
wir die Tatsache verkraftet haben,
dass wir nochmals mehr als
5 Kilometer auf der Straße bergauf
wandern müssen, um den Ort
Grandas de Salime zu erreichen.
Die voreilig abgelegten Rucksäcke
werden geschultert und stumm
vor uns hinstarrend machen wir
uns auf den Weg, schlagen ein
viel zu scharfes Tempo an.
Schwarze Wolken sind aufgezogen –
wenn wir nur nicht in ein Gewitter
kommen. Irgendwie spielt mein
Herzschlag plötzlich verrückt,
so als würde er stolpern.
Nein, ich sage Reinhard nichts,
gehe nur ein klein wenig langsamer.*

Reinhard hatte von meiner kleinen, vorübergehenden Unpässlichkeit nichts gemerkt und wir erreichten bei Donner und einsetzendem Regen eine Pension, die uns aufnahm. Zwar bekamen wir erst, wie in Spanien üblich, um 21 Uhr das Abendessen, außerdem tat mir heute ausnahmsweise alles weh, aber dem prasselnden Regen in einem gemütlichen Zimmer auf dem Bett liegend zu lauschen und zu wissen, dass der schwierigste Teil des Camiño primitivo nun erfolgreich bewältigt war, versetzte uns in Euphorie, die kaum zu überbieten war.

Galizien wird erreicht

Wie locker und leicht gingen wir heute in den Tag hinein, der zwar feucht, grau und trüb war, dessen 30 zu gehende Kilometer bis Fonsagrada laut Führer aber überhaupt keine Schwierigkeiten aufwiesen. Am Morgen besichtigten wir am Weg eine schöne alte, dem Lazarus geweihte Kapelle, deren Tür mit einem sperrigen Riegel zu öffnen war. Die mit einem roten Lendentuch und einem Brokatmantel bekleidete grobe Holzfigur trug so etwas wie eine Schaufel in der Hand und freute sich sichtlich, dass Jesus ihn von den Toten auferweckt hatte. Längere Zeit verweilten wir an dieser seltsamen Kapelle und ließen das archaische Bild auf uns wirken.

Gegen Mittag war der etwa 1000 Meter hohe Alto del Acebo erreicht, der die Grenze zwischen Asturien und Galizien bildet, und der uns, die wir heute bisher ganz ohne Anstrengung gewandert waren, auf einer flach an-

steigenden Straße plötzlich durch eine entsprechende Straßentafel auf sich aufmerksam machte. Es gab hier so gut wie keinen Autoverkehr, beinahe dachten wir, allein auf der Welt zu sein. Dass dem nicht so war, bewies eine Bar etwa 300 Meter nach der Provinzgrenze. Das Gasthaus war eigentlich von außen nicht als solches zu erkennen. Von seiner Existenz wussten wir nur aus unseren schriftlichen Unterlagen. Da die Tür des niedrigen Hauses offen stand, wagten wir einzutreten und wurden sofort von einer mütterlichen, resoluten Wirtin dazu ermuntert, Platz zu nehmen. Und – oh Wunder – hier saßen auch schon zwei andere Jakobspilger, Spanier, mit denen wir natürlich sofort in ein Gespräch kamen. Der eine von beiden fühlte sich krank, hatte Fieber und wollte demnächst einen Rasttag einlegen. Aus Südspanien mit schon jetzt extrem hohen Temperaturen kommend, hatten sich die beiden hier, im rauhen Norden, eine Erkältung geholt. Fonsagrada sahen wir schon von Weitem auf einem Hügel liegen. Ziemlich starker Regen hatte eingesetzt und so bewältigten wir den letzten Steilaufstieg in die Stadt hinein rasch und ohne großen Enthusiasmus. Auf der Quartiersuche wurden wir zunächst abgewiesen, als wir nach einem Zweibettzimmer fragten, zum Glück stellte sich heraus, dass sehr wohl ein Zimmer mit einer cama matrimonial zu vermieten war, mit der wir uns gern zufriedengaben, wenngleich wir aus Platzgründen lieber jeder ein normal breites Bett zur Verfügung gehabt hätten. In dem ordentlich und grell rosa ausgestatteten Raum fiel ich nach dem Duschen wohlig entspannt auf das Bett und lauschte dem rauschenden Regen, der ein beruhigendes Background-Geräusch abgab. Reinhard suchte indessen einen Telefonautomaten, um die nächsten Quartiere, vor allem die, die wieder auf dem stark frequentierten Normalweg lagen, vorzubuchen. Außerdem war bei ihm wieder ein Schusterbesuch fällig, da ein Schuh an der Sohle auseinanderzufallen drohte und mit einem Flicken bis Santiago stabil gemacht werden musste. Gegrillter Fisch und ein wunderbares Dessert rundeten diesen Tag ab, bevor wir uns zur Nacht bereiteten.

Unsere Gebete sind im Lauf der Wochen immer intensiver geworden.
Immer mehr Menschen wollen wir hineinnehmen in diesen uns im Laufe der langen Zeit so lieb und vertraut gewordenen Vorgang. Wenn uns das jemand vor einem Jahr gesagt hätte –
wir hätten skeptisch abgewehrt. Aber dieser Weg enthüllt immer mehr von dem,
was für uns richtig ist.

Galicia es muy hermosa

Auch heute standen uns wieder 30 Kilometer bevor. Wir näherten uns also mit Riesenschritten unserem Ziel Santiago, das nunmehr knapp 200 Kilometer weit in durchaus überschaubarer Entfernung lag. Wollten wir eigentlich schon so bald ankommen? Diese bange Frage, die in letzter Zeit öfter auftauchte, wurde durch die Eigenart und den Reiz auch dieses heutigen Tages zurückgedrängt, sodass wir bei zunächst düster nebeligem Wetter den Aufstieg zu einem kleinen Pass über

patschnasse Wald- und Wiesenpfade
genossen.

*Rechts und links des Pfades
beinahe mannshohe Farne,
an deren gelappten Blättern
Tausende von Regentropfen hängen
wie die Klunkern an einem
Kristallluster. Wir streifen Ginsterbüsche und hohe Gräser, die sich
unter ihrer Last neigen.
Zu hören sind nur das Rascheln
unserer schützenden Capes
und unsere regelmäßigen Schritte
auf weichem, ansteigendem Boden.
Da, auf der Anhöhe ein ehemaliges
Hospiz aus dem Mittelalter,
steingefügt und als Unterstand
ausgebaut. Daneben ein offenes
Kapellchen, durch dessen
hölzerne Stäbe ich ein paar
blühende Ginsterzweige stecke.
Das Kreuz ist verstaubt, der Boden
von Unrat bedeckt.
Bist Du so verlassen hier oben,
der Du an diesem abgelegenen
Platz auf uns wartest,
uns etwas sagen willst?*

In Paradavella sprach uns bei unserer kurzen Rast ein alter Mann an, der mit Reinhard, der sich schon erstaunlich flüssig auf Spanisch unterhalten konnte, über Franco diskutierte. Einkehren konnten wir nach mehr als 20 Kilometern in A Lastra, wo wir auf eine offene Gaststätte trafen. Auch hier waren es wieder ältere Männer, die beisammensaßen und uns in ein Gespräch verwickelten. „Alemania buena" – Deutschland ist gut, sagte der eine, um uns zu erfreuen und in gebrochenem Spanisch setzte er fort, so wie man zu einem Baby reden würde: „Dinero, yo trabajo Alemania Lufthansa", was, mit entsprechenden Handbewegungen unterlegt, so viel heißen sollte wie „Ich brauchte Geld, deshalb habe ich in der Lufthansa in Deutschland gearbeitet". Worauf ich, die Komplimente zurückgebend, meinte: „Galicia es muy hermosa" – Galizien ist sehr schön. Ein anderer sagte beifällig schmunzelnd: „Andalucia no es tan buena" – Andalusien ist nicht so gut. Ich hinwiederum höflich: „Es tan seca" – es ist so trocken. Er wieder eifrig nickend: „No verde" – kein Grün. Ich: „Si, Galicia verde". Vom Rat der weisen alten Männer des Dorfes wurden wir nach längerem Hin und Her für würdig befunden, nach Santiago weiterzuziehen und mit Glück- und Segenswünschen im Gepäck, die uns wie ein warmer Mantel umhüllten, brachen wir auf.

Das letzte Wegstück nach O Cadavo-Baleira führte uns nochmals über einen kleinen Pass. Das Sträßchen durch ein altertümliches Dorf aus Stein mit Schieferdächern, aus deren Ritzen kleine, weißblühende Dickblattgewächse hervorsprossten, war gesäumt von einem Spalier von tiefrotem, hoch gewachsenem Fingerhut. So erreichten wir unseren Zielort, an dessen Anfang ein freundlicher Hospedalero aus einer sichtlich neu erbauten Herberge hervorschaute und anbot, uns den hübschen Herbergsstempel zu geben, obwohl wir im Hostal gebucht hatten. Er fragte uns, ob wohl heute noch Pilger kämen. Ja, die beiden Spanier würden wohl in der Herberge einkehren. Kaum hatten wir das ausgesprochen, kamen die Freunde angetrabt – der eine sichtlich angeschlagen und fiebrig. Auf dem Weg zu unserer Unterkunft sprach uns eine Frau an. Sie wollte uns frischen Salat aus ihrem Garten schenken – Vitamine könnten wir wohl gut gebrauchen. Obwohl wir ja den Salat heute Abend im Hostalzimmer nicht anrichten konnten, dankten wir aufrichtig für die Fürsorge und unterhielten uns noch eine Zeit mit ihr. Sie war in Deutschland gewesen und das Land war ihr freundlich entgegengekommen. Davon profitierten wir jetzt.

Im Quartier stellten wir fest, dass wir heute nicht müde waren – die anstrengende Monstertour nach Grandas de Salime war verkraftet.

Die Murallas werden erreicht

Es war unglaublich, dass wir in unserem bestens ausgestatteten, neu erbauten Hostal zu zweit für Übernachtung, Abendessen und Frühstück nur 48 Euro bezahlten, also für eine Person alles in allem ganze 24 Euro! Solche positiven Überraschungen hatten wir in kleineren Orten oft erlebt – außerdem schien es hier wirklich noch einen Pilgerbonus zu geben. Pilger zu unterstützen war wohl Ehrensache.

*Die Tage scheinen nun zu fliegen,
es macht Mühe,
nicht an das Ende unserer
Wallfahrt zu denken,
im Hier und Jetzt zu sein,
auf Empfang zu bleiben,
nicht zu fantasieren und
zu spekulieren, auch nicht
aus dem so wunderbaren
Vergangenen zu leben,
sondern das Heute bewusst
zu registrieren und zu gestalten.
Ja, wir haben noch einige Tage
auf dem Camino vor uns –
wir wollen sie behandeln
wie kostbare Juwelen.*

Die 33 Kilometer heute waren äußerst leicht zu gehen, gab es doch praktisch auf der ganzen Strecke keine Anstiege, sondern meist leichtes Gefälle. So passierten wir mühelos den vornehmen Renaissancepalast Pazo de Vilabade, der zu einem Begegnungszentrum mit Übernachtungsmöglichkeit umgebaut ist, der aber heute wegen eines Trauerfalles geschlossen war. Nach etwa 10 Kilometern konnten wir in Castroverde kurz einkehren und etwas trinken, sodann umfing uns eine total einsame Landschaft, die auch heute, an diesem trüb kühlen Tag, den ganzen Reiz Galiziens enthüllte. Fast wie im Traum gingen wir still durch Hohlwege, die von moosbewachsenen Steinmäuerchen gesäumt waren, hinter denen dicht belaubte, alte Kastanienbäume uns von der Umwelt abschirmten. Dann wieder sahen wir ebene Viehweiden, auf denen weiße Pferde grasten, die Ruine einer Templerkapelle, niedrige Weiler ganz aus Stein gefügt, Schieferplatten, die Wiesenareale abzäunten, ein Steinkreuz mit der für hier so typischen figuralen

Darstellung von Christus und Maria auf den beiden Seiten des Monumentes aus Granit. Ein Mann an einem Gartenzaun erzählte uns voll Stolz, das Kreuz sei vor nicht allzu langer Zeit auf Initiative der Dorfbewohner in alter Manier geschaffen worden. Zu Mittag fanden wir ein kleines Brunnenhäuschen, das rechts und links eine Steinbank zum Ausruhen vorweisen konnte. Gut tat es uns, die Beine ausstrecken zu können und geruhsam Schinkenbrot und Schokolade zu kauen.

*Es gibt nichts Besseres
auf der ganzen Welt
als dieses Schinkenbrot,
es gibt kein frischeres Getränk
auf der ganzen Welt
als dieses Quellwasser,
das kristallisch aus dem Rohr
sprudelt.
Es gibt nichts Gemütlicheres
auf der ganzen Welt
als diese Sitzgelegenheit,
die nicht zu hoch ist und
nicht zu niedrig.
20 Kilometer haben wir heute
schon beinahe ohne Anstrengung
hinter uns gebracht,
den Rest werden wir auch
noch schaffen.*

Die letzten Kilometer vor Lugo, der galizischen Provinzhauptstadt, die einen Kelch und eine Hostie im Stadtwappen zeigt, mussten wir auf der verkehrsreichen C-630 zurücklegen. Die Beine liefen beinahe von selbst, wir marschierten streng hintereinander, um die Autos und uns selbst nicht in Probleme zu stürzen. Ein Gespräch zwischen uns war in dieser Situation natürlich nicht möglich. Bevor wir auf die Hauptstraße kamen, hatten Reinhard und ich uns aber über die Etappen unterhalten, die für uns am schwierigsten gewesen waren und die gerade deshalb in uns einen Nachgeschmack der Zufriedenheit und Dankbarkeit hinterließen. Jeder Tag hatte sein eigenes Drehbuch gehabt, jede Story war bis jetzt zu einem glücklichen Ende gekommen.

*Wer ist der Dramaturg
unseres Weges?
Welche Kräfte haben das
Wechselspiel zwischen uns selbst
und anderen Menschen,
zwischen uns und der Natur,
den kulturellen und religiösen
Eindrücken so und nicht anders
arrangiert und in Gang gehalten,
sodass wir zur Überzeugung
gelangt sind, auf unserem Weg
nicht ausgeliefert,
sondern geplant, gewollt,
geborgen zu sein?*

Auf einmal waren wir „ante portas" im wahrsten Sinne des Wortes, da die Innenstadt von Lugo von einer vollständig erhaltenen Stadtmauer aus der Römerzeit umschlossen wird, die durch etliche Stadttore und ihren über drei Kilometer langen, zinnenbewehrten Rundgang oben auf der Be-

Pantokrator, Hitze, Umweg und ein Nymphäon

Den Tag, der heiß zu werden versprach, begannen wir mit einem Rundgang auf den Murallas, die in warmes Morgenlicht getaucht waren. Schon waren hier oben etliche Menschen flott unterwegs, die teils zu ihrer Arbeit gingen, teils ein morgendliches Joggen absolvierten. Wir aber stiegen mit unseren fertig gepackten Rucksäcken über eine der Steintreppen hinunter, um die Kathedrale, die um acht Uhr öffnete, zu besuchen. Gerade begann eine Messe in der Gnadenkapelle der Virgen de ojos grandes, der Jungfrau mit den großen Augen. Wir freuten uns, dass wir vor unserem Aufbruch an einem gut besuchten Gottesdienst teilnehmen konnten. Bei aller Andacht war es allerdings schwierig, die Konzentration zu behalten, da im Dom gerade Bauarbeiten im Gang waren. Die Arbeiter marschierten immer wieder durch den Kapellenbereich, wobei sie sich jedesmal vor dem Gnadenbild bekreuzigten, dabei aber riesigen Krach veranstalteten. Plötzlich trugen sie sogar unsere Rucksäcke, die wir auf einer Holzbank deponiert hatten, mitsamt der Bank fort, zum Glück in einen Bereich, der für uns einsehbar war.

festigung eine wahrhaft grandiose Sehenswürdigkeit darstellt. Wir allerdings hatten Quartier außerhalb der Murallas gebucht, das wir, nun doch gut müde, gerne bezogen. Morgen in der Frühe, vor dem Abmarsch, wollten wir die Innenstadt und die prächtige Kathedrale aufsuchen.

Zum Abendessen kauften wir uns Empanadas, die wir auf unserem Zimmer verzehrten. Der Camiño primitivo war nun also zu Ende und es galt jetzt, eine geschickte Verbindung zum Hauptweg zu wählen. Wir hatten schon in Fulda an Hand der Karte herausgefunden, dass es zweckmäßig sein könnte, von Lugo nicht nach Süden, nach Palas do Rei zu wandern, sondern nach Westen hin aufzubrechen, in Friol zu übernachten, um am nächsten Tag Sobrado dos Monxes zu erreichen, welches am Camino del Norte liegt, um von dort aus den markierten Weg bis Arzúa zu gehen, wo wir dann wieder auf dem Camino Francés wären. So mochte es uns gelingen, möglichst kurz, nämlich nur zwei Tage auf dem zur Zeit so übervölkerten Hauptweg zu wandern.

Nach diesem alternativen Gottesdienst verweilten wir noch kurz vor dem Allerheiligsten. Die Kathedrale von Lugo besitzt das Privileg der ewigen Anbetung. Auch der wunderbar hintergründig lächelnde Christus in der Mandorla im Tympanon des Hauptportales veranlasste uns zu einem Stopp, bevor wir durch das Santiagotor, das den Heiligen als Maurentöter, als Matamoros hoch zu Pferde zeigt,

in den hellen Tag hinausgingen. An der alten Brücke über den Fluss Minho fanden wir den gelben Pfeil und gingen getrost weiter, in der Hoffnung, bald auf die Weggabelung „Friol–Sobrado" einerseits und „Palas do Rei" andrerseits zu treffen. Fröhlich marschierten wir etwa zwei Stunden dahin, als uns ein Autofahrer mitteilte, dass wir total vom Weg abgekommen waren und entweder bis Lugo zurückgehen müssten oder aber ein riesiger Umweg in Kauf zu nehmen war, bei dem wir über Santa Eulalia de Bóveda irgendwann Friol erreichen konnten.

Warum gibt es hier keine Wegweiser?
Wie konnte das passieren?
Schon ist es schrecklich heiß.
Keine Ortschaft, keine Bar,
keine Erfrischung, keine
Möglichkeit nochmals zu fragen.
Es ist, als wären wir
in der Wüste gelandet.
Wie kann man sich nur so verirren?
So etwas könnte auf dem
von uns gemiedenen Hauptweg
nicht passieren.
Aber haben wir nicht gelesen,
dass Santa Eulalia ein ganz
besonderer Ort ist?
Was bleibt uns übrig,
als uns damit zu trösten.

Schweißüberströmt erreichten wir nach langem Marsch über einsame Landstraßen, die eine verlassene, herb urige Landschaft durchzogen, endlich das Ortsschild von Santa Eulalia. Das galizische Dorf steht unter Denkmalschutz mit seinen gut erhaltenen, alten Hórreos und den schiefergedeckten Häuschen in dichtem, ansprechendem Ensemble. Das Interessanteste aber ist eine alte Dorfkirche, unter der ein antikes Heiligtum zu finden ist. Jetzt in der Siestazeit würde es uns wohl niemand öffnen. Da trat ein junger Mann mit langem, hinten zusammengebundenem Haar aus einem der niedrigen Häuser hervor und erbot sich, für uns das Tor zu der antiken Sehenswürdigkeit aufzusperren.

Was wir hier sehen durften, war wirklich sensationell. Eine Anlage mit Wasserbecken und herrlichsten Fresken aus dem 4. Jahrhundert setzte uns in Erstaunen. Die Vögel und Ornamente waren wunderbar farbig gemalt, antike Säulen und ein Altar ergänzten den Eindruck. Wie uns der junge Mann erzählte, war das hier wohl ein Nymphenheiligtum und ein Ort der Heilung gewesen, wie ein Relief bezeugt, das Tanzende und Menschen mit diversen Leiden darstellt.

Als wir Santa Eulalia verließen, waren wir natürlich überhaupt nicht mehr böse über unseren Umweg. Reinhard gab dem mit den Worten „Der Mensch denkt und Gott lenkt" Ausdruck. Der nachfolgende Weg gestaltete sich al-

lerdings ziemlich mühsam. Lange An- und Abstiege in Gluthitze und der Faktor der Unsicherheit, wann wir Friol wohl erreichen würden, machten uns müde. Zweimal baten wir an einem Haus um Wasser, welches uns gern und mit mitleidigen Blicken gegeben wurde. Ein Autofahrer blieb neben uns stehen, bot sich an, uns ein Stück zu fahren. So viel Kraft allerdings war uns noch geblieben, dass wir der Versuchung dieses netten Mannes widerstehen konnten. Wir wollten ja unseren Weg zu Fuß zu Ende gehen und uns nicht noch am Schluss die Berechtigung auf die „Compostelana" verscherzen. Nur wer die letzten hundert Kilometer durchgängig zu Fuß gegangen ist, darf sich im Pilgerbüro eine Urkunde ausstellen lassen.

Endlich konnten wir einem Wegweiser entnehmen, dass Friol nun nicht mehr weit war. Wie lange der Weg heute gewesen war, konnten wir nicht genau sagen, aber das einfache Quartier in Friol, in dem wir herzlich, fast familiär aufgenommen wurden, erschien uns wie ein rettender Hafen, wie ein Fünfsterne-Parador nach diesem wahnsinnig schwülheißen und langen Tag. Im Ort war nicht viel zu sehen, worüber ich recht froh war, enthob es mich doch der Entscheidung, mich eventuell zu einer Besichtigung aufraffen zu müssen. Statt dessen erlebten wir die Freude, dass uns wieder einmal angeboten wurde, alle Wandersachen durchwaschen zu lassen, die im Nu nach dem Aufhängen auch schon wieder getrocknet waren. Wir wurden mit guter Hausmannskost in Form von gefüllten Paprika und einer Kartoffel-Tortilla verwöhnt und sanken, im Nachhinein begeistert über unsere Extratour, in blitzartig einsetzenden Tiefschlaf.

Die Stille der Zisterzienser

Wir zogen mit Freude in den neuen Tag hinein, der neblig und schwül begann. Auch heute waren wir durch eine extrem niedrige Pensionsrechnung überrascht worden. Wir zahlten beide zusammen mit Abendessen, Frühstück, Übernachtung und Waschen unserer Klamotten 35 Euro, eine für das Gebotene schier unglaublich kleine Summe, die eigentlich nicht mehr zu unterbieten war – auch nicht in einer Herberge. Ich möchte es an dieser Stelle ausdrücklich betonen, um aufzuzeigen, dass man auch Zweibettzimmer unter Umständen zu wirklich pilgergerechten Konditionen bekommen kann.

Zunächst stand ein Aufstieg auf einen Pass auf dem Programm. Die Strecke war nicht anstrengend, trotzdem aber wegen des ständigen Bergaufgehens anspruchsvoller als die letzten Etappen. Auf der Straße ging es sich leicht und gut, man musste nicht auf seine

Füße achten, es gab kein Stolpern und keine Unsicherheit. Dies waren Wegstrecken, auf denen ich im Stillen den Rosenkranz betete – ein früher von mir mit größtem Unverständnis als langweilig eingestuftes Gebet.

Monoton – mag einer sagen,
Sicherheit gebend –
meine ich heute.
Oberflächlich – urteilen viele,
in die Tiefe führend –
ist meine Einschätzung.
Fruchtlos – glaubt so mancher,
das Ziel erreichend – hoffe ich.
Jedenfalls fühle ich mich geborgen
in den bekannten Worten,
die sich innerlich meinem Rhythmus
anpassen, meinen Schritt
bestimmen, meine Atmung
entkrampfen, meinen Herzschlag
regulieren, mich in Gelassenheit
versetzen.
Weiter, immer weiter gehen,
während das Wort in mir wirkt
und Brücken baut, die groß sind
wie ein Regenbogen.

In einem kleinen Dorf sah eine Frau aus dem Fenster und grüßte uns aufmunternd. Als sie hörte, dass wir Durst hatten, sperrte sie uns ihre Bar auf und versorgte uns mit allem Nötigen. Ihrer kleinen Gaststätte, die aus zwei Tischchen mit Stühlen und einigen Barhockern bestand, war auch eine Gemischtwarenhandlung angeschlossen, sodass wir Äpfel kaufen konnten. Wortlos legte die Frau uns ein Messer auf den Tisch, damit wir die Äpfel schälen und gleich vor Ort essen konnten. Gestärkt gingen wir wieder hinaus in die nun bei grellem Sonnenschein recht belastende Hitze.

Die letzten Kilometer führten uns durch eine wunderschöne Landschaft, in die Felsblöcke eingestreut waren. Auf den Wiesen lagerte das mittagsmüde Weidevieh reglos im Schatten der Bäume. Schließlich erreichten wir knapp vor dem Ziel in einem als Naturschutzgebiet ausgewiesenen Flecken einen tiefblauen Teich, auf dem zahllose Seerosen weißrosa leuchteten. Am Ufer machten wir einen kurzen Halt, um das friedliche, beinahe unwirklich schöne Bild in uns aufzunehmen und die vielen Frösche zu beobachten, die mit umständlichen Bewegungen ihrer muskulösen Beine auf die Blätter kletterten, um nach einiger Zeit wieder mit Kopfsprung in den Fluten zu verschwinden. Ein Holzkahn lag schief auf dem Wasser schaukelnd am Ufer vertäut. Es hätte uns gereizt, das Boot loszumachen und über den kleinen See zu rudern oder uns treiben zu lassen, allerdings, bei dieser brütenden Hitze, lieber nicht in Wanderkleidung, sondern barfuß, die Füße im Wasser baumelnd, im Badeanzug und halb zurückgelehnt.

Da diese Träume ja nicht realisierbar waren, machten wir uns auf, um möglichst bald in ein schattiges Zimmer einziehen zu können und uns den Schweiß und Staub vom Leibe zu

brausen. Eigentlich hatten wir den Vorsatz gehabt, bei den Mönchen des Klosters zu übernachten. Als wir aber an der Pforte läuteten, öffnete uns niemand. Richtig, wir waren ja in die Siestazeit geraten, die in Spanien ziemlich lang dauern kann. Sollten wir noch zwei Stunden in der Hitze warten? Gegenüber dem Kloster winkte ein hübsches Hostal zu uns herüber. Dorthin lenkten wir nun unsere Schritte. Aber auch hier fanden wir alles verschlossen, verriegelt, mit Läden abgedunkelt vor. Allerdings klebte neben der Klingel ein unscheinbarer Zettel mit einer Telefonnummer, über die wir sofort die Hauswirtin erreichten. Minuten später konnten wir ein herrlich kühles Zimmer betreten, das für uns keine Wünsche offen ließ.

Unseren in Logroño gekauften Schlafsack hatten wir also bis jetzt nicht gebraucht, würden ihn auch an den allerletzten Tagen nicht benützen müssen. Da Reinhard zu diesem Kauf gedrängt hatte, sagte er nun scherzend: „Ich nehme die Schuld auf mich, dass wir sie umsonst geschleppt haben." Ich konterte, mit wehmütigen Gedanken daran, dass wir die Säcke über den Pajares-Pass und die asturischen Berge transportiert hatten: „Vielleicht haben wir damit für unsere Sünden Buße getan". Früher haben sich die Menschen auf der Wallfahrt Kreuze aufgeladen, jetzt ...

Wir betraten nach einer herrlichen Erholungsphase um 19 Uhr das Kloster, von dessen Kreuzgang aus ein Saal mit Stockbetten für Pilger sichtbar wurde. Über eine Treppe ging es hinauf in die Hauskapelle, wo die Vesper der Zisterziensermönche stattfinden sollte.

Schwarzweiße Mönchsgestalten sammeln sich nach und nach

*in dem schlichten Raum.
Mehrstimmiger, präziser und
wohltönender Gesang.
Große Stille, die uns schüchtern
berührt, dann umfängt, aufweckt,
zubereitet für das Wort, das mit
klarer Stimme verlesen wird.
Gesang, Stille, Wort, Gesang,
Stille, Wort.*

Durch Hitze zum Camino Francés

Vor dem Frühstück zog es uns noch einmal in das Kloster, um dort an Laudes und Gottesdienst teilzunehmen. Es schien gerade im Haus eine Versammlung von weiblichen und männlichen Ordensleuten stattzufinden, die nun die Kapelle füllten. Wir ergatterten in der letzten Reihe noch ein Plätzchen neben einigen anderen Laien. Ein eindrucksvoller Abt, der selbst das ausstrahlte, was er verkündete, lobte in einer Ansprache die menschliche Nähe und den geschwisterlichen Zusammenhalt der Kommunität. Die Kommunion erfolgte in beiderlei Gestalten. Süßes Weißbrot wurde in Wein getaucht, wahrhaft eine Stärkung für unsere nüchternen Mägen, aber gleichzeitig auch Freude, die uns beim Weggehen erfüllte.

Unsere Wirtin gab sich große Mühe mit dem Frühstück und servierte uns – ein auf unserem Weg einmaliges Vorkommnis – Rührei mit Toast, hausgemachte Marmelade, frischgepressten Saft und köstlichen, starken Kaffee. Dass wir erst gegen 9.30 Uhr aufbrechen konnten, war einerseits wegen der kurzen Distanz nach Arzúa – 22 Kilometer – bedeutungslos, andrerseits wegen der jetzt schon belastenden Hitze unklug. Aber man muss ja bekanntlich nicht immer gescheit sein.

Immer wieder wurden wir wegen der extremen Hitze mitleidig angesprochen, ein Mann empfahl uns sogar, nicht den markierten Weg weiterzugehen, sondern eine Abkürzung über die Straße einzuschlagen. Wir erreichten relativ unbeschadet den Ort Boimorto, wo wir auf einer Parkbank Rast hielten. Streunende Hunde schnüffelten nach essbaren Abfällen, von denen einer fündig wurde und den verbliebenen Inhalt einer aufgerissenen Packung von Kartoffelchips gierig verspeiste. Ein junger Vater spielte mit seinem Töchterchen Verstecken, irgendwo hupte ein Auto. Es war mir, als würde uns dieses Szenario auf die Normalität unseres Lebens, auf den bald wieder einkehrenden Alltag vorbereiten. Steile Berge, präromanische Kirchen, unfassbare Einsamkeit – sie würden bald der Vergangenheit angehören. Aber trugen wir das alles nicht unverlierbar im Herzen? Nachdenklich machten wir uns wieder auf den Weg.

Ab vierzehn Uhr entschlossen wir uns zu einer einstündigen Siesta am Rand einer Wiese unter schattenspendenden Bäumen. Beim Wandern hatten wir bemerkt, dass die öffentlichen Trinkbrunnen alle gesperrt waren – vielleicht wegen Wassermangels? Nun aber war es ein himmlisches Gefühl, an den Rucksack gelehnt, mit ausgestreckten Beinen über die weite, vor Kurzem gemähte Wiese zu schauen, auf welcher Heuballen, bereit zum Eingefahrenwerden, verstreut lagen. Den Horizont begrenzte eine Reihe von Bäumen. Bussarde kreisten mit breiten Schwingen über der Wiese. Hin und wieder stieß einer herab und manchmal schien er dabei Jagderfolg gehabt zu haben und eine Maus in den Fängen zu halten.

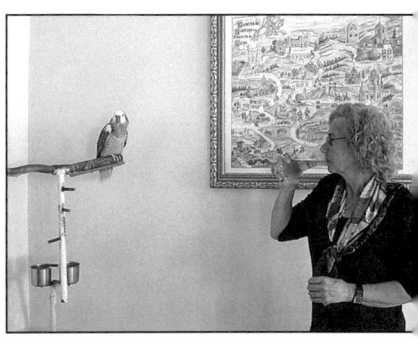

*Für uns bedeutet das kleine Glück
jetzt großes Glück.
Was wollen wir mehr als
dieses entspannte Schauen,
diese leichte Kühle, die unter
dem Schatten der Bäume aufsteigt
und unsere Stirnen und Nacken,
die Ellbogenbeugen umweht,
uns zur Ruhe bringt, zur Sammlung
und Zufriedenheit?
Es gibt nicht immer Höhenflüge
im Leben,
aber das Liegen auf dem
verlässlichen Boden,
der alles trägt und erträgt,
ist viel wert.*

Auf dem letzten Wegstück erreichte uns ein Anruf unserer Mitpilgerin Anne, die wir in Carrión de los Condes, in der Meseta, zum letzten Mal gesehen hatten und über den wir uns riesig freuten. Sie war bereits zu Hause in Marseille, da sie ja unseren Umweg von einer Woche über den Camino San Salvador und den Camiño primitivo nicht mitgemacht hatte. Wir mussten im Weitergehen feststellen, dass die Hitze nach der Siesta noch größer geworden war. Mir schien es, als würde mich die heiße Luft wie mit einer Klammer umfassen. Mit einem Mal fühlte ich mich recht schlapp und schimpfte auf die Temperaturen. Mit den sicher gut gemeinten Worten „maule nicht" versuchte Reinhard, mich wieder ins Lot zu bringen, was bei mir aber entgegengesetzte Wirkung zeigte. Ich fühlte mich durch seine Worte in meiner Ehre beleidigt und sagte: „Ich lasse mir das Maulen nicht verbieten." So gab es noch knapp vor Arzúa ein heftiges Wortgeplänkel, welches aber bis zum Eintreffen am Zielort wieder eingeschlafen war. Im Grunde mussten wir bald über unsere Animositäten und Macken, die doch immer wieder zum Vorschein kamen, lachen.

Wir hatten ganz Arzúa zu durchqueren, bis wir endlich, am Ende des Ortes, das Hostal erreichten, vor dem ein spektakuläres Pilgersteinkreuz stand, das auch im Stempel des Hostals abgebildet war. Dieser zierte alsbald unsere Pilgerpässe, die Reinhard mit angeklebten Papierteilen verlängert hatte, um die vielen Sellos unseres so langen Weges unterzubringen. Unser Zimmer war leider recht warm, dafür aber der Aufenthalt in der Bar bei kalten Getränken und Pinchos umso erfrischender. Ein grüner Papagei, der angekettet auf einer Stange saß, schrie unermüdlich „Que tal?" – wie geht es – in den durch Pilger und Touristen gut besetzten Raum hinein. Gut geht es uns, sogar sehr gut, hätten wir dem Vogel antworten können. Doch was wird sein, wenn wir ankommen?

Der vorletzte Tag

Theoretisch hätten wir heute schon mit einer leicht zu gehenden 40 Kilometer-

Tour Santiago erreichen können, es stand aber außer Zweifel, dass wir unseren Weg noch zwei Tage in kurzer Etappe genießen wollten. Wie im Film rasten die vergangenen Wochen an mir vorbei, in denen ich manchmal geglaubt hatte, das Ziel sei unerreichbar fern, in denen ein Ankommen über mein und unser Vorstellungsvermögen hinausgegangen war. Heute wollten wir 20 Kilometer bis zu einer Unterkunft in O Pino gehen, um morgen bald in Santiago zu sein und dort einen langen Tag genießen zu können, dem sich noch ein Tag des Aufenthaltes anschließen sollte. Denn konnten wir den Ort, dem wir über viereinhalb Monate entgegengelebt hatten, nach ein paar Stunden schon wieder verlassen?

Seltsamerweise war das Wetter heute richtig kühl bei bedecktem Himmel, das Gehen also mühelos. Natürlich waren hier auf dem Hauptweg schier unglaublich viele Pilger unterwegs. Wenn ich mit Teleobjektiv ein Foto machte, dann schien es, als wäre eine dicht zusammen marschierende, kompakte, ununterbrochene Prozession unterwegs. Heute betrachtete ich alles seltsam distanziert. Bei einem Stopp in einer Bar hörten wir von schweren Durchfallerkrankungen in Pilgerherbergen und demgemäß nicht immer zufriedenstellenden hygienischen Verhältnissen. Eine Pilgerin zog in der Gaststätte ihre Schuhe aus und legte die Füße mit ihren verschwitzten Socken vor sich auf einen Stuhl, worauf die Wirtin sie gereizt dazu anhielt, dies doch lieber außerhalb des Raumes zu tun, was die Pilgerin verständnislos und aggressiv zur Kenntnis nahm.

Als die ersten Eukalyptuswälder auftauchten, ergriff mich Rührung. Der feine, herbe Duft war charakteristisch für diesen Teil des Weges so knapp vor Santiago. Die hohen, bunt streifigen Stämme, die schmalen, harten Blätter, die kapselförmigen Früchte und die büscheligen hellen Blüten übten ihren Zauber aus. Auch die Gedenktafel an einen auf dem Weg verstorbenen Pilger ließ uns kurz halten. „Abrazó a Dios" – er umarmte Gott – stand da geschrieben. Wollte mich und alle anderen Menschen Gott doch auch am Lebensende umarmen, so wie den glücklichen Guillermo. Dann wäre das Sterben nicht schwierig.

Reinhard erbat einige Kilometer weiter in einem kleinen Häuschen den Schlüssel für das Kirchlein Santa Irene nebenan. Drei deutsche Pilger gingen mit uns zur Besichtigung in das schöne Gotteshaus, in dem es einen frisch vergoldeten Altar, das wundertätige Bild des Apostels Petrus und reichlich brennende Kerzen zu sehen gab, denen wir weitere hinzufügten. Wir durften uns jeder ein Bildchen des Heiligen mitnehmen, auf dem zu lesen stand, dass das Fest jedes Jahr am 29. Juni in der Pfarrei el Pino gefeiert wird. Etwas unterhalb der Capilla lag eine stattliche Brunnenanlage aus dem 17. Jahrhundert, deren Wasser an-

geblich trinkbar war, wie der kleine spanische Bauer, der die Schlüsselgewalt über die Kapelle hatte, ausdrücklich mitteilte.

Eine innere Stimme warnte uns, aus der etwas vergammelten, bemoosten Brunnenöffnung Wasser zu uns zu nehmen. Dauernd fielen mir Worte ein wie: „Wer aus mir trinkt, wird zum Hirsch, wer aus mir trinkt, wird zur Sau, wer aus mir trinkt, wird zum reißenden Wolf" – in Anlehnung an das Märchen der Brüder Grimm „Brüderchen und Schwesterchen". Meine sogenannte innere Stimme war wohl eine Vorsichtsmaßnahme, resultierend aus der Erfahrung meiner unangenehmen Magenerkrankung in Frankreich. So etwas wollte ich nicht noch einmal erleben.

Schon um dreizehn Uhr waren wir im Quartier. Der nette Wirt ließ uns ein, obwohl wir uns erst für 15 Uhr angekündigt hatten und heute im Hostal Rasttag und überdies jetzt Siestazeit war. Wir konnten zwei Flaschen Bier erwerben, mit denen wir uns bei Sonnenschein nach dem Duschen und Umziehen und einer herrlichen Siesta auf Gartenstühlen niederließen. Als Abendessen hatten wir heute Weißbrot und Käse dabei. Zusammen mit dem Bier gab das eine wunderbare Mahlzeit. Reinhard meinte versonnen, ob das Wort Pils wohl von Pilger kommen könnte. Er gab unter leichtem Alkoholeinfluss noch einige ähnlich entspannte Weisheiten von sich, woraus zu ersehen war, dass nun wirklich alle Zweifel bezüglich des Ankommens in Santiago von ihm abgefallen waren. Zu faul, uns am Abend noch ein Speiselokal im Ort zu suchen, ließen wir es bei unserem Käsebrot bewenden und schlüpften nach einem ganz intensiven Vespergebet hurtig in unsere Betten – die letzte Nacht vor Santiago brach nun an.

Glorioso Apostol Santiago

Die letzten zwanzig Kilometer erwiesen sich als etwas ganz Besonderes. In mir gab es heftige Stimmungsschwankungen. Einmal konnte es mir nicht schnell genug gehen, das Grab des Apostels zu erreichen und ich beschleunigte meine ohnehin im Laufe der Wochen sehr flott gewordenen Schritte, dann wieder meinte ich, das Rad der Zeit ein wenig zurückdrehen zu müssen – nach Asturien, in die Meseta, an den Genfer See, nach Konstanz oder gar in die Rhön, wo alles seinen Anfang nahm. Gesichter lieb gewordener Mitpilger tauchten vor dem inneren Auge auf, Highlights des Weges – all dies trieb mir immer wieder auf den letzten Kilometern das Wasser in die Augen. Dann wiederum dachte ich an unsere Kinder mit

ihren Familien, an Freunde, Nachbarn, unser Haus. Wie wunderbar würde es sein, unsere Kinder und Enkelkinder wiederzusehen ...
Flott ging es dahin in der Schar zahlreicher Pilger aus allen Teilen der Welt. Der letzte Eukalyptuswald vor Santiago, das Flugplatzgelände war erreicht, der Monte Gozo – Berg der Freude –, von dem aus man früher die Kathedrale sehen konnte. Wir baten einen Spanier, uns vor dem Denkmal zu fotografieren. Über eine lange Brücke kamen wir in die Vorstadt.

Die letzte Stunde ist angebrochen.
Ich kann nichts mehr reden,
der Mund ist mir verschlossen.
Tief in mir ist etwas ganz Dichtes,
das alles andere auslöscht.

Unbeirrt gehen wir durch
die Menschenmenge,
die diese lebendige und schöne
Stadt erfüllt.
Die letzte Ampel vor dem Betreten
der Innenstadt.
Ich bin aufgeregt,
mein Herz klopft heftig,
etwas in mir will weinen,
aber es kommt nicht richtig hoch –
soll es auch nicht.
Das jetzt ist ganz allein meine,
unsere Privatangelegenheit.
Von irgendwo her tönt die
fröhliche Melodie eines
galizischen Dudelsacks.
Wir gehen die Stufen zur
Kathedrale empor.
Ich bin verwundert, dass der
Moment wirklich da ist.

*Reinhard und ich schauen
einander an.
In seinem braungebrannten Gesicht
liegt der ganze Zauber des Weges.
Jetzt kommen doch Tränen,
aber hinter meiner Brille kann
sie niemand sehen.
Wir machen Halt unter der Statue
des Apostels Jakobus,
der an der Puerta de la Gloria
thront.
Sein Nimbus, mit Bergkristallen
geschmückt,
ist wie eine Verheißung.
In diesem Moment lebt der Apostel
und er nimmt uns mit offenen
Armen auf.
Wir betreten die Kathedrale,
umarmen einander.
Reinhard schluchzt, ich werde
innerlich geschüttelt
von etwas sehr Bewegendem.
Sprachlos verharren wir eine Zeit.*

Wir erfüllten dann die Pilgerrituale an der großen, goldenen Apostelfigur des Hauptaltares, bekamen dafür von einem Wächter in dunkelrotem Samt ein Bildchen. Hinter uns und vor uns Menschen, die die Stufen emporstiegen und dem Apostel ihre Reverenz erwiesen. Wir ließen uns nun von einer Menschenschlange in die Krypta zum Grab des Apostels schieben. Wir knieten an der Betbank nieder, aber nur kurz, da andere Pilger und Touristen schon warteten. Es gelang mir auszuscheren, im Hintergrund des kleinen Raumes länger zu verweilen mit Blick auf den glänzenden Reliquienschrein. Wortlos stiegen wir wieder empor, rangen nach Fassung und Überlegenheit. Aber die Situation hatte uns im Griff.

Im Pilgerbüro kamen wir wieder auf den Boden der Realität. Name, Alter, Geschlecht, Motivation mussten wir angeben. Wir schrieben in diese letzte Rubrik: kulturell-religiös. Wir legten die Pilgerpässe vor. Die junge Dame

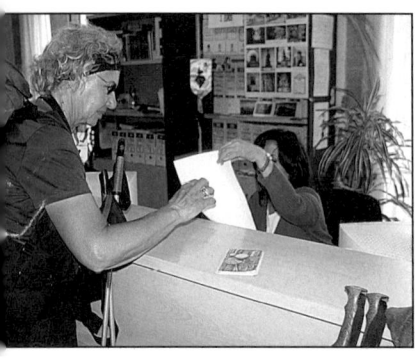

war wenig interessiert an unserem langen Weg, warf einen kurzen Blick auf das Dokument und stellte uns die Compostelana aus, die Urkunde, die bestätigen soll, dass Santiago de Compostela gemäß den Regularien am 20.06.2005 erreicht wurde. Überprüft konnte das alles ja nicht werden, die Urkunden wurden nach Treu und Glauben vergeben. Hinter uns eine Schlange von Pilgern unterschiedlichster Herkunft und Motivation. Aufgeregtes Diskutieren und Erzählen. Man sprach schon über den Rückflug, einige wollten heute noch nach Hause fahren.

Wir bezogen unser angenehmes Quartier nahe der Kathedrale. Erst jetzt kamen wir zum Nachdenken. Geduscht und umgezogen beugten wir uns aus dem Fenster. Unten auf der Straße zogen immer wieder Pilger vorbei.

*Sie sind noch Pilger,
wir nicht mehr.
Alle Strapazen sind an
ein Ende gekommen.
Morgen müssen wir nicht
um sechs Uhr aufstehen,
um vor der großen Hitze
einen Großteil der Etappe
zurückgelegt zu haben.
Keine Mittagsrast mehr im Stehen,
an eine Mauer gelehnt.
Kein schimmeliges Zimmer,
quietschendes Bettgestell,
schmerzender Rücken.
Kein Verirren im Nebel, kein Durst
über lange Strecken hinweg.*

*Aber auch kein Losziehen
beim ersten rötlichen Schimmer
eines verheißungsvollen Himmels.
Keine Stille, die durch
Mark und Bein geht,
kein „Tous les matins ..."
in fröhlicher Runde,
kein kindliches, unangefochtenes
Glück zu leben, zu sein,
jetzt da sein zu dürfen.
Muss dies wirklich alles
zu Ende sein?
Haben wir nicht „ewige Momente"
in uns, die unvergänglich sind?
Kommt nicht erst jetzt die größere
Aufgabe des Pilgerweges –
mit den Erinnerungen ohne Trauer
zu leben und aus ihnen
alles Weitere zu gestalten?
Werden wir uns als verändert
erfahren, mein Mann und ich?
Haben wir jetzt eine
Gemeinsamkeit, die Kraft hat
wie ein Keim im Ackerboden?*

Wir telefonierten mit unseren Kindern und merkten, dass wir uns riesig auf sie freuten. In München bei Dorli würden wir übermorgen landen, dort übernachten und mit deren Auto bis Backnang zu Maresi fahren, dort übernachten, und dann schließlich nach Fulda fahren, wo Bernhard mit seiner Familie aus Potsdam kommend für unsere Ankunft alles vorbereiten wollte. Auch die Nachbarn und Freunde erwarteten uns mit Freude, wie wir aus SMS und Telefonaten wussten.

Von P. Claudius, unserem Weggefährten im Allgäu für vier Tage, kam eine SMS als Reaktion unserer Meldung der glücklichen Ankunft:
„Ihr seid nach einem langen Weg an einem Ziel angekommen, das euch schon lange gelockt hat. Diese Erfahrung wird euch noch lange begleiten – ich hoffe und wünsche euch, dass diese Erfahrung euch auf das ganz große und alles erfüllende Ziel eures Lebensweges hin Kraft und Vertrauen schenkt. Claudius ofm"

Siete testigos en el mundo

Wir frühstückten ohne Eile an der Bar und machten dann einen Rundgang durch die Innenstadt, deren vornehme, schmale, mittelalterliche Häuser mit den vorgebauten Arkaden uns auch dieses Mal wieder begcisterten. Gestern waren sie wie Kulissen, die eine würdige Szenerie unserer Ankunft bildeten, an uns vorbeigezogen. Auch hörten und sahen wir nun bewusst einige der zahlreichen Straßenmusikanten der lebendigen Stadt, die Gäste jeglicher Art mit landesüblichen Weisen zu erfreuen und auf sich aufmerksam zu machen suchten. Auf der Plaza del Obradoiro vor der Kathedrale herrschten Trubel und touristische Betriebsamkeit. Gerade kamen aus dem reliefgeschmückten Portal des Fünfsterne-Paradors „Reyes Católicos" einige exquisit gekleidete Gäste, die sich zum Bummel durch die Stadt des Jakobus aufmachten. Das prächtige Gebäude stammt aus

dem 16. Jahrhundert. Gebaut wurde es als Pilgerhospiz vom spanischen Königspaar Ferdinand und Isabella. Ein Taxi hielt vor dem Hotel. Ein livrierter Diener half beim Aussteigen und übernahm das Gepäck. Mein Blick schweifte weiter zur langgezogenen Fassade des klassizistischen Raxoi-Palastes. Wir hatten gelernt, dass man das „x" in Galizien wie „sch" ausspricht. Vor dem Portikus des langen Gebäudes lagerten zahlreiche Pilger mit Blick auf die Kathedrale. Ein deutsches, junges Pärchen in Radlerhosen lümmelte wort- und sprachlos auf einer Isomatte, neben sich die Rucksäcke und Pilgerstäbe aus Holz. Tief rotbraun gebrannte holländische Radpilger schoben ihre Drahtesel mit leuchtenden Augen quer über den Platz. Eine Gruppe von spanischen Schülern sprach aufgeregt, in ihrem wie ein Maschinengewehr ratternden Sprachduktus, auf ihren Lehrer ein. Eine Prozession biederer, portugiesischer, kleinwüchsiger Buspilger schickte sich an, mit Tränen in den Augen feierlich, mit langsamen Schritten, die Treppe zur Kathedrale emporzuklimmen.

Das einmalig kostbare und monumentale Ensemble der Plaza del Obradoiro wird komplettiert durch den Xelmirez-Palast mit seinem prächtigen romanischen Wappensaal und das Colegio de San Xerome, das ein herrliches Portal mit der Jungfrau im Strahlenkranz aus der Romanik aufweist. Wer die Plaza del Obradoiro je gesehen hat, kann das Bild nicht mehr loswerden, ob darüber blauer Himmel leuchtet, oder das graue Steinpflaster im Regen glänzt.

Wir kauften im Kathedralshop Geschenke für unsere Lieben und besuchten um 12 Uhr die Pilgermesse, die in ihrer besonderen Atmosphäre zu Herzen ging. Die herrliche, romanische Kathedrale war bis auf den letzten Platz gefüllt. An den Säulen lehnten Rucksäcke und Wanderstäbe. Und noch immer trafen Pilger mit schweren Schritten ein, die gerade ihren Weg beendet hatten. So mancher von ihnen verströmte authentischen Schweißgeruch. Angestrengte Gesichter der gerade erst Angekommenen, entspannte Mienen derer, die den Pilgerweg schon gestern Nachmittag beendet hatten.

*Auch ich fühle mich entspannt, losgelöst von allem.
Ich bin in einem Niemandsland
des Nicht-mehr und Noch-nicht.
Eine Ordensschwester betritt
den Altarraum, übt mit den Anwesenden das Lied,
dessen wiederkehrender Refrain lautet:
„Glorioso Apostol Santiago, descansas en la paz ..." –
Glorreicher Apostel Santiago, du ruhst im Frieden.
Die schöne, hohe Stimme der Vorsängerin,
der feierliche Gottesdienst mit vielen Zelebranten,
auch Priesterpilgern, die Nennung der seit dem gestrigen Gottesdienst
schier unzählbaren Einzelpilger und Gruppen,
die aus allen Kontinenten, allen Ländern Europas
hier angekommen sind, die Bota Fumeiro,
das Riesenweihrauchfass, das unter Orgelgebrause
durch den Raum schwingt, lassen uns realisieren,
dass wir wirklich da sind, das Ziel erreicht haben.
Als der Prediger zu uns Pilgern sagt: „Siete testigos en el mundo!" –
ihr seid Zeugen in der Welt –, da begreifen wir,
was jetzt unsere Aufgabe sein könnte.*